PÉRÉGRINATIONS

EN ORIENT.

II

IMPRIMERIE PORTHMANN,
Rue du Hasard-Richelieu, 8.

PÉRÉGRINATIONS
EN ORIENT

OU

VOYAGE

PITTORESQUE, HISTORIQUE ET POLITIQUE

EN EGYPTE, NUBIE, SYRIE, TURQUIE, GRÈCE

PENDANT LES ANNÉES 1837-38-39

PAR

EUSÈBE DE SALLE

Ancien premier interprète de l'armée d'Afrique, Professeur de l'école royale et spéciale des langues orientales vivantes, membre de la Société asiatique, etc., etc.

TOME II

PARIS

PAGNERRE, ÉDITEUR,
RUE DE SEINE, 14 BIS.

L. CURMER, ÉDITEUR,
RUE RICHELIEU, 49.

1840

PÉRÉGRINATIONS
EN ORIENT.

DÉSERT DE SUÈZ AU QAIRE.

5 *décembre* 1838. — Nous voulions hier partir à l'Asr : la lenteur des chameliers, les torpeurs du Ramadan nous en ont empêchés. Ce matin, nous nous sommes enfin mis en route à huit heures. Les lagunes qu'on longe jusqu'à *Bir-Suèz* paraissaient longues de deux ou trois lieues. Elles auront sans doute été vues à des marées moins basses, par Moresby et Carless, les auteurs d'une nouvelle carte de la mer Rouge en deux immenses feuilles que nous avons trouvées à Suèz dans les deux auberges anglaises. Suèz y est placé tout-à-fait à la pointe du golfe occidental. A Bir-Suèz, il y a un puits très-abondant d'eau saumâtre dont les hommes ne boivent pas, mais où chacun de nos chevaux but au moins quatorze litres, pendant que je déchiffrais l'inscription de Sélim Ier, et jetais un dernier coup-d'œil sur les monceaux de ruines des deux Kolsoum, d'Arsinoë et de la tête du canal antique.

La mer Rouge et le canal ont été l'objet de très-beaux mémoires dans le grand ouvrage de la commission d'Égypte. Cet ouvrage, malgré l'édition portative qu'en a donné M. Pankoucke, est moins connu qu'il ne le mérite. Les livres et la conversation des voyageurs anglais ne le citent jamais, bien plus posent laborieusement des problèmes qu'il a résolus sans réplique. Je me rappelle, par exemple, avoir entendu un savant anglais nier les marées de la mer Rouge, et par conséquent ignorer les travaux et le nom de l'astronome Nouet, des ingénieurs Rozière, Lepère et Duboys-Aimé. M. le maréchal Marmont, relisant le mémoire de Lepère, après avoir revu les restes de l'ancien canal, en fit faire une traduction turque qu'il recommanda à Mohammed-Aly et à ses ministres de bien méditer avant de se risquer dans l'exécution d'un chemin de fer.

Le plan du chemin de fer abandonné depuis, a fait place à un projet de barrage appliqué à la pointe du Delta; le niveau du Nil, élevé par ce barrage, permettrait de faire arriver, en toute saison, ses eaux douces jusqu'au port de Suez et aux déserts des lacs amers. C'est toujours la grande pensée du canal, avec une amélioration qui diminuerait et peut-être supprimerait totalement le chômage de quatre mois, auquel Lepère s'était résigné.

Pour aider, selon mes forces, à la publicité de cette œuvre française, je vais d'abord exposer brièvement la topographie de l'Isthme, ce qui fera comprendre plus aisément la portée des travaux passés et futurs. J'éviterai, autant que possible, une technologie qui pourrait n'être pas familière à tous les lecteurs. Mes propres goûts m'ont peu porté vers les sciences mathématiques. Toutefois, elles me furent, jusqu'à un certain point, imposées par des habitudes domestiques; leur vocabulaire est le premier que mon oreille entendit.

L'arc du méridien de Farama au golfe de Suez n'a que vingt-sept lieues, et les marées un peu fortes peuvent encore le raccourcir. Le sol est presque partout plat et sablonneux, sur une charpente de grès assez semblable à celle que j'ai décrite. Une rigole, profonde de quelques pieds, suffirait pour verser la mer Rouge dans la Méditerranée, car celle-ci, dans les plus basses eaux, est inférieure à celle-là, dans ses plus hautes eaux, de trente pieds six pouces. Vers l'est, le désert se relève en plateau ; vers l'ouest, il se creuse en une vallée qui est plus basse que le Nil et même que la mer Méditérranée : c'est Sabaa-Biar et Wady-Toumeïlat. Des lacs salés d'une étendue variable, selon la sécheresse de l'année, occupent le fond de cette vallée. Au Qaire, les eaux moyennes du Nil sont au niveau moyen de la mer Rouge, mais les basses eaux sont inférieures à la mer Rouge de quatorze pieds deux pouces. Les bonnes crues peuvent élever d'une douzaine de pieds le niveau du Nil au Qaire au-dessus du niveau de la mer Rouge. Le *Ouady*, ou vallée des lacs amers, pourrait donc recevoir de l'eau de la Méditerranée, de la mer Rouge et du Nil. En 1800, les ingénieurs français furent témoins d'une forte inondation du Nil, qui remplit cette vallée en rompant les digues et portant de l'eau douce jusqu'à *Scheikh-Henady*, à peine distant de onze lieues de Suèz.

Entre le lac Menzalè et les lacs amers, il y a des fondrières fort dangereuses. Des boues molles sont recouvertes d'une croûte saline à laquelle le sable, apporté par le vent, donne l'apparence du sol ordinaire du désert, mais elle craque et s'enfonce sous les pas des hommes et des animaux. Diodore et Strabon disent que des corps d'armée ont péri dans ces marécages salins. Lazousky, chef de brigade de Menou, a décrit sa marche de Syrie en Egypte. Il dut renoncer à suivre le bord de la mer pour aller vers Qatièh. Les chevaux et chameaux enfonçaient jusqu'au ventre.

La ville et le nom de Suèz sont très-modernes. Il y a à peine quelques siècles, le golfe s'appelait mer de Kolsoum, et le Kolsoum arabe du moyen-âge est évidemment une corruption de *Clysma*; Benayas et Makrisy identifient Kolsoum et Suèz. Il y avait, selon Strabon, deux *Clysma*, un sur chaque rive de la mer Rouge. Dubois-Aymé rapporte le Kolsoum hébreu ou asiatique à *Ouïoun-Moussa*.

Dans l'antiquité, le golfe de Suèz portait le nom d'Heropolis. Heroun ou Heropolis, comme Arsinoë, Kolsoum et Suèz, devait être un port sur ce golfe auquel il donnait son nom. Gosselin, le géographe, et M. Rozière, l'un des ingénieurs français, ont rapporté Heropolis à l'emplacement actuel de Suèz. Au contraire, Lepère et M. Dubois-Aymé, après Danville, enfoncent Heropolis beaucoup plus loin dans l'isthme, vers *Koum-Abou-Kheiched*, et changent toute la géographie de l'Exode. La terre de *Goschen* ou Gessen, que l'on plaçait vers *Khanca*, serait dans l'*Ouady* des lacs amers. Les Hébreux que Moïse emmena auraient été sujets d'un Pharaon de *Tanis* et non d'un Pharaon de Memphis. M. Rozière, en rapportant *Abou-Kheiched*, à *Avaris* et non pas Heropolis, donne une raison géologique pour nier que la mer se fût avancée jusque-là. L'Ouady s'abaisse là très-rapidement, et si le bassin des lacs amers tout entier avait fait partie du golfe, la capillarité, aidée des marées, aurait rompu les faibles barrières de sable mouvant, et la plus grande partie des ouady aurait aussi fait partie du golfe. La vue des lieux et le relèvement de leurs niveaux respectifs peuvent décider péremptoirement de la valeur de cette objection, qui n'a pas arrêté Lepère et M. Dubois-Aymé.

La Bible en fournit, ce me semble, de plus puissantes. Si l'ouady était la terre de *Goschen*, et que Joseph séjournât à Tanis, il était difficile que son père et ses frères eussent avec lui et avec le pharaon les rapports intimes qui sont décrits dans le chapitre 47 de la Genèse. Ensuite, Moïse aurait dû tourner le bassin des lacs amers par le nord, quand même les Israélites se seraient réunis à Heropolis ou Pithom; ils étaient partis des environs de Tanis, leur route eût été celle que suivent aujourd'hui les caravanes de Syrie; l'intention primitive de Moïse étant de se diriger droit vers

Canaan. Au lieu de cela, ils campent à *Succoth*, à *Etham*, à *Pihariot*, que M. Dubois lui-même rapporte à Bir-Suèz et à Adjeroud. La tradition qui place Goschen à Khanca a pour elle quelques noms qui, dans cet Orient immuable, sont des arguments. Près de Khanca et d'Abou-Zaabel, s'élève *Tell-Yehoud*, ou la colline des Juifs, au lieu même désigné par l'itinéraire sous le nom de Castra-Judœrum; près de là était Onion, lieu choisi par Onias pour y élever le temple, parce qu'apparemment la tradition de son temps rapportait à ce lieu même le séjour de Jacob et de sa famille. Enfin, la version des Septante a identifié avec Héliopolis cette ville d'Onion qui, comme Ramesses, avait été bâtie par le travail forcé des Hébreux.

Lepère a fait, avec beaucoup d'érudition et de netteté, le dépouillement de tous les textes relatifs à l'histoire du canal antique.

Hérodote. Nekhao, fils de Psammétikus, fait creuser le canal. Darius le fit continuer et achever. Il a quatre journées de navigation, il est large pour deux trirèmes. Son eau vient du Nil au-dessus de Bubastis. Il aboutit à la mer Erythrée, près de Pathumos, ville d'Arabie. Sous Nekhao, 120 mille hommes périrent en le creusant. Il fit discontinuer l'ouvrage, sur la réponse de l'oracle qu'il travaillait pour le barbare.

Aristote dit positivement que les Pharaons et les Darius abandonnèrent le canal à cause de la différence des niveaux.

Diodore de Sicile. Darius ne finit pas l'ouvrage de Nekhao. Il craignit d'inonder l'Egypte avec les eaux de la mer Rouge. Ptolémée II acheva l'entreprise en mettant des barrières ou écluses ingénieusement construites. La partie du canal qui se jette à la mer s'appelle le fleuve de Ptolémée.

Strabon. Deux canaux se rendent aux lacs. L'un se jette à la mer Rouge à Cléopatris, après avoir adouci l'eau amère des lacs. Son eau vient du fleuve. Sésostris le creusa avant la guerre de Troie. D'autres l'attribuent à Psamméticus. Darius reprit le travail et l'abandonna sur la crainte erronée de l'inondation. Les Ptolémées, qui firent couper l'isthme, construisirent un *euripe*, barrière fermée, qui permettait une navigation facile du canal intérieur dans la mer et de la mer dans le canal. Près d'Arsinoë, on trouve la ville du héros et celle de Cléopatris, des ports, des habitations, plusieurs canaux et des lacs. L'origine du canal qui va à la mer Rouge est au bourg de *Phacusa*. Strabon, qui n'a point visité les lieux, prend les noms successifs de la même ville pour des villes diverses; il n'apprécie pas le motif qui arrêta les ingénieurs de Darius, et ne comprend ni ne fait comprendre la valeur du mot *euripe*.

Philon. Le canal a cent coudées de largeur; il est profond pour les grands bâtiments. Son origine est vers la tête du Delta où est Bubaste. Au-dessus est Héliopolis, renfermé dans des digues élevées.

Pline cite comme Strabon, Sésostris, Darius, Ptolémée. Le canal a 30 pieds de profondeur, 37 mille cinq cents pas de longueur jusqu'aux sources amères. Au golfe *Æant* le canal sort du port *Danéon*. Il parcourt le Delta l'espace de 62 mille pas, distance du fleuve à la mer Rouge. Aux sources amères on s'arrêta de peur d'inonder le pays; la mer rouge étant trouvée en cet endroit supérieure de trois coudées au sol de l'Egypte. D'autres auteurs ont dit qu'on craignit de gâter l'eau potable du Nil. Dans d'autres passages, Pline appelle Danéon un canal inachevé. *L'itinéraire d'Antonin* fait suivre la ligne du canal par la route des étapes militaires. Elle mène de Babylone à Clysma par Héliopolis *scœnæ veteranorum, vicus judæorum,* Thou, Héroopolis, Sérapœum. La route le long du canal a 136 milles; par la vallée de l'égarement on pouvait aller à Clysma par une route de 90 milles seulement.

Ptolémée en parlant du *Trajanus amnis* ne dit pas que ce fût un canal de navigation allant vers la mer Rouge mais un canal d'irrigation vers *Pharbœtus* et *Heroopolis.*

Lebeau. Amrou voulait couper l'isthme par un canal alimenté des eaux du Nil. Omar ne voulut pas ouvrir l'Arabie aux vaisseaux chrétiens. Le *Trajanus amnis* est un canal creusé par Trajan ou par Adrien depuis Babylone jusqu'à *Pharbœtus* aujourd'hui *Belbeys* selon d'Anville, *Horbéit* selon M. Jomard; là il rencontrait le canal de Nekhao et de Darius, fils d'Histaspe, qui allait se décharger dans une lagune d'eau salée. Ptolémée avait joint la lagune d'eau salée à la mer Rouge par un large fossé. (Il croit que l'eau coulait vers la mer.) Amrou ne fut point arrêté par l'ancien préjugé (la supériorité de la mer Rouge), il fit creuser ce canal et le rendit navigable. C'est le *Khalidg* qui traverse aujourd'hui le Qaire; mais aujourd'hui il ne porte l'eau que jusqu'à la lagune de Scheib, le reste jusqu'à la mer Rouge est comblé.

Tott. Ne croit pas à la supériorité de la mer Rouge même dans ses plus hautes marées; il compare à nos écluses modernes, les *Euripes* de Diodore et de Strabon. Ce rapprochement me paraît légitimé par les expressions même de Strabon et par la définition des deux acceptions grecques du mot *Euripe* : dans les cirques, l'Euripe était un bassin carré long. L'Euripe de l'Eubée était un courant à direction changeante et périodique comme les marées.

Lepère l'explique par un pertuis à poutrelles: bâtardeau où écluse régulière, il fallait à cause de la variabilité des niveaux du Nil et de la différence du niveau des marées de la mer Rouge que l'Euripe pût se niveler tantôt avec la mer, tantôt avec le canal.

Les auteurs arabes ont fourni des renseignements précis sur l'état du canal pendant le moyen-âge. Aboulféda dit qu'Amrou voulut couper l'isthme sur le méridien de la queue de l'éléphant. Alferghan, ingénieur et astronome de Metwakel, successeur d'Almamoun, dit que le *Khalidj* de Fostat est le *Trajanus amnis*. Makrisy l'attribue à Trajan et à Adrien; il l'appelle Hakemite d'après une opinion populaire qui le fait recreuser par *Kakem Bihamrallah*. Quand Omar ordonna de creuser le canal, les Egyptiens qui craignaient de voir tous leurs grains s'échapper par cette voie facile firent des représentations qu'Amrou soumit au khalife; mais celui-ci avait des principes économistes plus larges et il ne se laissa pas arrêter par les vues étroites des Egyptiens. Le canal fut recreusé mais non pas dans toute sa largeur. A Colsoum on rétablit quelque chose de plus semblable aux bâtardeaux déversoirs du Mahmoudié qu'à l'Euripe ou aux écluses. Les vaisseaux de la mer Rouge y faisaient aigade mais rompaient charge. La navigation y dura plus de 128 ans, mais elle était bornée au temps de la crue du Nil, c'est-à-dire à la période pendant laquelle le Nil de *Bubaste* était supérieur à la mer Rouge. On allongea un peu cette période en formant du *Trajanus amnis* ou *Khalidi*, une prise d'eau alimentaire du canal.

Les sultans de Constantinople reprirent le projet de canal, Scaliger a cité Sélim, Danville l'ambassadeur turc Zaïd effendj; Volney Aly-Bey; Tott, Moustafa; toujours les sultans ou leurs lieutenants ont été arrêtés par la crainte des Européens, la facilité que la communication des deux mers donnerait à leurs envahissements, la prime qu'elle offrirait à leur ambition commerciale. L'oracle qui arrêta Nekhao exprimait la même pensée. Une fois reconnue la différence de niveau des deux mers une digue pouvait empêcher la submersion de la Basse-Egypte, mais le barbare, l'ennemi maître de cette digue la pouvait couper comme les Anglais le firent pendant le siége d'Alexandrie. Une grande rigole coupant l'isthme de Farama à Suèz verserait la mer Rouge dans la Méditerranée avec une pente d'un pied par lieue ; mais le courant littoral de la Méditerranée jette toujours à l'est les boues du Nil, et la bouche de Farama s'obstruerait comme celle de Peluse. L'eau du Nil, si on avait un moyen quelconque de l'amener à la mer Rouge, ne devrait pas y tomber en régime de rivière, car ce régime fait toujours une barre de sable et les embarras de la navigation sont déjà assez nombreux dans cette mer pleine d'écueils, de coraux et de madrépores. Les difficultés de la mer Rouge à son golfe occidental avaient refroidi le zèle des Ptolémées pour le canal, et fait chercher des entrepôts plus accessibles que Cléopâtris Arsinoë. C'est ce qui fit la fortune des Bérénice et des *Myos hormos,* qui correspondaient avec Cophtos. Le vieux Cosseïr et Cosseïr le nouveau ont continué cette ligne commerciale avec *Qené.* Sous les Ptolémées, le canal s'il fut navigable fut peu navigué: Selon Plutarque et Dion Cassius, Cléopâtre pensant à faire transporter par terre ses vaisseaux de la Méditerranée vers la mer Rouge fut surprise par Antoine dans ce travail.

Le canal antique se composait de quatre parties. La première, *fossa regum,* partait de la branche pélusiaque vers Bubaste, et allait jusqu'à l'entrée des *ouady* ou vallées. La seconde occupait tout le cours des ouady vers le *Scrapæum* pendant une quinzaine de lieues. La troisième partie traversait les lacs amers avec une inflexion au sud-est, sur une étendue de huit à neuf lieues. La quatrième, enfin, joignait la mer Rouge après cinq lieues de parcours. Le canal était large et profond, car les *muriopheros* avaient de vingt à vingt-quatre pieds de large et un tirant d'eau de dix à douze pieds. Il fallait donc au moins quinze pieds d'eau. Le profil des biefs n'était pas uniforme; dans les sables, les deux remblais étaient plus distants à cause de l'inclinaison des talus.

Le plan de reconstruction du canal reproduirait le travail antique. La première prise suivrait l'ancienne *fossa regum* à Bubaste. Là, on est à portée du Qaire, de Damiette, et par les canaux, de Rosette et d'Alexandrie. La branche adrienne, ou *Khalidj*, redeviendrait un canal de navigation secondaire et une artère supplémentaire pour le service des biefs et pour l'arrosage. Le bief des lacs amers, situé dans le terrain le plus bas, pourrait avoir jusqu'à cinquante pieds de profondeur. L'eau s'y ressalerait par les sels du terrain et par la capillarité de l'eau des lacs; mais de temps en temps on viderait cette eau par un embranchement jeté au nord vers *Tinèh* (Peluse), et qui réaliserait la communication directe des deux mers. Cet appendice commencerait au sol des lacs amers par une écluse de fuite. Dans le bief des ouady, qui contournerait les lacs amers, la navigation pourrait durer huit mois. Celle du Nil ne dure pas davantage (d'août en mars) pour des barques bien moins grandes que celles de douze pieds de tirant que le canal pourrait porter. Le bief du golfe aux lacs amers aurait de l'eau douce toute l'année, mais avec des niveaux différents. Pendant l'inondation, l'eau se verserait dans la mer Rouge; plus tard, elle serait d'un niveau inférieur, mais encore assez profond pour permettre la navigation. Quelquefois ce bief pourrait recevoir par ses portes tournantes six à sept pieds d'eau de haute marée, qui alimenteraient des écluses de chasse et recreuseraient le chenal.

Le devis du coût fut joint à ce plan qui embrassait aussi le canal du Nil occidental à Alexandrie. Le prix total des travaux devait être de trente millions. Dix mille ouvriers pouvaient l'exécuter en quatre ans. La mobilité des sables n'avait pas arrêté les anciens, et n'est pas un obstacle sérieux pour les modernes; des plantations de broussailles, de bois et de gramen peuvent rendre les sables cohérents et productifs. L'eau douce permettrait de rendre à la culture plus de deux cent mille arpents de désert. Quinze mille arpents de terrain des ouady, évalués à six millions et en plein rapport, pourraient être, en attendant, concédés ou donnés en toute propriété à une compagnie qui avancerait les frais d'exécution du canal.

Ce plan a été en partie réalisé pour le canal d'Alexandrie, avec la transfiguration que l'intelligence et l'exécution devaient toujours faire subir à la science européenne. La nouvelle idée que d'autres Français ont portée en Égypte doit faire changer considérablement le plan du canal tel que Lepère le traça. Plusieurs ingénieurs réunis au Qaire vers 1832, et parmi lesquels on cite MM. Linant, Bruno, Enfantin, Lambert, présentèrent au pacha un plan de barrage qui, appliqué à la pointe du Delta, maintiendrait toute l'année le Nil au niveau qu'il acquiert dans les plus hautes eaux. Une chaussée solidement construite porterait deux déversoirs vers l'île et deux grandes écluses à sas vers les extrémités est et ouest. L'élévation du niveau se ferait sentir à huit ou dix lieues au-dessus du Qaire. Tout le terrain de ce parcours profiterait du bénéfice de l'irrigation. Le Delta et les régions de la Basse-Égypte hors des branches du fleuve y gagneraient encore davantage. Le Mahmoudié et Alexandrie auraient de l'eau plus abondante et plus renouvelée par le canal de Damanhour. A l'Orient, un canal pourrait vivifier les déserts, les ouady, bien au-delà des lacs amers, et envoyer à Suèz ample provision d'eau douce avec une navigation non interrompue. La dépense du barrage seul n'avait été estimée qu'à sept millions. Le pacha a entendu parler des habitudes des ingénieurs d'Europe dont les devis doivent toujours être multipliés par deux ou par trois pour donner le véritable chiffre de la dépense; il a aussi pensé à son grand âge qui ne lui permettrait pas de voir ce grand ouvrage fini, et il s'est contenté du profit qu'a pu lui rapporter le bruit fait en Europe par la nouvelle.

Les gens peu versés dans l'architecture hydraulique ont craint de voir les écluses obstruées perpétuellement par les boues et les sables d'une grande rivière. Elles n'ont pas fait attention que le jeu continuel de ces écluses, s'ouvrant, se fermant pour la navigation, maintiendrait une chasse. Les cultivateurs du Bas-Delta ont eu d'autres craintes. Dans le temps des basses eaux, le courant du Nil moins fort, son niveau plus bas laissent pénétrer les eaux de la mer. A Damiette, à Rosette, cet accident jaunit et tue fréquemment le riz. Dans beaucoup d'autres lieux voisins des déserts, la surface des terrains *charaqy*, c'est-à-dire ceux que la sécheresse condamne à la jachère et exempte d'impôts, augmente toujours pendant la décroissance des eaux. Les Fellah s'affligent toujours quand ils entendent parler d'un nouveau canal qui ne se dirige pas de leur côté. Tous ces accidents, tous ces griefs n'augmenteront-ils pas lorsque l'exhaussement du Nil permettra des saignées nombreuses, fortes et continues? Le temps et l'expérience répondront à cette question. La théorie proclame déjà la question oiseuse pour huit mois de l'année; elle est obligée d'admettre l'inquiétude pour les mois de mars, avril, mai et une partie de juin; car alors le petit bras du Nil est entièrement à sec à l'est de Roudha. De l'autre côté, vers Gizé, le grand Nil est un maigre ruban entre deux océans de sable.

Quatre heures après notre départ de Suèz, nous laissâmes à droite le château d'Ageroud ; Suèz et Bir-Suèz, que nous distinguions encore au loin, paraissaient nager au milieu d'un lac. Le mirage continuait à nous accompagner, comme dans le grand désert, vers le milieu du jour. Les *sant* ou *acacias* épineux et les renouées arborescentes sont les seuls arbustes qui croissent parmi le sable et les cailloux. Une jusquiame, herbe basse à feuilles très-charnues et à jolies fleurs violettes, tache quelques espaces d'une verdure très-gaie. Les corbeaux abondent, attirés par des carcasses de chameaux et par des chameaux expirants, qui, avec des squelettes du même animal, forment les jalons perpétuels des routes fréquentées. Celle-ci est non-seulement une voie commerciale, mais le chemin de la grande caravane de la Mecque. Je reconnus sur les rochers un oiseau blanc et noir, que je n'avais encore aperçu qu'aux vasques de Salomon ; c'est un merle de roche. Vers les quatre heures, nous fîmes halte dans de belles tentes, formant la première station de la poste indienne. Nous y trouvâmes une société cosmopolite : on y parlait anglais, indoustani, persan. Les interprètes alexandrins racontaient les merveilles de la voiture du sultan Ventura, qui avait roulé dans ce désert ; et avec non moins d'admiration ils redisaient ses convois de chameaux, comparables, peu s'en faut, à ceux qu'Amrou envoyait à Omar, et dont la tête touchait déjà à la Mecque pendant que la queue sortait à peine de Fostat ; ils comptaient les barchich de mille piastres, dont le magnifique général avait gratifié les chameliers !

6. — Le désert est toujours sec et nu. Vers les quatre heures, on a dressé les tentes dans une grande plaine, sur laquelle nous avons débouché après avoir laissé à droite une montagne assez haute. Au couchant, un arbre, qui

paraît grand et sec, se profile sur l'horizon. Il précède, dit-on, la deuxième tente et la maison rouge que nous n'avons pas eu la patience d'atteindre.

7. — Cet arbre, que j'ai entendu appeler gommier (samgha) et qui me paraît plutôt un vieux tamarisc, était à une lieue de nous et à une demi-lieue de *Dar-Alhamra*. Cette future auberge a déjà des fenêtres rouges qui lui ont fait donner son nom. Le rez-de-chaussée est déjà bâti. Les maçons y emploient un moellon que des pionniers arrachent à quelque distance de là, en raccommodant un ressaut du désert par où doit passer la route. C'est le seul point qui ne fût pas carrossable. Partout le sable est ferme et souvent il ne fait qu'une couche mince sur le rocher. Le désert est pierreux, les cailloux d'Egypte abondent avec de nombreux fragments de grès et de plus gros fragments de ces pétrosilex qui imitent le bois fossile. Dans une gorge également distante d'ici et de la vallée de l'égarement, M. Linant a découvert une carrière immense de ces pétrifications. Il y a des troncs énormes avec des rameaux et des racines, quelques-uns debout, penchés; la plupart couchés, entassés, roulant pêle-mêle comme une forêt que vient de ravager la hache des bûcherons. Les couches concentriques d'un dycotilédone, la surface raboteuse et la texture intérieure vous tentent de reconnaître le sycomore. L'organisation du palmier est plus rare ici; elle abonde dans la forêt pétrifiée de la vallée du fleuve sans eau et des déserts de Natroun. Le temps a dévoré la fibre liqueuse et a infiltré à sa place la molécule de Silice. L'arbre a disparu, mais il reste sa contre-épreuve moulée en agathe ou en caillou.

De onze heures à une heure après-midi, nous avons aujourd'hui comme toujours aperçu le mirage à l'orient; nous sommes à ce régime depuis Gaza. Une grande plaine le produit infailliblement même dans cette saison : un objet relevé à l'horizon, un rocher, un arbre, une maison, le rendent plus visible et plus curieux. Du voisinage d'Ageroud nous apercevions les minarets de Suèz et leur image renversée dans le *Serab*. Pendant l'été, dans les plaines de la Camargue, le même phénomène se produit quelquefois ; mais il suffit de regarder attentivement l'atmosphère à quelques pieds au-dessus du sol, pendant une journée très-chaude, même dans des plaines moins grandes et moins méridionales que la Camargue pour apercevoir la moitié du phénomène et pour en comprendre la totalité. La terre, réfléchissant la chaleur du soleil, échauffe les couches d'air les plus basses, qui montent et sont remplacées par d'autres plus froides et plus pesantes. Cette différence de densité suffit pour rendre l'air visible et faire distinguer le combat, l'ébullition de ses ondes. Maintenant, que cette couche, au lieu d'avoir un quart de lieue d'épaisseur, ait trois et quatre lieues ; d'incolore visible, elle deviendra successivement demi-transparente, opaque comme un nuage, puis enfin opaque et dense comme l'eau et comme elle capable de faire miroir. Dans le *Serab*, ces régions diverses, ces plans successifs se distinguent avec un peu d'attention. En avant et au-dessus de la nue miroitante on aperçoit une ébullition incolore qui donne aux ondes du faux lac l'apparence d'un fort courant et même d'une tempête. Ce mouvement, ainsi que la réflexion, est rendu beaucoup plus apparent par la rencontre d'un point fixe et opaque à l'horizon. On peut s'en faire une idée lorsqu'on cherche à distinguer une pluie fine dans l'air. On n'aperçoit nettement les gouttelettes que lorsque le rayon visuel s'arrête sur un objet ombré ou foncé.

Vers les trois heures, nous passons en vue des grandes dunes de sable près desquelles tourne la route du *Birkèt el Hadj.* C'est par là que la caravane de la Mecque vient de son rendez-vous général joindre la route de Suèz. Ces dunes ont un profil aussi tranchant que celle que nous traversâmes à notre dernière journée avant la mer Rouge. A quatre heures, nous sommes à la troisième tente de la compagnie des Indes. Trois jours de marche, et le Qaire ne se voit pas encore, il nous faut une troisième nuit coucher au désert! Heureusement l'eau du Nil est ici, quoique le fleuve et ses eaux soient encore loin. Les préposés de la tente nous en vendent quelques bouteilles qui nous paraissent plus précieuses que le meilleur vin, quoi qu'elles soient un peu moins chères. Demain, s'il plaît à Dieu, nous en boirons gratis en déjeûnant chez nous. Une caravane pesamment chargée qui vient camper près de nos tentes nous assure être partie du Qaire aujourd'hui même à midi; nous n'en sommes donc qu'à quatre heures, et cette nuit nous nous leverons avec le clair de lune.

8. — Levés à quatre heures pour partir à cinq, nous jouissons de la magnifique nuit de ce pays, au milieu d'une plaine sans limites, où de toutes parts le cercle de la terre touche à la voûte étoilée. Deux coups de fusil que, Dieu merci, je n'ai jamais eu à décharger contre des hommes pendant tout le voyage de Syrie, donnent le signal du départ, et le soleil nous trouve en route depuis deux heures, soleil classique d'Egypte, avec juste de nuages cendrés ce qu'il en faut pour l'encadrer et le rehausser de pourpre au moment où son disque se détache de la terre. Vers les neuf heures, nous reconnaissons à droite Khauca et Abouzaabel. Le désert est un plateau qui domine beaucoup l'Egypte orientale et le Delta. Vers ce point aussi se rencontrent quelques pas mauvais pour une voiture; nous y trouvons les travailleurs dont on nous parla hier. De petits chariots traînés par des hommes ou des chevaux transportent les

pierres à dar *El-Hamra*. Ce travail procure un double bénéfice. Vers dix heures nous apercevons Schoubra : la vallée du Nil est couverte de vapeur. Vers onze heures, je reconnais la coupole du mausolée de Malek-Adel, et bientôt après toute la ville du Qaire, métropole pontificale coiffée d'une mitre énorme formée par les deux pyramides de Gizé. Nous sommes à Bab-el-Nasr à midi et dans notre domicile à une heure.

La maison est propre, nos domestiques poussent des cris de joie; il nous semble que nous allons boire, manger et coucher proprement. Nous oublions de boire, de manger; nous anticipons l'insomnie pour la nuit. Une lettre a brisé le cœur d'une mère. Que de morts en si peu de temps ! En Syrie, Martens, Méchain; ici, Moukhtar-Bey et le cophtologue Dujardin ! La nuit est orageuse; le tonnerre, les éclairs, la pluie, accidents rares; accueil solennel et terrible que nous fait le ciel du Qaire ! Mes lettres sont encore à Alexandrie, et si elles doivent m'apporter quelque sinistre nouvelle !... Pensons en attendant aux pauvres Bédouins, aux voyageurs du mont Sinaï, d'Akaba et de Petra, qui, depuis plus d'un an, imploraient la pluie ! Maintenant le sable va se couvrir de verdure et l'eau douce abondera dans les fontaines et dans les puits du désert.

12. — Le père révérendissime nous a honorés de sa visite; il fait sa tournée des couvents d'Égypte, après être arrivé de Jérusalem par la route d'El-Arich et Salahiéh. Le père, président du couvent du Qaire, m'a appris que M. Dujardin avait succombé, dans le couvent même, à une dissenterie rebelle aux soins de toute la Faculté et aux soins du malade lui-même qui avait été un médecin fort instruit avant de devenir philologue. Dans la journée j'ai entendu parler encore de lui chez le colonel Varin-Bey, où chaque semaine se réunissent plusieurs notabilités fran-

çaises de passage ou de séjour au Qaire, M. le consul Tippel, M. Lubbert, ancien directeur de l'Opéra, et aujourd'hui conseiller de l'Université égyptienne ; deux savants orientalistes, M. Fresnel et mon cher condisciple Perron, M. Thibaudier, officier d'artillerie, directeur de la manufacture d'armes du pacha, M. Machereau, dessinateur, musicien, mime incomparable, Parisien aimable et gai, artiste plein d'esprit et de bonté, qui a fait payer un peu cher à sa patrie le tort, hélas! trop commun de l'indifférence et de l'ingratitude.

L'école de cavalerie, commandée par Varin-Bey, est à Gisé ; je m'y suis rendu en traversant le jardin d'Ibrahim-Pacha, qui est vert comme au printemps ; l'autre moitié de l'île de Roudah était verte aussi et couverte de rosée. Le grand Nil était couvert d'un brouillard qui voilait Gizé : les sycomores, tout cotonneux de brouillard et de rosée, étaient criblés par les rayons du soleil. Après quelques minutes de navigation, Gizé et l'école de cavalerie m'ont apparu tremblottants et agrandis par la vapeur. Cette jolie scène d'hiver et de climat froid m'a fait presque autant de plaisir que le serab de Suèz ; ce mirage réfracté, que le mirage par réflexion.

M. Dujardin avait attendu les malades dans un cabinet où il se livrait assidûment à l'étude ; il ne les poursuivait ni par des annonces de remèdes nouveaux, ni par des intrigues dans les familles, ni par des concordats avec des pharmaciens, ni par des obséquiosités auprès des praticiens en renom ; aussi les malades n'arrivèrent pas, et le docteur-médecin pensa à devenir docteur ès-lettres. La misère que Dujardin avait soufferte comme médecin, il la souffrit comme homme de lettres, la misère, double malheur pour l'homme et pour le talent : elle aigrit le cœur, dérange et fausse l'esprit. L'humanité qui vous fait paria quand vous

vous sentez là quelque chose qui honorerait elle et vous, ne peut être jugée sans rancune. Le travail imposé par le besoin quotidien de manger, se trouve rarement sur la ligne des goûts nobles, des pensées larges; celles-ci ont besoin d'indépendance et de recueillement, elles s'élaborent avec lenteur, elles sont rebelles au cadre vulgaire des programmes académiques, à la précipitation du journalisme.

Dujardin, tel qu'on le vit arriver au Qaire, était un homme désenchanté, amer, niant le talent de tout le monde, et toujours occupé d'arranger sur cette ligne d'idées, quelques noirceurs spirituelles. Dans le commerce plus intime il se montrait découragé du travail, mais non pas de la vie, avide du lot d'émotions et de jouissances dévolues à une âme compréhensive et frustrée, pressé de s'arranger une vie de bien-être et de vanité; peu cérémonieux envers les autres, mais exigeant pour lui-même. Il fit peur à presque tous ses alentours, même aux hommes atrabilaires, aux gens secs d'esprit et de cœur qui avaient d'abord goûté ses sarcasmes. Le corps n'avait pu se maintenir robuste pendant ces profonds ravages de l'âme. Dujardin, qui avait à peine quarante ans, en paraissait plus de cinquante. Les maladies qui d'ordinaire n'attaquent les étrangers qu'au bout de six mois ou un an de séjour le frappèrent prématurément, et ne tardèrent pas à l'anéantir.

MOYENNE ET HAUTE ÉGYPTE.

5 janvier 1839. — Le solstice d'hiver est le vrai moment pour remonter le Nil qui est encore plein et balayé par des vents du nord. Nous sommes un peu attardés par les affaires qui nous rappelaient au Qaire et par la difficulté de trouver des barques. Les Russes et les Allemands se joignent aux touristes anglais; cette concurrence rend les barques rares et chères. Hier seulement, j'ai pu conclure marché avec un reïs qui demande plusieurs jours pour creuser un *fesqié* dans la chambre, compléter les aménagements et refaire à neuf les peintures. La chancellerie consulaire a rédigé en double expédition notre contrat, et j'ai soldé d'avance un mois complet.

8. — L'*asr* est le moment intermédiaire entre le midi et le coucher du soleil ou Mogreb. C'est à l'Asr que nous sommes arrivés à l'embarcadère de Qasr Doubara. Notre bateau est resplendissant de peinture fonds vert-pré, semé de roses soucis et pavots, ou plutôt de fleurs fantastiques, ponsifs, traditionnels et dégénérés, depuis que l'art a passé des mains grecques aux mains sarrasines. Quatre jours n'ont pas suffi pour sécher ces magnifiques barbouillages qui poissent encore et salissent nos effets. La grande cabine tient deux lits assez larges, séparés par une ruelle dans laquelle un homme de haute taille peut se tenir debout; c'est cette ruelle que la langue métaphorique des charpentiers a comparé au bassin ou canal d'une fontaine et nommé pour cette raison *fesqié*. Les parois de la cabine le long des lits, sont garnies de tablettes, d'étagères, de crampons, de clous où l'on arrime les instruments de physique, thermomètres, lunettes, les armes, les munitions de guerre et de chasse, les livres, les cartons, les papiers, les portefeuilles à dessin, passe-temps intellectuels, provisions pour l'âme, dont ce semble nous aurons à faire une aussi grande consommation, que de provisions matérielles.

Quand nos chameaux ont été déchargés, nos effets installés et classés, le reïs s'est souvenu qu'il avait oublié ses rames à Boulac, et probablement aussi qu'il avait à faire ses adieux à l'un de ses cinq ou six ménages, car tous ces reïs sont grands patriarches. Il a donné ordre à l'équipage d'aller à la cordelle jusqu'au vieux Qaire en face de la tête de l'île Roudha, que nous n'avons atteinte qu'à cinq heures et demie. C'est un triste échantillon de la marche à vent contraire, et l'on nous dit que ce vent dominera maintenant jusqu'à l'été.

On l'appelle Merisy; il souffle de tout l'hémycicle austral, en commençant par l'orient et finissant par l'occident, comme le soleil qu'il suit pas à pas. Les savants du pays ne donnent pas une étymologie admissible du nom qu'il porte; un Arabe de Mascate que j'ai rencontré au Qaire ces jours passés, faisait bravement venir le merisy de l'île Maurice. Ce philologue aura été reçu membre de quelque académie, pendant les missions diplomatiques qu'il vient de remplir en Angleterre et aux Indes britanniques. Il n'est pas sans savoir que Bourbon et Maurice s'appelèrent d'abord Mascaraignes; mais Mascaraignes ausi bien que Maurice, peuvent selon lui, donner le relatif merisy. Klaproth a fait beaucoup d'étymologies aussi satisfaisantes.

9. — L'odeur de la peinture a réveillé plusieurs fois les hôtes de la cabine, qui ont dû ouvrir les fenêtres pour renouveler l'air. Levé à sept heures, je vais me promener sur les Koum du vieux Qaire d'où je vois Gizé et les Pyramides : les premières lueurs du soleil font distinguer le grand sphinx et même les pyramides de Saqara. Un entrepôt de gellabins ou marchands d'esclaves, est ici près du port: plusieurs esclaves noires accroupies autour d'un feu de paille et de *guillé* (fiente de vache pétrie avec un peu d'argile) se chauffent les mains et les genoux pendant que le reste du corps à-peu-près nu, grelotte de froid. Le reïs n'est arrivé qu'à midi et l'on a tiré la cordelle jusqu'à Toura que nous avons atteint au Mogreb. Toura possède une école d'artillerie dont le premier instructeur est un officier français fort distingué, le commandant Bruno; je suis allé passer la soirée chez lui, il ne sait pas plus que moi des nouvelles de notre ami Lambert, ingénieur en chef que le

pacha a emmené à visiter les mines d'or de Fazouglou.

10. — Un autre ingénieur, un Anglais, M. Perrin, dirige à Toura les travaux d'un chemin de fer pour les anciennes carrières. Le rail-way est complet, long de plus d'un mille et à double voie. Pour s'en servir en toute promptitude et commodité, il faudra construire un quai, un embarcadère calculé pour toutes les hauteurs du Nil. Les hommes manquent pour ces travaux ; ils ont fui, craignant d'être pressés pour aller aux cataractes que le pacha veut absolument faire sauter, malgré les représentations de M. Linant.

Tourah est l'ancienne Troja, colonie grecque dont on a voulu reculer l'origine jusqu'à la dispersion des Troyens d'Asie après le fameux siége de leur capitale, mais qui a déjà une antiquité assez reculée en lui donnant pour fondateurs les Grecs appelés en Egypte par Psammeticus. Tourah est vis-à-vis l'emplacement de Memphis, dont les nécropoles impérissables sont marquées par les pyramides de Gizé, de Saqara et de Dahchour. Elle était à trois lieues de l'ancienne Babylone, à six lieues d'Héliopolis, entre lesquelles se sont entassés Fostad, Qataya, le Qaire. Il serait difficile de trouver sur la terre un autre point où le temps et l'espace aient condensé tant de grands noms, tant de métropoles !

Les carrières de Tourah sont ornées de plusieurs sculptures égyptiennes, et de quelques stèles où Champollion a lu les noms des pharaons, des rois perses, grecs et des empereurs romains qui firent exploiter la pierre calcaire pour bâtir ou pour réparer tous leurs édifices. Les deux grandes pyramides de Gizé, vues de la montagne de Tourah, ont une physionomie toute nouvelle, parce qu'elles sont séparées même à leur base, et ne reproduisent plus cette mitre que l'œil des voyageurs arrivant du nord ou de l'est aime à saluer comme l'emblème religieux et héliaque de l'Orient.

De ce point aussi l'on distingue fort nettement les nombreuses pyramides de Saqara, dont la première est taillée à grands degrés. Les deux de Dahchour, qui sont moins célèbres que celles de Gizé, quoi qu'elles soient presque aussi grandes, font à l'horizon une très-belle figure, surtout lorsque le soleil se couche derrière elles, comme nous en avons eu le spectacle à l'heure où nos mariniers ont amarré la barque. Ces deux montagnes de pierre sont séparées par une colline brune, reste d'une pyramide en briques crues. La chaîne libyque invisible est remplacée par un bandeau de nuages gris derrière lequel le nakarat du couchant se relie à l'immense voûte du ciel, et sur lequel le rivage du Nil découpe sa silhouette ciliée de palmiers.

11. — Le vent toujours debout nous a laissés à notre marche lente à la cordelle jusque vers l'Asr. J'ai profité de la fraîcheur du matin pour faire un tour de chasse vers les villages d'Abourgoua et de Dahchour. La pyramide du sud a le profil d'une tente, les arêtes sont un peu courbes vers le milieu; la base est fort endommagée. Celle du nord a une base bien conservée et des arêtes parfaitement droites. Les ruines de la moyenne sont un gros tas de boue sèche et noire dont la masse brave encore les siècles auxquels la matière n'a pas résisté. Vers le Mogreb, nous avons atteint une région du fleuve où les bords très-bas permettent de jouir de toute la campagne depuis Dahchour jusqu'à Gizé. On compte neuf pyramides de Saqara entre celles de Dahchour et les deux beaucoup plus distantes et un peu nébuleuses de Gizé. Nous étions à-peu-près à la même distance au sud que l'est au nord Achmounein, lieu fameux du Delta, comme point d'où l'on commence à apercevoir les grandes Pyramides. D'Achmounein on monte vers elles et elles paraissent plus hautes; d'ici on les domine, et l'on

a près de soi d'autres objets de comparaison qui les rivalisent ; mais la réflexion aidant l'optique, l'œil et l'esprit comprennent leur immensité.

Maintenant le ciel et l'eau ne sont séparés que par deux étroites bandes de terre. Ce grand fleuve presque endormi et mirant la grande nappe azurée ; le disque d'or s'atterrissant derrière les palmiers et faisant place à une lueur molle et vaporeuse ; l'horizon n'offrant au lieu de feux durs qu'une laque violet safrané ; les béchots, les courlis, les canards siffleurs, les hérons, les fellahs avec leurs bœufs, buffles, chèvres et chameaux, leurs cris, leur mouvement, leur babil, qui semblent ne pas interrompre le silence ; notre barque glissant sur l'eau pendant que l'horizon se fonce, et que les premières étoiles paillettent au levant : tout cela donne une sérénité indicible au paysage et au crépuscule que l'hiver rend fort long. Combien je plains le voyageur que ces scènes ne dédommagent pas suffisamment des fatigues et des ennuis du voyage ; celui que le premier piaffement de son cheval, le premier balancement de son vaisseau, de sa barque, ne remplissent pas d'une délicieuse émotion !

12, 13, 14. — L'eau du Nil donne plus de patience que celle du puits de Job : il faut s'estimer heureux lorsque dans sa journée l'on avance d'une lieue sur le méridien, même en ayant dans quelques coudes le secours du vent merisy. Les longues promenades que l'on a le temps de faire à terre éparpillent aux objets immédiats l'attention que l'on voulait garder pour des objets plus importants et plus éloignés. Oakf est un village de la rive gauche derrière lequel s'élève un grand marabout qui, par la solidité de ses matériaux et son volume, fait l'effet d'une pyramide.

Les fellahs ont préparé près de là de grandes lignes de *doura* sec pour protéger contre le froid du nord de jeunes plantations de pastèques et de courges. Le froid ou le vent sont sans doute plus à craindre de ce côté. Pour le moment, l'un et l'autre semblent venir du midi, car le merisy fait ici l'effet du mistral en Provence. Ce matin, le thermomètre marquait 5 au lever du soleil. Dans le jour, il marque 9 à l'ombre et 15 au soleil. Cela n'empêche pas nos mariniers de se jeter à l'eau chaque fois que le *Leban* se casse; et chaque matin le bord de la rivière est garni de fellahs qui se baignent, ou au moins se lavent en plongeant dans le Nil. Quelles peaux que celles qui supportent ce froid et les 45 degrés de la piscine de Tibériade!

15. — Nous avons passé la nuit devant un couvent cophte appelé Deir Almamoun. Lui aussi a l'apparence d'une forteresse : des murs hauts, forts et en talus. C'est un poste avancé des couvents de Baqara. Les Musulmans du village voisin ont élevé autel contre autel. Deux gros marabouts rivalisent de volume avec le Deir, et sont perchés sur un terrain beaucoup plus élevé. Je les considérais de l'autre côté en foulant le regain d'un champ d'indigo et poursuivant un oiseau qui commence à descendre vers la Basse-Egypte, et qui est d'un plumage aussi glauque que la feuille de l'indigo. C'est le pluvian, nommé par quelques Européens hirondelle de la mer Rouge. Il porte au cou et sous les ailes une bande noire qui complète le demi-deuil de sa robe. On le rencontre toujours par paires; mais ses mouvements continuels permettent rarement de les accoupler dans le tir.

En rentrant à bord, j'ai trouvé le reïs en grande colère contre les Barberins. Ceux-ci font un état dans l'état : ils ont un langage à part, un caractère à part, une cuisine à part. Au Qaire, les Barberins ont le monopole des portes des quartiers; ils sont domestiques, saïs. Ils passent pour amis de leurs devoirs, laborieux, peu voleurs. Ce qui est vrai, en général, et prouve une intelligence et une dignité supérieures à celles du fellah. Sur la rivière, ils sont ouvriers adroits et infatigables, mais un peu brouillons. Ils portent un poignard du Sennar suspendu au-dessus du coude gauche par un bracelet de cuir. Quand ils retroussent leurs grandes manches pour une manœuvre, on voit cet appendice un peu moins offensif que celui des Mahrattes. Ceux-ci, quand ils vont les bras nus dans quelque expédition aventureuse, portent un poignard fixé à l'avant-bras et faisant saillie au coude en prolongement de l'apophiseolécrane, comme l'éperon du camichi d'Amérique et du tringa dominicain fort commun au bord du Nil. Le coudoiement est alors leur geste offensif et défensif.

Nos Barberins abandonnaient souvent le *Léban* pour aller courir dans les villages, pour aller fourrager dans les champs d'oignons, de Fénugrec (Helbè), de Carthame, qui, jeune, a le goût de toutes les chicoracées édules. Le reïs en ayant surpris un en flagrant délit, l'a grondé et frappé de son tuyau de pipe. Celui-ci s'est fâché et a menacé le reïs. Plus tard, étant au *Léban* dans une île de sable et grondé encore, quoique de loin, il s'est enfui avec ses camarades et nous a laissés dans l'embarras pour passer un bas-fonds à la perche. Le soir, quand l'amarre a été plantée en terre, les rebelles sont venus prendre leurs effets, et un quatrième Barberin a profité de l'occasion pour s'en aller. Il a fait semblant de se blesser de l'accusation générale lancée par le reïs contre les voleurs qui la nuit auraient brûlé notre charbon. Ces gens frileux se seront fait fête de notre provision. Le timonier est plus honnête. Il est mangeur d'opium, et sa provision est épuisée. Il a eu l'idée d'y suppléer par notre vin et nous en a demandé un peu. Je l'ai refusé pour ne pas encourager lui et d'autres à en boire avec ou sans ma permission.

Pour tempérer la rigueur de ce refus, je voulais régaler l'équipage d'un peu de poisson. Nous longions les gourdes vides qui suspendent le grand filet des pêcheurs. Le poisson abonde dans la bateau de réserve ; mais il n'a pas été possible d'en obtenir. Ces pauvres gens sont soumis à une étrange servitude. Ils viennent pêcher jusqu'ici pour approvisionner le Qaire, et nous savons par expérience que ce chemin ne se fait pas rapidement. Ils sont absents déjà depuis six jours ; s'ils tardaient encore deux jours à paraître avec leur réserve pleine, ils seraient passibles d'une forte amende, parce que leur nazir (inspecteur) supposerait qu'ils ont vendu ailleurs. Je dédommagerai l'équipage avec un mouton. Nous sommes à un *bender* (port et marché), nous avons atteint la première ville que l'on trouve depuis le Qaire, *Beni-souief*, bâti sur l'emplacement de l'ancien Ptolémaïdon.

16. — Cette soi-disant ville ressemble parfaitement à un village. J'en ai fait le tour pour chercher la chaîne qui sépare *Bahr-Jousef* et le *Fayoum* de la vallée du Nil. Cette chaîne est invisible. La plaine à l'ouest et au nord, s'étend à perte de vue. Il est vrai que la matinée était un peu vaporeuse. Nous avons perdu un peu de temps en négociations avec les fugitifs qui sont venus demander grâce en voyant fumer la grande marmite où cuisait le mouton. Vers 5 heures, le bateau était en face de *Djebel-Roukham*, échelle de la carrière d'albâtre oriental, exploitée maintenant par le pacha. Cette carrière est à trois journées à l'est pour les chariots à 4 bœufs. Au bord de l'eau sont dressés les treuils et les grues pour l'embarquement des gros blocs dont la terre est semée.

17. — Pendant que le bateau longe un grand tournant qui vient après l'île de Baranga, on peut suivre à pied la corde de cet arc et aller à Biby. Il s'y tient le jeudi un

marché fort animé où nos gens ont acheté un agneau et des cannes à sucre. Les montagnes lybiennes y envoient des échantillons de toutes leurs tribus bédouines qui sont moins basanées que celles du désert arabique, parce qu'elles se croisent incessamment avec les populations mogrébines.

18. — En face de Féchen la montagne arabique est fouillée par le courant du fleuve; les barques passent du côté opposé pour éviter les roches semées sous l'eau. La ville, que nous n'avons vue que de son échelle, est petite et bâtie de boue, excepté une mosquée, un soi-disant sérail et un marabout qui blanchissent au milieu des mimosa et des palmiers. Les minarets, mêlés à ces arbres, produisent de loin leur effet accoutumé; de près nous savons quel serait le désenchantement. Le tabac est au nombre des cultures du lieu et de la saison. Le sol, abandonné par l'eau depuis quelques jours et fendillé en échiquier, permet d'enlever en quinconce une série de glèbes carrées; au fond du trou laissé par elles la plante est humide et abritée du vent et du froid. On trouve aussi au bord de la rivière, mais sur des berges plus hautes, de rustiques établissements d'indigoterie composés d'une série de vases maçonnés au voisinage d'un fourneau.

Au Mogreb nous avons dépassé la pointe de l'île : la rivière est large; le fer à cheval de la rive droite que nous voyons en plein est couvert de verdure et semé de quelques dattiers appuyés ici sur le calcaire feuilleté de la montagne arabique, là détachés sur un ciel parfaitement cendré et laqué. Nous sommes seuls, le vent a cessé, l'eau est immobile, le croissant argenté du quatrième jour de la lune a remplacé au couchant le disque du soleil. C'est dans un désert plein de cette magnificence que le cœur des premiers chrétiens pouvait aisément s'exalter, se féconder par la réflexion : les belles nuits des pays tropiques ont été assez célébrées ; on n'en a pas assez admiré les crépuscules !

19, 20. — Voilà deux jours de suite que le thermomètre au soleil levant marque 1 1|2 au-dessus de 0 ; la surface de l'eau fumait comme par une haleine rendue visible, mais à deux pieds d'élévation la grande sécheresse de l'air avait dévoré cette vapeur. Ce froid, attesté par le thermomètre, ne causait pas à ma peau une sensation égale à celle d'un froid de huit degrés en Europe ; c'est probablement que l'air était parfaitement exempt d'humidité et de vent et que ces deux éléments ajoutent beaucoup à l'action physiologique du froid. Au milieu du jour la chaleur devient presque insupportable ; le soleil brûle le bois de nos cabines, le thermomètre y monte à 18. Dehors, les hommes employés à la manœuvre n'ont que leur caleçon ; les mariniers du *Leban* sont presque nus. Un sculpteur se complairait à remarquer les attitudes diverses et la belle musculature de nos tritons bronzés. Le Barberin Aly, qui est taillé en Apollon maigre, m'a plus d'une fois rappelé le gladiateur, en réalisant, appuyé sur sa gafe, le jeu de muscles que cette statue a supposé : l'effort universel est impossible sans un appui autre que celui des jambes.

Aly et les Barberins ses frères nous ont fait des adieux définitifs au village de Malatié, où l'équipage s'était arrêté pour déjeûner. Le reïs a refusé de leur avancer quelques piastres pour acheter du pain, et l'on s'est séparé après des colères bruyantes, de longues et inutiles explications. Ces déserteurs ont été remplacés par des cophtes au village de *Meghara*, fameux dans tous les environs pour les briques qu'on y manufacture. Les fours sont établis sur la berge, au bord de l'eau, pour faciliter l'embarquement ;

l'édifice est tout en brique crue dehors et dedans, les voûtes ogives des fourneaux, les murs extérieurs; ceux-ci sont à peine atteints par la chaleur et ne perdent pas leur teinte fauve, c'est-à-dire qu'ils restent crus. Les tiges de doura, seul combustible employé à la cuisson, ne donnant pas un feu assez intense pour étendre si loin son action; les briques les plus voisines du foyer, et qui sont devenues les plus rouges, restent toujours friables et mal liées; c'est une industrie en décadence comme toutes les autres. Il y a quelques siècles l'Egyptien savait faire des briques demi-vitrifiées, telles que l'on en voit encore dans les anciens édifices turcs, et notamment telles que nous en avons remarqué dans les maisons de Damiette. La boulangerie de *Meghara* n'est guère supérieure à sa briqueterie : l'équipage n'y a trouvé à acheter que des *gargousch*, pains plats de doura, mêlé de fenugrec; le goût en est sec, puis fade, puis amer.

21. — Le merisy, qui toute la nuit a soufflé de l'est, donnait ce matin un piquant cruel à un froid de 5 1|4. Il retardait tellement la marche des hommes qui nous hâlaient, qu'à onze heures nous avions à peine atteint le village de Charaouni, entouré de champs jaunes de navette (felgem). Vers deux heures, nous avons fait connaissance avec une de ces tempêtes sèches, décrites par M. Dubois-Aimé : un vent capable de courber le tronc des palmiers soulève des tourbillons de poussière, obscurcit la rivière sous des nuées de sable. Le ciel est couvert de nuages qui doivent crever sur la Basse-Egypte et même sur les hautes cimes des montagnes arabiques et lybiques. Ici ils ne laissent échapper que de rares gouttes de pluie. Le vent, qui a fait rapidement le demi-tour du cercle, serait bon pour nous, mais sa violence nous ferait chavirer avec la moindre

voilure. Nous nous amarrons au rivage, en face d'Abou-Djirgé. Dieu veuille que cette crise soit la fin des vents contraires qui règnent depuis un mois.

Dans un moment de calme trompeur nous nous lançons à la voile. Le reïs me concède de ne déployer que la trinquète. Elle suffit effectivement pour nous faire filer très-vite. Mais tout-à-coup le vent souffle par raffales; il se renforce au point de soulever des vagues et de nous faire donner une bande à recevoir l'eau par tribord. Je donne l'ordre de regagner la terre. Vers la rive gauche que nous avons quittée et qui nous abritait si bien, c'est impossible. La rive droite est pleine d'écueils. Il faut dépasser la pointe d'une île après laquelle on ose s'approcher de terre. Le vent y pousse de reste; mais la rive descend en pente douce couverte de forts brisants, et notre quille touche et ressasse pendant que les vagues, devenues dignes de la mer, déferlent et nous inondent. Les mâts et les vergues craquent et se plient; la trinquète lâchée d'écoutes flapotte longtemps avant qu'on ait pu la serrer. Les palmiers de *Gharabië*, près desquels nous sommes échoués, s'échevèlent vers la chaîne arabique. Nos hommes, plus courageux que je n'aurais cru, contre un danger qui leur est sans doute familier, se mettent à l'eau pour amarrer la barque; puis ils vont tranquillement au village acheter le pain de leur souper. Les hérons qui, à ce qu'il paraît, pêchent mieux en eau trouble, s'approchent de nos parages, oubliant leur circonspection accoutumée.

Entre les précautions prises pour protéger la barque amarrée, il faut compter la conversion du *felk* en *segalé*. Le felk est un demi-tronc de palmier qui sert de pont pour aller à terre. Pour en faire le *segalé* (corruption du mot *scala*), on l'attache par ses deux extrémités et on le fait flotter le long du bord du côté du vent. Il agit très-peu, comme bélier, contre le bordage, et parvient par ses mouvements et son interposition à décomposer le choc des lames.

22. — Deux heures après le Mogreb, la tourmente étant finie, l'eau redevenue unie, l'air tranquille, le ciel serein et éclairé par la lune au zénith, les mariniers redéployèrent la voile pour regagner leur chère rive gauche. La droite, serrée de près par la montagne arabe, les fait toujours rêver d'écueils. La voile portant fort peu, les gafes aidèrent son effet avec l'accompagnement ordinaire de litanies, tantôt religieuses, tantôt comiques. Ces prières, ces chansons, ces cris soutiennent l'effort corporel en lui donnant le secours et la collaboration du moral. Le principe pensant excite le principe vital. Le merisy, qui garde sa violence pendant trois jours, a commencé aujourd'hui par le sud, puis est passé au sud-ouest, mais ses raffales ne nous ont pas permis de larguer les voiles. Elles nous poussaient un peu pendant que nous marchions à la cordelle. Les rochers de la rive arabique qui continue à baigner dans le fleuve, se profilent sur l'horizon avec des apophises simulant parfois des ruines pesantes comme celles qu'on doit maintenant s'attendre à trouver partout. Nous couchons en face du village de Galossa, gros bourg où un régiment de cavalerie tient garnison. Nous y achetons pour remplacer notre charbon, un peu de bois de sant (mimosa). Le bûcheron qui nous le vend s'est servi de sa hache pour se couper l'index de la main droite. Tous nos jeunes mariniers sont mutilés de la même manière pour échapper au nizam de leur pacha.

23. — La montagne arabique continuant à surplomber le fleuve, se relève à une hauteur de plus de cent mètres vers *Gebel etteir*. Un couvent cophte perché sur sa cîme puisait autrefois de l'eau par une de ses fenêtres, sous la-

quelle le sable s'est maintenant accumulé. Le nom de couvent de la poulie dure encore, le roc coupé à pic est déchiqueté en petits trous maintenant couverts d'oiseaux (Cormorans); les religieux y ont taillé des escaliers par lesquels un Cophte s'est hâté de descendre et de se jeter à la nage pour venir nous demander quelqu'aumône. Il était grand et admirablement musclé, nous lui avons offert du poisson que nous venions d'acheter: il a préféré un peu d'argent qu'il a mis dans sa bouche. Un autre allait se jeter à l'eau: la voix du nageur l'a retenu par notre conseil; les gens d'en haut nous ont demandé combien nous lui avions donné, sans doute, pour contrôler sa déclaration. Un peu avant *Gebel etteir* nous nous étions arrêtés à l'échelle de Samalloul, gros bourg bâti sur un Koum avec un fort grand minaret qui rappelle la campanille de Pise comme ses frères du Qaire. En face et de l'autre côté de l'eau, on voit les restes d'une carrière antique nommée *Istabel Antar*, *l'étable d'Antar*, nom générique de toutes les ruines. Le roc est taillé en grand paravent avec quelques ouvertures qui doivent conduire à des excavations. Le vent tourné au couchant a enflé nos voiles et nous avons atteint le village de *Tahna* où Ibrahim-Pacha a établi de grandes cultures de cannes à sucre: une cinquantaine de *Chadouf* appareils d'arrosage au moyen de seaux sont inactifs au bord de l'eau, car maintenant les cannes sont récoltées.

24. — Nous avons rencontré plusieurs barques qui en portent des masses hautes comme des montagnes, vers Bayad et Raramoun où sont établies les sucreries; quelques barques presqu'aussi grandes descendaient le fleuve: elles étaient chargées d'esclaves noirs des deux sexes. Les *Gellabin* (importateurs) s'étaient arrêtés au *Bender*, de Miniè. Cette ville est hideuse comme à l'ordinaire: les quais sont absents; plusieurs pignons de maisons, plusieurs angles

de mosquées arrivent jusqu'à l'eau et empêchent le passage du piéton; le marché est dépourvu de tout excepté de quelques dattes, de *Guillé* et d'esclaves. Un régiment était campé dans la campagne voisine; un officier est venu nous parler des dangers du voyage, de voleurs qui infestent la terre et le fleuve. Je leur ai demandé à quoi servait la force armée du Pacha?... Le Nil fait à dater de Minié un coude de deux lieues vers l'est au village de *Saouadé* où nous arrivons au Mogreb et où nous trouvons abondance de cette excellente crême de buffle qui, tous les jours, accompagne si bien notre thé ou notre café Mokha.

25. — C'est ici proprement que commencent les antiquités poursuivies par la curiosité des voyageurs. Saouadé a des carrières et des hypogées. Beny-Hassan, qui est tout près, a les fameuses colonnes doriques primitives, les tableaux de chasse et les scènes de la vie privée, œuvres antérieures dit-on à l'expulsion des pasteurs. Puis vient Antinoë, le puits de Manfalout, les catacombes de Siout, etc.; mais les vents contraires font perdre tant de temps dans la Moyenne-Egypte et l'on a tant peur de s'attarder jusqu'au printemps, que l'on se résigne à ne regarder les antiquités qu'au retour. En montant on veut toujours marcher, et surtout quand on a un peu de vent favorable. C'est précisément aux approches de Siout que le merisy cesse. Jusquelà on s'était imaginé que la chaleur du désert méridional chassait vers le nord les courants qu'on voyait accompagner le soleil dans sa course. Maintenant il faut substituer l'hypothèse de la pompe aspirante à celle de la pompe foulante. La chaleur de la zône torride fait un vide qui aspire les courants que le rumb septentrional va fournir. La configuration de la vallée, la position de quelque chaîne dans la Lybie et dans le désert arabique, expliqueraient peut-être cette apparente contradiction; montreraient dans la chaîne

lybique, qui se hausse et s'approche du Nil, la cause et le point du partage d'un courant unique venant du Sahara au nord ouest.

Le vent s'étant levé fort tard aujourd'hui j'ai eu le temps de parcourir les catacombes qui criblent la montagne, et dont les hiérogliphes sont d'un travail soigné et fort antique. *Zaouiet el maietin* (la chapelle des morts), qui s'élève en bas, entre les montagnes et le bois de dattiers est la nécropole d'une ville arabe détruite depuis plusieurs siècles, Rosellini la rapporte à *Schemoun*. Il y a un millier de tombeaux composés d'une petite coupole en briques crues revêtues d'un peu de mortier, avec de rares inscriptions en arabe neskhy. La ville ruinée forme une masse de décombres assez considérable qui porte le nom de *Koum ahmar* (la colline rouge).

J'ai rencontré, chassant aux pigeons sauvages, un chevalier anglais qui voyage avec sa lady et ses deux filles. Sir W. m'a expliqué les allusions de l'officier turc de *Minié*. Un bateau chargé de provisions et expédié par Hill à des Anglais qui habitent Thèbes, a été pillé par les paysans d'un village. Les mariniers ont été massacrés faute d'armes à feu et sans doute faute d'habits francs qui maintenant inspirent le respect aux barbares. Un interprète maltais vêtu à la turque a été blessé et s'est sauvé à Siont : le gouvernement averti s'est mis en devoir de faire justice. Cette nouvelle circulant parmi les reïs, leur a donné l'idée de se grouper en flottille afin de se faire protection mutuelle. L'association a produit déjà un bénéfice européen, l'émulation, tendant à s'échapper par la tangente guerrière. La première fois qu'il a été question de changer de rive, les deux ou trois pavillons anglais, le russe, le français et un turc, sont tombés les uns sur les autres ; les équipages réciproques se sont battus à coups de gaffes en cherchant à devancer; le Turc plus léger est arrivé le premier et a pris la première place dans cette revanche de Navarin. Le pavillon russe que je n'avais pas encore bien remarqué au consulat d'Alexandrie est de trois couleurs : où diable le tricolore va-t-il se loger ! elles sont disposées longitudinalement, le blanc en haut, puis le bleu, puis le rouge; le bleu est barbeau.

26. — Les Beni-Hassan conservent leur turbulence. Pendant l'expédition d'Ibrahim-Pacha au Sahid, ils osèrent piller ses barques. Ibrahim cerna leur village, trancha la tête à tous les hommes qu'il put saisir, et dispersa les femmes et les enfants. Maintenant ils ne pillent plus ni Turcs ni Francs, mais dignes fils d'Arabes-Bédouins, ils se battent entre eux. Les colons arabes, devenus cultivateurs, sont méprisés et insultés par leurs cousins qui ont continué à vivre sous des tentes, ils ont saisi un prétexte fourni par le commérage d'un village voisin pour se livrer bataille. Pendant toute la soirée d'hier nous entendîmes des coups de fusil et des sifflements de balles. L'écho des bois de palmier et de la montagne arabique, donnait à ce bruit les proportions du tonnerre. Nous apercevions le feu des amorces et du canon, longtemps avant que le son frappât nos oreilles. Ce matin en nous approchant du village nous avons entendu des cris de deuil, de mères, filles, sœurs, qui ont perdu des fils, des pères, des frères. Nous avons retrouvé le deuil bruyant à *Saqiè Moussa* où quelques-uns des morts avaient leur famille.

27. — Le mot d'ordre de la flottille amarée en face de *Cheikh-Ababdè* (Antinoë), était qu'on irait de bonne heure visiter les ruines pendant que les barques marcheraient à la cordelle. Vers les trois heures de la nuit j'ai été réveillé par le bruit de l'appareillage. Un vent du nord qui s'était levé malencontreusement a fait partir nos compa-

gnons, et nous avons dû les suivre. Au lieu des ruines de la capitale d'Adrien, il a fallu se contenter du clair de lune et de la magnifique nuit : elle était moins froide que les précédentes, ce qui ferait soupçonner que le vent du nord ne vient pas d'un nord très-éloigné ; le thermomètre n'est pas descendu au-dessous de 7 au lever du soleil, dans la chambre il était à 13, et les couvertures semblaient bien lourdes quand les portes et fenêtres étaient closes.

J'ai pris terre au village de Bayad, puis à la ville de Raramoun, après avoir traversé de grandes plantations de cannes conservées pour semis. Les moulins et chaudières sont fort simples. Le sang de bœuf n'est pas employé pour la clarification des sirops qu'on se contente de terrer par la fine argile du Nil. Les pains sont courts, gros et fort bruns. Les nazirs cophtes nous font la politesse locale en offrant de belles tiges de cannes. Nous en avons sucé en route quelques entre-nœuds pleins d'une sève aussi agréable par sa fraîcheur que par sa suavité. L'eau édulcorée artificiellement ne peut jamais rencontrer une si heureuse proportion. Ce petit à-compte fait supporter le retard du déjeûner, que mes compagnons attendent avec plus d'impatience. L'heure était déjà passée quand je me suis assis à l'échelle de Raramoun, près du *sérail*, pied à terre du pacha. Nos barques ont mis plus d'une heure à changer de rive, ce qui prouve la largeur du Nil et la lenteur des manœuvres. Quand on s'est moqué de ma curiosité industrielle, j'ai dit tout haut que j'étais voyageur et non pas touriste ; et le propos a fait descendre des bateaux voisins des touristes qui avaient l'ambition de devenir voyageurs en allant eux aussi visiter les sucreries. Pendant leur excursion le vent s'est levé bon frais, et mon reïs est parti sans attendre les autres. Un Anglais nous a bientôt suivis et dépassés ; les retardataires ont fait force de voiles, ont largué trinquète et polacre et nous ont à leur tour atteints et dépassés.

Quand la brise a un peu molli, toutes ces barques avec leurs deux voiles en ciseaux et leur bordure bleue foncé sur le fonds gris avaient l'air de grands papillons, ou plutôt de ces beaux pluviants dont la chair nous a paru aussi friande que leur plumage est joli. Vers trois heures, nous dépassons Daraout, où s'embranchait l'ancienne prise d'eau du canal de Joseph. Elle est maintenant sèche et comblée. La nouvelle est un peu plus haut et fabriquée par des ingénieurs européens.

C'est presque en face de cette bouche que j'ai reconnu sur la rive orientale du Nil un *doum* petit et simple. Un peu plus haut, au village de Deïr, les jardins sont pleins de *doum* hauts et d'ichotomés qui ont de loin l'apparence du *yucca*. Vraiment une lunette est un instrument précieux en voyage. Lorsque le vent vous pousse et vous empêche de chasser ou d'herboriser, de courir aux hypogées, aux ruines, vous faites de l'histoire naturelle et de l'archéologie de loin et avec commodité.

Le vent toujours favorable a tempéré la terreur que les mariniers éprouvent toujours le long de *Gebel Aboufeda*. L'un d'eux a planté son couteau dans le grand mât pendant qu'un autre jetait du sel dans le foyer : cette conjuration s'emploie plus souvent contre le mauvais œil des barques voisines et jalouses de votre marche. *Gebel Baras* est un gros éperon d'*Aboufeda*, où le vent devenu trop intense nous a fait arrêter à huit heures. Nous apercevions de loin de petites étoiles basses, c'était la lumière des cabines de la flottille ; plus haut des planètes rouges, c'étaient les feux où se chauffaient les équipages et le foyer de la grotte d'un santon. A une câblure de distance, les barques nous paraissaient infiniment petites en comparaison de la masse de la montagne. La lune ne permettait pas de redresser cette donnée de la perspective..... Aussitôt que nous sommes atterrés, nous sautons sur la roche, nous voulons courir aux cryptes dont elle est criblée; mais le chemin est abrupte, et nous pouvons à peine atteindre la grotte du Santon, petit vieillard vif et presque nu, selon la sainte coutume musulmane. Tout près de là sont plusieurs gros doum dont nous pouvons enfin toucher le tronc robuste et dichotomé, admirer le feuillage élégant et touffu, qui a la forme mixte de l'éventail et de la palme. Le Santon nous demande l'aumône; sa femme nous vend du lait et nous dit en confidence que son mari est un brutal qui la rosse plus souvent qu'il ne prie.

28. — Manfalout a un marché assez bien pourvu et assez grand. Parmi les marchandises figuraient quelques négresses dont les plus âgées faisaient la toilette à leurs jeunes sœurs; elles graissaient et tressaient leurs cheveux. La chaîne libyque qui s'est rapprochée depuis hier court à l'est et forme le promontoire sur lequel est bâti Siout. Nous suivons depuis Qousayèh un coude du fleuve dans lequel le vent d'est est contraire; s'il passe à l'ouest, au sud ou au nord, il sera grand largue, ou arrière. Maintenant la brise est molle et nos voiles sont en ciseaux. Un mousse, couché dans leur repli inférieur pour les lester, y est bercé comme dans un hamac. Cette navigation, plane et cependant rapide, nous fait oublier les retards et les agitations passées. Une femme-de-chambre qairote, qui navigue pour la première fois et qui a éprouvé un mal de mer très-sérieux chaque fois que nous avons filé cinq nœuds, est maintenant tranquillement occupée à laver à grandes eaux les baves fournies par la racine de colocasse achetée au *Bender*. Ces baves très-abondantes charrient le prin-

cipe âcre des *arum*. La fécule de la colocasse est plus fade et plus lourde que celle de la pomme de terre.

La lunette qui me fait promener au loin découvre un drapeau tricolore français : ce sont des artistes qui reviennent d'Ebsamboul. Nous aussi nous allons à Ebsamboul ; nous avons fait près de la moitié du chemin, et ce nom a fait un bruit magique à nos oreilles. Que serait-ce donc en Europe, en France, si Ebsamboul avait la notoriété de Thèbes multipliée par une distance d'un mois de plus ! Hier aussi nous vîmes passer des Français, mais qui ne venaient que de Thèbes ; ils nous firent la gasconnade modeste de demander nos noms, et puis partirent sans décliner les leurs. J'ai su depuis que ces mystérieux voyageurs venaient de l'Inde par Cosseir, et que l'un d'eux est porteur d'un nom qui aurait noblement sonné aux échos du Nil et à des oreilles françaises : c'est le consul de France à Manille, le propre frère d'Odilon Barrot !

29. — Enfin nous sommes à Siout après avoir sillonné le fleuve avec le vent, avec la rame, avec la perche, avec la cordelle; vingt-deux jours pour parcourir trois degrés sur le méridien ! Il est vrai que les détours du fleuve doublent le chemin ! Le vent est tombé, et le reïs avec son équipage sont allés se faire fête de nos *barchich* dans leurs ménages respectifs. La journée sera perdue pour la marche; nous en avons profité pour aller visiter les hypogées dont la montagne est toute criblée. La plus grande entrée est appelée *Istabel-Antar*. C'est un portique enfoncé dans le roc et servant de vestibule à une série de chambres dont les murs ont été recouverts d'hyérogliphes sculptés ou peints sur un stuc aujourd'hui plus dur que le calcaire lui-même. Des milliers de chauve-souris, dérangées par nos lumières, voltigeaient autour de nos têtes, faisant siffler

leurs ailes à nos oreilles et parfois les heurtant contre nos chapeaux. Au raz du sol on voit l'ouverture de puits profonds d'où l'on a extrait des momies, des sarcophages de pierre et de bois. On rencontre des troncs et des membres de la vieille race égyptienne, des lambeaux d'étoffe jaune gisant à l'entrée du grand vestibule et même tout le long du sentier de la montagne. Pauvres pontifes d'Amonra, pauvres prêtres de Sev, pauvres desservants du dieu Loup, patron de Lycopolis! voilà la résurrection pour laquelle ils avaient fait conserver si longtemps leurs cadavres! voilà où devait aboutir cet embaumement payé si cher par leurs familles! Les Cophtes, leurs propres descendants, vendent au commerce l'asphalte qui remplit leurs entrailles; le fellah musulman brise leurs os à coups de pioches, le drogman du touriste allume un de leurs bras en guise de torche résineuse!

De l'*Istabel-Antar* on a une magnifique vue de la plaine de Siout. La ville, grande, riche de coupoles et de minarets, nage non pas au milieu d'un lac comme au temps de l'inondation, mais au milieu d'une plaine couverte de riches moissons, sillonnée de canaux encore humides, parsemée de villages et de bouquets de bois. Dans les jardins, qui forment une jolie ceinture à Siout, tout est vert, végétant, parfumé, comme chez nous à la fin du printemps. Les vignes elles-mêmes n'ont pas perdu leurs feuilles, égarées qu'elles sont par l'absence du froid; les grenadiers seuls rappellent l'hiver par leur sécheresse. Au milieu du jour, la chaleur était digne de l'été. Combien j'ai envié nos mousses qui se baignaient gaiement dans le Nil, après avoir, la nuit dernière, serré leur grand feu de fort près! Heureux sauvages qui, en douze heures, réunissent les deux jouissances extrêmes! deux incommodités avec leurs charmants remèdes : le froid et le brasier, la chaleur et le bain !

30. — Nous devions partir à l'aurore ; les hommes devaient être à bord, les voiles recousues, les agrès réparés par le charpentier. Nous sommes partis à dix heures ; les hommes ne sont pas au complet, les agrès ne sont pas réparés. Telle est cette race déchue : toujours de belles promesses, et puis l'oubli, la négligence la plus honteuse ! Ceux à qui un peu de sang arabe donne un peu plus de fierté l'emploient à devenir féroces et assassins. Le pacha de Siout a confirmé le récit de l'attaque du bateau anglais. Il a fait pendre aux palmiers de Qatiah trente fellah des plus soupçonnés. Une douzaine ont eu la tête tranchée sur une place de Siout. Il a saisi toutes les propriétés mobilières du village, les a vendues pour donner une indemnité au propriétaire chargeur du bateau.

31. — Nous avons passé la nuit amarrés à une île de sable en face de Qatiah, mais séparés par le fleuve, comme si la terrible justice du pacha n'avait pas rendu la rive sûre au moins pour quelque temps ! Toute la nuit nous avons entendu hurler les chiens et aboyer les chacals. Les premiers regrettaient leurs maîtres ; les seconds se repaissaient de leurs cadavres. J'ignore si les mariniers de l'un des pavillons anglais sont natifs de Qatiah ; mais ils ont ont aussi l'humeur querelleuse. Pendant qu'ils tiraient à la cordelle, deux qui s'étaient longuement provoqués de la parole ont abandonné leur poste pour se prendre à bras le corps et se battre à coups d'ongles et de dents. Le chef du *Leban* a eu beau dauber sur tous les deux, les camarades ont en vain tiré en sens divers les deux chiens enragés, le reïs a dû se faire mettre à terre, excitant sa vieillesse par des imprécations et par la course ; il a atteint les deux cham-

pions qu'on avait enfin séparés. Il a fait empoigner le plus
grand par devant, et lui a asséné une douzaine de coups de
bâton sur le dos et les fesses. Le plus petit s'était humble-
ment couché par terre, et à son tour a reçu la correction
sans mot dire.

A Aboutig, fameux par l'horrible industrie de ses barbiers, nous prenons quelques gros moellons pour remplacer le lest déposé à Siout. Le reïs avait acheté au vieux
Qaire des pierres arrondies et trouées. Elles avaient coûté
une piastre; il les a revendues six piastres à des fellah qui
en font des moulins à bras, quoiqu'elles soient d'un calcaire assez mou.

1er *février*. — Encore des Indiens qui viennent de la
mer Rouge par Cosseïr et qui ont visité les ruines de Thèbes. L'un des bateaux qui a communiqué avec nous porte
sir Robert Compton, lord-juge de Bombay, qui a beaucoup connu notre famille à Bénarès et à Calcutta, et qui
connaît aussi plusieurs touristes de notre flottille. Sans cet
introducteur envoyé par le ciel, nous serions arrivés à Ebsamboul et retournés au Qaire sans communiquer avec nos
voisins. La cérémonie de la présentation est un des points
capitaux du *comme il faut* moderne. Un voyage lointain
et dispendieux suppose de la fortune, d'accord; la curiosité
qui poursuit des ruines suppose de l'éducation, c'est fort
bien. Mais qui répond que vous faites le voyage à vos frais?
que vous n'êtes pas le commis-voyageur d'un ministre,
d'une société de géographie, d'une institution philantro-
pique? Un savant, un artiste ne sauraient prétendre à traiter de pair avec des gens posés, avec des millionnaires!
Ils représentent dans le désert les pauvres et les aventuriers
qu'on évite dans le monde : ils s'y reconnaissent par le négligé de leur toilette, par le sans façon de leur barque qu'ils
ont oublié de faire choisir et meubler par Hill ou par Wa-

ghorn! Les Anglais rient beaucoup des Français qui traversent les déserts avec des rubans à leur boutonnière; ils trouvent plus convenable de parcourir les monuments égyptiens, les bords du Nil, le soleil de Thèbes, la poussière de Libye, avec un lorgnon au cou, une petite redingote noire sur les épaules, des bottes vernies et un chapeau tromblon! En attendant qu'un tiers vînt nous apprendre que nous pouvions frayer sans déroger; pendant que les équipages fraternisaient, rivalisaient, se battaient, les maîtres pratiquaient une longue et savante diplomatie. La chasse effaçait un peu les distances supposées; la présence des dames excusait la timide ouverture d'un coup de chapeau; quelques coups de fusil heureux et publics donnaient à penser que le tireur était un homme du *sport*, un cheval bien enjambé pouvait le faire croire du *turf*. Un oiseau curieux, un cristal, un cartouche royal piquait la curiosité des bas bleus et leur arrachait une question indirecte. La vanité de montrer du savoir faisait rompre silence à la fierté; l'imprudence était réparée par une brusque retraite. On se renfermait dans les bosquets, dans les barques et dans le quant à soi.

Le passage de sir Robert brisa presque toutes ces entraves, permit des saluts plus ouverts et mieux rendus, des causeries plus directes et plus longues, fit risquer de rares visites, rendit la paix aux hôtes des bois que l'on cessa de sacrifier à la vanité de l'homme raffiné, ennemi plus terrible pour eux que la faim; cependant un oiseau qui n'avait paru que depuis Siout, la petite syrène à deux longues plumes caudales, occupa encore quelques jours les fusils que les crocodiles devaient bientôt monopoliser. La syrène, véritable colibri africain, poursuit les hyménoptères sur les fleurs jaunes des mimosa : quelques tons dorés qui rehaussent le vert émeraude de son plumage la font reluire en l'air comme un joyau lancé par les mains folâtres des *peris*. Les habitants du pays semblent croire à cette origine, car ils la désignent par le nom charmant de génie (**dgin**).

Les crocodiles qui ne commencent à se montrer qu'à Girgèh se sont aventurés jusqu'à *Qaou-el-Kebir*. Le Nil a voulu nous faire oublier ses méfaits. La berge de Qaou, fouillée par les eaux, s'est écroulée depuis quelques années, entraînant avec elle les restes d'un temple d'Antœopolis, décrit et dessiné par la commission d'Egypte. Un crocodile a été aperçu près de là par le comte Balouchoff qui n'a trouvé sous sa main qu'un pistolet : maintenant tous les équipages ont le mot; les yeux myopes des Egyptiens sont tendus vers les rives, vers les îlots de sable. Heureux ceux à qui le mélange du sang des Hyksos, des Hellènes ou des Turcs, a donné une vue plus longue! ils auront la prime promise à qui découvrira un crocodile. Ajuster le monstre est déjà un bonheur; faire feu sur lui serait une bonne fortune; le blesser.... vous vaudrait le respect que commande un duelliste heureux, car il faut tirer à balle et à deux cents mètres. Le crocodile fait sa sieste au soleil, de dix heures à quatre heures, et c'est le moment où le vent souffle, où le bateau va vite et où le roulis diminue la justesse du tir.

Pour le moment nous sommes occupés à changer de rive. Les hommes qui ont abordé *Qaou-el-Gharby* et le câble qu'ils tirent s'enfoncent dans la boue laissée par le retrait des eaux; ceux qui manœuvrent les perches à bord redoublent leur *élissa*, refrain obligé de toutes leurs litanies sacrées et profanes. Ne serait-ce pas *l'Eleisson* des Cophtes grecs, habillé ensuite à l'arabe selon l'habitude d'un pays et d'une langue où Bonaparte a été travesti en *bounabakht* (notre père la fortune)! La permanence des traditions dans l'Orient me fait croire cette explication aussi admissible que *Hei-Lissa* (oh encore!)

Nos mariniers sont maintenant au grand complet ; il en manquait deux pour compléter le vide des Barabras fugitifs ; on en a recruté un à Sioul : c'est un derviche aussi habile matelot que chanteur et improvisateur ; un autre a été trouvé à Aboutig. A bord des barques les mieux tenues, et malgré la présence des dames, les mariniers sont pour la plupart en haillons ; ils font le service des rames ou des perches, comme celui du Leban, en chemise déchirée ou écourtée par le temps : le nouveau venu est encore plus mal pourvu, il a un reste de *zaabout* (blouse de laine bistre) sur son épaule droite, un torchon autour de ses reins qui laisse à nu la moitié de sa hanche gauche; il est musclé comme un modèle vivant et costumé à-peu-près comme ce modèle posé dans une école de dessin. Quand le froid fait revêtir la grande robe bleue ou le zaabout, même pendant qu'on grimpe sur les mâts et les vergues, les Egyptiens se dénudent parfois la moitié du corps, une cuisse, un bras et une moitié de la poitrine, pour avoir plus libre le membre ainsi dépouillé. Le but des draperies et nudités antiques doit avoir été souvent pareil ; l'art, en se préoccupant de l'élégance, n'a pas assez laissé apercevoir cet arrangement d'utilité.

3, 4, 5. — La trilogie du mérisy revint poser le problème d'un vent de sud plus froid que celui du nord. Passerait-il sur les montagnes de l'Abyssinie maintenant couvertes de neige? Les deux premiers jours la marche fut à-peu-près impossible. L'amarre fut plantée à l'échelle de *Tahta*, la patrie du *Cheikh rafac*, puis au voisinage de *Harés*, fameux par l'abondance de ses pigeons. *Cheikh Haridy* qui est près de là, a perdu ses serpents et ses jongleurs. Le merisy et le Pacha sont de grands ennemis du plaisir des touristes. Après une pause à Akhmin, on se mit en route la nuit et l'on arriva de bon matin à Girgèh, le vent qui avait fait le demi-tour accoutumé était assez favorable et assez fort pour pousser les barques sans le secours des voiles. Au voisinage de Girgèh une seule voile avait été déployée, et nous fit cheminer avec une rapidité capable de briser un navire plus gros qui aurait comme nous talonné sur un banc de sable et de boue. La puissance desséchante du merisy est telle qu'une volaille qui passa la nuit suspendue au grand mât fut trouvée le lendemain noircie et ratatinée comme une momie. La ténuité de la poussière qu'il soulève est telle que le verre d'une montre protégée par la chambre et par des rideaux, offrit même à l'intérieur un velouté jaune aussi sensible au doigt qu'à l'œil. La poussière avait pénétré plus profondément et interposée entre les rouages, elle arrêta le jeu de la machine.

A Harès les amateurs d'histoire naturelle trouvèrent la roche pleine de coquilles fossiles; les habitants offraient de très beaux échantillons de spath calcaire, la montagne était fréquentée par des hirondelles grises comme celle de Siout, par des alouettes mordorées comme la poussière du désert et quelques merles de roche pareils à celui des vasques de Salomon. Le marché de Girgèh était vide, on ne put s'y procurer que des fontirs; le merisy trop violent quoique favorable força la flottille à s'arrêter à Sanehoud. Les mauvaises digestions, l'air suffoquant, l'aspect lugubre du soleil terne et sanglant derrière son voile de poussière, inspiraient de mauvaises pensées aux âmes européennes. Nos compagnons ennuyés des lenteurs du voyage les attribuaient surtout à la fraude des reïs à qui ils se proposaient de faire administrer la bastonnade par-devant les autorités de Qènèh. Sans contredire complètement leur hypothèse je pris le ciel à témoin que les éléments y étaient aussi pour quelque chose.

L'eau du puits de Job et un plus long séjour en Orient leur auraient donné plus de patience et de longanimité.

6, 7. — Le merisy et l'absence du soleil firent tomber le thermomètre à 8, et il fallut même au milieu du jour garder les habits d'hiver. En face de *Hou* M. Balouchoff rencontra son consul-général, le comte de Médèm revenant du Sahid, et rapportant sur le pont de sa barque les deux productions classiques du règne végétal et du règne animal, armes parlantes du voyage; un crocodile empaillé flanqué de deux doum. Un premier pavillon anglais s'était arrêté, puis un second, puis un troisième. les reïs à qui je n'avais pourtant rien confié de mon plaidoyer en leur faveur semblaient s'être donnés le mot et s'amarrèrent comme le russe, mais à distance respectueuse pour ne pas déranger la conférence; de la position qu'ils avaient choisie nous avions vue sur une crique où l'orage sec qui durait encore avait fait réfugier toute une volière d'oiseaux aquatiques, de belles grues, des spatules toutes blanches de plumes et noires de bec et de pattes, des pélicans adultes et blancs, de plus jeunes encore revêtus de leur livrée grise.

Que ne pouvons-nous joindre à cette ménagerie le grand saurien que le consul moscovite est si fier d'étaler sur sa barque. Depuis Girgièh nous sommes dans la patrie des crocodiles. Une de leurs sentinelles perdues fut aperçue quelques jours avant; maintenant le gros de l'armée doit apparaître. L'imagination servie par les yeux et même par les lunettes est fort complaisante : un peu d'herbe flottante, un petit flot de sable, quelques *bouz* (tiges de doura), un tronc d'arbre gisant sur le bord sont facilement arrangés en un crocodile, en plusieurs crocodiles grands et petits. Cependant, après les suppositions vinrent les réalités. Le coude du Nil voisin de *Hou* et de *Qasr-Essayad* est suivi en arc de même centre par la chaîne arabique, de façon à rendre encore plus singulier le spectacle qui frappe nos yeux depuis quelques jours. Nous avions vu le soleil se coucher derrière la chaîne de la mer Rouge : ici il se lève et se couche derrière la même chaîne, qui doit avoir par conséquent la direction est et ouest. Les doum qui vont toujours grandissant et multipliant leurs découpures depuis Daraout jusqu'à Denderah, où ils atteignent leurs plus grandes dimensions, forment forêts près des constructions neuves de *Samata* et près des bouquets de palmiers de *Beled Ammer*. A droite, des massifs plus épais de dattiers et de doum enveloppent comme d'un bois sacré le premier grand temple que l'on rencontre. Denderah est là près de vous, bien avant Qèneh, dont un grand détour du Nil vous sépare encore. Le temps était serein quand nous atteignîmes ce point ; plusieurs îlots de sable offrent aux crocodiles un divan favori pour leur sommeil. Le passage de quelques bateaux le long de ces îlots fournit toute une physiologie des habitudes du grand lézard.

Il a l'ouïe si fine que le seul bruit du sillage d'une barque qui file doucement le réveille à cinq cents pas. Après avoir reconnu un danger si éloigné, il se traîne dédaigneusement plutôt qu'il ne marche vers l'eau : S'il s'est laissé approcher à portée de balle et que le sifflement du projectile ou le bruit de l'explosion le surprenne, il fait un bond qui creuse un arceau dont son ventre fait la voûte et ses pattes les piles. Le bond et la fuite sont bien autrement brusques quand il est frappé légèrement. Pour le frapper à mort, il faut l'atteindre sur l'abdomen ou la partie inférieure du cou. Il offre souvent ces surfaces en se couchant un peu de côté pour dormir. La vie tenace du crocodile lui permet toujours de gagner l'eau, quels que soient le nombre et la gravité de ses blessures ; seulement il ne peut plonger longtemps quand il est blessé. Il reparaît pour respirer à la surface de l'eau où le sang permet de suivre sa trace, si le chasseur s'est lancé dans un léger bateau à la dérive du courant. Au bout de quelques heures, parfois de quelques jours d'agonie, il flotte sur l'eau, spécifiquement plus pesante que son cadavre, et est rejeté sur quelque grève à la façon des poissons morts. Les fellah qui l'ont rencontré agonisant sur les rives affirment qu'il exhale alors un grognement plaintif ressemblant un peu à celui du cochon.

La ville de Qénèh, centre d'un grand commerce avec le Nil et la mer Rouge, est une aggrégation de huttes de boue. Tombouctou, ville qui change de place, doit être quelque chose de pareil. Rien ne serait plus facile que de démolir et de transplanter la ville en un jour. A Qeft et à Qous l'entrepôt de Qosseïr ou de Myos Hormos était mieux placé, à l'entrée de la vallée au bout de la ligne la plus courte qui aille de la mer Rouge au Nil. Toutefois la position de Qénèh est assez bonne pour qu'on eût bâti la ville plus belle et plus solide. Elle est dans une grande plaine, reliée au Nil par un canal maintenant à moitié sec, mais qui, dans le Haut-Nil, amène les barques jusque dans la ville. Le marché est grand et bien pourvu. Nous y avons acheté un pain de sucre couleur de suie et de l'eau-de-vie de dattes qui ne sent que l'anisette. L'exemple qui fait loi pour s'arrêter la fait aussi pour se mettre en route. Le coude du Nil est fini, et le merisy lui-même sera grand largue pendant les deux tiers de la journée. La nuit on peut compter sur vent arrière. Les Anglais et les Russes ont le courage de partir sans aller voir le temple de Denderah, et *Aly*, notre reïs, regarderait comme un affront de rester en arrière.

Partis de grand matin, au clair fort peu clair d'une lune à son dernier quartier, et de plus obscurcie par de fort gros nuages, nous talonnons à chaque pas contre des bancs de sable. Les secousses me réveillent et me font regarder à la montre. Il est quatre heures et demie. Rendormi à peine, je suis subitement réveillé par une secousse plus forte; les meubles tombent pêle-mêle sur tribord; je tombe de mon lit, qui est à babord, avec mon fusil, mes pistolets, mon havresac, ma lunette, mon nécessaire-portefeuille, subitement détachés des crochets qui les suspendaient. J'ouvre avec soin la porte de la cabine, et quand je me suis glissé dehors, je vois ma barque renversée sur une cayasse qui est venue se placer là exprès pour se faire écraser et nous empêcher de faire une chavirade complète. Une raffale impétueuse nous avait détachés d'un banc où la barque avait touché, les voiles portant à revers sur les mâts et les cale-haubans avaient offert une prise au vent, et nous avions oscillé sur la quille. C'est presque toujours dans ces circonstances que le chavirement a lieu. En haut-fonds, le lest et le bois de la cale contrebalancent la mâture lancée par le vent.

Les voiles serrées à la hâte, au milieu des juremens et des prières; quelques hommes mis à l'eau, d'autres montés sur la cayasse ont réussi à nous relever. Pendant l'ouragan, la montagne était encapuchonnée de nuages, le tonnerre grondait sourdement, l'éclair luisait, enfin une pluie assez forte est tombée et a abattu le vent. Quand le jour a paru, la campagne était magnifiquement lustrée, la roche lybique violacée, bleue et brumeuse, le sable du désert était cendré, l'eau glauque, le soleil voilé par un ciel gris. C'était un paysage de Michalon avec des palmiers et des doum, au lieu de sapins et cyprès. Après Négadé, le soleil, qui s'était dépouillé, s'est caché avec pompe au milieu de beaux nuages, derrière la chaîne lybique qui a reparu depuis Denderah. La roche arabique, devenue une haute montagne, nous fait dernier plan au fond d'une langue de terre verte, parsemée de villages et de bouquets de palmier.

Nous sommes séparés des deux plans par un mille de rivière tranquille et miroitant comme si le fleuve n'avait point de cours. La scène a repris la placidité que nous admirâmes si souvent dans les crépuscules. Un peu de fraîcheur, les nuages et les riches teintes des montagnes nous rappellent encore le paysage devenu européen par la pluie. Nous étions presque las du vent, surtout avec l'accompagnement des dangers. Le drame était si vif et si prompt, qu'il empêchait de jouir des décors. Aujourd'hui, nous avons retrouvé notre Egypte avec ses spectacles, notre voyage avec ses lenteurs, nos impressions avec leur douce et primitive saveur.

9, 10, 11. — Le lendemain matin, un brouillard fort épais couvrait la rivière et même la plus grande partie de la vallée, le froid de l'air était augmenté par l'humidité. Un peu de vent l'eût rendu cuisant. Le thermomètre marquait 4 1|4 au lever du soleil, qui ne rayonna qu'au bout d'une grande demi-heure. L'eau du Nil était sensiblement plus chaude que l'air, et c'est sans doute pour cela que son évaporation était visible comme mon haleine. Nous approchions de Gournah : des fellah aux aguets sur la rive nous offraient des crocodiles empaillés, dont ils ne demandaient que trente piastres. Ils demandaient presque autant d'un petit organe du même animal, préparé à part, et qui est renommé pour ses vertus aphrodisiaques dans la physiologie homœopathique du pays. Le reïs et quelques mariniers à barbe grise le marchandaient très-sérieusement. Les empailleurs sollicitaient quelques charges de poudre en échange desquelles ils nous promettaient, pour notre retour, des crocodiles à bon marché. Le tir à balle a depuis longtemps détrôné tous les anciens moyens de le chasser.

Plusieurs guides s'embarquèrent pour nous offrir plus commodément leurs services. Ils étalaient des certificats signés de noms fameux. Quand nous eûmes tourné le promontoire de Gourna, la colonnade du grand temple de Luxor apparut enfin à nos regards; c'est le seul point de l'ancienne Thèbes qu'on puisse apercevoir ou plutôt reconnaître d'une barque pendant les basses eaux du Nil. Quelques points de Karnac, de Medinet-Abou, la tête des deux colosses débordent les berges, mais demeurent incompris à l'œil. Luxor, surtout tel qu'il se présentait à nous, doré par le soleil couchant, par la gloire de Desaix et de Champollion, Luxor, représenté maintenant au milieu de Paris par un de ses plus antiques, de ses plus curieux fragments, suffisait bien pour absorber notre attention !

De près, Thèbes renouvela l'effet primitif de toutes les grandes choses le plus justement vantées. Le grand et le petit temple de Luxor, l'obélisque, les colosses enterrés aux deux tiers comme tous les débris antiques, dominés, écrasés par des huttes arabes, par des minarets musulmans, ne nous frappèrent pas, comme nous devions l'attendre d'après les descriptions et les mesures. A Karnac aussi, les ruines, faute d'être vues d'ensemble et surtout faute d'être vidées des décombres qui les obstruent, ne frappèrent pas notre esprit de cette idée de grandeur colossale que nous attendions, que nous avions exagérée à plaisir par notre curiosité.

Thèbes peut se consoler de renouveler, d'augmenter le désappointement des pyramides. Une œuvre humaine quelconque ne sera jamais qu'un grain de sable de plus au milieu d'une grande plaine ou au voisinage d'une chaîne de montagnes. Mais que le voyageur encadre cette œuvre, ces pyramides, cette salle hypostyle, ces memnons dans des rues, dans des places publiques, dans des maisons de particuliers, dans des palais, des cimetières !.... et il sera terrifié de leurs proportions !

Ce qui me causa un regret plus grand, un mécompte plus durable, ce fut de voir la figure de beaucoup de personnages importants martelée au point de n'en pouvoir préciser les traits, déterminer la race. Heureusement les pages historiques sont innombrables ici et ailleurs, et leur étendue a mis beaucoup d'autres figures à l'abri du vandalisme des iconoclastes cophtes et musulmans.

Le concierge du palais de France vint nous inviter à y loger en vertu de notre droit national. Ce palais est une barraque bâtie par l'équipage du Luxor, telle qu'on en peut fabriquer avec les pauvres matériaux d'un village arabe. Toutefois on y a employé quelques pierres à hiéroglyphes, selon l'exemple perpétuel du pays. Nous y trouvâmes installé un artiste de la nouvelle génération française, que M. Nestor l'Hote nous a révélée, menant la science de front avec l'art.

Le quai au-dessus duquel s'élève notre palais est bâti à époques diverses et en matériaux variés. La pierre de taille est un grès parsemé d'hiéroglyphes, la brique est estimée pharaonique à cause de la ténacité de son ciment. La rivière, tout en ensablant la face occidentale du village, fouille à l'est de façon à mettre le quai entre deux eaux et les temples dans une île.

Le vent qui nous avait assez rapidement poussés du quai à Thèbes continuait à être favorable, et nous rappela une résolution respectée en face de Denderah, mais qu'il était impossible de ne pas enfreindre quelques jours au milieu de Thèbes.

Dans l'après-midi du 11, pendant que les équipages faisaient provision de pain à Esnè (*Latopolis*), nous visitâmes fort à notre aise le grand temple qui reçoit enfin une certaine protection du gouvernement turc, grâce à un magasin de coton qu'on y a établi. Les masures d'Esnè sont perchées sur cent pieds de décombres. Aussi le temple était-il enfoui jusqu'à la corniche. Les murs par lesquels on a bouché quelques entrecolonnements ont beaucoup obscurci les soffites où est sculpté le fameux zodiaque, déshérité de sa merveilleuse antiquité par Champollion qui a lu partout les cartouches des empereurs romains, fondateurs du temple. Le quai grec et romain d'Esné a été réparé dernièrement avec les ruines du temple de *Contralato*. La réparation est beaucoup moins apparente que la perte. Au nord d'Esné et à une demi-lieue de distance du Nil était un autre temple que les Turcs ont démoli comme celui de Latopolis. Pleurez, ô Jollois et Devilliers, qui avez décrit ces lieux *con amore*; pleurez, Jomard, qui avez cru à la régénération de l'Egypte et aux lumières de son pacha !

12. — Peut-être, après tout, la commission d'Egypte doit-elle des remercîments au pacha. Voici encore une place vide. El-Kab (Elethia) n'a plus de temple ! La commission avait tout dessiné, tout mesuré; son livre offre maintenant des richesses que l'Egypte a perdues. Le livre hérite du monument que lui seul conserve à la postérité. Le vend du nord-est ne permet pas de courir aux fameux hypogées, si précieux pour l'ethnographie et pour l'esthétique de la vieille Egypte. Partis à cinq heures par un ciel étoilé et au lever d'une lune au croissant d'or un peu cuivré comme le nicham d'un bimbachi, nous avons atteint El-Kab à dix heures et Edfou à deux heures après midi. Derrière les deux gros pylones du temple d'Edfou paraît une pyramide que ses angles effacés font ressembler à une grosse mammelle. Le paysage est, depuis quelques jours, pauvre d'arbres, les *doum* semblent avoir totalement disparu.

13. — Un peu avant Esné, le Nil, resserré entre les deux rochers calcaires de *Gebelein*; le Nil, plus profond

et plus rapide qu'en aucun autre lieu de l'Egypte, frappa vainement de ses vagues la proue de notre *dahabiè*. La force du vent, multipliée par la surface de notre voilure, nous faisait filer six nœuds en remontant ce courant. Aujourd'hui, nous avons rencontré un autre détroit qui était, lors de l'occupation française, ce qu'est aujourd'hui *Gebelein*. *Gebel-Selseleh* (la montagne de la Chaîne) est proprement une coupure étroite qui dure huit minutes de navigation. En venant du nord-est, la chaîne lybique se tient assez loin; des champs et de jolis groupes d'arbres bordent le fleuve. Tout-à-coup elle jette en travers de la vallée un chaînon brusque, et le Nil passe par une fissure du grès. Le courant est rapide, mais peu profond. Nous nous y sommes engravés deux fois. C'est ici que *Girard* mesura le volume d'eau que le Nil déplace dans un temps donné, et qu'il estima même dans les basses eaux à quatre fois le volume des moyennes eaux de la Seine.

Vers l'Asr, nous passons devant *Koum-Ombou* dont le grand temple est fort bien conservé. Les ruines du petit couvrent la berge fouillée par le fleuve. A deux mille de là, une petite pointe sous le village de *Ramad*, presqu'en face de *Daraouch*, devint, il y a un an, une espèce de mine d'or. Un batelier, en appuyant sa perche, fit ébouler un reste de mur en brique dont on voit encore les traces, et un grand *zir* (jarre) fut aperçu par les paysans qui étaient au bord de l'eau. Les témoins et l'inventeur se partagèrent à la hâte l'or qu'il contenait. Mais ils se disputèrent, et le moudir arriva avec ses bâtonistes qui firent rendre gorge à tout le monde. L'échouage fréquent par le vent fort qui nous pousse, nous arrête devant l'île de *Ragaba*, pleine de beaux arbres, de champs cultivés et d'habitations. Le village de Ganaa, à l'est, est aussi entouré de magnifiques cultures. A l'ouest, le sol est sablonneux, et au bord de la berge se profilent beaucoup de ces beaux arbustes que je remarque depuis Denderah. La lunette m'avait fait soupçonner l'*asclépias gigantea*, dont M. Raffeneau de Lile n'indique le gisement qu'à Siène. L'observation plus rapprochée a confirmé le soupçon. A *Grattera*, un paysage vert et fourré est doublé du grès brun de la chaîne libyque qui, un moment avant, forme avec la voisine un autre *Selselèh* aussi rapide et presque aussi étroit.

14.—Le ciel était nébuleux, le vent faible, nous marchions au *Leban*. Les hommes s'amusaient comme à l'ordinaire à picorer légumes et bois, démolissant les boiseries des *Chadouf*, rôdant dans les potagers des bords du fleuve, perdus dans la verdure lavée de blanc des lupins fleuris. Vers huit heures et demie, ils saluèrent *Qoubbet el Houa* (le pavillon du bel air), marabout perché sur la colline de *Contrà-Sienne*. Le paysage était appuyé partout sur la montagne, qui forme un fer à cheval sans issue apparente. Le tournant du fleuve fait paraître les deux chaînes continues. Elles sont maintenant disposées en montagnes véritables : des pics *granitiques* et *psammitiques* étagés et surmontés d'une ruine, d'une tour, d'un marabout. Les plans les plus rapprochés sont riches de verdure et de quelques fabriques blanchies ou mêlées de briques cuites, luxe rare et piquant, au milieu des palmiers, des gommiers et des riccins qui s'élèvent ici à la taille d'arbres. Cette nouveauté de paysage devient encore plus prononcée lorsqu'on aperçoit la ville ou plutôt ses ruines étagées sur les rochers qui forment la barrière orientale du fleuve.

La ville moderne, qui date de Sélim, est un amas de maisons de boue; la ville, du moyen-âge, était en boue aussi, avec une enceinte en briques crues. Sa nécropole se voit encore à l'est dans la direction des carrières. Les tombeaux, mieux conservés que les terrains, paraissent un peu plus anciens, mais de la même fabrique que ceux de *Zaouiet-el-Maietin*. Quelques pierres tumulaires en marbre portent des inscriptions koufiques du temps des derniers khalifes fatémites.

Les carrières de granit, un peu encombrées de sable et d'éclats, offrent des traces curieuses du travail des outils antiques ; le travail d'un coin semblable au nôtre y est aussi reconnaissable. Le grand obélisque, dégrossi et séparé de trois côtés, est incliné de 30° à l'horizon ; le pyramidion en est très-nettement indiqué : debout et écarri, il aurait eu au moins la taille de celui de Karnac, qui est plus long même que l'aiguille de Saint-Jean-de-Latran. Comment voiturait-on ces masses de la carrière à la rivière, qui en paraît séparée par des collines. Un canal, s'il y en eut, n'a pas laissé de traces : une berge assez haute aurait dû être tranchée dans le granit, qui est recouvert de sable et de décombres. M. Lebas a pensé qu'un plan incliné était ménagé de la carrière au Nil ; c'est précisément ainsi que cet ingénieur fit cheminer l'obélisque de Luxor jusqu'au navire qui le reçut. Une surface du roc, dressée sur soixante-dix mètres, témoigne de la séparation d'un bloc pesant huit cents tonneaux (1). On a cru que ce pourrait bien être le temple monolythe de Saïs, taillé par ordre d'Amasis, et que deux mille bateliers mirent trois ans à conduire à sa destination.

La mécanique moderne a porté plus vite et plus loin des masses que les Égyptiens et les Romains remuèrent avec des moyens plus patients et probablement plus compliqués. L'obélisque de Paris a descendu le Nil et traversé la Méditerranée comme les aiguilles de Rome et de Constantinople ; il a de plus traversé l'Océan et remonté la

---

(1) A. Lebas, l'obélisque de Luxor, histoire de sa translation à Paris.

Seine (1). Fontana abattit et releva l'aiguille de la place du Vatican ; il fit mieux, il manœuvra à soixante pieds en l'air le second et le troisième fragment de l'aiguille de St-Jean-de-Latran. Pétersbourg possède aujourd'hui des masses encore plus pesantes : la base de la statue de Pierre-le-Grand est un bloc de granit de deux mille trois cents tonneaux. Les colonnes de Saint-Isaac et la colonne Alexandrine ont été taillées dans les carrières finlandaises de Piterlax, où l'on eut à la vérité la plus grande facilité pour leur embarquement à bord des vaisseaux. Les Indiens du Mysore taillent et dressent encore aujourd'hui des monolythes d'un poids considérable ; ils les isolent de la montagne au moyen d'eau froide versée dans une rigole préalablement chauffée par de longs brasiers. Trois côtés étaient dégrossis ; l'eau froide, versée simultanément sur toute la ligne par cent écuelles, fait éclater le granit comme du verre, le long de la rigole tracée.

Pour ériger ces masses, on bâtit des terrassements qui servent de point d'appui et qu'on monte comme un échafaudage solide jusqu'à la hauteur du monolythe dressé. Diodore de Sicile a attribué aux Egyptiens quelque chose de pareil en parlant de montagnes de sable qu'on accumulait autour des obélisques. Pour ne pas trop rabaisser la science de ces aïeux de la civilisation grecque et romaine, et par conséquent de la nôtre, souvenons-nous qu'en agissant par la force des bras en proportion des poids et des masses, il serait impossible de les employer. Les machines seraient toujours indispensables pour grouper, pour régulariser l'emploi des bras. Quand le baron de Tott éleva la grande batterie des Dardanelles, un pacha avec mille Turcs

(2) Voyez la relation de ce voyage habilement exécuté et poétiquement raconté par M. de Verninac Saint-Maur, capitaine de corvette.

ne purent remuer la grande couleuvrine que Tott fit évoluer lestement avec une chèvre et dix hommes.

L'île d'Eléphantine à base de granit comme la rive droite (la rive gauche est en grès) barre le fleuve qui jette autour d'elle deux bras assez maigres ; au-dessus une infinité de petits îlots ont l'air de vases portant de arbustes ou des palmiers : on cherche vainement le grand temple de Gneph, les obélisques, qui comme les temples et les animaux, n'avaient point d'ombre à midi, au dire d'Aristide, les inscriptions grecques vues par Sicard, Norden et Pococke. Les Français avaient déploré et constaté ces pertes mais ils décrivirent deux petits temples qui, eux aussi, ont disparu. De celui du sud il reste deux montants de porte en granit rose brodé d'hiéroglyphes, sous Alexandre, fils d'Alexandre-le-Grand. Au milieu de l'immense colline de décombres de tous les âges, la statue de granit représentant un prêtre assis et coiffé est restée découverte. Le quai romain est plein de grès où furent sculptés des hiéroglyphes. Leurs traces n'ont pas été tout-à-fait enlevées par les maçons impériaux ni par le temps. Plusieurs arceaux en briques crues sont encore visibles au milieu de ces décombres qui contrastent avec l'aspect gai et riche du reste de l'île, bien cultivé et parsemé de touffes de palmiers.

Du haut du quai romain comme du haut de la ville fatémite on aperçoit le commencement de la cataracte. Le Nil y est tranquille : nul bruit, nulle écume entre les îlots de granit. Demain nous verrons comment il se comporte un peu plus haut en tournant plusieurs fois sur lui-même, comme un grand serpent pincé sous un tas de pierres. Ce spectacle et l'île de Phylé sont réservés pour notre matinée, tandis que les chameaux transporteront le bagage dont il faut alléger notre barque. Les *Barabra*, peuple curieux par sa langue, par sa physionomie, si proche parente de celle des dynasties thébaines, paraissent ici à la clé de la Nubie. Quelques sentinelles sont avancées jusqu'à Koum Ombou. Ceux de l'île d'Eléphantine parlent assez mal l'arabe, le comprennent parfois à peine. La jeune génération a la curiosité la plus incommode que nous ayons encore trouvée sur notre route. De petites filles portant pour tout vêtement un effilé de cuir autour des hanches, des garçons tout nus courent autour de vous avec des louanges, des prières, des huées pour vous offrir les cornalines grecques, les émaux pharaoniques, les poteries romaines dont la terre de leur île est toute semée.

15. — Pas de cataracte pour aujourd'hui. Ce matin, l'air était calme, les Barberins dormaient la grasse matinée, ils ont paru vers 10 heures, mais il fallait attendre que le vent fût tombé, car le vent s'était levé très-fort; vers deux heures le vent était plus faible, mais l'heure du boghaz était passée : j'ai essayé de me fâcher, de reprendre les arrhes données au grand *reïs chellaly*; on m'a rendu mes arrhes, on est venu les reprendre un instant après mais avec une nouvelle ouverture. Les reïs du Nil égyptien connaissent peu le Nil nubien, il faut payer un reïs barberin qui nous accompagnera à Wady-Halfa : consolons-nous, le temps et le pays sont charmants. Ce matin, la rivière unie comme un miroir réfléchissait les beaux palmiers d'éléphantine tout dorés du soleil levant, et tout parfumés au lilas par les régimes fleuris depuis plus de quinze jours; des treilles ont des feuilles nouvelles avant d'avoir dépouillé les anciennes. Au-delà de la vieille ville, dans la carrière de granit sur la berge du fleuve, on trouve en abondance l'*asclepias* aux larges et grasses feuilles pleines d'un suc laiteux, aux fleurs couleur de meurtrissure, au fruit vert et tentant au dehors, au dedans tout poussière, véritable pomme du lac Asphaltide, mentionnée par Tacite et mise en œuvre poétique par

lord Byron. J'ai trouvé aussi la jusquiame de Suèz, la sensitive (babas) au légume encadré et fracturé à la fleur violette. Le merle-pie est ici dans sa patrie, on le rencontre par douzaines, mais toujours solitaire. Ce matin le thermomètre marquait 8 degrés au lever du soleil; le niveau de l'eau aussi a baissé de 10 pouces au moins, pendant le calme de la nuit. Le vent du nord quand il souffle quelque temps retient l'eau du fleuve et la fait hausser beaucoup au port de Sienne.

Six ou sept pavillons anglais sont réunis dans ce port. Nos quasi compagnons ont démonté leurs mâts, ce qui est signe de descente au moins pour les barques. Trois dahabiés anglaises se trouvent assez légères et assez hardies pour affronter la cataracte. Le comte Russe qui laisse la sienne ici à la garde de son médecin, a fait marché d'une barque nubienne vers laquelle il transporte ses bagages au port de Chellal près Philé. La barque française aussi s'est allégée de son bagage, mais ne s'est pas démâtée; ses passagers ne croyant pas aux mariniers le droit d'être plus curieux ou plus exposés qu'eux-mêmes, ont signifié au reïs qu'ils gagneraient Chellal en compagnie de la barque et non pas en chevauchant ânes ou chameaux. Sir Willam était à ses colonnes d'Hercule à Thèbes. Ses dames qui l'avaient forcé de pousser jusqu'ici se lamentent maintenant à l'idée de retourner vers la Basse-Égypte, lorsque tant d'autres osent aller plus loin : on parlemente, on plaide, on pleure, et finalement, milady monte à âne précédée de son cawas, pour aller à Chellal faire marché d'un bateau nubien.

CAMPAGNE DE DESAIX DANS LE SAHID.

Sienne est le terme où s'arrêta l'expédition française de Bonaparte. Une inscription dont la gloire grandit, quoique la postérité ait commencé pour elle, en a consacré le souvenir à l'île de Phylé, sous le pylone, dans le grand temple du nord. Desaix, parti de Gisèh, le 25 août 1798, à la poursuite de Mourad-Bey, mit une partie de sa division sur une flottille, et avec l'autre partie remonta la rive gauche du Nil. De Beny-Souief, il se dirigea vers le canal de Joseph qu'il remonta jusqu'à Behnessèh en traversant plusieurs canaux et un petit lac. Les Mamelouks se jetaient vers la rive libyque, leur dernier chameau passait le canal au moment de l'arrivée des Français. Mourad avait une flottille armée qui s'était retirée au-delà d'Abou-Girgèh ; elle redescendit pour protéger les mouvements de son maître. Desaix courut à sa rencontre vers *Taraout el Schérif*. Divers détachements français s'emparèrent de vingt-sept barques chargées de grains et légumes. Hassan-Bey, qui commandait la flottille, ayant été informé de ces pertes et de la prise de Behnésèh, remonta le Nil jusqu'à Sienne.

Desaix put reprendre la route du Fayoum. La navigation du *Bahr Yousef* était pénible et lente malgré l'inondation. Cette saison donnait beaucoup de malades qu'on renvoya à Beni-Souief par un canal de Mellaoueh. Le 4 octobre, on aperçut les premiers détachements de Mourad à *Benkiah* ; le 5, un corps de six cents Mamelouks fit mine de résistance. On débarqua la division malgré eux, et on commença une attaque contre laquelle ils ne tinrent pas. Le lendemain, Mourad s'était retranché sur des hauteurs d'où on parvint à le déloger. Le 7, le bey essaya par de fausses attaques d'attirer les Français au désert afin de les isoler de leur flottille.

Une affaire plus grave s'engagea à *Sédiman*, où les Mamelouks avaient de forts retranchements. Desaix en s'avançant pour les emporter fut attaqué par la terrible cavalerie de Mourad. Les carrés d'infanterie la laissaient approcher à si petite portée que le feu mit hors de combat une grande partie des hommes, et que les baïonnettes éventrèrent beaucoup de chevaux. Mais les Mamelouks, opposés aux chasseurs du capitaine Valette, recommencèrent la charge avec une furie fabuleuse ; après avoir entamé à coups de sabre le canon des mousquets français, après avoir lancé à la tête des fantassins leurs pistolets, leurs tromblons, leurs haches d'armes, dans l'espoir de les assommer, ils faisaient cabrer leurs chevaux sur les baïonnettes, tombaient à la renverse, et, pénétrant dans les rangs à la faveur de ce désordre, ils luttaient corps à corps à coups de poignard et de sabre. Les Français eurent un grand nombre de blessés qu'il fallut enlever du champ de bataille. Pendant cette opération, Mourad trouva le temps de mettre en batterie quatre pièces de canon dont l'aide-de-camp Rapp s'empara à la tête d'une brillante charge. *Sédiman* tomba au pouvoir des Français à peine au nombre de deux mille. L'armée ennemie était six fois plus considérable.

Cette victoire assura la possession du Fayoum et rendit Mourad circonspect. Il se hasarda rarement de front contre l'infanterie ; il fit violence à son caractère impétueux et hardi pour adopter la tactique des Arabes Bédouins, harceler incessamment l'ennemi sans accepter de grands engagements. Cette méthode a bien son mérite pour repousser une invasion. La fatigue et les maladies qu'elle occasionne, le découragement qui s'empare tôt ou tard du vainqueur sans cesse inquiété par un ennemi insaisissable, rapportent plus de profit que les batailles décisives. Mourad-Bey y joignit d'autres ressources non moins utiles : il établit des intelligences avec les Anglais, conclut des alliances avec les Arabes des tribus saïdiques, avec les Barberins de Nubie, pressa l'arrivée des secours demandés par les firmans du grand-seigneur aux schérifs de la Mecque et Médine. De son côté, Desaix ayant demandé des renforts au Qaire obtint un corps de douze cents chevaux commandés par Davoust ; on y avait joint trois cents fantassins, six pièces d'artillerie et six germes bastinguées. La petite armée ayant remonté le Nil au commencement de l'année 1799 fut contrariée par les vents et les bas-fonds. Desaix, fatigué des lenteurs de sa flottille, s'en sépara pendant plusieurs jours et ensuite renvoya vers elle Davoust : celui-ci rencontra un corps ennemi à *Sonaki*, puis un plus considérable à *Tahta*, il les dispersa tous les deux et atteignit la flotte à *Stout*.

Mourad, qui s'était avancé jusqu'à Hou, après avoir armé les populations, marcha vers Girgèh pour arrêter les progrès de Desaix. Les deux armées se rencontrèrent à Samanhoud. Les Français avaient au centre le corps de cavalerie de Davoust, flanqué de huit pièces de canon à chaque angle. Sur les ailes, les généraux Friant et Belliard avaient formé en carré leur infanterie. Le bey avait reçu les contingents des Nubiens et des Maugrebins ; les renforts de l'Arabie lui étaient arrivés par Qosseïr. Son immense cavalerie enveloppa les carrés d'infanterie dès le commencement de la bataille ; de plus, une colonne arabe postée dans un canal desséché dont les bords l'abritaient, commença un feu très-meurtrier contre le carré de Belliard. Desaix fit attaquer l'ennemi en flanc par un corps de hussards ; il fit balayer le canal par les carabiniers de Clément. Les Arabes, les Nubiens, les Maugrebins, les Mamelouks, reprenaient l'attaque sur tous les points, quand l'artillerie fut démasquée et commença un désordre que la cavalerie de Davoust compléta en ayant les honneurs de la journée contre les meilleurs cavaliers du monde.

Mourad fut poursuivi six heures de suite jusqu'à Faraschout ; son armée démoralisée se débanda ; les Barberins fuirent vers la Nubie, les Hedjazites vers la vallée de Qosseïr, les Maugrebins vers les montagnes libyennes. Les Mamelouks restés avec leurs chefs continuèrent à reculer devant le général français qui atteignit Esné le 23 janvier et Sienne le 2 janvier. Le 5, il était posté devant Phylé dont l'ennemi avait fait une citadelle ; il laissa à Belliard le soin de s'en emparer. Les moyens d'abordage ne manquaient pas : le bassin supérieur du Nil était plein de barques qu'on avait à la hâte remontées sur les cataractes.

Desaix de retour à Esné, le 9 février, apprit que Hassan-Bey était resté dans le Sahid pour entretenir l'esprit des populations. Davoust, qu'il lança à sa recherche, le trouva derrière Luxor, escortant un grand convoi de vivres. Une seconde lutte de cavalerie à cavalerie écrivit dans nos fastes militaires ce nom de Luxor, appelé à tous les genres de célébrité. Les prodiges de bravoure, d'adresse et de furieux acharnement furent renouvelés dans ce choc. Montléger, aide-de-camp du général français, ayant eu son cheval tué sous lui, tue d'un coup de pistolet un Mamelouk qui le menaçait de sa hache, s'élance lestement sur son cheval, et reprend part au combat général.

Desaix, voulant garnir la rive droite comme la gauche, descendit à Qous avec Davoust. Ils apprirent là que Qenèh était menacé par les Arabes Hedjazites unis aux Beni-Ababdèh. La 61ᵉ demi-brigade y arriva à temps pour repousser une attaque commencée à la chute du jour. L'obscurité sépara les combattants ; mais les Arabes revinrent au clair de la lune. Dorsenne, qui commandait les Français à la place de Conroux, blessé à la première action, mettait les ennemis en fuite au moment où la brigade Friant arrivait pour le soutenir. Les Hedjazites étaient commandés par un homme exalté, le schérif Hassan, qui, en faisant un détour dans le désert, reparut à la hauteur d'Abou-Manah. Friant alla lui livrer une bataille que le schérif perdit, et après laquelle il se retira vers la fontaine *Guitta*, celle-là même où Hassan-Bey avait conduit son convoi de vivres, après le combat de Luxor.

Le bey Mohammed el Elfy, jeune chef favori de Mourad, s'était retiré vers la petite oasis après la déroute de Samanhoud. Aidé des Qoraim et des Beni-Ouassel, il reparut à Siout pour joindre des Mamelouks et des Nubiens qui avaient fait une autre manœuvre. Ils avaient tourné Sienne par le désert oriental et avaient paru devant Esné pour passer le fleuve. Le capitaine Clément les en avait empêchés ; ils étaient allés effectuer le passage à Erment. Belliard, tout en se mettant à les observer, fit prévenir le général en chef qui passa le Nil le 2 mars, atteignit Farchout le lendemain, et, laissant sa flottille en arrière, arriva à Siout avant que Mourad et Mohammed y eussent opéré leur jonction. Son avant-garde, commandée par Friant, enveloppa les fellah gardiens de la ville, les accula au Nil, où le désordre et la peur en firent noyer la plupart, malgré leur merveilleuse adresse de nageurs. Mohammed el Elfy, attaqué à son tour revint vers sa petite oasis ; Mourad, encore plus maltraité le lendemain par Desaix, se sauva dans la grande. Les Nubiens, après avoir erré quelques jours dans le désert libyen, furent rappelés vers les villages par la faim ; et, après avoir vendu jusqu'à leurs armes pour avoir du pain, ils offrirent leurs services aux Français comme auxiliaires.

Cependant le schérif Hassan, revenu de la *Guitta*, avertit le bey Hassan de l'isolement où se trouvait la flottille française. Tous deux accoururent à Benouth, et leurs nageurs s'emparèrent des bâtiments de transport sous le feu de la germe de guerre l'*Italie*. Avec les munitions qu'ils trouvèrent à bord des premières barques, ils vinrent prendre l'*Italie* à l'abordage. Le capitaine Morandi mit le feu à ses poudres et se fit sauter avec les vainqueurs qui couvraient son pont. Belliard, qui avait reçu l'ordre de poursuivre partout les Hedjazites, arriva quelques heures trop tard pour secourir la flottille. Les Cophtes de Qous essayèrent en vain de le dissuader, avec une poignée de fantassins et quinze dragons, d'attaquer un ennemi nombreux, exalté par le fanatisme de son chef et par un succès récent. Ils ne pensaient pas à une autre circonstance plus terrible. Le schérif avait fait mettre à terre l'artillerie de la flottille et en avait armé une batterie. Belliard repoussa les charges de cavalerie, s'empara de la redoute et pointa les canons contre l'ennemi qui les avait dressés et abandonnés. Les Arabes défendirent mieux le village de Bénouth. Chaque maison devint une forteresse qu'il fallut assiéger et brûler. Douze cents Arabes y périrent, et avec eux leur chef fanatique le schérif Hassan. Une mosquée qui fut brûlée avait reçu les poudres de la flottille. Le 30 mai, Desaix arriva avec d'autres munitions. Pour empêcher toute tentative des Hedjazites et des Mamelouks, il pensa à occuper les trois affluents de la vallée de Qosseïr, qui de Bir-el-Babr font patte d'oie vers Qeneh, Qeft et Qous. Il oublia par malheur le défilé de *Redtzy* par lequel les Mamelouks, battus à Bir-el-Bahr, revinrent vers le fleuve et occupèrent Belliard, qui les poursuivit jusqu'à Koum Ombon.

Un neveu du schérif Hassan ramena les Hedjazites à Bardis et leur fit passer le Nil. Morand les repoussa de Girgèh ; ils s'approchèrent de Tahta que Lasalle venait de quitter pour courir au secours de Pinon, menacé à Siout par un rassemblement de fellah. Lasalle revint avec la même rapidité, et écrasa les Hedjazites dans *Gehemi*, où leur chef perdit la vie. Les débris de cette troupe allèrent joindre à *Beniadi* des nègres du Darfour que Mourad avait organisés dans l'oasis. Davoust, poursuivant les Arabes depuis Abou-Manah, arriva à *Beniadi* le 18 avril. L'adjudant-général Rabasse mit en déroute les Mamelouks de Mourad ; mais le village de *Beniadi* renouvela la résistance acharnée de Bénouth, résistance qui motiva aussi l'emploi de l'incendie comme auxiliaire de l'armée. Les vaincus fuient vers Minich, où d'Estrées les empêche d'entrer. Davoust, continuant sa route vers Beni-Souief, dut châtier les habitants d'Abou-Girdgé qui, égarés par de faux rapports, croyaient les Français battus et leur refusaient des vivres. Cette leçon eut une double utilité ; elle approvisionna le corps d'armée et étendit au loin l'exemple de la soumission.

Dugua, qui commandait au Qaire, s'était inquiété du bruit des insurrections de la Moyenne et de la Basse-Egypte, et songeait à demander des secours à la division Desaix, qui n'avait pas achevé sa grande mission. Mourad, chef et ressort principal de la résistance du Sahid, était menaçant dans les oasis. La prudence voulait qu'on ne lui laissât ni repos ni retraite, mais un intérêt majeur détourna l'attention d'un autre côté.

Une flottille française partie de Suez avait été envoyée vers Qosseïr, nœud du Sahid avec la mer Rouge et l'Arabie. Elle y était arrivée trop tard (le 7 février) pour s'en emparer. Les contingents de la Mecque, de Djidda, de Jembo y étaient déjà établis. Un débarquement ou un bombardement étaient hors de proportion avec les forces de la flottille. Les Anglais, qui avaient de leur côté envoyé une flotte d'observation comme prélude d'une expédition plus grande, vinrent parlementer avec les autorités arabes de Qosseïr pour se faire céder ce port comme auxiliaires. Desaix, averti à temps, fit toute diligence pour soustraire Qosseïr aux deux ennemis : il traversa le désert à marches forcées, et, le 29 mai, il arbora le drapeau français sur les châteaux de Qosseïr, en vue des bâtiments anglais qui n'avaient pas terminé leurs négociations.

Belliard et Donzelot avaient accompagné Desaix dans cette expédition qui consolida la possession du Sahid et l'autorité française. Le schérif de la Mecque désavoua ses sujets qui avaient pris part à la guerre ; il demanda l'alliance des vainqueurs : les caravanes marchandes et religieuses reprirent leur cours accoutumé sous la protection du *sultan Adel*. Ce surnom de Juste, donné par le peuple conquis, ne pouvait pas être une flatterie ; il n'était que l'exact résumé de la droiture et de l'humanité que Desaix déploya toujours et comme guerrier et comme administrateur.

Voici maintenant les inscriptions françaises qui nous occupèrent exclusivement à notre première visite à Phylé.

*L'an VI de la République française, le 13 messidor,
une armée française, commandée par Bonaparte,*

est descendue à Alexandrie. L'armée ayant mis, deux jours après, les Mamelouks en fuite aux Pyramides, Desaix, commandant la première division, les a poursuivis au-delà des cataractes, où il est arrivé le 13 ventose an VII. Les généraux de brigade Davoust, Friant et Belliard. D'Onzelot, chef de l'état-major. Latournerie commandant l'artillerie. Eppler, chef de la 21e légère.

Le 13 ventose an VII de la République, 3 mars an de J.-C. 1799.

Gravé par Castex, sculpteur.

Avant le premier pronaos, dans une cour ouverte, sur le mur de gauche, on lit :

Balzac, Coquebert, Carabœuf, Costaz, Coutelle, Lacipière, Ripault, Lepère, Méchain, Nouet, Dutertre, Savigny.

Longitude depuis Paris, 30 16' 22".
Latitude boréale, 24 3' 45".

L'inscription des savants est de beaucoup la meilleure. Il n'y a point de verbe ni de construction traînante et embrouillée. Le motif de l'inscription, les noms propres et un grand fait scientifique déterminé par eux, voilà tout ce dont ils se glorifient par le seul rapprochement de leurs noms et du fait. Dans l'inscription militaire, la particule de d'Onzelot et le millésime chrétien semblent deux précautions singulières contre la durée de la république et de son calendrier. Beaucoup de touristes grands et petits seigneurs, leurs cuisiniers et femmes-de-chambre, avaient inscrit leurs noms près de celui des généraux français. Un artiste a donné à eux et à leurs imitateurs une leçon sévère et en langage digne de la République. Après avoir repassé à l'encre l'inscription monumentale, il a mis en haut cet avertissement : *Une page d'histoire ne doit pas être salie.* Profanée eût été plus poli et aussi français.

NUBIE.

Le thermomètre est descendu à 7. Nous approchons du tropique et le froid de la nuit augmente. Nos ânes et chameaux sont arrivés et Mohamed est parti avec les gros bagages pour *Chellal*. Nous ne quittons pas la dahabié, qui est enfin en marche vers la cataracte : du lit du Nil le paysage est plus curieux, même que du bord. Les rochers de granit paraissent comme des masses de métal solide entourées d'un bain de métal liquide; la ceinture de collines granitiques est haute et sérieuse, heureusement un peu de verdure sourit par-ci, par-là. Les palmiers et doum s'y balancent; les lupins, le riccin y verdissent; les pigeons ramiers, les merles-pies, jouent, sautillent sur les rochers, viennent boire au bord de l'eau; les hérons eux-mêmes ont ici perdu un peu de leur défiance et occasionent les plus comiques méprises. Un Anglais à lorgnon fait feu sur un héron sculpté dans le granit parmi les nombreux hiéroglyphes, et, comme de raison, le héron reste en place et debout; un autre chasseur, ayant meilleure vue, laisse tranquille un héron immobile qui se profilait sur la face noire d'un granit à portée de pistolet; l'oiseau s'envole en ricanant, comme pour le railler de l'avoir pris pour un hiéroglyphe.

Le lit du fleuve avait d'abord tourné à droite en sortant de Sienne. Au bout d'une demi-heure de chemin, avec très-peu de vent, il se retourne à gauche, et nous commençons à entendre un peu de bruit comme au bas de la chaussée d'un moulin. On distingue l'eau qui blanchit au bas de plusieurs rapides séparés par des îlots, par des rochers de toute dimension. Le reïs commence ses prières au prophète et à *Silty Zeinèb*. Deux bateaux turcs sont arrivés peu après nous ; ils prétendent passer les premiers, sous prétexte que ce sont des bateaux du pacha ; nous permettons au plus léger d'aller en avant. Un peu de curiosité prudente fait taire pour le moment l'amour-propre européen. Pendant qu'il monte la première passe, deux enfants à cheval sur des troncs de palmier, que l'imagination peut prendre pour des dauphins, cachés qu'ils sont par les vagues, viennent commencer leurs jeux, espérant quelque monnaie en paiement du spectacle. Ils descendent debout, de côté, nageant, plongeant, disparaissant au point de nous allarmer, puis reparaissent joyeux et chantant ; et tout cela le long d'une pente anfractueuse, bruyante, couverte de brisants, de bouillonnements et d'écume, et au fond du lit de laquelle on sent qu'il y a d'énormes rochers. Les bateaux ne remontent pas là ; ils divisent la pente en deux temps par deux passes qui se rencontrent en angle. La première est peu inclinée ; la seconde a au moins quatre pieds de pente en moins de douze toises de longueur, aussi les bateaux sont-ils près d'une heure à la vaincre.

Vers les quatre heures du soir nous gagnons un petit port voisin d'un village barberin, où nous devons passer la nuit. Un bateau anglais y arrive après nous, le turc y est déjà ; son compagnon ne passera pas aujourd'hui la seconde porte (passe). Le petit désert montueux qui sépare ce port de Chellal et Philé est entrecoupé de villages pourvus d'un peu de verdure ; les rochers offrent de superbes veines de porphyre. Les paysans viennent autour de nous dansant, chantant comme des sauvages, offrant des œufs (gasca), du lait (itchy) et demandant des *barchich*, mot que nous comprenons mieux. Les petits bassins entre les rapides de la cataracte sont couverts de canards sauvages et de macreuses.

17. Vers neuf heures et demie, la barque turque restée hier à la seconde passe parut dans notre bassin toutes voiles déployées. Cent *chellaly* (halleurs barberins des cataractes), nous firent signe de leurs gestes et de leurs cris d'avancer vers les passes supérieures. La jolie dahabié turque remontait en ce moment la troisième et la quatrième; la troisième se passe à la voile, la quatrième au moyen du câble transbordé par des nageurs qui coupent presque droit le torrent, et vont ensuite se sécher dans le sable. Le câble est pesant et on ne peut le tirer qu'à la suite d'une corde plus légère ; on se servit d'abord de notre leban si souvent cassé et qui se cassa une fois de plus ; nous ne fûmes rassurés qu'après avoir compris qu'il ne devait jouer qu'un rôle d'avant-scène ; la cinquième passe qui se traverse à la corde moyenne hallée par peu de monde, est une vraie naumachie entourée d'un amphithéâtre de rochers ; les habitants des villages voisins, requis par leurs scheikhs respectifs, sont obligés de venir faire le service des cataractes. Le *réis chellaly* leur distribue la moitié de la somme qu'il reçoit de chaque bateau.

Le pacha fait faire en ce moment quelques travaux dans le but d'élagir certaines passes ; il a emmené en outre nombre de barberins à sa mine d'or de Fazouglou. Ces deux causes réduisaient à trois cents environ le nombre des acteurs ou spectateurs de notre ascension ; ceux-ci, beaucoup plus nombreux que ceux-là, couvraient l'amphithéâtre de la manière la plus pittoresque. Une moitié de ces longues et noires figures était nue, le reste, drapé à l'antique dans de grandes robes bleues, dans de longues pièces d'étoffe blanche ou jaune, jetées plusieurs fois autour du corps et sur les épaules. Il est fort rare qu'un Européen reste à bord de la barque que l'on remonte. Cette fois le spectacle était nouveau, car une demi-douzaine d'Européens étaient à bord; et leur gaîté et leur mauvaise tête rendit le spectacle dramatique.

Les passes n°s 6, 7, 8 et 9 sont peu rapides : la voile, avec le secours d'une corde de moyenne grosseur, amarrée successivement à divers rochers, font l'affaire : la dixième et dernière est aussi rapide que la deuxième, elle est fort longue ; la pente totale est de plus de 7 pieds, dont 3 au moins dans les trois dernières toises de sa longueur ; sur ce dernier point, le bateau est plus de vingt minutes penché comme on vit l'obélisque sur l'abreuvoir de la place Louis XV à Paris, et comme l'obélisque, il chemine par bonds.

Le reïs de la barque turque craignait que la journée ne fût pas suffisante pour le passage de toutes les barques, et il prétendait exciper de son titre d'employé spécial du pacha pour prendre le pas sur les pavillons européens, ce droit avait été reconnu par nous en laissant passer la première dahabié; il refusait au surplus l'usage du grand câble dont il se disait propriétaire. Une rapide explication avec le reïs-chellaly prouva que cette dernière assertion était un mensonge, le câble appartient au village de Chellal et à l'administration de la cataracte, qui est un petit état dans l'état, quelque reste sans doute de ce royaume Eléphantin dont Champollion s'est tant moqué. Si l'honneur anglo-français permettait de subir la préséance du pacha fort douteusement représenté par un reïs, il devait se révolter contre la mystification d'un mensonge. Une rapide délibération, tenue par la fenêtre des cabines, concerta le plan de résistance. Les dahabiès franques étaient escaladées, prises à l'abordage par l'équipage de la barque turque qui s'était déjà amarrée au grand câble, et qui en faisait circuler le chef vers les halleurs établis au bas des rochers. Tout-à-coup, trois hommes en veste grise et en chapeau de paille sautèrent sur le toit de leurs cabines, tenant d'une main un courbach ou bâton, et de l'autre un fusil. L'un d'eux fit une brève allocution : on avait le droit de passer selon son tour d'arrivée, ont était décidé à en user; ceux qui s'opposeraient à l'exercice de ce droit seraient punis selon la nature de leur résistance. On allait voir, en attendant, comment on savait repousser les violateurs du domicile. Les bâtons et les courbachs firent quelques rapides évolutions, et les intrus sautant comme des singes, nageant comme des grenouilles, se hâtèrent de regagner leur barque. L'ordre fut donné à l'équipage du premier bateau franc de ne pas lâcher le chef du gros câble, que la barque turque se hâta de démarrer. Les spectateurs témoins de la scène avaient témoigné le redoublement de leur attention en se levant, tendant le cou et retenant leur haleine. Le bruit de la cataracte fut couvert par les huées et les éclats de rire qu'ils poussèrent pour applaudir au triomphe des trois-chapeaux. Ceux-ci s'agitèrent poliment en l'air pour remercier la popularité versée sur les Hustings.

Après la dernière passe on est dans le bassin de *Chellal*, le port est à gauche dans un coude assez éloigné. Le Nil se verse sur les rapides par trois portes principales : celle qui nous livra passage débite le plus grand volume d'eau; l'une des deux sert à la descente. Le niveau du bassin de Chellal peut être estimé supérieur de vingt-un pieds au port d'Assouan. La moitié au moins de cette pente est employée aux passes n° 2 et n° 10; les huit autres passes et la pente générale du fleuve prennent le reste sur un parcours de six milles ou deux lieues; vingt-un pieds de chute feraient une fort belle cataracte, s'ils étaient franchis d'un seul bond par le fleuve. Le Nil n'offre de ressaut de cette espèce que sur la rivière Bleue, au pays nommé *Alata*. Bruce a décrit une nappe d'un pied d'épaisseur et d'un demi-mille de large qui tombe d'une hauteur verticale de quarante pieds. Le fracas est plus assourdissant et le spectacle plus imposant qu'à la chute de l'Orénoque à Maypurès. Les anciens, en décrivant les catadupes du Nil, c'est-à-dire celles de Sienne, les seules qu'ils connussent, ont aussi parlé du bruit assourdissant qu'elles produisaient. Sénèque raconte que les Perses abandonnèrent pour ce motif une ville située dans leur voisinage. Le murmure que nous avons entendu ne pourrait amener le même résultat aujourd'hui dans une enquête de *commodo* et *incommodo*, et la saison des basses eaux est principalement celle où le bruit doit être le plus fort, parce que la chute est plus haute. Pendant le *wafa* (l'inondation) les rapides disparaissent presque dans une pente générale que le vent du nord permet de vaincre. M. Jomard, après Bruce et Pococke, voyant la cataracte de Sienne au temps des plus hautes eaux, fut étonné comme ses devanciers d'y voir remonter des barques avec les seuls secours de la voile.

En remontant le Nil, notre principal objet est d'étudier l'état de choses actuel : le temps passé, l'histoire ancienne, nous occuperont davantage au retour, et je remets à cette époque à agiter la question de savoir si les cataractes furent toujours aussi peu profondes et peu bruyantes qu'aujourd'hui.

Une heure avant le Mogreb nous avions embarqué nos effets, longé les îles de Begè et de Philè, et voguant dans le Nil Nubien, nous jouissions de l'aspect neuf de ses bords.

18. Le lit du fleuve est encaissé comme un canal; les berges de terre végétale sont courtes, rompues en talus et immédiatement appuyées sur la montagne. Celle-ci est

une série de hautes pyramides de granit brun désagrégé en roches rondes au milieu d'un peu de sable, à-peu-près comme d'énormes tas de boulets exposés au vent; de temps en temps la montagne verse ces boulets jusque dans l'eau. L'homme a imité parfois ces jetées, parce qu'il a remarqué qu'un peu de terre végétale s'accumulait en amont et en aval de ce barrage qui protégeait d'ailleurs un village menacé par les eaux; c'est une œuvre ancienne, car les natifs l'attribuent toujours aux païens. J'ai déjà dit que la colline de Contra-Sienne est un grès percé de nombreuses hypogées. Le granit paraît bientôt du même côté : c'est dans des rochers de cette rive (gauche) et de cette matière qu'aux premiers rapides le pacha fait maintenant exécuter quelques mines. Le granit continue sur la rive droite jusqu'en face de Kartas; de l'autre côté, il cesse un peu au-dessus de Debode. Kartas a d'immenses carrières de *psammite micacé* aussi beau au moins que celui de *Gebel Selsèlè*. Le granit reparaît des deux côtés de Bab-Kalabschè pendant deux lieues environ; les îlots qui embarrassent la rivière à la fin de ce défilé continuent la formation granitique un mille après que le grès a reparu sur les deux rives. C'est précisément la même disposition qu'à la seconde cataracte, deux lieues au-dessus de Wady-Halfa, vers lequel nous nous dirigeons.

Vers trois heures, nous étions engagés dans *Bab-Kalabschè*, édition en granit de Gebel-Selselèh. Les deux petites ruines de Tafèh s'aperçoivent sur le côté lybique. Les montants de ce passage sont d'un granit noir taillé à pic, où les laisses de l'eau font un nilomètre naturel. Au bout d'une heure, la porte s'élargit, se sème d'îlots, se verdit de quelque végétation, d'un peu de culture. On peut ici prendre une idée de ce que sont les cataractes de Sienne pendant l'inondation. Le village de Kalabschè est à notre gauche après le dernier rocher du défilé. Un autre village du même nom paraît, une demi-heure après, sur la rive opposée. C'est là qu'est le temple antique avec des *speos* ou hypogées dans la montagne.

19. — *Bab-el-Bakhour*, placé à distance à-peu-près égale de Kalabschè et de Dakké, correspond au tropique du Cancer, qui n'a pas fait beaucoup monter le thermomètre au soleil levant (8° o). C'est ici qu'on devrait creuser ce puits, rendu célèbre par Erathosthène, Hypparque, Ptolémée et Strabon, et où l'image du soleil se réfléchissait verticalement à midi pendant le solstice d'été. La science moderne ne borne pas à la ligne stricte du tropique l'accomplissement de cet aplomb : l'absorption de l'ombre a lieu pour une zône égale au diamètre apparent du disque solaire, c'est-à-dire à un peu plus d'un demi-degré. Un puits, placé à sept lieues au-dessus de Sienne, à cinq lieues au-delà de Philé, et tous les puits, placés au sud de cette limite, ont pu montrer le phénomène curieux que la tradition éloignée aura rapporté à Sienne. Si le soleil ne tombe plus verticalement dans les puits d'Assouan ou de Philé, le solstice met encore dans une ombre complète les quatre façades des temples de l'île Sainte, grâce au talus de ces façades et à la saillie de leurs corniches.

Bab-el-Bakhour est un rétrécissement du Nil, non pas précisément entre les deux montagnes, mais entre les éperons que les montagnes s'envoient. Ils forment des îlots et des roches parsemées de quelques joncs et souchets. Mais le papyrus ne se trouve pas plus ici qu'à la cataracte de Sienne, où les souchets abondent aussi. En deux heures nous avions atteint *Dandour*; deux heures après nous saluâmes *Guerfé-Hassan*, précédé d'un beau bouquet de *mimosa-gommiers*. A une heure et demie après midi nous aperçûmes les hauts pylones de Dakkèh. La rive lybique était bordée de jolis *Sant* et autres mimosa verts, glauques et bleus, penchés sur l'eau comme des tamariscs. La rivière fait pendant deux lieues un coude, où le vent nord-ouest était à peine bon pour nous, allant à l'ouest et au sud-ouest. A la hauteur d'*El-Laghy*, gros village barberin, la vallée s'élargit et prend l'aspect égyptien. Toutefois, les montagnes arabiques sont brunes, fort hautes et découpées en pics et pitons. Les *Barabra* du village entendent à peine l'arabe et les femmes ne le comprennent pas du tout. A cinq lieues moins un quart, le petit temple de *Fédouine* est à notre droite ; à gauche est un cône noir, comme volcanique ; plus loin, plusieurs autres offrent la même couleur et la même apparence : on ne voit pas d'ici de quelle chaîne ils font partie. *Fédouine* est le nom *barbery* du village que les Arabes appellent *Moharraca*.

20. — Le thermomètre marquait 8 3/4, l'eau était sensiblement plus chaude que l'air, mais n'exhalait pas de vapeur apparente, le froid de l'air était peu sensible à la peau. Après *Seboua*, le Nil (en remontant) tourne à l'ouest si complétement que l'on voit par-derrière le grand cône qu'on avait aperçu par la face opposée sur la ligne du temple. Ce cône est précédé de beaucoup d'autres qui, vus de près, ont démenti l'apparence volcanique. Ils sont tous d'un grès qui à la vérité devient noir comme du basalte ou comme du minerai de fer, lorsqu'il a été mouillé et poli par le fleuve ; celui-ci fait une série de zig-zag S.-O. ; S. ; S.-O. ; O., en longeant et baignant immédiatement la roche arabique. En face de Korosko le vent de N.-O. était debout pour nous et le soleil se couche sur la chaîne arabique ; pendant que le bateau était hâlé à la cordelle, nous visitâmes à terre quelques pauvres villages de huttes perdues au milieu des sables, tout parsemés d'épines de *Sant*. Les Barberins charbonniers abandonnent les broutilles au risque de s'y

piquer les pieds ; les *Saquiès* arrosant le peu de culture établie sur la berge du fleuve sont installés sur de véritables balcons soutenus par une douzaine de troncs de palmier.

La pauvreté des rives rend le gibier fort rare et la chasse difficile, voici cependant deux épisodes assez communs dans le journal d'un voyage en Nubie. La grande et belle oie tricolore figurée dans les monuments Egyptiens donne en cette saison les premières leçons de natation à ses petits. Ceux-ci au sortir de l'œuf nagent déjà comme *Barberins*, mais enfin leur progression est un peu plus lente que celle de leurs parents. Dès qu'un ennemi les serre de près, un des grands oiseaux, le père sans doute, s'envole : les petits s'éparpillent, les uns veulent suivre par eau la retraite tracée dans l'air par le père ; le plus grand nombre se serre près de la mère, qui reste et fait face au danger. Elle encourage ou gronde par un cri particulier les petits, qui ne trouvant pas la natation à rames assez prompte courent sur l'eau assez rapidement pour en augmenter la résistance à leurs pieds palmés ; ils agitent, pour s'aider, leurs petites ailes à peine couvertes d'un duvet jaune. Leur guide et protectrice les couvre de son corps au moment juste où arrive une première, une seconde décharge à laquelle résiste son épaisse et souple cuirasse de duvet. Si, par un raffinement de cruauté, le chasseur comprend qu'un blessé ou un mort dans la jeune et chère famille retarderait, arrêterait même la vive retraite de cette mère dévouée, les petits essuient le feu aussi courageusement et aussi adroitement que la mère ; n'ayant point de plumes, pour profiter de la ressource d'un autre élément, ils plongent comme d'autres oiseaux aquatiques au moment précis où il le faudra pour éviter le plomb.

Après s'être amplement donné le plaisir de voir des crocodiles, et de le tirer, on évoque ses souvenirs d'Hérodote et de Pline, et l'on cherche le Trochylus. Nous avons ouï dire ici que toute la société Champollion, plus riche à la vérité en artistes et érudits qu'en zoologistes, avait accepté et fait accepter la bergeronette grise pour ce fameux Trochylus. Ils se seront contentés de regarder avec leur lunette ; la mienne m'a toujours montré faisant la toilette aux mâchoires du crocodile, un oiseau sans queue, mais beaucoup plus gros que la bergeronette. Je ne me suis pas contenté de ce témoignage sujet à illusion. Je me suis approché du sable d'où le crocodile venait de disparaître, et où l'oiseau, ou plutôt les deux oiseaux restaient encore et se laissaient approcher à portée de petit plomb. J'ai reconnu et tué le *pluvian*.

21. — Nous sommes orientés comme une carte géographique, le soleil se lève à notre droite, le nord est devant nous, et cependant nous remontons le Nil. Korosko, pauvre village enfoncé dans un cirque où s'ouvrent plusieurs vallées est le nœud d'un commerce assez important ; c'est là qu'on laisse les barques et qu'on prend les chameaux pour aller au Sennaar en évitant le grand coude que le Nil commence ici en se jetant vers l'ouest : le Pacha qui a voulu remonter la cataracte pendant l'inondation reviendra ici par le désert, il quittera le Nil à l'embouchure de l'Atbara, au village de *Gouz*, et atteindra Korosko en huit jours de marches forcées effectuées par des relais de dromadaires ; c'est aussi la route que suivent la plupart des *Gellabin* ou marchands d'esclaves venant du Sennaar.

Comme ce hideux commerce se fait dans presque tous les pays, sans excepter la basse Nubie, les *Gellabin* venant du Dongala côtoient le Nil jusqu'à Wady-Halfa, où ils s'embarquent. On rencontre beaucoup de barques pleines de cette noire cargaison ; le soir les jeunes filles de quinze à vingt ans, voilées d'un fort petit jupon et merveilleusement grasses, malgré les fatigues et la mauvaise nourriture, cuisinent sur deux pierres le dîner de tout l'équipage, un pot de dourra bouilli à l'eau pour les esclaves, du dourra au beurre pour les maîtres; elles rient, causent, s'agitent, comme si elles étaient contentes et insouciantes. Cependant les chefs des Gellab étalent leurs tapis près de là sur cette même rive; d'autres associés veilleront à bord dans leur cabine, et tous se serviront pendant la nuit de cette marchandise qu'ils oseront ensuite vendre au Qaire, à Siout, en jurant qu'elle est pure, qu'elle a été respectée par eux tout le long de la route. Ils sont là les infâmes, faisant dévotement leur prière, alignés sur deux rangs, le chef en tête, commençant le *rika* en guise d'iman! Ces traitants sont de la race arabe Ouroury la plus basanée : leur peau est presque aussi noire que leur âme!

Nous reconnûmes successivement Amada, et Derry, capitale actuelle de la Nubie turque, annoncée au bord de la rive arabique par quelques fabriques blanches mêlées à un beau sycomore et à des dattiers que Champollion proclama les plus grands, oubliant sans doute le géant de Gizèh. Le mogrèb nous surprit devant l'île qui précède Ibrim. Cette langue de terre est digne de l'Egypte par sa fertilité; elle est fort bien cultivée en légumes, fèves, pois. Les chasseurs, poursuivant les cailles qui se montrent depuis quelques jours, étaient perdus sous une forêt de riccins et lupins, comme Gulliver dans les prairies de Brodingnad. La rive libyque elle-même participe au luxe de la végétation : les *sant* y sont tout couverts d'un riche liseron à fleurs violettes qui fait les délices des horticulteurs d'Alexandrie. Voici sa véritable patrie. Les botanistes qui l'ont fait naître au Qaire (*convolvulus caherensis*), ont renchéri un peu sur l'erreur des astronomes qui placèrent le puits sans ombre à Sienne.

22. — Les deux bords du Nil conservent un peu de culture et des saqiè au-delà d'*Ibrim*, à *Arminné*, aux deux *Teschqé*, noms uniques pour deux villages comme *Kalabsché*. La rive libyque est riche de tamarics où les équipages font provision de combustible. Près des rochers végète un joli petit saule qui n'a pas perdu ses feuilles.

23. — Enfin, à dix heures moins un quart, nous étions devant les deux temples d'Ebsamboul, huitième merveille naguère inconnue, et qui est devenue rapidement le but du pèlerinage des savants et des touristes : les façades taillées dans le roc, grâce aux dimensions de leurs colosses, s'aperçoivent mieux d'ensemble du lit de la rivière que du bord. Les détails et l'intérieur font une perspective charmante pour le retour; la vue hâtive, et cependant plus complète qu'à Thèbes, console du vent qui vous emporte. Les Musulmans qui n'ont pas osé appeler ceci *étable* d'Antar, diront probablement *palais*, s'ils pensent à le regarder quelque jour : pour le moment ils ont une grande distraction. Deux bateaux ont entremêlé leurs antennes et les équipages fraternisent; ils se régalent ensemble d'une *fantasia*, commencement de leur grande fête du *Courban beyram*. Un jeune homme qui joue l'almée gigotte son *chica* avec accompagnement de castagnettes de cuivre, d'*argoul* (hautbois de roseau à deux tuyaux) de zoummar (*idem*, à un seul tuyau), de tambour de basque et de *daraboukké* (tymballe en terre cuite); l'agneau que le reïs doit immoler demain mêle de temps en temps des paroles désolées à ces accents joyeux, *adbèh, adbèh* (immole, immole), et les Arabes qui ont remarqué et traduit l'onomatopée, répondent en ricanant que demain il sera obéi. Le soir ils s'établissent sur le sable libyque, ils se rasent la tête, puis groupés en cercle comme les quarantenaires de Beyrout, ils commencent un *zykre* moitié dévot, moitié comique; So-

lyman-le-Cophte s'y était mêlé sans doute à cause de ce dernier élément. Celui-là aussi fait tenir à l'écart le reïs Aly et le gros marinier Abderrahman. Cependant, Am Refaa, le thériaky (le timonier mangeur d'opium), chante, déclame, valse, ronfle bon jeu, bon argent. Derviche premier, car nous avons deux derviches, donne sa plus belle voix, sa plus religieuse, sa plus anacréontique poésie.

24. — Le lendemain ce fut prières extraordinaires, litanies après le rikaa, félicitations et souhait de bonne année, comme si l'année avait recommencé le jour même; puis vinrent les petits cadeaux offerts au maître, que le maître devait bientôt rendre avec convenable transformation : une piastre au moins pour chaque noyau de datte accepté. Après Ebsamboul, nous avions passé *Gebel-Kherab*, village en ruines; puis *Faras*; puis les deux *Serré*, l'un en rive lybique habité et entouré de cultures, l'autre sur la rive opposée, amas de maisons et fortifications ruinées, digne assortiment d'un désert jaune parsemé de quelque végétation glauque. De hauts palmiers se dessinèrent enfin au midi en avant de quelques collines de sable gris; la brise était insensible, la rivière unie comme une glace, l'azur des cieux gris, l'atmosphère chaude; des grues bleues et blanches y faisaient leurs évolutions. Le reïs barberin nomma Wady Halfa; nous n'étions plus qu'à une heure du terme de notre voyage, avec le vent d'hier, d'avant-hier, de toute la semaine, avec le vent qui nous pousse depuis Minié.

Tout-à-coup ce vent tourne, se renforce, il faut accoster et marcher à la cordelle, qui ne produit pas en cinq heures le chemin d'une heure de bon vent : comme si Dieu eût voulu diminuer notre reconnaissance, en nous abandonnant au moment d'atteindre ce point tant désiré, cette cataracte, dont la vue fait parmi les Européens un titre de distinction. A deux heures, nos bateaux se croisent avec celui de sir William et de lord Hamilton : tristes nouvelles, la fameuse cataracte est fort loin de Wady-Halfa, elle est fort peu pittoresque, il n'y a pas un arbre; et il y fait une chaleur affreuse, pourquoi donc y aller se fatiguer, perdre de l'argent, avaler de la poussière? nous demandent les dames qui ont vu et sir William qui n'avait guère envie de voir ; pourquoi? pour avoir le droit de mépriser comme vous la fameuse cataracte ! pour nous moquer comme vous des gens qui font des mille lieues pour ne trouver qu'un rocher peu digne de la visite !

En s'approchant du rivage pour ces pourparlers, notre barque avait laissé sur l'autre rive les haleurs du *Leban*; ils passèrent le fleuve à la mode du pays, les uns à cheval sur un tronc de palmier, d'autres sur un petit radeau de joncs ou de *bouz* (tiges sèches de doura), ramant des pieds, pagayant des mains, et parfois se contentant de pousser devant eux le radeau ou la botte d'herbes légères qui les appuyait, afin de se donner le plaisir du bain, dont la chaleur (28° à l'ombre) faisait un besoin. Cette navigation du monde primitif est en usage depuis Thèbes; l'étranger la regarde avec une curiosité plus attentive quand elle est pratiquée par de jeunes filles qui n'ont pas, en Nubie surtout, les grâces idéales des deux sauvages que M. de Chateaubriand fit nager sur le Meschacèbè, mais qui ne leur cèdent en rien pour l'adresse natatoire, qui les surpassent pour la pudique agilité avec laquelle elles reprennent leurs vêtements en touchant la terre: la grande chemise ou la longue melaïé serrées en un paquet, étaient assujéties sur la tête pendant la traversée. Elles se déploient et tombent comme un rideau de théâtre, sitôt que les syrènes sortent de l'eau. Quand elles sont deux, ce qui est le cas ordinaire, la première arrivée étend le melaïé sur ses deux mains écartées pour faire écran à sa compagne qui lui rend le même service, aussitôt qu'elle est habillée. L'indiscret épiant sur la berge ou sur son bateau l'occasion de constater les belles formes de la femme égyptienne, qu'il a soupçonnées autrefois, est presque toujours réduit à les deviner encore dans la noble démarche et sous les élégantes draperies.

25.—La chaleur intense et subite d'hier était le prélude d'une de ces tempêtes sèches que nous avons eues au moins une fois par semaine. Ce matin à l'aurore, un léger vent de sud agitait nos pavillons. Au lever du soleil, le vent est tout-à-coup passé à l'ouest, et sa violence a rendu la côte lybique invisible. Les palmiers de notre voisinage étaient pliés en deux, échevelés comme des vierges évanouies aux bras de leurs ravisseurs. Les vagues sautaient par-dessus notre bord malgré le *segalè*. L'île qui précède la cataracte et qui s'avance jusqu'à portée de fusil était encore plus obscurcie par la poussière. Le merisy et l'absence du soleil ont ramené le froid (thermomètre, 8° au soleil levant). La visite à la cataracte est impossible. Rien ne marche aujourd'hui : ânes, chameaux, *barabras*, Arabes, tout reste immobile et abrité. L'inquiétude européenne n'est pas si prudente. Les chasseurs vont poursuivre les grands vautours sacrés de l'ancienne Egypte; les naturalistes vont recueillir de petites coquilles au seul endroit où le Nil en dépose sur les grèves inférieures de la cataracte. De bonnes lunettes vertes garantissent les yeux de la poussière, et n'empêchent ni de trier les grains de sable, ni de bien ajuster au vol. Après ces passetemps, on règle ses comptes avec les reïs qui, ayant, comme de raison, une mémoire plus sûre que les notes quotidiennes du voyageur, et calculant mieux de tête que l'Européen avec sa plume, prétend toujours lui prouver qu'il se trompe au détriment du salarié. C'est le bénéfice et le privilége de l'ignorance de pouvoir toujours encourager la mauvaise foi !

26. — Pour le coup, ânes, chameaux, hommes, bateaux de passage (*ferrady*), tout a été exact à une heure près. Au lever du soleil, nous débarquions sur la rive opposée avec nos ânes et nos gens. Les guides nous font suivre la rivière jusqu'à l'endroit où, hier soir, je fis une promenade, et qui n'est réellement qu'à deux milles du port. Champollion n'alla sans doute pas plus loin. Il ne vit que les premiers îlots. Le reste de notre chemin a été sur d'assez hautes falaises de grès, d'où nous apercevions en bas la suite de l'île dernière et les îlots qui la précèdent et la relient à d'autres îles sans nombre et sans fin. Les îles, les îlots, les rives sont parsemés de quelques arbres, *tamarisces*, *sant*, acacia, gommiers, que n'auront pas aperçu ces dames. Les premiers rapides ne se montrent que sous la montagne d'*Abousir*. Le principal et le plus profond longe le demi-cercle concave des falaises que nous avons suivies. C'est celui-là que le pacha paraît vouloir faire régulariser, car à divers points nous avons aperçu des groupes de travailleurs qui minaient quelques roches et construisaient entre d'autres une petite chaussée de hallage. La largeur du fleuve, le nombre et la force des brisants ne sont pas supérieurs à ce que nous avons vu à Sienne. Ici seulement la scène est infinie. Bien au-delà du point où la poussière fine, qui chargeait encore l'air, nous permettait de voir distinctement, on devinait et l'on entendait d'autres torrents. Cette seconde cataracte dure ainsi pendant trente lieues, nommées pour cette raison bassin pierreux (Baten el-Hadjar). Si le pacha s'en approche à son retour, il comprendra les sourires que son ingénieur Linant ne put réprimer en s'entendant donner l'ordre de faire sauter toutes

les cataractes. Peut-être aura-t-il des remords de l'avoir disgrâcié pour cette liberté!

Le rocher d'Abousir est d'un grès tendre qui facilite la sculpture vaniteuse des touristes. Il y a déjà nombre de noms obscurs à côté de quelques notabilités. Lord Belmore a écrit Belmore tout court. Richardson, qui l'accompagnait en qualité de médecin et qui a écrit une fort bonne relation du voyage, a fait précéder son nom de «docteur.» L'un de nous trouva plaisant de marteler ce titre modeste, comme si le grand voyage et l'intéressant récit étaient une savonette à vilain, suffisante pour égaler Richardson à un lord.

Les îlots et rochers au fond du lit du fleuve sont en granit ou plutôt en gneiss et en leptinite. Sur les côtés, le granit paraît encore fort éloigné : toutes les falaises, à partir de ma vue, sont en grès. A Abousir, nous étions vraiment à nos colonnes d'Hercule. Quelques chasseurs crurent devoir faire le sacrifice d'actions de grâces. Ils cherchèrent des victimes. Les vautours, les grands corbeaux noirs de Noë, comme les appellent les Arabes, planaient autour du rocher. Plusieurs coups abattirent quelques-uns de ces pauvres oiseaux, qui manquèrent de faire d'autres victimes en assommant de leur chute les mineurs du pacha. L'écho auquel on voulait signifier ainsi l'arrivée, l'hozanna et l'adieu, est moins bruyant et moins babillard que ceux de Philè.

Quelques chaumières d'Arabes charbonniers sont semées le long des falaises. D'autres tachent en bas la grève voisine des rapides. Nous marchandâmes du charbon de *sant* à une femme arabe *demi-bécharié*, qui frotta coquettement l'anneau de son nez, dans l'espoir d'ajouter à notre admiration pour elle et pour sa marchandise. On revient par le désert en suivant la corde de l'arc, tracé d'abord le long du fleuve. Ce désert est absolument vide de plantes; le grès est recouvert de sable jaune. On reprend ses bateaux près des hangards qui servent d'entrepôt aux marchandises qu'on remonte d'Egypte vers le Sennar. Il y avait du sucre en pain, des fruits secs, des étoffes de coton, des armes, de ces longues lames droites de Solingen, qui se réimportent ensuite grossièrement montées, chez les béchariè, les ababdèh et jusqu'aux beni-wassel. Un hangard voisin et pareil à quatre ou cinq semés en Nubie, sur la rive lybique, sert de parc aux bœufs qui descendent du dongola et même de Sennar pour croiser les races égyptiennes et alimenter les boucheries. Un peu plus loin, quelques colonnes à moitié enfouies dans le sable jalonnent les restes de plusieurs temples antiques. Des cartouches découverts par Champollion portent les noms de Mœris, d'Aménophis II, fils de Mœris; de Rhamsès Ier et d'Osortasen, classé par ce savant dans la seizième dynastie, et par Rosellini dans la dix-septième. Ce dernier roi reçoit l'hommage de prisonniers nubiens, appelés *Schamik, Osaon, Schoat, Oscharkin, Kos*. La ville antique s'appelait *Beheni*.

Les équipages avaient démâté les barques. Les mâts et vergues, couchés longitudinalement, ne supporteront que les tentes. Nous en avons fini, Dieu merci! avec la voilure et les chavirades. Quant aux échouages, le courant nous dégagera. Il n'y a plus de vent contraire à la rame, à la force descendante du courant. Nos santés ne nous ont pas donné un instant d'inquiétude. Nous allons visiter à l'aise et au complet les monuments que nous avions seulement salués de la main. Nous avons fait connaissance avec un pays célèbre par la singularité de son sol et de ses modernes habitants, plus célèbre par la prodigieuse civilisation dont ses habitants primitifs nous ont laissé les traces. C'est maintenant le cas de remercier notre Dieu comme chrétiens du fond du cœur et à genoux, et non pas par une réminiscence païenne.

ÉTHIOPIE, ABYSSINIE, NIL-BLANC.

Toujours des regrets pour le voyageur ! Qu'il marche ou qu'il revienne sur ses pas, il laisse à ses côtés ou derrière lui des choses intéressantes ! Du haut d'Abousir comment ne pas remonter par la pensée le cours des âges et du Nil. Le Nil, autant et plus que le Gange, est une échelle historique. Le bateau qui le remonterait tout entier ferait un voyage complet dans la chronologie, dans les phases sociales. Sa source occidentale baigne des peuplades cannibales, son embouchure remplit les citernes de l'heptastade et d'une Alexandrie nouvelle que le contact de l'Europe rendra quelque jour égale à Calcutta, sinon à l'Alexandrie antique ! A sa branche orientale, languissent dans un christianisme dégénéré les fils de Kousch, ancêtres du monde, liens mystérieux des vieilles civilisations de Babylone, de l'Inde et de Meroë. Là race et la religion paraissent prêtes à périr sous l'alluvion des conquêtes nègres. Au Sennaar, au Dongola, en Nubie, en Egypte, le Musulman et le Cophte, égaux à-peu-près en ignorance et en préjugés, représentent une décadence moins désespérée.

Le nom de *Kousch*, que nous avons donné à la race abyssinienne, représente dans les annales les plus anciennes de l'Orient ce que les Grecs ont appelé *Ethiopien*. Kousch se trouve mêlé sur les deux rives de la mer Rouge aux enfants des *Yectanides* (1). Homère décrit le pays des Ethiopiens coupé en deux par la mer. Des émigrations et des conquêtes alternatives comme les marées ont mêlé les habitants des deux pays, qui, dès leur berceau, méritent le nom de Mélangés, signification du mot *aarab* et de l'expression plus moderne d'abyssin *habsch* (2).

Hérodote dit expressément que, dans la Basse-Ethiopie, il y avait, à part les aborigènes, des étrangers de race arabe venus depuis longtemps et menant encore la vie pastorale. Dans l'armée de Xercès, roi de Perse et d'Egypte, le même historien nomme les Arabes et Ethiopiens venus de l'Egypte, et commandés collectivement par Arsanes, fils de Darius. Le roi géographe Juba, cité par Pline, dit que les Arabes ont occupé les deux rives du Nil, depuis Phylé jusqu'à Meroë. A une époque beaucoup plus reculée, les Ethiopiens

(1) M. Lenormant, Cours d'Histoire ancienne.
(2) Volney, Nouvelles Recherches sur l'Histoire ancienne.

paraissent s'être mêlés avec les Egyptiens. Ceux-ci, forcés d'abandonner la vallée envahie par les Pasteurs, se rapprochèrent de Meroë, d'où leur civilisation, sinon leur race, était primitivement sortie. Rhamsès II et toute la dix-huitième dynastie laissèrent la Nubie aux mains de gouverneurs princes éthiopiens. Méroë, retrouvée récemment, décrite et figurée avec tous les degrés désirables de certitude par Caillaud, Ruppel, Waddington, Burckhardt, Leight, Legh et Linant, appuie par une immense quantité de monuments la belle hypothèse de Heeren.

Selon lui les ruines d'Axum, Azab, Meroë, Adule, appartiennent moins à des cités qu'à des entrepôts commerciaux appropriés aux caravanes et ornés de temples. Un beau climat et la vie errante des peuples antiques favorisait la supposition. Une grande route commerciale est encore jalonnée par des ruines depuis la mer des Indes jusqu'à la Méditerranée ; de Meroë à l'Arabie par Adule, Axum et Azab ; de Meroë à Carthage, par Thèbes et l'oasis d'Ammon ; par le Nil dans l'Egypte. Les principales stations commerciales furent des stations sacerdotales dont Meroë fut la métropole. Le mélange oriental du commerce et de la religion fit passer les transactions commerciales dans le voisinage, peut-être dans l'intérieur des temples. La Mecque est encore par sa sainte Caaba le principal marché de l'Arabie ; le temple juif, lui-même, fut envahi par les marchands ; l'église chrétienne a vu de pareils usages, car les fêtes ont été des foires, et foire, *fair*, vient de *feriæ*. Les offrandes obligées dans les temples faisaient porter dans leur voisinage des objets précieux. Les épices d'orient sont employées dans la composition de l'huile du sanctuaire, d'après la formule donnée par Moïse (Exode, 30). L'or, les parfums, les épices précieuses sont accumulés dans le temple longtemps avant que le peuple pense au bien-être. Mais l'échange des matières amène l'échange des idées, et les siéges du commerce deviennent des foyers de civilisation, surtout avec l'aide des idées religieuses. Les temples nubiens, égyptiens, abyssins, étaient à-la-fois un appel et une protection pour la marchandise et pour les marchands. Le temple pouvait être le but comme le moyen de protection de la caravane : Jupiter Ammon était respecté sur les deux rives du Nil et de la mer Rouge comme protecteur et promoteur de leurs richesses.

Meroë était l'entrepôt naturel des produits de l'Afrique intérieure ; c'est l'extrémité des terres aurifères. Par son voisinage de l'Arabie et de la mer Rouge, c'était aussi le rendez-vous de l'Orient indien. Ptolémée Philadelphe à son accession au trône fit une procession où le commerce du Haut-Nil paraissait avec l'ancienne pompe dont nous retrouverons trace dans les monuments de Rhamsès. Un train de chameaux portant trois cents livres d'encens, safran, canelle; deux cents livres d'autres drogues précieuses; puis une cohorte d'Ethiopiens armés de lances. Quelques-uns portaient six cents dents d'éléphants; d'autres, deux mille blocs d'ébène ; d'autres, soixante vases d'or et argent pleins de poudre d'or.

Ce fut l'or si commun en Ethiopie qui excita Cambyse à sa malheureuse expédition. Il avait envoyé aux Macrobiens une ambassade composée d'icthiophages d'Elephantine qui comprenaient leur langue. Ils offrirent au roi macrobien des présents parmi lesquels celui-ci n'aima que le vin de palmier. Il prétendit que ses sujets qui vivaient de lait et de viande bouillie avaient une très-longue vie, et quand il apprit que les peuples du nord ne vivaient qu'une soixantaine d'années, il s'expliqua cette misère par leur habitude de manger du pain. L'or était si abondant dans son pays que les fers des prisonniers en étaient composés. Les ambassadeurs virent aussi la table du soleil où se déposaient en silence toutes sortes d'offrandes. Heeren a expliqué ces soi-disant offrandes par un échange muet entre deux nations qui ne se comprenaient pas. Lord Valentia a retrouvé un échange pareil entre Bab-el-Mandeb et Guardafuï. Ce sont les Somaulies qui en ont le dépôt. Niebuhr, qui les avait vus avant Valentia dans le pays de Danakil, a cru retrouver en eux les Macrobiens antiques. C'est une race très-noire à cheveux frisés, mais non tout-à-fait nègre; ils conservent quelque chose du type arabe à-peu-près au même degré que les Bécharié.

Cambyse paraît avoir suivi la route actuelle des caravanes qui abandonnent la vallée du Nil à Korosco. Champollion a remarqué qu'au-dessus d'*Amada* les temples antiques ne portent plus trace de la fureur destructive du roi de Perse. Celui-ci ayant perdu presque toute son armée par la faim rebroussa chemin avant d'avoir parcouru le cinquième de la route (1). La tentative fut reprise par mer seulement sous Ptolémée Evergète. Axum, ville d'une très-haute antiquité, d'après la tradition et d'après ses ruines, paraît avoir été occupée par suite de cette expédition. C'est probablement à cette époque que se rapportent ses obélisques proclamés les monuments les plus exquis de leur genre par Salt.

Diodore nous a conservé la constitution des Ethiopiens, qui paraissent avoir été longtemps gouvernés par les prêtres. Le roi que ceux-ci choisissaient était initié à leur ordre. Quand il avait le malheur de leur déplaire, ils lui signifiaient une sentence de mort dont il devait être lui-même l'exécuteur. Erkamenes, roi de Meroë, con-

---

(1) Un lieu voisin de Moscho s'appelle encore aujourd'hui le Trésor de Cambyse.

temporain du second Ptolémée, prit un moyen violent pour soustraire lui-même et ses successeurs à ces chances de suicide : il fit massacrer tous les prêtres.

La presqu'île de Meroë contenait vers ce temps, d'après le témoignage d'Eratosthène, une grande variété de peuples, les uns agriculteurs, les autres nomades, pasteurs, chasseurs, selon le district qu'ils occupaient. Commerce et superstition étaient le lien commun entre eux et le roi.

Sous Auguste, les habitants de Meroë eurent une collision avec les Romains. Pendant qu'Elius Gallus faisait son expédition maritime contre les Arabes, la reine Candace ravagea la Nubie jusqu'à Sienne et renversa les statues de l'empereur. Pétronius, alors préfet d'Egypte, poursuivit les Ethiopiens jusqu'à *Nepata*, cité royale dont la situation est inconnue, et que Pline estime distante de cinq cents milles de Sienne. En revenant, Petronius laissa garnison dans Primmis (Ibrim) et emmena des envoyés de Candace, femme assez ignorante pour n'avoir jamais entendu prononcer le nom de César. Ils allèrent jusqu'à Samos pour traiter de la paix avec Auguste. On ne sait si cette Candace n'est pas la même reine d'Ethiopie, qui, dans les premiers temps du christianisme, fut convertie par son trésorier, l'eunuque baptisé par saint Philippe sur la route de Gaza.

Le judaïsme, qui s'est à plusieurs reprises montré en Ethiopie, et dont encore aujourd'hui quelques rites sont mêlés aux rites chrétiens, paraît s'y être introduit d'assez bonne heure. Les relations commerciales de Salomon avec l'Yémen et *Ophir*, que Volney rapporte avec vraisemblance à Guardaluï, y firent arriver les traditions et les dogmes juifs, que les Ethiopiens entremêlèrent de fables favorables à leur vanité. Salomon et David sont encore les noms les plus ordinaires des rois, et la famille royale a toujours rapporté son origine à la visite de la reine de Saba à Salomon. Ils font de *Balkis* (la reine de Saba) une Ethiopienne, et quelques critiques (1) ont regardé cette prétention comme fondée.

Une chronique est intitulée *la Loi et Coutume d'Ibn Hakim*, où Ménilek, fils de Salomon, arrive en Abyssinie avec les douze docteurs. Ce livre s'appelle parfois *Kebir Kanegust*. Quoiqu'il soit d'une autorité fort suspecte, on y a remarqué quelques circonstances singulières : une dynastie de *Ménilek* à *Zabaesi Bazen* occupe cent cinquante ans par dix-sept princes. Christ est né sous la huitième année du dernier règne. Un peu plus tard vient un roi nommé *Zahé Kalé*, nom qui coïncide avec les Zoskales, mentionnés dans le *Périple*, ouvrage dont le docteur Vincent rapporte la date à la dixième année

---

(1) **Ludolphi**, Hist. Æthiop.

du règne de Néron, c'est-à-dire l'an 64 de J.-C. L'inscription d'Axum a fourni d'autres synchronismes. Les inscriptions d'Adule prouvent qu'au quatrième siècle les rois éthiopiens ont conquis l'Arabie et la Haute-Nubie jusqu'au *Tacase*.

Vers le sixième siècle, les Abyssiniens sont fréquemment mentionnés par les écrivains grecs et arabes. L'Yémen avait été conquis par les Ethiopiens sur les Perses sassanides. Le christianisme y avait fait de grands progrès ; le judaïsme avait été adopté par quelques rois qui voulurent l'imposer à leurs sujets par des persécutions. Les Abyssiniens qui étaient déjà chrétiens repassèrent la mer pour porter secours à leurs frères ; et, à la place des rois juifs arabes, ils établirent des rois chrétiens abyssins. Le second de ces rois, nommé *Abraa*, assiégea la Mecque. Il commandait ses troupes monté sur un éléphant. La nouveauté du spectacle frappa les yeux des Arabes qui datèrent de là une ère nouvelle dite de l'Eléphant. Un autre événement plus important se préparait vers la même époque : Mahomet naquit vers la première année de cette ère (1).

Vingt-et-un ans après, le quatrième et dernier roi *Mazrouq* livra bataille aux Arabes révoltés. Ayant au milieu de l'engagement abandonné son éléphant pour monter un mulet, l'ennemi redoubla d'audace à la vue de ce qu'il prenait pour un augure très-défavorable aux Abyssins, et le roi fut tué au milieu de son armée en déroute.

Alexandrie chrétienne s'était mise en relation avec l'Abyssinie. Le patriarche Athanase y envoya Frumentius et Ædessus. De l'empereur Constance à Justinien, un voile complet couvre l'histoire du pays. Sous Justinien, des agents rivaux de l'empereur et de son épouse parcoururent l'empire et le monde chrétien. Un patriarche émissaire de Justinien fut reçu par le roi *Ameda* ou *Elesboan*. Mais ni le patriarche ni le roi ne purent soutenir les chrétiens du Yémen, et, selon la remarque de Gibbon, le monde oriental fut bouleversé faute d'une puissance capable d'écraser dans son enfance l'innovation de Mahomet. Un voyageur du sixième siècle, mentionné par la *Topographia christiana* comme voulant démontrer que toute la terre était plate et au niveau de la Grèce sa patrie, *Cosmas Indicoplastes* visita Adulis et y copia un trône de marbre dont Montfaucon a reproduit le dessin. Le docteur Vincent l'a reproduit avec d'amusants commentaires sur l'inscription fastueuse de Ptolémée, conquérant du monde. Salt attribue la première inscription du fauteuil aux conquêtes d'un Ptolémée en Asie, la seconde aux exploits d'un roi éthiopien. Bruce qui revit et redécrivit ce qu'avait vu Pon-

---

(1) Lauci, *Dissertazione sugli Omirani*.

cet, rêva une inscription de Ptolémée Évergète et ne vit pas à Axum la belle inscription (grecque) d'Aizamas, roi des Axomites, conjointement avec son frère Saizana. Une lettre de l'empereur Constance à ces deux rois africains (an 330 de J.-C.) est conservée dans les œuvres d'Athanase ; elle a rapport à la disgrâce de Frumentius et du clergé orthodoxe.

Les Romains appelaient les Abyssins Axomites. Eux-mêmes s'appellent encore aujourd'hui Itiopaouan ou Aghazian, du royaume d'Aghazie ou Ghèz. Axum, capitale de l'ancienne monarchie, est encore la métropole religieuse. La capitale moderne est Gondar, dans la province d'Amhara. La religion juive, abandonnée de bonne heure à Axum, se maintint dans d'autres provinces. Jonas de Tudèle trouva en Abyssinie des juifs devenus presque nègres. C'étaient les Falascha qui avaient formé dans la province de Samen une dynastie dont tous les rois s'appelaient Gédéon et les reines Judith. L'extinction de cette famille a fait soumettre les Falascha au roi de Gondar. Ils habitent aujourd'hui sur le *Bahr el Abiad* parmi les *Schilla*. Cette région, aussi éloignée de Méroë que Meroë est loin de Sienne, concorderait assez avec celle où se réfugièrent les *Automoles* ou *Asmach* et *Sebrites* qui, au nombre de deux cent quarante mille, émigrèrent d'Égypte sous Psamméticus. Asmach rappelle le nom de *Schanik* des cartouches de Wady Halfa.

Après l'établissement de l'islamisme dans toute la péninsule arabique, les Arabes prirent leur revanche de la conquête et de la propagande abyssiniennes. Les côtes maritimes subirent le joug mahométan, mais la Haute-Abyssinie a résisté jusqu'à aujourd'hui. Au seizième siècle, la politique portugaise et la propagande romaine apportèrent de grands secours aux Abyssins. Le célèbre voyageur Marco Paul avait mentionné assez vaguement un royaume chrétien gouverné par un pontife appelé *Prêtre Jean*. Les Portugais établis dans l'Inde firent visiter l'Abyssinie, qui était sur leur chemin, par des hommes habiles et instruits. Le Portugal et Goa envoyèrent des flottes et des armées pour soutenir les Chrétiens africains contre les attaques incessantes des Musulmans du Yémen et du continent africain. L'une de ces expéditions (en 1505), contre les Arabes d'Adel, fut une véritable croisade, commandée par don Stephen de Gama. C'est pendant un séjour en Abyssinie qu'Albuquerque conçut l'idée de ruiner l'Égypte musulmane en détournant le Nil vers la mer Rouge.

En 1698, Poncet, médecin français établi au Qaire, fut appelé par un roi d'Abyssinie. Il partit de Siout avec la caravane du Sennaar, qui passait par l'oasis de Thèbes et reprenait le Nil à Mosko, près Dongala. Bruce, qui a donné sur l'Abyssinie les notions les plus étendues, arriva au port de Maswa le 19 septembre 1769 et quitta l'Abyssinie deux ans après, en 1771. La fameuse source du Nil, qu'il veut absolument avoir découverte le premier, avait été visitée et décrite par le missionnaire Pierre Paëz.

Rien de plus varié, selon Bruce, que la physionomie des Abyssins ; les traits, la couleur, la chevelure changent continuellement par suite du croisement perpétuel des races dans la même famille. Une mère de six enfants les a eus de six pères différents, alternativement vainqueurs de son pays et maîtres de sa personne. La famille royale, qui s'était maintenue sans mésalliance, avait le teint d'encre pâle. Cela revient assez à ce que le moine Francisco Alvarez rapporte du roi David III (vers 1520), qui avait le teint des pommes de fenouillet.

En 1805, Salt accompagna en Abyssinie lord Valentia. En 1810, il y revint en mission. Dans ses deux voyages, il ne pénétra jamais au-delà de la portion septentrionale de la province de Tigrè. Un marin anglais, nommé Pearce, fit une longue résidence entre les deux voyages de Salt. Plus tard, il fut joint par le subrécargue Coffin. Un journal de ces deux aventuriers de 1810 à 1818 fut publié à Londres au retour de Pearce.

En 1820, Ismaël-Pacha fit une expédition sur le Nil-Bleu, qui eut pour témoins plusieurs Européens instruits, MM. Linant, Caillaud, English. Ismaël fut tué par les Scheggia, race guerrière très-brave et qui manie admirablement le grand bouclier en peau d'éléphant ou d'hippopotame. Deux autres fils de Mohammed-Aly, Tousoun et Ibrahim firent sur le Nil-Blanc une pointe dont les détails sont peu connus. Ce que M. Caillaud en a rapporté, il le tenait d'un chirurgien cophte nommé Asphar. On atteignit Dinka, où les deux rives sont habitées par des nègres cannibales.

C'est avec les matériaux fournis par quelques-uns des témoins de ces expéditions que l'on a modifié un peu les notions relatives au régime du Nil. On a cru observer, par exemple, que le Nil-Blanc débordait un mois plutôt que le Bleu (1). Sans cette circonstance, l'Égypte serait à sec pendant un mois, car le Nil-Bleu et le Tacaze tarissent presque entièrement et le contingent de l'autre branche fournirait à peine aux pertes immenses de l'imbibition et de l'évaporation. La crue du Nil, qui commence au milieu de juin dans la Basse-Égypte, se manifeste deux mois plutôt à Khartoum. Ce serait donc au milieu de mars que le Nil-Blanc commencerait à croître, c'est-à-dire lorsque les pluies commencent à peine à tomber sur l'Abyssinie. La saison des pluies suit, assez régulièrement, le mou-

(1) English.

vement du soleil dans la zône torride. Si la saison moyenne de leur chute en Abyssinie est le passage du soleil au 12° degré, latitude du lac de Dembi, la saison moyenne des pluies qui font déborder le *Bahr-el-Abiad* doit coïncider avec le passage du soleil au 8° degré. Mais il faut doubler cette distance puisque la crue est non-seulement d'un mois plus hâtive, mais vient d'une fois plus loin. On recule ainsi jusqu'au commencement de janvier la moyenne des pluies qui gonflent le Nil-Blanc et la moyenne du bassin, dont il recueille les eaux, jusqu'aux approches de l'équateur, par conséquent on met sous l'équateur, et peut-être même au-delà, l'affluent principal de cette grande et mystérieuse rivière.

Plusieurs officiers, qui ont séjourné au Sennaar, ne m'ont pas confirmé cette assertion relative au débordement prématuré du Nil-Blanc. M. Linant, dont l'autorité est fort respectable, la nie formellement. Mais il ajoute, comme positif, un fait qui paraîtra plus paradoxal aux géographes européens. C'est des nuages de l'Océan indien que s'alimentent les pluies du Soudan et de l'Abyssinie. Les nuages que les Alexandrins et les Qairottes voient passer sur leurs têtes, n'atteignent jamais ni l'équateur ni le tropique ; il en est probablement de même de ceux de la grande Syrte. Les déserts et l'air sec qui les balaie absorbent et désagrégent ces nuages avant qu'ils aient pu atteindre les hautes montagnes et s'y résoudre en pluie. Les nuages qui arrosent l'Abyssinie et le fleuve Blanc viennent uniformément de l'est et du sud.

MM. Combes, Tamisier, Lefèvre et les frères Dabadie ont dernièrement visité l'Abyssinie. Ces deux derniers, mus par leur zèle religieux, égal à leur zèle pour la science, ont reçu des membres du haut clergé une déclaration reconnaissant la suprématie du pape, leur éternel protecteur. L'intérêt excité en Europe par l'Abyssinie a tenu à son christianisme. Au moyen-âge, rois, guerriers, marchands, furent saisis d'une pieuse curiosité. Encore aujourd'hui, leur titre de chrétiens les garantit mieux de la main de Mohammed-Aly que leur éloignement et le courage de Scheggia. Car le Sennaar, occupé par les troupes du pacha, est la frontière de l'Abyssinie et commande le cours du Nil-Bleu. Le pacha qui, dans ce moment même, a remonté ce fleuve jusqu'à sa source, pourrait bien être tenté par les forêts et pâturages de l'Abyssinie, si les montagnes du Fazouglou ne tiennent pas tout l'or promis par les ingénieurs ! Des royaumes couverts de baobabs, de cèdres gigantesques, de chênes, d'ébéniers et d'accacias séculaires, de girafes, d'hippopotames et d'éléphants, seraient une acquisition précieuse pour un potentat, riche surtout en déserts.

L'Abyssinie, si longtemps séparée des étrangers, avait conservé beaucoup de coutumes antiques. La réclusion des princes, qui fait le sujet du roman de Rasselas, paraît avoir été pratiquée chez les Juifs (1). L'habitude des grands repas où l'on s'enivre, après les funérailles, paraît aussi une coutume juive ; il y est fait allusion dans l'évangile de saint Matthieu à l'occasion de la mort de la fille du régulateur, chapitre 9, verset 23. Pétrone et Pline ont parlé de *lycanthropes* sous le nom de *versipelles*. La même superstition existe à Gondar ; les chaudronniers passent pour avoir la faculté de se changer en hyènes. Celles-ci, presque aussi communes que les chiens dans les villes arabes, sont souvent surprises portant à l'oreille un anneau semblable à celui des chaudronniers. C'est une supercherie de ces artisans qui, exerçant une profession lucrative et domaine exclusif d'une caste ou famille, sont intéressés à en écarter les rivaux au moyen d'une certaine horreur. Ils se laissent attribuer aussi le mauvais œil et la fabrique du *qanter*, ou viande desséchée, avec des cadavres humains.

Le qanter est la nourriture habituelle du peuple ; les gens riches mangent de la viande crue et pantelante. Ce régal s'appelle *braind*. En voyage, on ampute parfois un morceau de viande de bœuf ou de chameau à l'animal vivant. La peau rabattue cicatrise bientôt la plaie, et l'animal continue sa route. Cette pratique, appelée *choulada*, parut d'abord un mensonge créé par l'imagination de Bruce. Pourtant, d'autres voyageurs l'ont retrouvée et confirmée.

La possession du démon, appelée *tigri-ter*, est une maladie fort semblable à la tarentule napolitaine, car la musique et la danse en sont les remèdes. L'inoculation de la variole est pratiquée à l'approche des épidémies. Les Gallas, Abyssins idolâtres, ont une telle peur de la variole qu'ils brûlent les villages avec tous les varioleux attaqués et s'enfuient. Le tœnia, ou ver solitaire, est combattu et prévenu par un remède appelé cuschou, qui paraît assez semblable à la gomme astringente indienne du même nom. La fièvre intermittente, maladie fort commune, est guérie par l'application d'une torpille sur le ventre. Les médecins européens induiraient de là l'utilité de l'électrisation.

L'étiquette de la cour de Gondar est d'origine perse, imitée du grand roi par ses représentants hymiarites et ensuite par leurs vainqueurs. Les Abyssins ont aujourd'hui des rites juifs, des doctrines chrétiennes, des pratiques idolâtres, des coutumes perses, la langue éthiopienne mêlée de locutions changalla, une barbarie galla. Les Gallas, race puissante et active de l'Afrique orientale, à teint de café cuit, à traits indous, à cheveux crépus mais non laineux, vrais Tartares africains, ont déjà conquis six provinces de l'empire éthio-

(1) Rois I, chap. XIV, v. 10 ; chap. 21, v. 21.

pien. Leur petite stature coïnciderait avec l'antique nom de Pygmées. Les Changallas sont des nègres à cheveux laineux ; ce sont les vrais Troglodytes, Strutiophages, Éléphantophages des anciens. Une autre race, dont le caractère physique n'est pas décrit nettement, les Agows vivent aux sources du Tacaze et du premier affluent du Nil-Bleu. Jusqu'au dix-septième siècle, ils adoraient le Nil.

Les anciens ont nommé comme principaux peuples de l'Éthiopie, les Macrobiens, les Pygmées, les Troglodytes, les Blemmies, les Nabates, les Nubiens. Nous avons déjà rapporté les Macrobiens au Somauly, les Pygmées aux Gallas, les Agows sont peut-être les *Kos* du cartouche de Wady-Halfa. Nous retrouverons presque tous les autres en redescendant le Nil.

RETOUR DE WADY-HALFA AU QAIRE.

26. — Nous marcherons la nuit quand le vent sera tombé. Le vent sert de prétexte à nos rameurs pour faire une station à chaque village, et je profite de la station pour aller causer avec les Barabra, directement quand ils savent un peu d'arabe, et, dans le cas contraire, avec le secours du reïs Barberin qui a joint à ses fonctions de pilote celles de professeur de langue *Barberine*. Il a déjà eu pour élève le consul général Médem; avec un pareil maître c'est l'élève qui doit inventer la méthode. J'ai recueilli déjà un petit vocabulaire et quelques phrases usuelles. J'ai essayé d'y joindre quelques traductions interlinéaires calquées sur un texte Arabe; mais ici commencent les mécomptes et les embarras. Un Scheikh, instruit en Arabe et en Barberin, préciserait avec quelque netteté la fabrique du verbe, la déclinaison du nom et la construction de la phrase. Avec un homme parlant assez mal arabe et ne soupçonnant pas l'analyse des parties du discours dans sa langue maternelle, le mot-à-mot, qui en quelques lignes m'eût donné toute la fabrique du langage, est chose absolument impossible. La phrase barberine est longue et inversive, il me faut lâcher trois ou quatre propositions arabes pour avoir une tra-

duction avec sa véritable physionomie nationale. Quand je morcelle cette phrase en ses propositions aliquotes afin d'analyser la première dictée, le reïs s'étonne, a pitié de mon intelligence, et pour me prouver son savoir cherche des synonymes et des tournures nouvelles, je m'impatiente et il finit par s'emporter.

C'est sans doute après quelques essais de ce genre que M. Costaz renonça à donner de la langue barberine autre chose qu'un très mince répertoire de mots. J'ai sous les yeux quelques dialogues du Berber de l'Atlas recueillis par un élève qui a eu plus de patience ou de bonheur, mais ils me prouvent que les deux langues n'ont rien de commun pas même le nom. Car les *Nubiens* répudient comme une injure le nom de Barabra (1) et les phrases Kabyles leur sont inintelligibles. Le vocabulaire que je recueille n'a pas un seul nom qui rappelle en rien ceux de l'Atlas tels que M. Marcel les a donnés.

La Nubie est divisée en deux zônes. D'Edfou à Séboua le peuple se donne à lui-même le nom de Nouby; de Korosco au-dessus il se nomme Routana. Entre Seboua et Korosco l'Arabe seul est parlé, peut-être est-ce à cette zône arabe intermédiaire qu'il faudrait spécialement donner le nom de *Konous* pluriel de Kensy. Kensy est une tribu originaire de l'Irak et du Nedjd qui vint à l'époque de l'invasion générale. Selon Waddington, le routana se parle dans tout le Dongala, c'est aussi la langue des *Twarik*. Les Tibbous et les Scheggia offrent les traits Nubiens quoiqu'ils aient adopté l'Arabe. Les habitants de Bahiouda parlent Routana et ressemblent parfaitement à nos *Barabra*.

Le mot de Nubie employé pour la première fois par Eratosthène et par Ptolémée paraît avoir été appliqué par

---

(1) Le docteur Loewe dérive *barabra* de *barra barra*, dehors, population étrangère. Cela revient assez à la signification de barbare.

eux à la vallée du Nil intermédiaire à l'Astaboras et à la seconde cataracte. Selon quelques voyageurs *Wady*, *Nouba* serait aujourd'hui le nom du district étendu depuis Sébouah jusqu'à la frontière du Dongala. Il est inutile de faire remonter le nom de *Nouba* aux *Nabatæ*, tribu lybienne que, selon Procope, Dioclétien transporta à la place des *Blemmi*. Les Grecs Egyptiens, nous venons de le dire, ont connu une Nubie et des Nubiens; il est vrai que la désignation de Lybien dans Procope est fort vague, et qu'elle peut tout aussi bien se prendre pour une population de la rive gauche du Nil que pour une tribu de l'Atlas. J'inclinerais même assez vers la première supposition, attendu que faire passer un fleuve à un peuple est une chose moins difficile que de le transporter de l'Atlas dans le Sahid.

Burckhardt a entendu appliquer le nom de Nouba à des noirs venant des pays à esclaves au midi du Sennaar. Il a entendu donner le même nom aux croisés de noir et d'Abyssinien. Ces métis, quand on les vend comme esclaves, valent un cinquième de plus que les nègres; ils ont la paume des mains souple et non calleuse. Le mot de Berber, employé souvent comme synonyme de Nubien, désigne spécialement un petit district voisin de l'Atbara et de Méroë. Les habitants sont des Arabes de la tribu de Megrefab, mêlés à des Ababdèh et à des Dongolais; leurs chefs s'appellent *mek*, abréviation de *melik*, roi.

Les Kensy ne sont pas la seule tribu arabe établie dans la Basse-Nubie. Les Jafary s'établirent entre Esnè et Assouan; quelques schérifs occupèrent Baten-el-Hadjar, une branche de Qoreichites Mahas. Ces Arabes, affaiblis par des guerres intestines, furent soumis au tribut par les rois de Dongola. Les Mogrébins, c'est-à-dire les habitants de la rive gauche, opprimés aussi par les Jouaber, tribu voisine du Dongala, demandèrent secours au sultan Sélim II, qui leur envoya un corps de Bosniaques. Alors Djouaber et Dongolais furent refoulés au-delà de la deuxième cataracte. Les Bosniaques restèrent à Assouan, à Sat et Ibrim; leurs descendants sont olivâtres par leur croisement avec les femmes du pays; on les appelle encore Osmanlis; eux-mêmes se donnent le nom de *Caladgi*, habitants des châteaux ou des villes à garnison turque.

Nous n'avons pas fini l'énumération des éléments dont se compose la population actuelle de la Nubie. J'ai trouvé des négresses esclaves dans toutes les maisons un peu aisées de *Barabra*; quelques-unes sont simplement les concubines de ces *Barabra*; d'autres sont louées en la même qualité aux Turcs des villes voisines, aux voyageurs blancs qui passent. Ce commerce, outre ses produits immédiats, donne naissance à des mulâtres qui sont ensuite vendus aux *Gellabin* qui les font passer pour des Abyssins ou Abyssines. Quand l'esclave, au lieu d'être une négresse véritable, est, comme cela arrive parfois, de la race des *tibbou*, ou des *twarik*, le métis, résultant du croisement avec un Turc a de beaux traits, des cheveux droits, et rappelle non-seulement les belles Abyssiniennes, mais les Indiennes olivâtres de Bénarès.

27. — A six heures du matin nous sommes arrêtés devant ce que Champollion a appelé Gebel-Addèh. Il y a une chapelle principale carrée et soutenue par quatre piliers ronds avec des bases rondes. A droite et à gauche sont deux chapelles sans ornements; au fond est une autre chapelle avec de petites niches pour les lampes sans doute; un caveau, occupant les deux tiers de la surface de cette chapelle a son ouverture placée à l'entrée; tous les murs portent des sculptures égyptiennes encore reconnaissables

sous les plâtres et peintures dont elles furent recouvertes dans des temps postérieurs. Les chrétiens primitifs y ont barbouillé des images de saints et des décorations demi-arabesques. Champollion fit copier trois bas-reliefs où il lut les noms du roi *Horus*, fils d'*Aménophis Memnon.* Ce doit être ceux des murs de gauche du Sekos, et la dédicace écrite sur le linteau de la porte de la chapelle de droite : les hiéroglyphes de cette dédicace et le globe ailé sont encore parfaitement conservés ; à gauche de la porte d'entrée, des séries d'hiéroglyphes séparés par des lignes verticales se voient aussi distinctement.

EBSAMBOUL.

Cinquante minutes après avoir quitté Gebel-Addèh, nous sommes amarrés devant Ebsamboul. On escalade comme on peut les rochers, le tertre et les sables, et la société court d'abord au petit temple dont les colosses sont fort dégradés, au moins dans leurs faces. A droite est une grande stèle taillée dans le grès comme les trois stèles à gauche du grand temple. La face du roi éthiopien est effacée, on voit seulement qu'il était représenté nu-tête et rasé ; plus à droite, et au milieu du rocher qui précède le petit temple, une figure de femme est taillée de plein relief au fond d'une niche. La figure est assise et environ deux fois plus grande que nature. Notre attention a été ensuite occupée des colosses de soixante-quinze pieds qui décorent l'entrée du grand temple : la deuxième de ces figures ménagée dans le grès s'est détachée du rocher jusqu'à la poitrine ; la tête de la quatrième est encore toute blanche du plâtre qu'on y a récemment appliqué pour en tirer une épreuve ; à cela près elle est, comme les deux autres, conservée comme si elle eût été ciselée hier, majestueuse, calme d'expression et d'attitude. Les trois têtes sont évidemment le portrait de la même personne ; celle de gauche a l'expression la plus placide ; sa lèvre inférieure est un peu moins épaisse vers les angles où, quand le soleil se montre, il se forme une ombre très-forte. Les deux autres colosses ont cette fossette moins prononcée, ce qui leur donne quelque chose de l'air officiel de Cuvier ; ce n'est pas à dire que le nez soit haut et proéminent comme celui du grand naturaliste. Un nez haut et voussé est plus nettement marqué dans tous les colosses de la première grande chambre intérieure ; leurs faces sont aussi moins larges et plus hautes proportionnellement que celles de l'extérieur.

Si ces cariatides intérieures sont le portrait de la même personne que les colosses du dehors, l'exécution trahit la main de deux artistes, et, de plus, deux âges divers de la même figure : il y a plus de différence qu'entre le Bonaparte, premier consul et le Napoléon de 1815 ; toutes deux pourtant ressemblent d'une façon frappante à un type dominant chez les Barabra. Il y a, parmi les curieux qui nous entourent, dix faces pareilles, le nez aquilin ou demi-aquilin avec des lèvres comparativement fines ; notre reïs barberin a un profil sur lequel semble avoir été calqué le profil de Sésostris que je considère en ce moment dans les lettres de Champollion.

Ce grand archéologue a été avare d'allusions à une coïncidence si singulière. Une seule fois, en décrivant les grands tableaux historiques intérieurs, il désigne les *barabra* comme figurant au nombre des peuples vaincus. Ces soi-disant Barabra, dont le nom n'est écrit ni en hyéroglyphe, ni autrement, sont peints en rouge-brun : leur nez est peu prononcé, creux à sa racine, peu saillant à sa pointe et toujours dépassé par la saillie des lèvres. Cela ressemble bien plus à certains Abyssins que j'ai vus, cela rappelle même davantage le bas peuple sahidien tel qu'il est représenté à Elethia et à Thèbes; c'est le vainqueur lui-même, c'est Rhamsès-le-Grand en bas-relief, en cariatide, et surtout Rhamsès-le-Grand en colosse qui ressemble aux barabras du beau type! Rhamsès avait comme les barabras des ayeux nègres. Aménoph, fondateur de la dix-huitième dynastie, épousa une négresse (1), et je ne nie pas qu'un souvenir très-affaibli de cette origine, ne transpare encore à travers la placidité, et quoiqu'on en dise, à travers l'importance d'un roi demi-dieu; mais je me hâte d'ajouter qu'un pareil souvenir est encore plus lisiblement écrit sur la face du sphinx de Gisèh : la tête est plus courte, les pommettes en sont plus saillantes, le nez moins voussé, la lèvre supérieure plus haute.

Les autres groupes de prisonniers offerts par Sésostris dans ses triomphes ou menacés dans ses batailles rappellent tout-à-fait les groupes pareils de Karnac, il y a des nez aquilins juifs, on y voit des Nègres, des Mèdes, des Scythes; ceux-ci sont sans doute les figures busquées, peintes en rose, dans les groupes d'autres genres, et dont la race est dénommée par Champollion, les profils sont martelés ou endommagés par le temps.

La porte du temple est largement ouverte, malgré les sables qui viennent si souvent l'obstruer, et que quelques voyageurs moins heureux que nous ont vu monter jusqu'à la tête des colosses. Finati, Belzoni, Irby et Mangles, Breachey, Bankes, Henniker, ont remué ces sables à diverses époques. Plusieurs stèles peu modestes portent des inscriptions anglaises qui se disputent l'honneur de l'ouverture de la porte et de la dénudation des colosses. Belzoni s'est contenté d'inscrire son nom. Au milieu des sables s'élève

---

(1) Rosellini, Lenormant.

encore un reste de pylone ou pyramide en briques crues. On ne voit pas comment cet appendice se reliait au monument. Ce doit être l'œuvre de temps postérieurs et d'une pensée toute différente.

La façade du grand temple a plus de cent pieds de hauteur. La corniche de singes a quatorze pieds. Un homme debout sur le collier des colosses touche à peine à la barbe avec les mains levées. Cette façade et la ligne principale des chambres et de la porte d'entrée regardent l'Orient. La façade du petit temple, regarde le S.-S.-E.; les deux lignes se coupent donc à angle aigu. Cependant aucune communication visible n'existe entre les deux spéos.

28. — Beaucoup de *Barberins*, d'Arabes et de Béchorié continuent à venir nous offrir des agneaux, des dattes et des armes, telle que: glaives droits, lances, boucliers en peau d'éléphant du Sennaar. Les femmes sont toujours coiffées comme les *Garié* qu'on porte au Qaire. Les cheveux reliés en cent petites tresses bien graissées avec l'huile de riccin. C'est pour cet usage principalement qu'on cultive la plante dans le pays. Le henné est fort employé dans la toilette des mains. L'arbuste qui le fournit est ici dans sa véritable patrie, il forme de belles haies auprès de tous les villages.

Vers onze heures nous arrivons au pied du rocher que la citadelle d'Ibrim a couvert de ses ruines. Il faut s'aider des pieds, des mains et même des cordes pour atteindre les petits spéos creusés dans le grès, dans le premier les figures du fonds sont toutes mutilées; les inscriptions et dessins ne s'aperçoivent plus; des deux chapelles de gauche la plus septentrionale est la mieux conservée. La voisine a quatre figures assises, celle-ci n'en a que trois, mais les bas reliefs et les processions des côtés sont encore très visibles. J'ai remarqué l'esclave porte *Fiabello* qui se tient derrière le roi assis. Dans le haut des murs du même côté, mais à droite vers la porte d'entrée, les lions, levriers, chacals et autruches sont fort remarquables. Les cartouches sont de *Touthmos* Ier, de Touthmos III (Mœris), d'Aménoph II et de Rhamsès II.

Vers midi et demi on part pour aller vers l'île d'Ibrim. Les mariniers étaient déjà tous endormis à terre, ils ont murmuré assez haut contre la nouvelle fatigue qu'on allait leur imposer; ils montraient leurs mains couvertes d'ampoules par le travail forcé de deux nuits; le repos de toute la journée d'hier ne compte pour rien, pas plus que celui qu'ils vont prendre à l'île et qu'ils ont anticipé ici. Dormir la nuit est une loi de nature qu'il faut leur laisser suivre malgré toutes les conventions écrites ou coutumières, cependant le vent fort empêche de marcher le jour: ce vent cesse la nuit, il faut bien que le bateau fonctionne, quand rien ne nous retient, ni la curiosité pour les ruines, ni l'humanité et la pitié pour de justes réclamations. Le vent est toujours grand frais, et nos hommes à peine rentrés se sont endormis de nouveau laissant le bateau tournoyer lentement sur lui-même en faisant un quart de lieue en trois heures. Vers le Mogreb, le vent s'endort, l'équipage se réveille; quelques coups de rames nous font atteindre les grands potagers de l'île d'Ibrim, et après une heure de repos nous poussons jusqu'à Derry.

1er *mars*. — Il faut traverser une assez grande plage de sable où coulent encore quelques filets d'eau pour atteindre la ville capitale de la Nubie. Le temple égyptien est derrière, dans la première ligne de rochers. Il est de ceux que Champollion nomme Hemi-Speos, c'est-à-dire moitié bâtis en-dehors, moitié creusés à l'intérieur de la montagne. Il ne subsiste du pronaos que la base taillée dans le roc, c'est-à-dire les parois et la base de trois piliers. La portion bâtie a disparu. Le naos et le sanctuaire sont excavés. Les quatre piliers de pylone portaient en avant, des statues colossales dont les jambes seules subsistent. La façade du naos offre le groupe de prisonniers saisis par les cheveux tel que nous l'avons déjà vu à Ebsamboul et à Karnac. Dans l'intérieur, à droite, plusieurs personnages en procession vers le roi Sésostris, sont revêtus de peaux de lion : les pattes et les queues pendent à terre. Les figures du sekos sont toutes brisées. A droite et à gauche il y a des chapelles toutes noircies de fumée et toutes encombrées de fragments de grès. Celui-ci est coupé fort irrégulièrement de couches de marne blanchâtre qui, dans les piliers du dehors et du dedans, ont pu être prises pour des traces de mortier. Nos hommes ont perdu trois heures pour acheter une douzaine d'œufs et un peu de lait. Ils ont dû battre tout le pays et frapper à chaque porte pour changer un kheyriè. Le moustahmel theriaky ne reparaissait plus. Je croyais qu'il s'était encore une fois rendu ivre mort avec la fameuse eau-de-vie de dattes qui le fit dormir deux jours à Wady-Halfa. Nous allions partir, laissant aux arriérés la faculté de suivre le reïs Aly qui va à pied à Korosko. Ils ont enfin paru et joué des rames jusqu'à *Amada*.

Ce temple, malheureusement encombré de sable, a été fort exactement décrit par Champollion. Les bas-reliefs des sanctuaires ont des couleurs étonnamment conservées. Le travail de la sculpture est encore plus admirable : jamais l'Egypte n'a rien produit de plus élégant et de plus fini. Et ces chefs-d'œuvre que l'art n'a plus atteint ni sous Rhamsès-le-Grand, ni sous Nectanébe et Psammétikus; ces phénix de perfection sont aussi les débris les plus anciens de la sculpture égyptienne! Ils remontent à Thouthmos-Mœris, le grand ingénieur hydrographe! Ce roi, qui figure dans le dessin du sanctuaire, porte un petit jupon d'une étoffe transparente à travers laquelle on suit le profil et la couleur de ses cuisses.

A deux heures, nous sommes à Korosko, petit groupe de huttes avec une petite mosquée blanchie à la chaux, et quelques champs de légumes parsemés de grands palmiers. Un troupeau de cinq cents chameaux remontait de l'abreuvoir vers le quartier-général des caravanes du désert. Il n'y avait en ce moment ni autruches vivantes, ni plumes d'autruches à acheter, mais l'on nous a fourni abondamment des œufs d'autruches vides et pleins. Ceux-ci étaient, par malheur, plus remarquables par leur volume et leur bon marché (une piastre : cinq sols) que par leur fraîcheur. Le kachef a cédé à notre reïs un demi-kantar de biscuit de l'état. Il lui a confirmé le prochain retour du pacha qui est attendu en moins d'une semaine. Les deux dahabié sont là amarrées au port : les reïs nous ont salué amicalement, oublieux de la scène qu'on leur fit aux rapides de Sienne.

2. — La description ambiguë de Champollion me fait croire qu'il n'a, pas plus que nous, pu voir l'intérieur du speos de *Sebouaa*. Le naos est entièrement bouché par les sables. Le pronaos et les pylones sont seuls visibles. Les deux côtés du pronaos avaient des statues-piliers de la forme d'Ebsamboul (intérieur). Les chambres latérales étaient couvertes en grandes dalles. Les scènes militaires des pylones sont les mêmes que celles de Derry et d'Ebsamboul. Toujours le groupe saisi par les cheveux. Les dégradations et la mauvaise exécution primitive ont été bien caractérisées par C. Le dromos a encore visibles cinq ou six sphynx à tête humaine. Le nom moderne vient de ces sphynx que les natifs ont pris pour des lions (Sebouaa). Les deux colosses de l'entrée sont debout. Les deux du fond, près des pylones, sont renversés. Les jambes des statues sont dis-

jointes comme à Estamboul. C'est la même disposition que dans les profils sculptés en quart de relief. Nous avons rencontré ici le comte russe qui avait poussé jusqu'à Semnè, à deux jours de Wady-Halfa. Le temple de Semnè, quoique du temps de Mœris, est une ruine en grès, qui ne vaut pas le voyage ni la tempête que le comte a essuyée dans le désert. Il y a vu les trombes de sable (zoubaa) décrites par Bruce et par M. Lebas. Nous les avons vues, comme ce dernier, dans la vallée et mieux dans le désert, du haut des montagnes; mais nous n'avons, pas plus que lui, remarqué les mirages que Bruce a décrits.

Nous avons été accostés par cinq ou six bateaux de gellabins chargés d'esclaves des deux sexes ; les petits garçons étaient rasés et nu-tête à un soleil qu'ils auraient été bien excusables de maudire ; les filles, les cheveux tressés et huilés, avaient aussi le corps tout luisant d'huile ; presque toutes portaient au cou trois ou quatre colliers en verroterie. Le Darfour et le Kordoufan sont la patrie de la majorité de ces esclaves. Un certain nombre appartiennent à des races non tout-à-fait nègres. Il y a des Gallas, des Changallas, des Dongolais ; et parmi les soi-disant Abyssiniens et Abyssiniennes, il y a des *falatcha* et des mulâtres de tous les degrés. Les *Gellabins* nous offraient des plumes d'Autruche, des courbachs, des poignards du soudan avec le bracelet pour le suspendre au coude, de la pulpe de tamarin, du *chismé* (graines du *cassia absus*) réputé pour guérir les ophtalmies, le tout à des prix extravagants comme leurs suppositions sur la fortune des *inglisi*.

Le vent qui continuait nous a forcés d'amarrer, et les chasseurs sont allé poursuivre à Madig en rive lybienne, l'alouette du désert grise et maigre, une fauvette capucin avec cravatte, ailes et queue noires, le merle pie à tête noire, et un loxia au bec rouge et au corps fouetté de rose, jolie miniature de moineau que j'ai vu vendre chez les oiseleurs comme *senégali*. Les rochers voisins des habitations sont pleins d'espèces curieuses : le sable offre un joli lézard mordoré, assez gros pour ne laisser qu'une trace ronde ; mais les scarabées, plus lents et plus légers, écrivent sur le sable fin des traces longues et compliquées qu'une imagination un peu complaisante pourrait prendre pour de mystérieuses lignes d'écriture hiératique ou démotique.

3. — Le temple de Moharraca est un carré long avec un naos à quatorze colonnes, toutes encore debout ; les six colonnes binées sont toutes à chapiteaux divers, mais à chapiteau pareil deux à deux ; les deux chapiteaux de la façade O. sont aussi pareils. Le mur d'enceinte O. est parfaitement intègre ; celui de la face N. est fendu très-largement quoique les pierres soient encore engrenées ; les deux faces E. et S. sont versées par terre par quelque affaissement soudain du terrain ou par quelque tremblement ; leurs assises ont gardé par terre l'ordre qu'elles avaient debout. La pierre saillante du milieu des deux colonnes moyennes à la face O. porte une inscription grecque en encre rouge ; une autre inscription est sur la frise un peu à gauche ; elle est fort longue (huit lignes) avec des additions à droite, comme les chiffres d'un compte. M. L'Hote m'a dit que tout cela avait été copié. Vers l'angle gauche de la face E., une chambre semble avoir existé ; il n'en subsiste debout qu'un mur couvert de sculptures grossièrement exécutées ; une femme, avec la figure de face, et assise dans une attitude inouie dans toute œuvre vraiment égyptienne, est à l'ombre d'un fort grand arbre ; elle est coiffée du disque avec les deux grandes cornes, un enfant lui offre un vase ; c'est le tableau principal. La bordure porte des figures parfois de face, mais imitant assez les attitudes égyptiennes ; il y a aussi dans ces bordures quelque chose comme des hiéro-

glyphes. Serait-ce quelque œuvre mixte de christianisme et de paganisme tombant? ou bien quelque moquerie des chrétiens qui ont barbouillé des scènes pieuses à nombreux personnages sur le mur intérieur du temple? L'angle N.-E. de celui-ci a un escalier en limaçon qui montait sur les terrasses des bas-côtés de la nef. M. Lebas l'a admiré comme un chef-d'œuvre de la science géométrique employée à la coupe des pierres. Les matériaux du temple étaient unis par des crampons logés dans des trous eu queue d'aronde.

4. — Entre Moharraca et Dakké nous longeons un îlot de sable militairement occupé par l'armée, dont nos chasseurs ont déjà tué quelques traînards. Il y a un host immense régulièrement flanqué de grand'gardes, et celles-ci précédées de sentinelles perdues. A notre approche quelques notes de clairon jettent l'alarme et les bords de l'île sont abandonnés : sentinelles, grand'gardes, se sont repliées sur le gros de l'armée, au centre de l'île et bien loin de nous. Cette merveilleuse tactique des cigognes distrait un peu du vent et du froid qui sont intenses (8 degrés), quoique le soleil soit déjà haut. Enfin, à huit heures nous étions amarrés à Dakkèh.

Le temple est composé de deux chambres et d'un double pylone : la première a deux colonnes à chapiteau composite en lotus ; les sculptures dont les murs sont tout recouverts à l'intérieur ont été moins respectées par les hommes que par le temps. Le marteau iconoclaste a brisé la face du roi éthiopien Ercamenès, à qui Champollion attribue la portion la plus ancienne de l'édifice, celle sans doute où le plafond a des pierres de vingt-deux pieds. Les murs des deux premières chambres portent encore trace du stuc sur lequel les chrétiens primitifs avaient peint des images; les inscriptions des visiteurs couvrent par centaines les murs du dehors et du dedans. La visite a dû commencer de bonne heure, car les inscriptions sont la plupart en grec; quelques-unes aussi en hiéroglyphes contre-traduites en hiératique ou en démotique. L'édifice, dont un angle est encore subsistant près du pylone oriental, est d'un grès plus marneux et plus blanc que l'autre; une base de pilastres est encore reconnaissable. Un enfant m'a vendu pour une charge de poudre la volute d'un triglyphe ou d'un chapiteau; tout cela est grec déchu et non plus égyptien. Aussi a-t-on trouvé les cartouches d'Evergète Ier, de Philopator et d'Evergète II. Là peut-être Champollion a trouvé son inscription de Mœris sur un bloc employé pour la troisième ou quatrième fois.

En rentrant j'ai aperçu bien haut dans le ciel l'armée aérienne qui le matin était campée dans l'île; elle marchait en trois ou quatre couches parallèles réunies par des plis aux extrémités. Après un progrès de quelque espace pour éclairer le terrain, elle se repliait en une couche plus inférieure, puis une seconde et une troisième, pour chercher avec plus de précision un lieu propre au repos et abondant en nourriture, et l'immense escalier volant finissait par atteindre la terre de sa dernière marche. Le Nil offre à ces oiseaux de l'herbe, des grains, et surtout des insectes. Les insectes sont le fonds de la nourriture de tous les oiseaux en Egypte : vautours, faucons, éperviers, grues, cigognes, oiseaux de terre, oiseaux d'eau, grands volatiles et oisillons, font pâture des invertébrés. Le désert en recèle; les champs cultivés, les terres incultes, les montagnes, le sable, partout il y a des vermisseaux, scarabées, sauterelles. Je me rappelle la guerre singulière que j'ai vu faire aux grandes sauterelles d'Abouzaabel et de Khanca par les grands milans qu'on voyait toujours une sauterelle au bec et deux aux pattes, rasant le sol qui en était tout couvert, comme si les Juifs étaient encore à leur ancienne habitation et si Moïse plaidait leur émancipation à Memphis en commençant ses miracles menaçants! Les cigognes jeunes ont une chair assez agréable au goût, leur graisse est d'une couleur orange très-vive.

6.—A Guerféh-Hassan, *Qatah*, qatah, répété cent fois, nous a signalé un oiseau célèbre dans toutes les poésies arabes : c'est une perdrix qui vit dans le désert et fait quarante ou cinquante lieues par jour pour venir boire au Nil. Elle a la taille et les allures de la bartavelle d'Europe, mais plus fourrée et plus dure de peau; elle résiste au plomb. Les paysans nous demandent quelques charges de poudre pour chasser les gazelles qui toutes les nuits descendent du désert vers le Nil pour boire à la rivière et pâturer dans les cultures : celles-ci sont assez maigres. Le séné et la coloquinte croissent spontanément dans les sables voisins du Nil; un peu de riccin, de henné et de carthame viennent sur le talus des berges; plus près de l'eau les *loubia* (haricots à légume rond), sont maintenant en fruit; dans les ravins qui percent le rocher du désert quelques *asclépias* atteignent la taille d'arbres.

Vis-à-vis de *Dakké*, une grande enceinte en briques crues paraît un reste de fortification antique, vient ensuite Karté, puis Guerféh-Hassan; celui-ci est un hemi-speos, c'est-à-dire qu'il se compose d'une partie excavée dans le roc et d'une construction extérieure ou pronaos à piliers colosses, les grandes pierres et architraves qui unissaient les cariatides sont encore en place. Les colosses de l'intérieur ont une base très-haute, ce qui ferait supposer dans le temple d'Ebsamboul, construit par l'auteur de celui-ci, Sésostris, et sur un plan absolument semblable, un sol très-excavé au-dessous du niveau apparent. Les huit niches des nefs latérales des naos ont des statues debout. Au fond il y a plusieurs chambres obscures où les chauve-souris soufflettent les chandelles et les visiteurs; l'une des statues du sanctuaire tient cet instrument que M. Lebas a osé appeler une pipe, il est creux à long tuyau et se trouve aussi à Ebsamboul et à Derry.

Dandour a un petit temple fort coquet de l'empereur Auguste, le portail est élégant et svelte, il paraît tel du haut de la plate-forme sur laquelle il est exhaussé, et qui a une circonvallation solide comme une forteresse. Cinq ou six fusils ont vainement cherché l'écho qui répète onze syllabes, ils n'ont atteint que des ramiers et des tourterelles; les équipages, privés de toute espèce de provisions dans cette pauvre Nubie, ont fait quelques façons pour ajouter ce gibier au biscuit de Korosco, il a fallu les assurer que les chasseurs avaient tué les volatiles selon le rit mulsulman; qu'ils avaient dit *bismillah* en pressant la détente.

6. — Le temple de Kalabsché (Talmis), est de belle dimension : un beau propylon, précédé d'une chaussée et d'un perron, une double circonvallation et trois sekos, après le pronaos à belles colonnes : voilà la structure générale. Les pierres sont ici comme à Moharraca, et comme on doit les supposer partout, liées par des crampons en queue d'aronde, l'absence de ceux-ci ne permet pas de dire s'ils étaient de bois ou de métal; quelques-unes de ces pierres sont taillées seulement sur les lignes terminales : le milieu est brut comme dans les édifices phéniciens et juifs. Le temple est une édition romaine d'Auguste, Caligula et Trajan, d'un autre édifice des Ptolémées qui avait lui-même succédé à un temple d'Aménoph II, successeur de *Mœris*. Les sculptures coloriées sont admirables de conservation : par malheur, beaucoup de figures ont été martelées.

Beit-Oualy est un spos creusé à mi-côte de la montagne, dont le temple occupe le bas; l'intérieur de l'excavation est soutenu par deux gros piliers cannelés, ayant un disque en haut et en bas, en guise de chapiteau et de base. Les murs sont couverts de sculptures fort délicates mais moins conservées que celles de l'avenue taillée à ciel ouvert. Le roi Rhamsès Ier tient par les cheveux un groupe de prisonniers tous martelés, excepté un seul qui est remarquable par un beau nez aquilin. Champollion a trouvé le nom de *Schari* écrit à côté des *Kouschi* ou Ethiopiens, il dit que probablement ces *Schari* sont les *Beschary* d'aujourd'hui, il aurait supprimé son adverbe s'il avait regardé la physionomie des *Béchariè* modernes. Wilkinson, le contradicteur perpétuel de Champollion, fait de *Schary* une tribu de l'Arabie-Pétrée. De l'autre côté, une longue procession présente les fruits de la guerre : des blocs d'ébène ; des lions, des giraffes, des levriers, des gazelles à cornes antéversées, des callitriches, de grands bœufs de l'Ethiopie, dont les cornes sont si grandes et plantées si haut que l'artiste, dans d'autres processions, les a arrangées en bras d'un génie, dont la poitrine sort du coronal du quadrupède. Quelques voyageurs ont parlé d'un temple grec avec piliers ioniques, placé au haut de la montagne. Toutes nos recherches n'ont fait découvrir que quelques hypogées où des restes de momies sont encore visibles ; un reste de mur de ville serpente sur la colline au sud ; les débris de poterie abondent le long de ce mur et au voisinage du temple.

La ville antique appelée par Strabon *Pselchâ*, plus anciennement Talmis, avait un quai dont un large morceau est encore visible près de l'eau, au milieu des *Henné* et des riccins. J'ai rencontré ici un dattier dichotome et un autre préparé pour la marcotte terminale, décrite par M. Raffeaune de Lille. Le tour de force industriel est aussi rare que le caprice de nature.

Trois quarts-d'heure de marche nous mettent au milieu

des îlots de granit. Le grès continue encore sur la montagne. Sur la rive droite, il s'avance mêlé de granit et de leptinite jusqu'au village de Darnous. A une heure, nous débarquons à Taféh. Il y a là un temple entier qui est une miniature égyptienne fort jolie, mais sans sculptures, excepté aux chapiteaux. Ce petit temple se compose d'un seul naos fermé sur trois côtés à l'avant, ouvert par une grande porte et deux petits guichets latéraux ; au voisinage gisent les débris d'autres édifices plus curieux.

Temples ou palais, ils doivent avoir été bâtis tout-à-fait dans la décadence de l'art égyptien. On voit des enceintes carrées bâties d'assises courbes, la concavité en bas. Le dehors des pierres est brut, excepté au pourtour. Des ornements du plus mauvais goût et d'une forme hérésiarque ou apostasique pour les vieux Egyptiens se voient dans les corniches, listels, etc., éparpillés sur le sol. Parmi eux on distingue quantité de petites chapelles monolithes ou polylithes, mais toujours miniatures dans l'acception courante du mot. Les ornements vieil égyptien, le globe ailé, les ubœus y sont entremêlés à des ornements de fantaisie : des génies tenant des guirlandes, des femmes en trois quarts mignardement inclinées, des Gloires au centre desquelles un dieu ou un roi assis de face est couronné par deux personnages de profil ou de trois quarts. Il est impossible de ne pas reconnaître ici une dégénération anarchique occasionnée à l'art égyptien par le temps et par l'importation des idées de l'étranger.

Le grès qui fournit les matériaux de tous ces édifices, au nombre de plus de douze, a reparu à la montagne voisine, quoique le granit s'aperçoive près de là. Le grès continue sur les deux rives, au moins dans toute la chaîne visible de la rivière. Cette chaîne assez basse s'exhausse tout-à-coup en face du temple de Kartas ; elle noircit et se fractionne en gros blocs arrondis, c'est le granit de Sienne qui recommence. Du côté libyque, le grès continue si bien que l'ancienne ville et le village moderne sont assis tout près de la grande carrière exploitée par les anciens. Elle a fourni les matériaux du temple d'Isis et de la grande enceinte carrée qui le précède à un quart de lieue. Le temple est au-delà des carrières, sur un point culminant : les quatre colonnes debout sont unies deux à deux par une architrave sur laquelle porte une grande pierre du plafond. Celle-ci a près de trente pieds de longueur. Les chapiteaux sont en lotus ; deux ont de plus des pampres et des raisins qui rampent autour des gros boutons. Les deux colonnettes basses du fond ont les quatre têtes d'Isis à oreilles de vache ; la colonne du N.-O., seule, a quelques dessins linéaires. D'un peu loin, quand on n'aperçoit que deux colonnes hautes avec la traverse exhaussée sur les dés des chapiteaux, on pense involontairement à Montfaucon. D'après cette ressemblance, ce ne pouvait être un édifice hideux que par l'association de l'idée de son usage, car ceci est charmant, surtout pour qui le voit comme nous doré par les derniers rayons du soleil.

La grande enceinte où le village moderne s'est abrité est bâtie en grandes pierres posées sur le rocher dressé et mis à nu sur presque toute la circonférence. Les assises ne sont pas régulières : elles montent, descendent ; les pierres ne sont pas dégrossies. Ce travail et ce rocher rappellent certains travaux hébreux. Plusieurs restes de portes ou guichets qui servent à pénétrer dans l'enceinte ont porté quelques ornements. On y remarque un petit pylone du modèle de celui qui est appliqué dans un mur de briques crues à Koum-Ombou.

7.—Levé à quatre heures, je saute pardessus les lupins, les riccins, les henné ; je glisse à travers *doums* et palmiers, je traverse en courant un champ d'orge, et j'atteins de petites huttes où je réveille les chiens. Le temple de Débode est au milieu de ces huttes. C'est un dé carré regardant le Nil par une façade à quatre colonnes avec une porte et deux guichets. Un escalier, placé dans le massif de gauche, conduit à une terrasse d'où l'on juge mieux le plan intérieur : un naos ouvert avec un sekos au fond et deux chapelles latérales noires. Les sculptures de ces intérieurs ne sont achevées qu'en bas à huit pieds du sol. Une chaussée en pierre de taille mène à la porte entre les deux colonnes moyennes, et sur cette chaussée trois pylones successifs sont à cheval : le tout a une enceinte fort grande carrée et de cette grosse maçonnerie qui m'a toujours rappelé les constructions juives. Le terrain autour du temple est granitique. Le granit fait maintenant haute montagne sur les deux rives. Le temple de Debode ou Tébot fut bâti par un roi éthiopien nommé Atharramon, prédécesseur ou successeur immédiat d'Erkamen. Il est dédié à Ammon-Ra, seigneur du lieu, et à Hathor, et subsidiairement à Osiris et Isis. Il fut continué, mais non achevé, sous les empereurs romains Auguste et Tibère. Les Ptolémées y avaient placé une chapelle monolithe en granit rose dont les débris sont encore dans le sanctuaire. Le nom de ces deux rois éthiopiens à Tébot et à Dakkèh prouve que la Nubie cessa d'être soumise aux Pharaons sous la dynastie saïte (la 36e); occupée un instant par Cambyse, elle retomba sous le joug des rois du midi jusqu'à la conquête de Ptolémée Evergète Ier (1).

A onze heures, nous sommes amarrés au port de Chellal après avoir passé à l'ouest de l'île Bégé. Cette île, dont quelques stèles ont révélé le nom antique, *Snem*, est

---

(1) Champollion, Lettres d'Egypte et Nubie.

quatre ou cinq fois plus grande que Phylé. L'intérieur est coupé de vallées et de collines, de véritables montagnes fort âpres. Celle qui fait face à Phylé est un piton de granit de plus de cent mètres de hauteur. La végétation et le froid manquent seuls pour compléter sa physionomie alpine. Dans certains points de l'île, le grès et les phylades entrecoupent les granits rose, brun, violet et les porphyres. Nous avons été conduits à Begé et puis à Phylé par un gros vilain *ferrady* qui a mis plus d'une heure au passage. Les Barberins pagayent avec des rames bancroches fabriquées de trois ou quatre morceaux mal joints. Ils se poussent le long des rochers avec des perches usées. Les enfants sautent comme des singes pour hâler avec une cordelle quand cela se peut, tantôt sur les flots, tantôt sur les rives de Bégé. Enfin on escalade les lupins, gracieux chevaux de frise des antiques remparts ou quais de l'île, et l'on est dans le grand temple du nord.

Nous revoyons avec le plus grand plaisir ce pronaos et ses dix belles grandes colonnes à chapiteaux encore charmants de couleurs, au côté gauche du naos qui le précède au nord, est un petit guichet tout sculpté de sceptres à tête de levrier et de croix à anses. Les grands pylones offrent à l'extérieur (au midi) deux groupes des géants saisissant par les cheveux des prisonniers agenouillés. Cette décoration triomphale était devenue une mode depuis les Rhamsès jusqu'aux Ptolémées, puisque les cartouches des Pylones portent le nom de Philométor. Le propylon intermédiaire est de Nectanèbe le dernier Pharaon de race égyptienne détrôné par la seconde invasion des Perses sous Darius-Ochus. Le petit temple du sud était aussi de ce Pharaon. La grande galerie qui conduit de là au grand temple est des règnes d'Auguste, Tibère et Claude. Le sanctuaire du grand temple est de Philadelphe. Le pronaos est d'Evergète II, les sculptures et bas-reliefs extérieurs sont d'Auguste et Tibère. Le petit temple périptère à gauche est de Ptolémée Epiphane et de son fils Evergète II ; celui de droite est de Philométor. Les sculptures extérieures sont d'Auguste et Tibère.

Dans les doubles allées du temple du sud, il y a une variété prodigieuse de chapiteaux tous dissemblants sans choquer l'œil; variété dans l'unité. A l'extrémité sud, est resté debout un obélisque de grès, la place de son partner est encore bien marquée de l'autre côté par un dé avec sa mortaise. Les caractères inconnus trouvés par la commission dans la galerie droite des temples du sud m'ont semblé du cophte hiératique pareil à celui de Dakkèh. Au nord-est de l'île sont les restes du petit arc romain, qui ont l'air d'avoir été bâtis et renversés d'hier. Le climat conservateur de la Nubie est trop connu pour que nous ayons cru devoir répéter la même exclamation en face de chacun de ses monuments.

L'île de Begé au bas du gros piton et à la pointe la plus voisine de Plégé offre les restes d'un petit temple. C'est un propylon à ouverture carrée qu'on a creusée pour y inscrire un arc en véritable voûte à voussoirs, travail grossier et probablement comtemporain des caprices individuels qui enfantaient les œuvres mignardes de Tafèh.

J'espérais voir immédiatement le reïs de la cataracte, et par un gros barchirh le décider à nous descendre aujourd'hui même. Les affaires ne se font pas si vite dans ce pays, le reïs est loin ; il faut le poursuivre. Il est à la cataracte occupé à ses travaux ordinaires disent les uns, il est auprès de Saïd-Bey qui vient à la rencontre de son père disent les autres. Il est absent, voilà tout. Je dépêche mon reïs Barberin après lui, et je finis par entendre dire que le

Pacha est arrivé de Fazouglou avec cent caisses pleines de poudre d'or.

8. — Il y avait du vrai dans la nouvelle, l'or est resté à la montagne abyssinienne, mais le Pacha est arrivé. Il est descendu de bonne heure avec sa suite sur trois ou quatre Dahabiès et s'est dirigé vers les travaux de la cataracte. Les ingénieurs l'ont salué par une décharge de tous leurs pétards en guise de canons; immédiatement après, les barques ont descendu les passes. Gaëtani-Bey est le seul Européen qui accompagne ce pacha, M. Lefèvre est resté au Fazouglou pour commencer l'exploitation d'une mine de fer, richesse moins reluisante mais plus solide que les paillettes jaunes. M. Lambert, excellent ami que j'espérais embrasser à son passage, est envoyé au Kordoufan pour étudier une route carrossable, ou un chemin de fer comme on dit dans ce pays où l'on commence par le dessert le repas de la civilisation. Gaëtany-Bey qui revient de la terre classique du *tænia* était lui-même sujet à cette maladie. Il l'apprit d'une façon bien singulière: avant de quitter le Qaire, il avait préparé du savon de *Bekeur* pour empailler quelques oiseaux dans son voyage. La cuillère de bois qui avait servi à remuer le mélange fut remise à un domestique avec ordre de la brûler; celui-ci se contenta de la laver soigneusement et la replaça parmi les ustensiles de cuisine, quelques jours après, Gaëtani ayant mangé d'un potage au vermicelle fut pris de ténesmes et de vomissements; c'était un empoisonnement véritable: le potage avait été remué avec la cuillère de bois. Des particules arsénicales logées dans des fibres ligneuses avaient été dissoutes par le liquide chaud et gras. Un ver solitaire long de plusieurs aunes, fut trouvé parmi les matières évacuées: l'arsenic qui épargna l'homme avait tué et expulsé son parasite.

9. — Symptômes de départ vers sept heures : agréable mécompte pour gens ayant toute raison de craindre des retards. La surprise continue et devient plus agréable quand nous enfilons la première passe de descente sans autre secours que celui de rames vigoureusement manœuvrées. Quel plaisir de marcher si rapidement là où nous avions monté avec tant de peine. Le timonier seul et quelques petits coups de perche protègent notre bordage contre les rochers visibles et invisibles. Un petit câble nous aide, ou plutôt nous retient un peu à la dernière passe de descente au-dessus de notre ancienne station nocturne. Un câble plus gros et un peu mieux serré nous retient à la passe n° 2, que pourtant nous dégringolons aussi rapidement qu'une montagne russe. La passe n° 1 se descend à la rame, avec la précaution de tourner grand rond pour gagner le premier bassin du Nil plat qui précède Éléphantine. La barque anglaise qui nous suivait ayant tourné trop court au bas de cette base a brisé un bordage contre un éperon de rocher. On a modéré comme on a pu une large voie d'eau que les charpentiers de Sienne vont maintenant réparer.

Il faut une petite heure pour arriver à la rame de la première passe à ce port. Nous avions mis une heure pour venir de Chellal à cette passe. Pendant toute la descente, j'ai relevé à la boussole la direction des passes et des principaux bassins. Ces matériaux permettront de dresser une petite carte du Nil entre les deux îles. La distraction scientifique ne m'a pas empêché de jouir du spectacle qui est toujours imposant, et qui doit paraître terrible la première fois qu'on le voit.

Je suis allé dans la carrière choisir quelques fragments de granit des plus belles nuances. Je les ferai tailler et polir avec d'autres fragments dérobés à la pyramide de Rhodope. Ces pierres illustres seront offertes à quelques amis dont le souvenir m'a fait société dans le voyage. Mes domestiques pliaient sous le faix. J'avais moi-même ma charge, que j'ai transportée à la sueur de mon front et à travers un sable qui me brûlait les pieds. En rentrant, j'ai trouvé à bord deux choses curieuses : un boulti (carpe) de plus de vingt livres, qu'on venait de pêcher dans les cataractes et qu'on nous avait vendu 4 piastres (1 franc); un *kachef*, espèce de sous-préfet, petit homme brun, vif et familier, parlant beaucoup de ce qu'il fit hier avec le pacha : il passa par ici ; il marcha par là ; le pacha me disait ; je disais à S. A.; j'ai descendu les rapides avec S. A.; moi, j'avais peur ; S. A. était intrépide, riait et plaisantait. Il nous parla de plusieurs ingénieurs de sa connaissance, qu'il désignait par le nom collectif de *Sasimounn* (Saint-Simon), croyant parler français, et s'imaginant que Sasimoun voulait dire ingénieur dans cette langue. Il ajoutait que dans un an toutes les cataractes seraient navigables sans câble et en toute saison ; qu'on ferait aussi un *ralawa* (rail way) de Korosko au Sennaar. Il s'est consolé de ne pas trouver chez nous de pipe en tirant un cigare de sa poche et l'ajustant à un bouquin d'argent.

Les pachas ont cessé d'offrir la pipe à leur audience ; je leur rends la pareille en ne l'offrant jamais à leurs officiers qui me font visite. Celui-ci cependant n'est pas un Turc, la précaution est encore plus utile. Les Turcs sont lourds et ignorants, mais circonspects et dignes ; l'Arabe est intelligent, et sa petite insolence de parvenu a plus besoin qu'on lui impose. Kachef et bim-bachi sont les grades les plus élevés qu'atteignent les Arabes dans l'armée et l'administration. Le pacha redoute leur rivalité pour ses Turcs, et il a raison ; le peuple les abhorre davantage que les étrangers : ils sont tyrans, plus habiles et plus cruels : mille Turcs plutôt qu'un fellah ! s'écrie-t-il ; et il aura raison tant que le Fellah n'aura que des demi-lumières ; celles-ci se manifestent toujours par la vanité et par l'inquiétude. Les langues sémitiques ont fait venir d'une racine unique ténèbres et tyrannie! Des lunettes, un cigare, sasimoun, ralawa, du vin de Champagne, de l'eau-de-vie (il nous a demandé de l'un et de l'autre), voilà ce que le kachef comprend à la civilisation. Des pots-de-vin, des bastonnades, voilà son application à ses administrés!

Le marché de Sienne offre une précieuse collection de toutes les races voisines. Ababdè, Béchariè, Kennous, Barabra, Calaadgy, Sahidiens auxquels les *Gellabins* mêlent des échantillons du Darfour, du Kordofan, du Sennar et de l'Abyssinie. L'Arabe est la langue franque de ces tribus quand elles communiquent entre elles; mais pour trois mots d'arabe que de phrases complètes en d'autres idiomes inconnus ! O Mentelli! ô Mezzofante ! où êtes-vous ! Que de problèmes historiques votre sagacité grammaticale résoudrait ici en quelques instants de conversation. Que n'ai-je moi-même poussé ma course jusqu'à Gondar ou au Kordofan! que n'ai-je seulement reçu quelques semaines de plus les leçons de mon reïs barberin ! A défaut de ces lumières, il faut se borner à consulter les notes historiques qui m'accompagnent, et surtout regarder, de mon œil maintenant exercé, les traits de ces races diverses. Je commence à croire que cette physiologie immédiate est le contrôle le plus certain de l'histoire des races.

On dit, mais fort vaguement, que les Ababdeh parlent une langue voisine de celle des Bécharié. Je les ai vus se comprendre, et j'ai saisi quelques mots d'arabe dans le discours; mais les *Béchariè* ont positivement une langue à eux; Burckardt la déclare fort voisine de l'abyssinien. La même langue bechary se parle parmi des tribus à l'est de l'Atbara. Toute la chaîne arabique, depuis Qosseïr et

Qenè jusqu'à Swakim, paraît occupée par cette langue, vaste débris de l'ancien éthiopien. Le Béchary est plus laid que le Nègre; son teint est d'un noir sale, les traits sont gros, la face large et longue; un nez un peu saillant, un front un peu haut, des cheveux d'un crépu peu laineux, semblent conserver quelque souvenir d'un croisement arabe. Les Ababdeh, les Beni-Wassel, les Barabra, tout le monde ici se prétend issu d'Arabe. L'Arabie est le grand parchemin nobiliaire où chacun prétend inscrire son nom; mais les prétentions ne sont pas des preuves, et si réellement les pères ont apporté cet élément de l'autre côté de la mer Rouge, les mères du centre de l'Afrique l'ont neutralisé dans une proportion à-peu-près égale, mais dans une période assez lente pour qu'un type ancien effaçât ces importations sous une dominante nationale.

Les Béchariè qui viennent ici vendre des troupeaux et acheter des provisions et des armes sont des montagnards sauvages qui mangent la viande crue, boivent le sang chaud des moutons, mangent la cervelle crue des chameaux. Ils sont toujours nu-tête et non rasés. Les Ababdeh ont la même coiffure. Leurs montagnes, principalement celles d'Emeraude, voisines de Bérénice, étaient jadis occupées par les Boyah ou Béyah, Bedja des auteurs arabes, Bugcha de Léon l'Africain, Boguites de l'inscription d'Axum, où le roi Aizamas se vante d'avoir réprimé leur révolte. Beg-cha n'est pas fort loin de Béchar: l'y final, $y\grave{e}$ au pluriel, est un relatif sémitique. Dans le même pays vivait, sous Dioclétien, une nation remuante à laquelle nous avons déjà vu que cet empereur opposa les Nabatœ; elle s'appelait Blemmi. Ce nom avait déjà paru sous Aurélien, qui les punit d'avoir servi le tyran Firmus; il en transporta quelques-uns à Rome où ils figurent à son triomphe. Sous Probus, ils envahissent Coptos et descendent jusqu'à Ptolémaîde (Beni-Souief). M. Et. Quatremère me paraît avoir victorieusement démontré l'identité des Blemmi et des Bedja. Quand on voit les Béchariè, on reconnaît bien qu'ils n'ont pas les yeux et la bouche sur la poitrine, comme les Romains le disaient, pour exprimer leur laideur; mais on peut s'apercevoir qu'ils n'avaient pas besoin de cette difformité lorsqu'ils effrayèrent les enfants et les femmes grosses au triomphe d'Aurélien.

10, 11. — L'eau était si basse au port d'Assouan qu'il nous fallut remonter au sud d'Eléphantine et descendre par le chenal occidental du fleuve. La montagne de Contra-Sienne a plusieurs hypogées creusées dans le grès; une, entre autres, a une belle porte taillée à mi-côte au-dessus du chevet de l'île. Une heure après notre départ, on s'arrêta pour prendre du lest; les hommes attaquaient sans façon le mur d'une *saquiè*, les Barabras, soutenus d'un Béchary à la chevelure touffue, accoururent pour repousser cette agression contre la propriété; les bateaux se hâtèrent de repartir avant l'arrivée du hakem ou chef du village.

Une tempête sèche nous força d'amarrer à Koubaniè; nous réparâmes un peu le temps perdu en marchant toute la nuit, et ce matin, à huit heures et demie, nous sommes à Koum-Oubom. Le temple, perché sur un monticule envahi par les sables, se gravit par le côté austral; on longe un mur fort épais en briques crues ou peu cuites au milieu duquel est logé un petit propylon en grès couvert d'hiéroglyphes de la reine Amensé, mère de Mœris; un couloir voûté était ménagé dans l'épaisseur de ce mur dont les assises sont concaves, la concavité en haut, comme les assises de pierre de Tafèh. Le temple est curieux par sa structure unique en Egypte: il est coupé dans sa largeur en deux parties symétriques; l'axe passe par colonnes et massifs au lieu de passer par ouvertures. Pœstum a aussi un rang de colonnes le long de l'axe; la corniche extérieure, du côté de la rivière, porte deux globes ailés. Le pronaos est composé de quinze belles colonnes de six pieds de diamètre avec chapiteaux divers; une seule est tombée. La partie postérieure, le naos, est enfoncée dans le sable jusqu'aux soffites, composés de pierres de vingt-cinq pieds de long. C'est sur un listel de cette partie qu'est l'inscription grecque que Champollion croit avoir été dorée; on n'y voit trace que de couleur rouge. En avant du pronaos, un petit temple *mammisi*, au lieu de naissance du jeune dieu de la Trinité locale, a versé ses ruines dans la rivière qui en fouilla longtemps la base. Les cartouches de ces pierres portent le nom de Touthmos III. Le vieux monument, renversé par le temps ou par Cambyse, fut reconstruit, ainsi que le grand temple, sous les Ptolémées Epiphane, Philomètor, Evergète II, Cléopâtre Cocce et Soter II.

Nous repartons à onze heures : l'eau est agitée, le vent est fort, mais Derviche Ier enivre ses compagnons avec la fameuse chanson *Chamberly ya tambo*. Le vent n'empêche pas la petite navigation des Barberins, qui ici comme en Nubie passent le Nil sur de minces radeaux de bouz ou de troncs de palmiers. Parfois, tandis qu'un voyageur pagaye avec une courte pelle, l'autre fait voile de sa ceinture ou de son turban. Nous eûmes quelque chose de pareil dans notre traversée de Chellal à Phylé. C'était, à l'élégance près, une navigation comme à l'Opéra dans *Flore et Zéphyre*. Les chasseurs ont presque chaque jour quelque grand gibier pendu à leurs fourches caudines. L'un d'eux a ce matin fait crever la vésicule du fiel de ses rivaux (expression arabe) en appendant à son garde-manger un crocodile monitor. Ce saurien, plus semblable aux lézards qu'au crocodile vrai, a une longue langue fourchue avec laquelle il pêche les petits crapauds ; ses pieds ne sont pas palmés ; aussi court-il plus volontiers sur les plages qu'il ne nage dans l'eau, où il plonge pourtant pour se soustraire à un danger.

12. — Selseléh avait jadis un poste de soldats romains mentionné dans la Notice de l'empire sous le nom de Silili, corruption de Silsilis. La langue d'Egypte conserve les vieux noms autant que son climat les vieux monuments. Bien avant la domination romaine et grecque, Selseléh était la carrière d'où l'on tirait le grès de tous les monuments du Sahid entre Sienne et Abydos. Des stèles royales et des inscriptions tumulaires d'ingénieurs ou inspecteurs des carrières mentionnent cette exploitation sous la dix-huitième et la dix-neuvième dynastie. La plupart des monuments de Thèbes en sont sortis. Sur la rive gauche et sur la falaise voisine sont creusées trois chapelles ouvertes par de jolies colonnes formées de groupes de lotus. Un long spéos qui est plus au nord offre des inscriptions hiératiques, des offrandes religieuses, et une procession triomphale du roi Horus, conquérant de l'Ethiopie.

Nous traversâmes le marché et le village d'Edfou pour atteindre le temple dont nous apercevions de loin les immenses pylones. Il nous a paru fort imposant par sa masse, fort gracieux et fort élégant par les détails, malgré les mépris de l'école hiéroglyphique. Toutefois, je tiens ces mépris pour justes s'ils s'adressent aux portraits. Les deux Philométor géants des pylones et l'empereur Claude sont égyptiens, non-seulement par le costume, mais par les traits. Le même reproche peut s'adresser à toutes les représentations de rois grecs et d'empereurs romains dont nous avons des portraits authentiques faits par des artistes de leur nation. Le portrait vrai est quelque chose de récent dans l'art. La grande sculpture grecque l'a dédaigné longtemps. On sait les doutes qui s'élèvent contre toute l'iconographie du temps d'Alexandre, à commencer par le portrait de ce grand roi, qui paraît aussi idéal que celui de Périclès. En Égypte, cette période d'iconographie idéale aura duré aussi longtemps que l'autorité hiératique. L'idéal grec aura été précédé en Égypte par un type de famille ou de race qu'on aura perpétuellement reproduit comme les attitudes, et, sous ce rapport, les faces des dieux me paraissent des renseignements aussi certains touchant les races antiques que les iconographies royales ou démotiques. Deux ans après avoir consigné ce soupçon dans mon journal, au milieu des monuments de l'Égypte et de la Nubie, je le vérifie en feuilletant les planches de Rosellini, où je trouve dix portraits de Sésostris différant l'un de l'autre, comme les artistes, et dix portraits de rois divers, et même de dynasties distantes, se ressemblant autant que ces dix éditions de la même figure de Sésostris. Dans l'art réel, les individus offrent plus de disparates, et si elles n'ont pas fait trace dans l'art antique, c'est qu'apparemment il les effaçait sous un ponsif obligatoire. Cette observation, loin d'infirmer la valeur des monuments égyptiens sous le rapport ethnographique, l'accroît au contraire beaucoup, puisqu'elle débarrasse le texte de toutes les ambiguités, le type de toutes les aberrations individuelles. Les Philométor des pylones, ainsi que plusieurs de leurs prisonniers, ont une chevelure longue et bouclée, assez semblable à la perruque de Louis XIV. Les terrasses de ces pylones sont toutes sculptées de noms français de l'expédition. Le soldat y figure à côté de l'officier, du savant et de l'artiste. La naïveté de sa pensée assortit la correction de son orthographe. Le grand temple et le mammisi d'*Apollinopolis magna*, auquel le fellah a rendu son vieux nom d'Edfou, furent commencés par Philopator, continués sous Épiphane, Évergète II, Soter II, Philométor, Ptolémée, Alexandre Ier, et les reines Cléopâtre-Cocce et Bérénice. L'intérieur du grand temple, couvert de cinquante mille pieds de sculptures, sert encore d'étable et de grenier. Des ânes mangeaient leur paille sur les décombres élevés à la hauteur des chapiteaux à feuilles de palmiers, à fleurs de lotus et à ciborium. La grande cour périptère est remplie de doura scellé avec une pelle appliquée successivement sur toute la surface. Un fellah, préposé à la garde contre tous voleurs, chassait à coups de fronde les voleurs ailés, moineaux, tourterelles et pigeons. La surface du grain était quasi couverte des pierres et mottes lancées par le frondeur.

J'arrive à Elkab en costume automnal. Il faut changer quatre fois par jour dans ce curieux pays, où l'on parcourt en quinze heures le cercle entier des quatre saisons. L'hiver le matin, le printemps à huit heures, un été fort chaud de neuf à quatre, l'automne dans la soirée.

14. — Une grande enceinte de briques est tout ce qui reste de l'ancienne ville d'Elethya depuis que les Turcs ont démoli le temple. La montagne est à une demi-lieue de là, tachetée d'un chapelet de points noirs : ce sont les hypogées au nombre de plus de cinquante; mais celles qui méritent d'être regardées vont diminuant tous les jours. Les curieux, touristes ou savants, qui vont les visiter, ont un zèle barbare, une ambition qui procède avec la raison d'état mercantile qui poussait jadis les Hollandais à détruire une certaine portion de la récolte de cannelle à Ceylan, ils se rendent à eux-mêmes le service que les Turcs démolisseurs ont rendu au travail de la commission d'Egypte. Le dessin d'une scène antique acquiert un prix plus grand quand l'original est ruiné et méconnaissable, et ils osent marteler la scène antique après l'avoir copiée; les plus respectueux se contentent de tirer des épreuves avec des papiers humides, de mouiller les bas-reliefs avec des éponges

pour faire reparaître le coloris terni par la poussière, ceux-là ne dégradent que les couleurs. Quatre ou cinq chambres à peine offrent des peintures reconnaissables, elles sont bien suffisantes pour nous enchanter de l'art égyptien et nous initier à la vie domestique de cette haute antiquité avec tous ses détails, ses secrets, sa naïveté. Nous avons vu la table servie, les mets, les fruits, les légumes, le gibier, la pêche, les semailles, la récolte du blé, du raisin, du lin, les bateaux et leurs voiles tendues entre une vergue et un gui à roues, leurs grands gouvernails pareils à ceux des bateaux de la Seine; l'étal du boucher, les troupeaux d'ânes, de porcs, de chèvres, l'oie domestique commune, et l'oie tricolore, aujourd'hui à l'état sauvage sur le Nil, la cygogne domestique à bec rouge et pattes rouges, celle-là même dont nous avons admiré les évolutions aériennes, la stratégie terrestre et la chair savoureuse. Nous avons vu les musiciennes jouant de la double flûte et de la harpe; les danseuses dans toutes les postures; le marchand dans sa boutique; sa balance, où les poids sont semblables à l'oque moderne; les autres poids pareils, rangés au-dessus du peseur, peuvent n'être que des groupes de ces poids, et non pas la figure hiéroglyphique des nombres. On pénètre aussi dans le foyer des castes élevées : on voit la grande dame assise à côté du mari sur de jolis siéges à pieds de lion, sur des sophas, des divans ornés également de pieds et de têtes de lion; la même forme, le même ornement se retrouve dans le brancard qui transporte le corps aux funérailles. Quelle civilisation! et nous sommes devant les monuments les plus anciens : l'inscription du chef nautonnier remonte à l'expulsion des pasteurs sous Ahmolis; des siéges, pareils aux nôtres, dans ce pays où, comme dans toute l'Asie, l'homme est toujours accroupi; et, prouvant mieux que des siéges, l'intelligence de la dignité de l'homme et de la femme; l'épouse, assise à côté du mari dans cet Orient où la femme fut toujours esclave ! elle siége à table à côté de l'époux ; les domestiques sont respectueusement debout derrière eux. Sur une petite table les *goullés* presque semblable à ceux d'aujourd'hui, sont enveloppés de fleurs de lotus qui communiquent leurs parfums au liquide; parfois c'est le lotus rose, le *nelumbrium* indien qui a disparu d'Egypte, mais souvent le nymphœa bleu, le *bechnin* que les dames aiment encore, puisque nous leur en vîmes faire des pipes à Damiette.

Mais dans cette résurrection du passé c'est la figure Egyptienne qui me frappe encore plus que les mœurs de l'Egypte antique. Je vois ici réfuté avec la plus grande précision, avec la plus criante évidence, un préjugé qui a infesté toutes les études d'histoire ancienne: à savoir que l'on assimile les races royales au peuple qu'elles dominent. Ici le peuple représenté de mille façons offre toujours un type bien distinct de celui de ses rois, et de celui des castes supérieures. Les Egyptiens laboureurs et artisans n'ont pas ici des profils droits ; le nez plus creusé à sa base a moins de saillie à sa pointe et à son milieu, les pommettes sont plus saillantes, la face est plus courte et plus large, la chevelure plus bouclée, le profils droits, les nez un peu busqués reparaissent chez les maîtres, prêtres ou militaires comme nous l'avons déjà remarqué cent fois chez les rois.

Préoccupé, agité par cette observation, je tourne sur moi-même comme pour demander conseil à tout ce qui m'entoure ; et je rencontre près de moi les guides d'Elkab immobiles contre les murs où leurs profils vivants se dessinent à côté de tous ces profils de pierre, je rencontre mes mariniers, mes domestiques à qui la curiosité a fait braver la chaleur et qui se sont déturbanés pour essuyer la sueur de leur fronts ; leurs têtes pointues, leurs oreilles hautes, leur angle facial aigu, leurs yeux myopes, leur teint cuivré, leurs jambes sans mollets, leur demi nudité produisent la plus singulière illusion : ce sont les vieilles figures en bas-reliefs détachées du mur, vivantes et parlantes. Revenu à bord je contrôle cette fantasmagorie par le plus minutieux, le plus froid examen.

Sur treize hommes et deux femmes présents dans ma barque, une seule femme est de la Basse-Egypte, tout le reste est du Sahid et principalement d'Esné et de Siout. Le reïs Aly, les deux derviches et huit autres mariniers ressemblent en tout au type populaire antique. Ils entrent dans une échelle chromatique dont la première note a le profil un peu plus droit quoique incliné, le nez moins creusé, les os maxillaires moins saillants; le dernier a les lèvres presque nègres, le nez fort petit ; celui-ci représente l'Egyptien passant au nègre. L'extrême opposé est le type sacerdotal et, par une coïncidence amusante, c'est le plus instruit le plus gai, le plus fin de la troupe, c'est une espèce de prêtre; c'est derviche Ier. Une intelligence plus élevée a été abrutie par l'usage de l'opium, c'est celle du timonier *Am-Réfaa*; reste de la race grecque, fils de quelque Cophte apostat, traits européens, iris noir, blond-brun, hâlé difficilement, mollet indiqué. Jeune il était blond comme certains Cophtes et comme ses propres enfants que nous avons déjà vus et que nous reverrons bientôt; blond comme son fils le jeune mousse qui n'a gardé, lui, que la chevelure de sa race paternelle; par les traits, par le teint il est rentré dans la race égyptienne de sa mère. Le Cophte Soliman a le type du timonier par le profil, le teint est plus jauni et il se rapproche du Cophte fort exactement décrit par M. Saint-Genis, et cependant cette description s'appliquerait aussi bien au quatrième degré *(métif)* des hommes de couleur classés par Franklin et Moreau de Saint-Méry. Nous n'avons dans la barque aucun individu à profil droit, à nez un peu busqué, à taille élancée comme les dynasties royales thébaines. Il est vrai que nous avons laissé à Sienne notre pilote barberin.

Nous finissons la journée à Esnè, réfléchissant à l'instabilité des fortunes esthétiques. Les artistes de l'armée expéditionnaire, nourris de David et de classique grec et romain, s'extasient sur la noble élégance de l'édifice et de ses ornements, que pourtant ils étaient loin de croire œuvre grecque ou romaine; puis vient une autre génération qui crie au papillotage! A la vérité, elle a lu le nom de Ptolémée Epiphane sur le mur du fond du pronaos et sur les autres parties de l'édifice les noms de Claude, Vespasien, Titus, Antonin, Marc-Aurèle, Commode, Trajan, Adrien, Antonin, Domitien, Septime Sévère, Geta et Caracalla. Le zodiaque, estimé vieux de 12 ou 15 mille ans, est une construction contemporaine de ce dernier empereur. La morale artiste n'a-t-elle pas dans les deux cas été influencée par la chronologie supposée ou réelle? Un calendrier religieux inscrit sur une des colonnes du temple mentionne, entre autres fêtes, la dédicace de l'ancien temple pharaonique par Thoutmos-Mœris, dont le nom se lit aussi à Edfon sur un débris employé et retaillé deux ou trois fois. On a conclu que, en Thébaïde comme en Nubie, c'était Mœris qui avait construit la plupart des édifices sacrés, après l'expulsion des pasteurs, ou peut-être relevé ces édifices saccagés par eux. Les Ptolémées et les empereurs romains ont refait le même travail pour les temples de Mœris renversés par Cambyse.

Le Ptolémée turc s'est bâti une ligne de *séraïs* depuis Sienne jusqu'à Alexandrie. Il y fait ses étapes dans ce moment; hier il se reposait dans celui d'Esnè, qui, avec ses boiseries sans peinture et ses murs blanchis à la chaux, fait fort belle figure près des maisons de boue de la ville : à-peu-près comme un créole, en chapeau de paille et en calicot blanc, se distingue suffisamment par cette toilette et par son épiderme au milieu de ses esclaves noirs et jaunes.

15. — Nous étions à cinq heures amarrés à une berge haute. On nous dit qu'Erment est là : nous marchons plus d'une heure et arrivons à une série de monticules de décombres et de vieilles poteries brisées. Le temple nous est apparu en tournant à gauche vers le nord. Il reste du Pronaos sept ou huit colonnes, dont une fort belle près de la *Cella*, et une plus grande que les autres et dont le chapiteau n'est pas sculpté. La *Cella* double se compose de deux sekos dont le plus petit porte au plafond une espèce de zodiaque presque aussi fameux que celui d'Esnè. Au-dessus de la porte du grand sekos un épervier sacré, entouré d'une gloire faite de lotus, ressemble d'abord à un phénix entouré de flammes; sur les parois extérieures et hautes de la Cella on voit des figures d'animaux, un loup très-maigre, une girafe fort bien dessinée, et qui passa longtemps pour l'unique de tous les monuments égyptiens. Les typhons, les cynocéphales, les chiens entiers, abondent dans la Cella presque autant que les isis et les horus, ou, comme disent les hiéroglyphes, les *ritho* et les *harphrè*. Le temple n'est pas orienté; le soleil levant donnait sur un angle. A droite est la grande piscine où l'on descendait par des degrés et où, selon Aristide, fut placé un nilomètre; plus au sud les fouilles du pacha ont mis à nu une base de colonne sculptée d'hiéroglyphes, avec des fondements prodigieusement épais et larges, où plusieurs pierres sculptées sont par-ci, par-là visibles : tout cela est exploité à la poudre et au pic pour faire du moellon. Cet édifice avait été élevé par Adrien avec des matériaux pro-

venant d'un ancien temple de Mœris. M. Lhote a lu les deux cartouches. Au sud-est, un groupe de colonnes à base dorique signale l'emplacement d'une ancienne église cophte ; toutes sont tombées et la plupart brisées ; une porte des traces de coins en long et en travers. Le temple d'Erment est un mammisi consacré à l'accouchement de la déesse Ritho, ou plutôt de Cléopâtre, fille d'Aulète, donnant le jour à Césarion, fils de Jules-César, devant le *mandou* de cette royale et divine triade.

THÈBES.

15, 21. — Nous trouvâmes la guerre civile à Gourna. Le cheikh d'un village de la rive droite était venu poursuivre un jeune conscrit ; le cheikh de Gourna ne voulut pas souffrir cette attaque sur ses terres, et il reçut les voisins à coups de fusil. Ceux-ci voulant absolument arrêter quelqu'un saisirent plusieurs mariniers des dahabiées européennes ; mais les frères accoururent armés de *nebout* (bâton), et délivrèrent les prisonniers ; d'autres hommes, arrêtés déjà pour le nizam, profitèrent de l'occasion pour se jeter à l'eau et s'évader. Quelques agents du scheikh-gendarme étaient blessés et risquaient d'être achevés par les Gournotes en fureur : ils vinrent demander aux pavillons européens une protection qui ne leur fut pas refusée.

Gourna n'a point de maisons ; les habitants sont logés dans les hypogées antiques, vaste dédale connu d'eux seuls, et du fond duquel ils ont toujours bravé l'autorité ; c'es de là qu'ils lapidèrent Desaix et ses soldats, de là qu'ils bravent les agents du nizam après avoir bravé ceux du miri. Le gros éperon calcaire dans lequel ces hypogées sont creusées est séparé du fleuve par quelques collines basses toutes fouillées de tombes vulgaires ; l'alluvion forme ensuite un espace assez large qui porte quelques cultures d'orge, de rares palmiers et quelques sont épineux, restes de ces bois d'acanthes mentionnés par Hérodote : les fours qui cuisent l'excellent pain blanc à l'usage des *Inglisi* achèveront bientôt de les dévorer. Les loxia roses, les bouvreuils tricolores, les djinny-émeraudes animent les champs et les arbres; les alouettes jaunes et les hirondelles paraissent sur la limite du désert. Le premier édifice qu'on rencontre, en se dirigeant vers le midi, est le palais de Mnephta et de son fils Rhamsès-le-Grand, puis le sentier traverse le Rhamesseïon, ou tombeau d'Osimandias, avec son grand colosse renversé et ses larges pages militaires : celles des pylones sont dégradées, mais celles de l'intérieur des murailles sont encore très-bien conservées; toutes se rapportent à des campagnes de Rhamsès-le-Grand contre des nations scythes bactriennes placées entre le Tigre, l'Euphrate, l'Oxus et l'Indus. Elles sont désignées par le nom générique de Scheto (Scythes), ou plutôt *psarincheto*, la plaie, la mauvaise race des Scythes. Il y a des chefs dont le nom écrit est *schiropasiro, iroschtaosiro, peschorsenmansiro, torokani, torokato, tioturo, simaïrosi, krobschatosi, thotaro, mafarima, sipaphero*. Une ville de *Batsch*, un pays des *Schirbesch*.

En continuant à se diriger vers la butte de Mediné-Tabou, on laisse à gauche *Tama* et *Schama*, les deux colosses, dont l'un fut si célèbre sous le nom de la statue de Memnon; il précédaient l'Aménophion, grand palais dont il ne reste plus de traces. Dans une petite vallée à droite est le petit temple d'Isis, ou plutôt d'Athor, identifié avec Thmeï, la Beauté et la Justice, œuvre des Ptolémées. Deïr-el-Bahry, au fond de la vallée d'Elasasif, est une agrégation de débris d'époques diverses; le popylon en granit rose est d'Aménenthé et de son fils Touthmos-Mœris; le sanctuaire est de Ptolémée Evergète II et de sa première femme Cléopâtre. C'est ici que se trouvent de petites absides creusées en fausses-voûtes comme celles d'Abydos. En revenant vers le sud-est on rencontre la grande syringe creusée par le grand-prêtre Pétamnap de Wilkinson, Pétaménoph de Champollion. Ce vaste dédale souterrain est maintenant vide de momies; les fellah en ont tant brûlé pour chauffer leurs fours, les marchands de Qené en ont tant brisé pour en extraire la gomme de momie, tant exporté pour les cabinets d'Europe, qu'à la fin le visiteur est privé de ces terreurs qu'on éprouvait encore au commencement du siècle à la vue de ces milliers de cercueils où il semblait toujours que le moindre mouvement dut vous ensevelir vivant sous une avalanche de poussière, la moindre imprudence vous consumer dans l'incendie allumé sur ces matières éminemment combustibles par une étincelle de vos torches. La chance de tomber dans des puits sans margelles et de s'égarer dans les détours de la syringe subsistent pour ajouter l'émotion à la curiosité. Les momies bien conservées avec un ou deux étuis sont devenues d'une rareté extrême. Un Anglais fort instruit et fort poli, qui nous accompagna en Nubie, M. Atfield, a payé cent livres sterlings la dernière qui fut dans la collection de Jani, Grec employé ici à faire des fouilles pour le consul de Suède. Il devra la faire sortir par Suèz, à cause de la prohibition d'exporter les antiquités par Alexandrie.

Medinet-Tabou (1), distant de Gourna de plus d'une demi-lieue, est une butte, un *koum* composé des décombres de cinq ou six villes; la dernière avait, dit-on, six mille

---

(1) Medinet-Abou. Bruce le premier a cru retrouver le nom de Thèbes dans celui que portent aujourd'hui ces ruines. Les hiéroglyphes appellent Thèbes Oph-On, Aub, ce qui, avec l'article féminin T, fait *Taub*. *Medinet-Abou*, en arabe *Ville du Père*, serait un barbarisme; *Abou* devrait avoir l'article *al* pour être au génitif.

habitants il y a à peine un siècle. Aujourd'hui on n'y trouve plus un homme, les chacals et les hyènes sont les seuls êtres vivants qui s'y remuent encore; vermisseaux bien petits pour un si grand cadavre! On peut se convaincre ici que Bruce s'est départi de son exagération habituelle en parlant de l'hyène. L'un de nous voyant sortir un de ces animaux d'un trou le chassa d'un grand coup de pied dans le ventre comme un chien, pour lequel il l'avait d'abord pris. Les décombres n'ont pas respecté les murs extérieurs du grand palais qu'ils ont débordé en plusieurs points; l'intérieur est encore praticable.

Ce grand palais résume l'histoire de l'art égyptien par les monuments; il y a des constructions de toutes les époques principales; l'époque brillante des premiers rois de la dix-huitième dynastie, trois Touthmos et la reine Amensé; la période des conquêtes, Rhamsès Meïamoun, quatrième successeur de Sésostris-le-Grand; la première décadence sous l'invasion éthiopienne, le roi Toharaka : la régénération égyptienne après l'expulsion des Perses, la dynastie grecque et les empereurs romains, et finalement les premiers chrétiens cophtes. La grande cour du second palais avait été convertie en une église. On voit encore debout de fort grossières colonnes et de plus grossiers chapiteaux ressemblant beaucoup à ceux de la colonne de Pompée, du Divan de Joseph et de la colonne miliaire de Célosyrie. L'aile gauche du palais de Meïamoun est divisée en trois étages avec des fenêtres et des balcons à cariatides. Il y a aussi un couronnement en créneaux arrondis imités par l'architecture sarrasine sous le nom *schourafat*. Les pages guerrières sont très-nombreuses dans ces palais; la plus étendue est celle qui occupe l'extérieur du grand mur du nord. Ce sont des campagnes de terre et de mer contre des races que, depuis longtemps, on s'accorde à regarder comme indoues. Champollion est d'accord sous ce rapport avec la commission d'Egypte. Les guerriers les plus apparents de ces races portent des toques ou bonnets de plumes comme les prisonniers figurés dans les scènes de l'intérieur. Les noms de ces peuples, tels que les hiéroglyphes les donnent, sont *Meschauch, Robou, Fekkaro, Schakalascha*. Dans d'autres bas-reliefs guerriers sont inscrits des noms des *Kouschy-Terosis, Toroao* ; ceux-ci sont Africains ; voilà, pour les amateurs d'étymologies, les ancêtres des *Twarik* actuels. Il y aussi des *Schairotana* où ils trouveront sans doute deux mots, Schai-Rotana, le pays ou le chef des Routana, nom que se donnent encore la plupart des Nubiens. Il y a encore les *Scheto* (Scythes), les *Anmor* et les *Twirscha*.

Entre Medinet-Tabou et le port d'el Qattèh les mouvements du terrain dessinent ce qu'on a pris pour une fortification antique et que la commission a appelé un hippodrome, espèce de Champ-de-Mars d'où les troupes pouvaient sortir par un grand nombre d'ouvertures qui ont fait penser aux *cent* portes d'Homère. Volney a voulu traduire cent palais. Mais dans cette interprétation le mot porte serait exact, puisque tous les grands édifices, temples ou palais étaient précédés de pylones, propylones ou portes triomphales. Les deux colosses de *Tama* et *Schama*, où Denon vit des princesses égyptiennes (nouvelle preuve de la précision des évaluations esthétiques) sont le portrait du pharaon Aménoph, le Memnon des Grecs. Schama est encore entier. Tama, brisé à la hauteur du ventre par Cambyse, fut rebâti en assises à une époque incertaine, mais postérieure à la visite d'Adrien, qui entendit le son de la statue et en fit consigner le souvenir par une inscription. La base et les jambes du colosse sont couvertes d'inscriptions relatives au même fait.

La visite de la pierre chantante était fort à la mode parmi les voyageurs de ce temps. Le grès-brèche, pierre fort dure dont sont faits ces deux colosses, est sujet à de petites détonnations comparables au tintement d'une corde métallique qui vibre ou se rompt. Les nuits fraîches et humides remplacées par des journées chaudes provoquent ces bruits en occasionnant des fissures. Plusieurs membres de la commission d'Égypte ont entendu des bruits pareils dans les grandes pierres de granit ou de grès des monuments de Thèbes. M. Letronne a adopté la même explication de la voix de Memnon en écartant toute idée de jonglerie sacerdotale au moins pour la production du son.

Les hypogées de Gourna reproduisent sur une grande échelle les scènes de la vie privée d'Elethya. C'est principalement à elles que Wilkinson a emprunté les matériaux de la vie privée des anciens Égyptiens. Les classes guerrières et sacerdotales représentées ici dans le voisinage du peuple tendent à confirmer les soupçons que dans tous les pays à castes celles-ci ne sont que les superpositions successives de plusieurs couches de conquérants : conquérants par les armes, ou par la science et les idées. Les figures d'animaux sont aussi remarquables qu'à Elethya pour leur exactitude. Une des découvertes les plus récentes et dont on fait maintenant le plus de bruit est la cave sépulcrale dite de la princesse abyssinienne. Il y a une procession très-compliquée et fort précieuse pour l'ethnographie. M. Lenormand ne l'a point vue, mais M. Lhote, M. Price ou M. Styleman ici présents en feront sans doute bientôt jouir l'Europe. Dans les hypogées qui ont échappé à la fumée des foyers fellah, les couleurs sont d'une vivacité presque aussi remarquable que dans les peintures des tombes royales.

Celles-ci occupent la vallée séparée de Thèbes par la

première montagne. *Biban el Molouk* (les portes des rois) est le remaniement en langage moderne de *Biban Ouróou* de l'ancienne langue égytienne. Ces portes sont aussi des palais. Une vingtaine seulement sont ouvertes ou connues. Wilkinson y a inscrit de gros numéros correspondant à ceux de ses descriptions. La commission Champollion a logé quelque temps dans la tombe de Rhamsès V, fils de Meiamoun. Des cendres, des charbons, des pierres arrangées en fourneau, des restes de plumes de volaille, annoncent que maints visiteurs ont depuis suivi cet exemple. Les Grecs du moyen-âge ou des premiers temps chrétiens ont barbouillé l'entrée d'inscriptions rouges, de croix et de figures grossières de prêtres en habits religieux.

Le grand cercueil est brisé, mais un peu moins que tous les autres. Son poids énorme l'a sauvé du vandalisme barbare et du vandalisme savant. On entend faire des dissertations peu agréables sur cette dernière espèce de vandalisme dans la tombe de Mnephta-Ousireï, découverte par Belzoni, et qui a depuis fourni au musée Charles X un superbe bas-relief coloré. Cette pièce a été détachée du gros pilier carré qui soutient la plus grande chambre. Pour avoir un des quatre côtés, il a fallu en briser trois autres. Le calcaire dénudé est devenu un album sur lequel les visiteurs inscrivent des malédictions presque toutes en langue anglaise. « Qu'il soit damné dans son *Amenti* catholique ! Qu'il supporte sur sa poitrine le poids de la montagne que le pilier brisé ne peut plus supporter ! Quelle logique ! Ecrire de superbes dissertations, donner de beaux conseils au pacha pour la conservation des monuments égyptiens, et être soi-même pire qu'un Turc et qu'un Cambyse ! Il s'est moqué des voyageurs obscurs qui écrivent leurs noms sur les monuments : leur vanité est plus estimable que sa modestie. Peut-être l'a-t-il écrit en cartouches? Nous l'écrirons en caractères vandales, etc.

Les tombes royales ont été décrites assez souvent pour que je doive m'épargner des redites après avoir constaté par mes yeux l'exactitude des descriptions. Je donnai une attention particulière aux tableaux des races humaines représentées dans les tombes d'Ousireï, de Rhamsès Meiamoun et de Rhamsès V. Ces ouvrages, presque contemporains de l'Exode, confirment la naïveté des récits bibliques. Plus on avance dans l'étude de la vieille Egypte, plus on est convaincu de l'authenticité du grand Livre, plus on lui doit de respect même du point de vue purement humain (1). C'est non-seulement la plus ancienne histoire du monde, mais la première en date pour la sincérité et la critique.

L'ethnographie peut parcourir aussi des textes intéressants dans les bas-reliefs guerriers des monuments de la rive droite. Les palais et temples de Luxor portent les cartouches de Maudoueï, d'Horus, d'*Aménophis Memnon*, de Touthmos IV, de Rhamsès-le-Grand. La porte entre les deux pylones fut restaurée par le roi éthiopien Sabakon, chef de la vingt-quatrième dynastie. Il y a aussi des restaurations d'Alexandre jeune, fils d'Alexandre-le-Grand, et de Ptolémée-Philopator. Les pylones portent les bas-reliefs d'une campagne dont d'autres affaires sont représentées sur la paroi droite du grand monument d'Ebsamboul. Les ennemis sont des Asiatiques Bactriens, Mèdes, Babyloniens. La Mésopotamie s'appelle déjà le pays des deux rivières, *Naharainuh Kah*. Les autres pays sont nommés *Schot, Robschi, Schabatoun, Maron, Bachoua*.

---

(1) Ch. Lenormant.

A Karnac, on voit les campagnes de *Mandouei-Ousireï*, de Rhamsès-le-Grand, de Scheschonk le Sésonch de Manéthon, le Sisac de la Bible. Celui-ci prit Jérusalem au dixième siècle avant l'ère chrétienne, dans la cinquième année du règne de Roboam.

Luxor est encore aujourd'hui uni à Karnac par une grande allée de sphinx. Des restes d'avenues semblables se retrouvent dans d'autres directions : l'une d'elles avait près d'une demi-lieue de longueur. Les tableaux bibliques de Martin ont reconstruit les rues dont ces sphinx n'occupaient pour ainsi dire que les trottoirs. Les palais bâtis en arrière devaient être dignes de ce luxe et par leur grandeur et par leurs ornements. Le plus grand de ceux qui subsistent à Karnac est dû à Rhamsès III : c'est celui dont faisait partie la fameuse salle hypostyle. Celle-ci a encore debout cent trente-quatre colonnes hautes de soixante-dix pieds et de onze pieds de diamètre. Leurs chapiteaux campanes ont près de vingt-et-un mètres de développement, et leur surface supérieure pourrait tenir cent hommes debout. Les salles hypostyles servaient à des assemblées religieuses appelées en grecs *panegyries*. Le Ramesseion de Gourna offre les restes d'une salle pareille. Plusieurs obélisques sont enfouis parmi les décombres; le plus grand a 91 pieds de fût, mais la partie inférieure est un peu rongée par les sels qui remontent du sol et qui attirent l'humidité de l'air; il en est de même du second obélisque demeuré de bout à Luxor.

Thèbes n'est réellement connue que depuis l'expédition française. Beaucoup d'auteurs qui ont décrit l'Egypte ont gardé le silence le plus singulier. Abdalatif ne l'a pas visitée. Ibn-Alouardy, son contemporain au commencement du douzième siècle, Bakoui, 200 ans après n'en disent pas un mot. Aboulféda, qui finit son ouvrage en 1321, loue les antiquités d'Aschmounein (Hermopolis magna) Esné, Memphis et vante les poteries de Luxor. Ibn-Batuta, qui remonta le Nil en 1325 note Luxor comme une des stations du voyage et ne dit rien des ruines. Léon l'Africain, qui remonta le Nil jusqu'à Sienne doit avoir toujours passé par Thèbes pendant la nuit, et sans doute n'entendit jamais parler ni de Luxor ni de Karnak. D'Herbelot dans sa Biliothèque Orientale, demande si Qous ne serait pas l'ancienne Thèbes. Enfin en 1668 le père Protais, missionnaire capucin, décrit Karnak et Luxor sans se douter qu'il a foulé Thèbes. Le père Sicard et Pocoke ont pris Luxor pour la tombe d'Osymandias; et Bruce a pris les deux colosses *Tama* et *Schama* pour des nilomètres. Le même voyageur, en passant à Denderah n'avait été frappé que de la singularité des chapiteaux, mais en revanche son compatriote Wilkinson a vécu ici plusieurs années dans les palais, dans les tombeaux et a composé une topographie de Thèbes ancienne et moderne qui est un chef-d'œuvre de patience et d'érudition.

Les monuments d'une haute antiquité sont rares après Thèbes. Le grand temple d'Aschmounein est détruit; Mimaut a dépouillé Abydos de sa fameuse table chronologique; mais les hypogées de Beny-Hassan sont antérieures à l'exode, les pyramides de Dahchour et même celle de Gizèh prétendent à une bien autre vétusté. Champollion dans un petit abrégé de l'histoire d'Egypte composé à la vérité pour l'amusement de gens accoutumés aux mille et une nuits, attribue les pyramides de Gizèh à la cinquième dynastie et celles de Dahchour à la troisième, après Ménès lequel régnait selon lui, 6000 ans avant l'islamisme. Malgré le désir que j'avais de placer à Thèbes un petit résumé sur l'histoire ancienne de la race et de la civilisation égyptienne, je veux avant de prendre un parti définilif avoir revu Beny-Hassan, les pyramides, et surtout les précieuses bibliothèques de la Société égyptienne et de quelques missionnaires instruits établis au Qaire.

Une douzaine de barques à pavillon anglais étaient réunies à Luxor ou Gourna quand nous en partîmes, c'était une petite capitale flottante; on s'invitait, on faisait toilette, on se visitait sous des ombrelles, sous des parasols. Quelques almées étaient accourues pour amuser ces Européens déjà fatigués par la chaleur et le voyage, et rassasiés d'antiquités. Heureux désormais les bas bleus qui font des collections de plantes ou de minéraux! les lords qui chassent pour l'histoire naturelle! En montant le Nil on craignait tout ce qui aurait pu distraire du journal comme si la chasse ne fait pas mieux observer un pays. Au retour, les journées venteuses sont fréquentes et longues; le pays a perdu sa première fleur pour un œil qui le revoit. On avait compté sur une descente rapide : c'était déjà trop des monuments pour remplir le temps et le journal. Les bons renseignements sont rares au Qaire comme partout, il est vrai qu'on ne dit à personne sa pensée tout entière sur quelque chose de long, de compliqué, de mystérieux comme un voyage; on veut paraître voyageur riche, désœuvré, on veut voyager pour sa santé et non pour son instruction ou pour d'autres profits actuels ou ultérieurs. Le désappointement est la punition de cette hypocrisie vaniteuse.

22. — Notre barque a passé la nuit au milieu de la rivière, retenue par une grosse pierre mouillée en guise d'ancre. Le reïs ne rêve que voleurs; il nous a mis à terre au village qui sert d'échelle à Qoft, distant de deux bons milles. Les ruines de Coptos occupent, derrière cette petite ville, une assez grande étendue de terrain; on aperçoit, parmi les *koum*, des restes de murs antiques avec quelques fours en briques crues ou mal cuites; des tron-

çons, des bases de colonnes, des chapiteaux grossiers (corinthiens) en granit rose ; un reste d'édifice est encore visible au-dessus des débris ; un linteau, ou peut-être un seuil de porte en granit, offre la marque d'un seul gond ; à gauche, un fragment calcaire porte un reste d'inscription hiératique. C'est quelque temple égyptien, remanié en église par les Cophtes, qui ont pris le nom de la ville. Dans un village voisin, appelé Calaah, se trouve la plus grande *birbè* (ruine) ; c'est un temple égyptien encore debout : jusqu'au milieu du rez-de-chaussée ; il y a trois ou quatre chambres précédées d'un naos sans colonnes ; le calcaire qui le compose est tout couvert d'hiéroglyphes et de bas-reliefs ; la grande façade postérieure regarde le fleuve, contre la règle commune ; les cartouches portent les noms des Nectanèbe, des Ptolémées et de quelques empereurs romains.

Qous (Apollinopolis-Parva), que nous vîmes hier soir, offre une porte enfouie jusqu'au linteau avec une inscription grecque de Cléopâtre Cocce et de Ptolémée Soter. L'échelle maritime en mer Rouge porte le nom de *qoseïr*, qui, en arabe, veut dire plus court. Ce mot pourrait bien être la corruption de *Qous-Seghir*, Qous-le-Petit, traduction d'*Apollinopolis-Parva*. Qoft et Qous, placées au débouché de la vallée de Qoseïr, furent, à des époques diverses, les entrepôts du commerce de l'Inde par la mer Rouge : Cophtos sous les Ptolémées, et Qous sous les Ayoubites, Aboulfeda la décrit comme la ville la plus considérable après Fostat. L'engorgement des canaux fit plus tard prévaloir Qenèh, qui communique avec une troisième branche de la vallée.

23. — Nous n'arriverons à Qenèh qu'après avoir visité Denderah, et nous nous sommes, à cet effet, amarrés au village de Tarenta, situé en rive gauche, où l'on trouve des guides et des ânes. Les montures sont comme toutes celles

de la Haute-Egypte, fort mal harnachées ; le plus souvent sans bride et sans selle, ou tout au plus avec une selle de bois dépourvue de sangle. Les ceintures des Arabes et quelques manteaux suppléent à tout. Tarenta est au milieu d'un beau bouquet de doums qui couvre, pendant plusieurs lieues, la berge contournée par le fleuve. En se dirigeant vers la montagne près de laquelle est bâti le temple, on traverse une plaine de deux milles couverte de foin, de joncs et de quelques broussailles. Quelques points où la terre est plus basse et plus noire, ont reçu des graines de carthame qui, dans ce moment, est couvert de ses belles fleurs orange. Au lieu d'aller droit à travers champs, nous sommes allés au nord prendre la route des visiteurs qui viennent de Qenèh. Le temple fait face à cette ville, et par conséquent au fleuve. Les koum qui le précèdent et l'entourent n'en laissent apercevoir que la corniche, même quand on en est fort près ; un propylon qui le précède d'une quarantaine de toises lui a été uni par un mur en briques crues ; à droite de ce propylon est le mammisi, petit temple, dont une rangée de colonnes et le sekos subsistent encore avec quantité de typhons et d'Isis allaitant Horus, tels que nous les avons vus à Ermeut. Le temple lui-même est de la plus belle conservation. Son architecture, qui avait reproduit plus fidèlement que les sculptures les belles traditions de l'art égyptien, mérite bien les exclamations qu'elle arrache à tout voyageur qui va le visiter en montant, et qui n'a pas comme nous usé son admiration sur les temples d'Ebsamboul et de Thèbes. Le pronaos a deux fois douze colonnes par rangs de trois ; l'espace moyen du portail est plus large que les autres entre-colonnements : les têtes d'Isis de ces grosses colonnes comme celles qui surmontent le chapiteau dans le naos, sont toutes martelées ; ces colonnes à chapiteau et tête d'Isis sont au nombre de six dans le naos, trois de chaque côté de l'axe. Il y a trois sekos ou sanctuaires ; les deux premiers sont larges et ont des soupiraux latéraux et uranoscopes : le deuxième a deux petites chapelles latérales en avant, et deux autres sur les ailes ; le troisième sekos est long et sans chapelle ni soupirail. A l'extérieur, le temple est parfaitement conservé, moins la place d'un lion gargouille sur la face orientale ; ces lions, au nombre de sept, trois à chacun des longs côtés, et deux au petit côté, sont bien mieux conservés que les pareils d'Edfou. Le listel de la grande façade porte la dédicace grecque de Tibère qui avait inquiété la commission, presqu'autant que les argumentations astronomiques de Visconti relatives au Thot vague ou commencement de l'année égyptienne vague répondant au signe du lion. La lecture des cartouches a fourni encore une fois le mot des énigmes posées par les zodiaques.

Le temple de Denderah commencé par Cléopâtre et Ptolémée César, son fils, a été continué par tous les empereurs, jusqu'à Adrien et Antonin Pie. Derrière le grand temple à droite se trouve une petite chapelle ayant la forme d'un propylon fermé : l'ouverture est en surcharge et fait le mur occidental d'un premier sekos étroit surajouté au sekos carré dont le dessin extérieur forme le propylon fermé. La figure d'une porte est sculptée sur les deux faces S. et O.; par l'E., on arrive à un propylon véritable qui est sur le même axe, celui-ci est enterré jusqu'aux deux tiers de sa hauteur dans les ruines de briques. Le troisième propylon, le premier que nous avions aperçu en venant du village est un peu à gauche de l'axe de ces deux petits monuments, celui-là est tourné vers le fleuve comme la façade du grand temple ; l'axe transversal de l'un est parallèle à l'axe direct de l'autre.

A midi, j'étais à Qénéh chez l'agent consulaire français Hysa ; un fils aveugle me reçut à la place du père absent, dans son *mandara* (parloir au rez-de-chaussée), soutenu par des colonnes de briques néo-égyptiennes, courtes et rouges comme des saucissons frais. L'agent consulaire avait instruit son fils de notre prochaine arrivée avec une lettre de crédit donnée par M. Tippel, consul du Qaire. Il avait à vendre des *momies*, ce qui ne veut pas dire des momies dans un coffre ou sarcophage, mais de la résine de momie en petites couffes avec beaucoup d'armoise pour emballage : cette drogue, employée pour la peinture et la médecine, se vend ici de 3 à 4 piastres l'oque. Le jeune Hysa me donna quelques renseignements sur le voyage de Qosseïr : on peut y arriver en vingt-quatre heures sur des dromadaires fins et non chargés ; avec des animaux chargés, on est quatre ou cinq jours ; si l'on ne s'arrête pas la nuit, deux, trois jours suffisent ; un chameau, pour ce voyage se paie 40 à 50 piastres, le pacha n'en donne que 30 ; pour le retour de Qosseïr, le prix est bien moindre, 10, 20, 25 piastres ; c'est à peu près comme pour le voyage de Suèz au Qaire et du Qaire à Suèz, et cela prouve que dans les deux routes l'exportation dépasse de beaucoup l'importation. A Qosseïr, l'eau est saumâtre, une outre de cette eau se vend une piastre, il y en a d'un peu meilleure qui se vend jusqu'à dix piastres l'outre. Les puits de la route sont au nombre de trois, l'un d'eux est très-profond et presque à sec. Le canal qui dans le Wafa, unit Qénèh à la rivière, conserve de l'eau toute l'année dans le voisinage de la ville. Le marché était un peu moins laid que la première fois que je le vis ; il était aussi mieux pourvu ; j'y ai trouvé des pois un peu durs et des bouquets de roses très-fragrantes. Malgré cela il faut que M. de Noé ait trouvé le désert de Qosseïr bien affreux pour tracer de Qénèh la peinture gracieuse que j'ai lue dans son livre. (*Histoire de l'expédition anglaise.*)

En revenant vers ma barque, j'ai aperçu une volée de *court-vite*, jolis oiseaux au ventre argenté, au dos ardoisé, au cou élégant, déployant alternativement au soleil leurs deux couleurs dans des évolutions en losanges, dans un vol ondoyant comme une vague qui s'arrondit glauque et déferle blanche. Posés, ils étaient vifs, alertes et gracieux comme des katas, et encore plus difficiles à atteindre. Les chiens des environs de Qeneh m'ont frappé par leur ressemblance avec les chacals que j'ai aperçus en grand nombre aux ruines de Qoft et de Denderah. Le chien paria à longue queue rameuse, à museau pointu, à oreilles droites et longs poils jaunes lavés de noir, est évidemment le premier état d'apprivoisement du chacal. Dans cet état de demi-liberté, il campe autour des villes et villages. Quand il s'enferme dans les villes, il prend davantage la physionomie du gredin.

24, 25, 26. — Le moustahmel (timonier), qui est de Girgèh, reçut à bord la visite de sa famille. Un des mariniers (le type égyptien touchant au nègre), appelé *Abed*, est fiancé à sa fille, joli petite moricaude aux yeux de gazelle, aux dents blanches, aux membres déjà gracieusement arrondis, quoiqu'elle ait à peine sept ans. Aïescha, la fiancée de Mahomet, avait cet âge et peut-être cette tournure. L'enfant était sans voile et attira l'attention de quelques voyageurs, blonds comme filasse, sortis d'une cange à pavillon blanc liseré noir. C'étaient des savants prussiens qui allaient à Khartoum, au Sennaar, entassés quatre dans une pauvre cabine à peine suffisante pour un. Quand on voit la résignation de ces bons jeunes gens, étouffant de chaleur et dévorés de vermine, on rougit des plaintes qu'on a exhalées trop souvent à propos d'une barque comparativement riche et bien aménagée. Sans doute, quelques seigneurs, arrivés les premiers à Boulaq, en ont de plus amples encore, mais écoutez-les : ils se plaignent amèrement, car ils ne comprennent pas la vie sans les commodités au grand complet. Peut-être n'y voient-ils rien de plus noble et de plus digne de leur estime !

Le vent nous força d'amarrer au petit village de Deïr, où j'allai visiter une douzaine des hypogées qui criblent la montagne. Plusieurs ont une porte grande et bien dressée, puis une chambre carrée avec un ou plusieurs puits carrés-longs. Quatre ou cinq ont, de plus, un escalier ou couloir creusé obliquement comme le couloir des pyramides ou des tombes de Biban-el-Moulouk. Au fond de ce boyau est une chambre plus ornée que les chambres supérieures. On y aperçoit quelques restes de peintures fort dégradées soit par le délitement du calcaire marneux, soit par la main des hommes qui ont habité ces lieux. Les Arabes du village voisin en font leurs magasins de paille ou de broussailles sèches. C'est dans les hypogées de Deïr ou de Harès que Wilkinson trouva le dessin curieux qui représente la marche d'un colosse de granit. Il a oublié, par malheur, de marquer la porte par un numéro, comme aux tombes royales de Thèbes.

Le vent contraire fatiguait souvent les rameurs. Derviche Ier les égayait en contrefaisant un certain scheikh aveugle de Siout, habile diseur de bonne aventure. Les scheikh affectent de parler l'arabe littéral avec les inflexions finales négligées par la langue usuelle. Derviche se tirait fort bien de cette partie la plus difficile du rôle. D'autres fois, quelque autre marinier, passant devant un *chadouf*, recommençait une plaisanterie dont les bons *fellahs* sont toujours les dupes. *Salomou alaïkoum*, salut à vous mes cousins ; dites-moi, je vous prie, cette eau là-bas (on prononce le mot *eau* fort bas) est-elle au levant ou au couchant (en rive droite ou en rive gauche) ? Le puiseur, qui a compris qu'on demandait si un tel village était en rive droite ou en rive gauche, interrompt son travail, laisse couler son horloge klepsidre, répond naïvement ce qu'il sait ou croit, et l'équipage de le huer en chœur en ajoutant : « Butor, tu ne veux pas que des mariniers sachent cela mieux que toi, ou bien tu crois que l'eau des fleuves n'est pas toujours au milieu des rives ; tu es berné, raillé ; *lahès! lahès!* »

Descendu à terre pendant un vent qui avait forcé d'amarrer, j'examinai la fabrique des nids creusés par la plus petite espèce d'hirondelle. Plusieurs lignes de ces nids sont perforées dans une veine de sable tendre placée entre deux couches de terre argileuse, sur une tranche de la berge du fleuve. Quelques-uns, placés dans des portions que la sécheresse a fait ébouler, me montrèrent la fabrique du fond. Le canal est fort droit jusqu'à trois ou quatre pieds de profondeur horizontale, puis il s'élargit comme une bouteille au bout d'un long goulot ; parfois, il se courbe de façon à communiquer avec un voisin. Ce fond est, partout, garni d'une couche épaisse de brins de paille qui paraissent provenir du crottin des animaux. Le vent fournit assez d'occasions de poser des problèmes scientifiques ; l'induction ou l'observation ne réussissent pas toujours à les résoudre. L'argile, à fleur d'eau, est toujours criblée de trous qui paraissent l'œuvre d'un ver qui s'échappe au voisinage de l'air. Je n'ai jamais pu surprendre l'ouvrier ni aucune dépouille qui mît sur la voie de son espèce.

Qaou-el-Kebir, où j'arrivai à trois heures, est au centre d'un grand amphithéâtre de montagnes, comme Korosko. Les ruines du temple, menacées par le fleuve au temps de l'expédition, sont tombées et disparues depuis. Les cryptes de la montagne sont en trois groupes principaux ; les deux de droite ont la figure des spéos de Gebel-Selselèh : une suite de chambres séparées par des piliers droits ; là se trouvent quelques puits carrés très-profonds ; dans le groupe de gauche, il y a deux ou trois portails de grand style comme ceux de Siout, mais sans ornements tels que stucs, bas-reliefs, peintures : seulement, en bas de l'un d'eux, on a ménagé dans le roc une statue de plein-relief. Quelques entailles du rocher de l'entrée principale feraient croire qu'on fermait cette porte avec des poutrelles. Les grandes chambres d'entrée sont disposées comme les spéos ; des puits sont semés partout.

Sur ces rochers sautillait un merle gris d'ardoise foncé. Encore un oiseau en deuil, comme le ramier, comme le trochylus, les bergeronnettes, les bouvreuils, les merles de roche, les hirondelles, les fauvettes, les grues, les cigognes. Dans les méditations de la chasse, dans les rêveries solitaires au fond des hypogées, on accepte parfois la croyance à cette métempsycose, fille, elle aussi, de l'Orient, comme toutes les idées religieuses, vérités ou superstitions. Ne seraient-ce pas les âmes des vieux Égyptiens achevant ainsi l'expiation de leurs longues erreurs? des chrétiens primitifs qui en seraient à la dernière épreuve de leur purgatoire dans cette Thébaïde qu'ils remplirent de leurs monastères et de leur pénitence? Les hirondelles innombrables, laborieuses comme le peuple et, comme lui, occupées au travail des hypogées; les fauvettes, les merles, les trochylus, fils et filles de rois, génération plus rare et presque aussi parée que les *djinny*, reines des Pharaons ou reines des Ptolémées, joyaux volants d'or, d'émail et d'émeraude. Les ramiers, sociétés monacales, murmurant une continuelle et morose litanie... Une volée passait dans ce moment et est allée se poser sur un édifice qui dominait la plaine, une sorte de forteresse entourée d'un assez haut mur et n'ayant d'ouverture qu'une porte fort solide. Le guide m'a appris que c'était un couvent cophte.

Le moine qui l'habite était absent, mais plusieurs des serviteurs étaient à la porte et se sont empressés de me montrer l'église, pauvre fabrique de pisé et de troncs de palmier, de briques crues et de lait de chaux, barbouillée d'images de Saint-George; huit ou dix familles cophtes, avec leurs bestiaux et leurs pigeons, trouvent domicile et protection dans cet enclos; c'est le village féodal, mais le seigneur est un pauvre cénobite qui ne possède rien, qui jeûne toute l'année. Le cimetière est en dehors et à côté du Deïr; les tombes sont nombreuses, les briques de quelques-unes forment des dessins grossiers de croix grecques; ce sont celles des moines eux-mêmes.

Tel est le reste de ces monastères thébains si fameux par leur austérité. Aux quatrième et cinquième siècles, les abbés et les évêques de ce pays commandaient à de véritables armées de cénobites : soixante-seize mille hommes, vingt mille filles; Serapion, abbé du nome Arsinoïte, eut dix mille moines. C'était le contrecoup de la grande persécution de Dioclétien, qui avait fait tant de martyrs et donné son nom à l'ère de laquelle les Cophtes datent encore aujourd'hui. Les Cophtes pratiquent encore la circoncision et possèdent une centaine de couvents; les seuls fréquentés sont maintenant les deux voisins de la mer Rouge, Saint-Paul et Saint-Antoine et ceux des lacs de Natroun. Le catholicisme gagne la Haute-Egypte et le Sennar, car les lazaristes ont un établissement à Qené, et le pacha vient de permettre la construction d'une église à Khartoum.

27. — Aboutig, petite ville avec deux ou trois minarets et une énorme ceinture de koum à couches séculaires, possède des fabriques de briques et de poteries; celles-ci sont principalement des *magour* ou grandes terrines, et des *zir* ou jarres filtrantes. Les meilleures carafes poreuses appelées *goullé* et *doureq*, se font à Qené d'une ar-

gile très-légère et très-peu cuite; un peu de sel égrugé fin, lié à sa pâte, est dissous par les premières eaux qu'on met dans le vase; ainsi est augmentée sa porosité et son action frigorifique. Aboutig a des jardins couverts d'orangers rabougris; ils souffrent de la sécheresse après avoir été trop abreuvés pendant l'inondation. J'y ai vu voltiger les hirondelles d'Europe, peut-être celles qui vont bientôt quitter ce pays pour annoncer le printemps à mes parents, à mes amis; puissent-elles retourner le refrain du poète populaire que j'ai murmuré du fond du cœur : *De mon pays ne me parlez-vous pas?*

Aux approches de Siout, j'ai aperçu quelques cultures de pavots. Les champs sont maintenant tout roses par le mélange des fleurs rouges et des blanches que la distance marie; au bord de la rivière, les troupeaux de bœufs et de buffles abondent; les buffles, bien plus grands que ceux de la Basse-Egypte, se baignent voluptueusement; leurs jeunes pâtres nagent en folâtrant au milieu d'eux. Les jardins de Siout sont embellis, car les grenadiers sont couverts de feuilles et de fleurs; on y a acclimaté quelques pommiers qui sont aussi en fleurs et en feuilles; ce n'est guère qu'un mois d'avance sur la Provence. Le *fatné* (cassie) les orangers et les jasmins d'Arabie ont des parfums plus fragrants que jamais.

Siout est le point où l'on prend le désert pour gagner, en trois journées, la grande oasis de Thèbes. Un chimiste fançais, Aymes-Bey, qui exploite dans cette oasis des mines d'alun, a fait une découverte fort curieuse : de véritables puits artésiens arrosent le pays d'une eau très-abondante et qui rejette parfois des poissons, particulièrement des *boulty*, semblables à ceux du Nil. Un coup-d'œil jeté sur la carte d'Egypte et Soudan montre un chapelet d'oasis parallèle au cours du Nil et, partant, du grand coude fait par le fleuve blanc. Toutes ces oasis ont des puits artésiens qui paraissent de fabrique très-antique. M. Aymes croit qu'une portion des eaux du Nil-Blanc se perd et alimente cette longue artère souterraine. Les poissons expulsés donnent quelque vraisemblance à l'hypothèse.

27. — Manfalout, que toutes les cartes éloignent du fleuve, peut, de ses premières maisons, puiser dans le fleuve. La fameuse grotte, où sont entassées des momies de toute espèce d'animaux, est de l'autre côté à plus d'une lieue du village. On gravit la montagne et l'on suit un plateau couvert d'une cristallisation de spath calcaire luisant au soleil et qui doit être peu agréable pour les pieds nus des paysans qui vous guident. Cette réflexion que je fis d'abord fut distraite au retour par des pensées moins charitables. Les habitants de Maabdé sont des Arabes très-mal famés, et ils ne tiennent guère à démentir la voix publique. Mais je dois d'abord parler de la grotte.

C'est un crypte naturel comme toutes les grottes à stalactites, seulement les stalactites sont rares et maigres dans une voute calcaire sur laquelle il ne pleut que deux ou trois fois par an. Une série de petites chambres, liées entre elles par des trous étroits où l'on ne peut passer qu'en rampant sur le ventre, conduisent à d'autres chambres plus grandes et à quelques-unes qui sont immenses, et dont la lumière des bougies est insuffisante à préciser les limites; une communication large et commode devait exister avec le dehors, soit par une porte ouvrant sur une vallée, soit par un puits; on ne pénètre maintenant que par un puits ou plutôt une fissure du rocher ouvrant sur les premières petites cavernes. Les plus grandes sont remplies de momies de toute espèce d'animaux et principlaement de crocodiles : on y reconnaît des vautours, des éperviers, des bœufs, des chacals, des hirondelles, des serpents; quelques hommes, sans doute les préposés à l'arrangement de ces reliques, ont été embaumés et déposés auprès des animaux.

J'étais bien loin d'avoir satisfait ma curiosité lorsque mon attention fut captivée par une conversation singulière tenue à assez haute voix par mes guides: « Assez, assez, disait le plus grand, convenu que je passe le premier et que je le saisirai par le cou au moment où il sera couché pour traverser le trou le plus étroit. Et moi, continuait un autre d'une stature un peu moindre mais musclé en Hercule, je reste derrière pour retenir ses jambes et m'emparer de son bâton. Le troisième, plus circonspect, ajouta : Savez-vous que ces chiens d'Inglisi ont toujours un fer dans leur bâton et qu'ils jouent de ce fer droit plus agilement que les Ababdèh. »

Au fond du puits de la grande pyramide, il est arrivé à plus d'un voyageur de se figurer qu'un tremblement de terre désagrégeait cette masse et la faisait tomber sur sa tête: ici le cauchemar était moindre, j'entendais faire les apprêts de mes funérailles dans ce vaste laboratoire des anatomistes égyptiens; mais les trois bandits auxquels j'étais livré étaient nus et sans autres armes que leurs poings; j'étais un peu plus vêtu qu'eux et j'avais une arme, car le numéro trois avait deviné juste; un poignard de dix-huit pouces était caché dans ma canne, je le dégaînai machinalement aux dernières paroles que j'entendis. En m'avançant vers les Arabes, la réflexion m'inspira assez bien pour continuer la conversation où on l'avait laissée. Les causeurs s'étaient imaginés qu'un Inglisi ne les comprendrait pas; je voulus leur laisser supposer au moins que je n'avais compris ou entendu que leur dernière phrase.

« Effectivement, les Inglisi portent toujours ce khandjar droit, il leur sert à écrire leurs noms sur les pierres, et au besoin à tuer les chiens qui voudraient les mordre. » Je leur commandai ensuite de passer tous par le trou ; ils ne se firent par prier. Je leur commandai de s'éloigner comme pour éclairer l'extrémité opposée de la grotte ; je me glissai lestement pendant qu'ils tournaient le dos et promenaient leurs flambeaux le long des rochers. J'appelai tout haut mon saïs Mohammed, en retrouvant enfin la lumière du jour au fond du petit puits. Les trois Arabes me comblaient de politesse, me faisaient la courte-échelle pour m'aider à remonter. Un assassinat est chose si simple pour eux, que l'occasion manquée, ils ne pensaient plus qu'aux barchichs. La manière dont j'avais embranché la conversation leur avait laissé la plus parfaite assurance que je n'avais rien entendu de suspect. Mon fidèle domestique me félicita d'être sorti sain et sauf.

Le complot s'était déployé plus librement en plein air ; le puits était entouré d'autres Arabes qui avaient essayé plusieurs fois de débarrasser Mohammed du poids de son fusil. On était bien un peu inquiet des pistolets qu'il portait à sa ceinture, mais on se rassurait en pensant qu'il était Musulman, et qu'un chien d'infidèle ne l'intéresserait guère. En route, il m'apprit d'autres détails : chevauchant son âne au milieu des trois Arabes et de quelques adolescents, il avait entendu dire à un de ceux-ci qu'avant-hier on avait perdu une belle occasion. Un vieillard et deux femmes étaient venus visiter la grotte ; ils avaient des bourses pleines d'or, des montres et des amulettes (lorgnons) d'or. Par malheur, les cawas et autres gardes qui les accompagnaient inspirèrent de l'embarras. Mohammed demanda alors sévèrement si l'on ne craignait ni Dieu ni le pacha, qui enverrait ses nizami brûler le village et pendre un Arabe à chaque palmier, comme il l'avait fait naguère à Qatié. L'auditoire rit beaucoup de la leçon, et un des jouvenceaux demanda naïvement au plus grand des trois guides si une montre d'or ne valait pas la peine qu'on se fît pendre, lorsque lui-même avait risqué la corde en tuant un fellah pour lui voler un morceau de savon valant à peine deux piastres. Le géant appela l'enfant menteur et farceur, et finit par le chasser avec une rudesse qui donnait vraisemblance à l'accusation. Pendant ces colloques, j'étais à vingt pas en avant occupé à casser des pierres et à chercher des simples.

Je félicitai mon imbécile domestique sur sa longanimité, et le priai d'avoir une autre fois moins de confiance dans mon étoile et dans mon bâton. Les Arabes guides et les aniers du même village se firent une singulière justice. Parvenu à la plaine, je leur dis gravement que je n'avais pas assez d'argent sur moi pour payer dignement leurs services, mais que je les priais de m'accompagner jusqu'à Manfalout, où je trouverais ma barque et mes malles. Alors les uns s'enfuirent à toutes jambes; les autres, enfourchèrent leurs ânes, et s'éloignèrent au grand galop. Mohammed et moi nous savourâmes quelques gorgées d'eau en atteignant le fleuve. Quatre heures de fatigue et un peu d'émotion nous avaient donné une soif brûlante.

29. — *Gebel Baras* que nous avons le plaisir de voir de jour porte plusieurs spéos dont la coupe régulière, les portes carrées et groupées rappellent leurs sœurs de Gebel Selseleh. Sur la rive libyque, les fellah sont occupés à récolter l'orge en arrachant la plante entière avec les racines. Vers *Melaouï el Arich* le vent d'ouest (*cherd*) nous jette sur un éperon de rocher qui, comme toujours, porte un santon ou petite chapelle. Les mariniers avaient volé un pain de doura (*gargouch*) et même un pain de froment au Scheikh ou à son ombre, s'ils passaient heureusement. L'échec les a indisposés, et ils ont jeté le pain non aux crocodiles, mais aux milans qui sont venus le saisir flottant

sur la rivière. Le promontoire est bordé de jolis petits saules. Des hommes sont occupés à faire sauter des fragments de rocher que l'on recueille en bas comme moellon ou pierre à chaux. Devant Melaouï, le même rocher porte quantité d'hypogées qui se continuent jusqu'à *Scheikh Ababdéh*, où nous sommes arrivés avant le mogreb. Les débris d'Antinoë ont élevé le terrain de cinquante mètres sur deux ou trois lieues carrées. Vers le milieu se trouve un canal, qui, pendant le wafa, porte l'eau jusqu'à la montagne. Celle-ci creuse comme à Korosko et à Qaou un amphithéâtre dont l'arène est toute couverte de *koum*. En venant du sud vers le village, on traverse une longue et double série de bases et tronçons qui devaient former une rue à colonnes. Le temple décrit par la commission était dans le village même : il n'en reste maintenant qu'une trentaine de colonnes en granit la plupart debout, mais à moitié enfouies. L'abord du village est charmant; une berge à pente douce, puis de beaux arbres, dattiers, sycomores, encadrent pittoresquement le pauvre minaret du village, derrière lequel se lève non le croissant de Mahomet, mais une lune large et livide comme la face du beau Bythinien, quand on retira son cadavre du Nil.

Antinoë, fondée par Adrien, succéda comme capitale de l'Egypte à Thèbes, à Memphis, Abydos, Hermopolis, Ptolémaïda, Alexandrie. Elle fut ruinée par la conquête arabe, qui bâtit Fostat, le germe du Qaire. Dès le commencement du deuxième siècle, les Chrétiens fort nombreux en Egypte furent persécutés par Adrien. La secte des carpocratiens était accusée par ses ennemis d'avoir des agapes avec débauches nocturnes.

30. — Les îlots et les bancs de sable qui garnissent la rive arabique devant Beny-Hassan, forcent à prendre un petit bateau pour se diriger vers les Hypogées; on débarque

en face de la plus grande ouverture, celle même dont nous avions remarqué d'abord les deux piliers-porte doriques ; ils sont cannelés et de la proportion des colonnes de Posidonia de Cori, d'Agrigente, et du temple de Thésée à Athènes. Dans la chambre et dans la voisine à droite il y a d'autres piliers de la même forme. Dans une des chambres plus au sud, les piliers au lieu d'être doriques sont composés de trois ou quatre hampes et boutons de lotus mais de proportions plus sveltes que je n'en ai encore vus. Les chambres sont ornées de peintures représentant principalement des chasses, il y grande variété de bœufs, fonds blanc avec des taches grises, rouges ou noires ; le plafond richement peint aussi est taillé en voûte à plusieurs courbes. Quelques chambres avec les piliers au plafond ont tout-à-fait la disposition de nos chambres à coucher avec alcôves.

C'est dans une des hypogées de Beny-Hassan que se trouve la plus ancienne représentation de quelques-unes des races qui vécurent en Egypte. Elle a été reproduite par les belles planches de Rosellini et fort savamment expliquée par M. Lenormant. Un riche Egyptien appelé Névotph reçoit la visite de surveillants des *Namou* qui eux-mêmes viennent rendre hommage à leur maître ou suzerain. Les surveillants sont des Egyptiens, le nom de *Namou* qui figure dans la tombe royale d'Ousireï y a été déterminé comme désignant les Sémites, le costume de quelques-uns et la figure de tous rappelant assez bien les *Namou* ou Sémites de cette tombe. Ces *Namou*, vassaux de *Nèvotph*, viennent, dit l'inscription hiéroglyphique du pays, de *Hik* c'est-à-dire du pays des pasteurs, l'an six des règnes d'un roi *Osortasen* ou *Tosortasen* placé par M. Rosellini dans la 17e dynastie. La fin de cette dynastie avait affranchi la haute et la Moyenne-Egypte des conquérants étrangers qui occupaient cependant encore la Basse-Egypte. On peut supposer que les *Namou* venaient de leurs frontières. Les Egyptiens ne pouvaient avoir de vassaux sur une portion de terre encore au pouvoir des pasteurs.

La coupe, la couleur des vêtements, l'ornement enroulé appelé grecque, la forme des cithares et de quelques autres accessoires, avaient d'abord trompé Champollion, qui crut voir en eux des Grecs de l'Asie-Mineure et rapporta leur visite, ou leur captivité, au règne d'un Osorchon ou Osorthon de la vingt-deuxième dynastie, neuf siècles avant J.-C. Le nom de *namou*, lu dans les tombes royales, dut lui donner des doutes; il remarqua, comme ses compagnons l'ont fort bien expliqué depuis, que l'art grec fut primitivement phénicien, que la tunique appelée xiton, et dont sont vêtues les femmes grecques sur les vases du plus ancien style, étaient fabriquées à Sidon ; que ces tuniques rayées, ou plutôt composées de rubans de plusieurs couleurs cousus ensemble, étaient précisément le *xiton poikilos* de la version des Septante parlant de la tunique donnée par Jacob à son enfant de prédilection Joseph. Les *laciniœ babylonicœ*, les étoffes rayées, ont toujours été du goût de l'Orient. La mode en a duré jusqu'à aujourd'hui sous le nom d'*elagé* pour les étoffes de soie ; pour les autres matières, le mot xiton n'est pas fort loin de coton : il est encore plus près de kittan, qui veut dire lin. La cithare est encore en usage dans l'Egypte et surtout parmi les Barabras et Abyssiniens, qui lui donnent la figure de la cithare grecque la plus ancienne, composée de deux cornes et d'une tortue.

Dans l'art et dans l'industrie, les Grecs, dominés par l'exemple de la civilisation orientale, n'avaient rien inventé (1). On peut donc prendre les Egyptiens surveillants

---

(1) Ch. Lenormant, Cours d'Histoire ancienne.

pour ces intendants des ouvrages établis sur Israël pour l'accabler de fardeaux (1), et les *namou* comme des Hébreux soumis aux Egyptiens dans un état d'ilotisme doux, puisqu'ils sont en possession de leurs armes, de leur pécule, et qu'ils marchent au son des instruments. Un redoublement de sévérité de la part du maître pourra rompre le contrat et provoquer la révolte et la fuite du vassal. La figure de ces *namou* ressemble parfaitement au type juif tel qu'il s'est maintenu dans les pays également éloignés du servage russe, qui a *tartarisé* les traits des Juifs que nous vîmes à Tibériade, et de l'égalité française, qui commence à fondre les traits comme la race et la religion. Le teint est brun-jaune, la face est busquée, le nez très-saillant et voussé à un degré qui devait particulièrement frapper la curiosité des Egyptiens, car leurs artistes ont exagéré cette proéminence, même chez les enfants dont ces *namou* sont accompagnés.

Avec les bateliers qui nous ont mené aux hypogées se trouvait un khafir, natif du village de Beni-Hassan même, qui nous a parlé de l'échauffourée dont nous fûmes un peu témoins à notre premier passage. Les habitants du village, liés d'intérêt et d'amitié avec les Arabes Beny-Ouassel, avaient eu querelle entre eux, et les Arabes avaient pris parti pour un côté. La justice du pacha intervint le lendemain, mais elle s'abstint d'exécutions. Les Beni-Ouassel sont une race beaucoup plus voisine du type arabe que les Ababdêh et à plus forte raison que les Bécharié.

Nous avons continué notre route fort lentement, car le vent du nord est devenu très-fort; le soleil était couché et la lune se levait pleine sur le rocher de *Zaouiet-el-Maietin*, quand nous nous sommes approchés de Souadêh. C'est

---

(1) **Exode I, ch. 11.**

la patrie de Derviche-le-Jeune ; il a, comme de raison, demandé le permission d'aller voir sa famille. Nous entendions des chants en chœur avec accompagnement de timballes et de *zougarit* (cris de joie modulés) ; il est revenu un instant après nous annoncer que c'était le préliminaire d'une noce, et alors nos hommes ont, l'un après l'autre, sauté à terre ; le reïs n'a pas été le dernier. Après une heure d'attente, j'ai murmuré contre une curiosité qui nous faisait perdre un temps précieux pour la marche. L'air était redevenu calme, la surface de l'eau était toute cuivrée du reflet de la lune ; le frère du reïs, son aîné en âge et, ce semble, en raison, est parti en disant qu'il allait chercher Aly. Abderrahman, le gros marinier demi-nu, est parti au bout d'un quart-d'heure pour aller savoir des nouvelles de sa mission, et lui aussi, malgré la lourdeur et l'indifférence qui d'ordinaire l'attachent au bateau, lui aussi n'a plus reparu. J'ai dépêché un domestique en troisième courrier, porteur de mes ordres et interprète de mon courroux : et il m'a fallu, à mon tour, sauter à terre. Une noce dans ce pays est le lotos qui fait oublier tout ; cependant, la fiancée était absente, les amis, chanteurs, danseurs et musiciens, étaient groupés devant la maison du fiancé. Il n'y avait pas un lampion, pas un habit propre, pas de distribution de sorbets, pas même de pépins de pastèques, pas même de *fachar* (maïs crevé) ; rien autre que l'épithalame hurlée par une grosse voix et redite par cinquante autres sur tous les diapazons, avec le tapage sourd et mesuré de trois ou quatre daraboukké. Voilà ce qui retenait les premiers échappés et tous les émissaires successifs, sans en excepter le moustahmel, presque aveuglé par une ophtalmie occasionnée par les veilles excessives. Le reïs fainéant lui a laissé tenir la barre cinq nuits consécutives.

31. — Gebel-el-Teïr était vide d'oiseaux, au moins de

phalacrocorax. En serrant de fort près le rocher j'entendis des cris et des roucoulements qui justifiaient l'assertion des voyageurs qui ont parlé de bizets et d'éperviers; les trous du rocher servent d'asile à bon nombre de ramiers et à quatre ou cinq espèces de faucons, éperviers et chouettes: mais ce ne sont pas ces oiseaux qui ont couvert le rocher d'excréments blancs, ni eux qui ont fait dénommer la montagne. Le Nil est la grande route de beaucoup d'oiseaux de passage qui voyagent par troupes ; ce point là est à l'abri des attaques de l'homme par terre comme par eau; aussi toutes ces troupes d'oiseaux voyageurs le choisissent pour point de repos et pour quartier-général pendant le séjour qu'ils font dans ce pays. Les cormorans étaient partis, à l'exception d'un ou deux traînards ; mais les oies tricolores y abondaient. Quelque autre jour, les cigognes, les oies grises, les macreuses, les spatules, les grues ont pu y être aperçues par les voyageurs. De là l'incertitude dans la détermination des espèces ; mais les ramiers, sacres, chouettes, sont domiciliés dans le pays et peuvent être rencontrés toute l'année, seulement avec la précaution de s'approcher assez pour les distinguer dans les fentes et les anfractuosités du rocher.

3 avril. — Au retour d'une petite excursion dans le Fayoum, nous achetâmes à Beni-Souief de ces belles dattes brunes et molles, supérieures à la meilleure confiture et presque égales aux dattes musquées de Tunis. Nous en avions pris à notre premier passage, et elles nous avaient rendu difficiles pour celles du haut pays, et surtout pour les dattes sèches et croquantes de la Nubie, sorte de dragée de palmier qui fit notre dessert perpétuel entre les deux cataractes. Je renouvelai aussi à l'équipage, en dattes et en viande, les cadeaux de bien-venue obligés dans chaque *bender,* quoique les mœurs égyptiennes, plus connues, m'inspirent moins de sympathie.

Nous passions hier près d'un bateau de Siout qui demanda des nouvelles d'un certain Ahmed. Il a épousé la fille du reïs qui nous hélait; il ne lui envoie point d'argent, point de nouvelles, ne reparaît plus auprès d'elle et de son enfant. Ce Ahmed est un de nos rameurs; il se tenait caché dans la cale, et ses compères, familiers à la manœuvre, ont répondu pour lui qu'il était à Sienne et arriverait bientôt à Siout. Ahmed a un autre ménage au Qaire.

Pour mettre mon équipage à même de profiter à toute heure du calme et du courant, je leur expliquai la règle des navires européens, où toujours une partie des marins travaille et l'autre se repose. Incontinent, six hommes se mirent aux rames et cinq commencèrent la sieste. Au bout d'une demi-heure, les rameurs, Aly en tête, qui fait semblant de travailler depuis que nous approchons du Qaire, me demandent si les deux heures de corvée ne sont pas expirées. Quelles notions du temps et du devoir! Je m'explique comment ils sont si peu ponctuels; seulement, le sentiment qui leur fait paraître si long le temps du travail, le raccourcit dans une proportion semblable quand il est donné au plaisir ou à l'oisiveté.

C'est vers Deïr Almamoun que mourut le dernier des caméléons que j'avais achetés à Derr, en Nubie. Je le trouvai dans son panier, raide, étendu sur le flanc, couleur de cuivre jaune très-oxidé. Pendant plus d'un mois, il avait vécu dans ma cabine, m'avait occupé, m'avait donné une habitude; rien de plus tendre, rien de plus rationel. Mais quoi, trente jours passés à observer un petit animal qui n'avait que la faim pour se mettre en rapport avec moi, que ses couleurs bizarres pour m'intéresser; trente jours ont suffi pour me donner un assujétissement accompagné de quelque douceur, puisque j'ai ressenti une émotion pénible en trouvant un cadavre à la place de l'être vivant. Dans quelle terrible proportion cet élément, l'habitude, n'entre-t-il pas dans nos sentiments les plus nobles! Quelle puissance le rapprochement, la vue immédiate n'ajoutent-ils pas à toute douleur, à toute perte! Et, par contre, dans quelle honteuse proportion l'éloignement ne diminue-t-il pas toute douleur provenant d'une perte! Avec quelle commodité notre imagination devient, pour ce seul cas, impuissante à exalter l'impression du drame lointain, à accepter sa certitude, à mesurer sa portée!

Les deux variétés de caméléon qui vivent à Derr ont des couleurs plus changeantes que l'espèce de la Basse-Egypte, de Syrie et d'Alger. Quatre ou cinq Européens arrêtés à-la-fois devant Derr y achetèrent de ces caméléons, qu'ils transportèrent ensuite vers le Qaire. Fort peu y arrivèrent vivants : les nuits froides, des indigestions et une sorte de nostalgie en ont fait mourir la plupart. J'ai observé les miens et ceux de mes voisins avec une attention d'autant plus curieuse qu'elle me fournissait quelques faits neufs. Le caméléon est un animal des plus timides : l'œil de l'homme l'incommode au point qu'il ne veut plus manger spontanément en captivité. Quelques individus abandonnés dans les cabines et se croyant inobservés saisissaient des mouches à cinq pouces en lançant sur elles leur langue terminée par un champignon prenant et visqueux. Je n'ai pu déterminer avec précision l'influence des passions, de la faim, de la digestion, etc., sur le chatoiement de leur peau; mais j'ai vu cette peau passer par toutes les nuances de l'orange verte à l'orange mûre, du citron mûr au bronze oxidé. J'ai vu de plus, sur un de ces fonds, apparaître des taches ou des stries, parfois les deux ensemble. J'ai vu aussi, et ceci m'a paru renverser toutes les hypothèses faites pour expliquer le chatoiement, les deux moitiés longitudinales du corps avoir simultanément des couleurs très-diverses, comme le vert pâle et le bronze; bien plus, les deux moitiés antérieure et postérieure offrir la même disparate à-la-fois. Comme ce dernier changement apparaissait pendant qu'une partie du corps de l'animal était couverte, je pouvais à mon gré établir la limite de deux zônes. Un changement le long d'une ligne oblique n'étant que le composite des deux changements ci-dessus, je le provoquai en couvrant obliquement le reptile d'un pan de ma redingote ou en l'abritant dans ma manche avec des inclinaisons diverses : toujours les zônes obliques s'établirent et durèrent assez long-temps pour que je pusse les exposer à la grande lumière sous des angles divers et constater que leur couleur n'était pas due à un reflet des corps voisins. Ainsi l'opinion commune sur laquelle repose l'acception morale et métaphorique du mot *caméléon* est erronée : le caméléon crée de toutes pièces les couleurs diverses de sa peau; elles lui servent le plus souvent à échapper à un ennemi en se rendant concolore au fond où il espère se perdre, et d'où la lenteur de ses mouvements ne lui permettrait pas de fuir, mais ces teintes ne sont pas un emprunt; elles ne sont pas la réflection des corps étrangers et voisins, elles sont improvisées par le jeu de ses liquides, par la modification intime des tissus de son derme, par l'arrangement particulier des plans dont se compose son épiderme écailleux.

4. — Nous entendons de la musique à bord d'un bateau qui passe près de nous : une femme voilée chante en s'accompagnant d'un tambour de basque sans crotales; Derviche Ier reconnaît à cette voix une demoiselle un peu leste de Souadè, et il saute à bord de son bateau pour jouir de plus près de ses talents; elle improvise sur Derviche, sur

es *Inglisi*, Derviche enchanté fait sauter son bonnet, fait le geste de danser et parfois joint sa voix et ses improvisations à celle de l'almée. Tout l'équipage écoute bouche béante, la rame suspendue; le courant voiture doucement les deux embarcations unies comme une double pirogue, un spectacle lointain nous distrait de cette petite fête. Le brouillard du matin laisse deviner les deux pyramides de Dahchour, mais étrangement défigurées par le mirage, elles sont étranglées au tiers supérieur, les angles du chapeau sont relevés en manière de pavillon chinois : quelque pyramide indienne ou montagne pyramidale ainsi masquée, aura donné aux Chinois l'idée de leurs édifices fantastiques.

C'est aux approches des pyramides que les mariniers apprêtent la mascarade de bonne arrivée, fort semblable à celle dont les marins d'Europe se régalent en passant les tropiques et la ligne; ce n'est qu'en se séparant d'eux à Qasr-Doubara ou à Boulaq, qu'on leur donne le barchich final ; le reïs reçoit le sien en particulier quand il vient régler son compte au domicile même des voyageurs. La barque fut encore pendant trois jours notre domicile, nous y venions coucher après avoir parcouru Dahchour, Saqqara, le puits des Ibis, Matharieh, Gizèh.

La grande pyramide renouvela son effet primitif : l'impossibilité de comprendre sa masse; je gravis cependant jusqu'au sommet en un quart-d'heure de la plus grande fatigue que j'aie éprouvé dans la vie. Une douleur pesante suivait les attaches du diaphragme; la sueur ruisselait de mon front, même pendant que je me reposais en haut sur la plate-forme en ciselant mon nom selon le petit devoir imposé à tout voyageur.

Des hommes moins illustres que celui qui s'est servi de cette formule, ont blâmé la pratique comme orgueilleuse et s'en sont abstenus ; peut-être comptaient-ils sur le burin de la renommée, sur le souvenir de leurs élèves, de leurs amis, ils ne sont pas trompés; j'ai cru entendre les grands noms de Volney, de Champollion, en Egypte et en Syrie; je les ai fait répéter aux échos de Baalbek et de Thèbes. Mais sur ces grandes ruines j'ai vu que des hommes presque aussi éminents avaient eu une sollicitude plus modeste; j'ai salué avec émotion d'autres noms dont j'avais connu les propriétaires, hommes actifs, simples et bons, et j'ai espéré que quelque jour mon nom causerait à un ami une émotion aussi agréable.

De la plate-forme terminale, qui a plus de trente pieds carrés d'étendue, on peut compter les pyramides d'Abousir, de Saqara et de Dahchour, visibles au-dessus du sol. On suit curieusement le plan des villages et bois de palmiers qui remplissent l'emplacement de l'ancienne Memphis. En faisant le tour de son immense horizon, la lumière poudreuse et l'agitation de l'atmosphère par un demi-mirage font échapper les plans éloignés. Les vues immenses, les panoramas sans fin sont presque aussi impossibles à goûter artistement qu'ils sont impossibles à rendre par la peinture. C'est comme la mer, le ciel, le désert qui émeuvent le cœur, exaltent le sentiment religieux en fatiguant l'œil inhabile à les comprendre, comme la main et la parole sont impuissantes à les reproduire.

En rentrant au Qaire par Qasr-Doubara, je remarquai le long des murs du seraï de ce nom une série de chapiteaux corinthiens grossiers en granit. Ils proviennent de l'ancien divan de Joseph à la citadelle. Ils furent taillés par les Grecs dans des matériaux plus gros et provenant d'édifices égyptiens, car la tranche porte des fragments d'hiéroglyphes.

Installé chez moi pour y trouver, ce semble, le repos, je me sens un trouble singulier. Je me surprends profondément fatigué moralement et physiquement. La vie nouvelle que je dois mener me répugne comme si le bateau était devenu une maison regrettable, comme si le grand air, la vive lumière, le vent, le fleuve, le désert, étaient mon domicile véritable; le grand exercice corporel et la jouissance de toutes ces scènes, la tendance unique, l'occupation favorite de mon esprit!

7. — Pour clore la seconde partie du voyage, le retour, comme la première, l'arrivée à Wady-Halfa, il fallait remercier Dieu, non plus en plein air, en face de la nature seule, mais dans le temple de ma foi, à l'église de la Terre-Sainte. La grand'messe du dimanche était ce jour-là plus solennelle que de coutume. Il y avait plus d'ornements à l'autel, plus d'assistants dans l'église. On murmurait que cet extraordinaire était pour fêter le retour du pacha et de sa suite de leur grand voyage à Fazoglou. Quelques-uns allaient jusqu'à chercher sur quelle déclinaison on mettrait le nom latinisé du pacha d'Egypte, homonyme du fondateur de l'islamisme, continuateur de la puissance et de la religion qui écrasa jadis le christianisme dans l'Orient. D'autres faisaient observer que la charité chrétienne n'avait pas de limites et devait imiter Jésus priant pour ses bourreaux. Cette position critique du clergé n'a pas été causée par un Français, quoiqu'il y en ait beaucoup au service du pacha et d'aussi courtisans que les Italiens eux-mêmes. Tous savent, comme Makaukas, envoyer du miel à ce nouveau Mahomet. Les Français ont donné des dîners et porté des toats à la Providence qui a ramené le pacha sain et sauf. D'autres avaient voué une messe à la même intention, en ne la demandant aux bons pères que pour eux-mêmes, mais comptant bien s'en faire honneur auprès de leur maître.

La tolérance a fait du chemin chez tout le monde en Egypte. Les employés du pacha, sans distinction de religion, ont assisté à ce service. Les Cophtes et Arméniens, les Juifs, les Musulmans eux-mêmes y sont venus étaler leurs nichams, et, ce qui est presque aussi singulier, s'y sont comportés avec décence et recueillement. Si quelqu'un de ces hommes est doué d'un peu de sens ou porteur d'un cœur impressionnable, il aura éprouvé, au lieu de l'horreur qu'il attendait, une surprise voisine de l'admiration et du regret. L'église lui aura paru autrement imposante que les autres temples; les habits des prêtres, les chants religieux, la musique savante, l'illumination de l'autel auront autrement ému son âme que les sèches pratiques de la synagogue et de la mosquée !

6 mai.—Au moment où je commençais à me croire remis des fatigues du voyage de Nubie, l'impression plus tenace dans le corps que dans l'esprit se traduisit par une fièvre intermittente que les journées étouffantes du khamassin et les nuits d'insomnie ne tardèrent pas à exaspérer. Il fallut alors songer à gagner un climat plus frais, et reprendre le mouvement qui avait pendant quatre mois éloigné la fièvre. Je pensai à Constantinople rafraîchie même pendant la canicule, par les vapeurs et par les vents de la mer Noire, et plus près de moi à Rosette, dont les brises et les jardins appellent pendant l'été tous les fébricitants et tous les dyssentériques du Qaire et d'Alexandrie. Les barques étaient difficiles à trouver : le pacha les avait toutes mises en réquisition pour transporter à Alexandrie les troupes qu'il dirigeait par mer vers la Syrie. Un cawas du consulat vint enfin m'apprendre qu'il avait chèrement nolisé une dahabié que nous aurions pour nous seuls sans partage avec des soldats, des marchandises ou du matériel de guerre. Nous allâmes nous embarquer à Boulaq, au soleil couchant, et le lendemain, en nous réveillant bien loin de là, je reconnus que la cale du bateau était pleine de peaux de bœufs fraîches que l'on expédiait aux tanneries de Rosette. Le reïs protesta que cette cargaison lui avait été imposée par violence ; qu'elle ne lui rapportait aucun profit, ce qui était assez probable. Il ajouta qu'elle ne gênait nullement mes effets et mes yeux, et, ce qui était moins certain, qu'elle ne pouvait incommoder ni mon odorat ni ma santé. La peste régnait officiellement à Alexandrie ; il y en avait aussi à petit bruit quelques cas au Qaire : et si la peste ne doit pas son origine à l'importation, c'est à la fermentation des miasmes putrides sous l'influence d'une chaleur humide qu'il est raisonnable de la rapporter. C'est ainsi que s'engendrent les typhus, et la peste est de leur famille.

Je frémis de la vraisemblance de cette théorie en sentant revenir la fièvre. Je repris ma tranquillité en reconnaissant des accès intermittents tierces que le spécifique coupa pour la sixième fois. Je n'avais pas attendu si longtemps pour reprendre le cours de mes observations de naturaliste sur les rives que le vent contraire et les eaux basses nous faisaient descendre assez lentement. Cette branche du Nil ressemblait sensiblement à celle de Damiette. Son eau était couverte de la matière verte qui précède les troubles de la crue. Ses bords offraient quelques oiseaux venus avec nous de la Syrie et du Sahid, le trochylus, qui, dans sa livrée d'été, a le ventre beaucoup plus jaune ; la syrène de la grosse espèce que j'entendis en atteignant Toura, et qui chasse aux insectes aquatiques à la manière de l'hirondelle, après avoir mangé des hyménoptères dans les bruyères fleuries de l'Euphrate. Sa sœur, plus petite et remarquable par deux longues plumes de la queue, véritable péri volante si dignement surnommée djinny, n'avait pas quitté les gommiers de Siout ; mais les petits passereaux à bec de corail et à plumage rouge étaient descendus jusqu'au Delta.

Le Nil était couvert de barques chargées de canons, affûts, chariots, effets de campement ; d'autres barques étaient combles de soldats de toute arme qui, selon la coutume sauvage, s'enivraient de bruit tout le long de la route : ils chantaient, faisaient feu de leurs pistolets, de leurs mousquets, en ne prenant pas toujours la précaution d'enlever la balle de la cartouche. Un pauvre fellah, attelé à la cordelle d'une barque, tomba raide mort sur la rive, victime d'une pareille distraction.

Il nous fallut cinq jours pour atteindre Atfèh où l'on parlait avec terreur des préparatifs formidables du sultan Mahmoud et de l'habileté de son généralisme Hafiz-Pacha.

C'est aux approches de Rosette comme à ceux de Damiette que le Nil est majestueux en toute saison, ample, profond, uni comme un miroir et réfléchissant un ciel serein et l'impérissable verdure de ses bords. Rosette se devine à travers une forêt de palmiers, parmi lesquels se confondent ses minarets presque aussi nombreux que ceux de Damiette. Son joli faubourg de Boumandour est au bout d'une chaîne de dunes, ancienne barre qui a coudé le Nil à droite. Du côté de l'eau ces dunes se sont boisées, à l'ouest elles ont conservé la livrée jaune du désert ; la dernière et la plus élevée porte un télégraphe. Les vieux sycomores, ici comme à Atfèh sont uniformément déjetés par le vent du N.-E. qui domine dans ce pays. L'agent consulaire français nous présenta au père supérieur qui s'empressa de mettre à notre disposition le couvent tout entier. Il y était seul et nous y reçut avec une affable humilité. Il nous donna un grand salon, plusieurs chambres, une grande cuisine et d'autres pièces où nos domestiques se logèrent fort au large. De nos fenêtres, la vue traversait la rivière et suivait ensuite ses méandres jusqu'au Boghaz à travers une plaine couverte de rizières, entrecoupées de touffes de dattiers et de jolies dunes mordorées.

7. — Sur sur la rive droite plusieurs petitits villages avec des marabouts élégants sont noyés dans la verdure des vergers. C'est là que M. Marilhat a pris quelques vues devenues fameuses. Les jardins à Alep, à Jaffa, à Damiette, sont des potagers où les orangers et bananiers accompagnent ou remplacent les choux et les carottes. Même comme potagers ces jardins sont mal tenus; les arbres sales, non émondés, finissent par faire une ombre défavorable aux produits qui ont besoin d'air et de lumière. En bas, des buissons de *fel* (jasmin d'Arabie) réduit à la condition de mauvaise herbe embarrassent les pieds des promeneurs. Ce sans façon étonne et afflige l'Européen qui dresse des autels à ces arbustes précieux. Au total notre mépris est aussi fondé pour l'économie des jardins de l'Orient que pour son économie sociale; l'une et l'autre n'ont ni le pittoresque de la nature primitive ni la tenue et le confortable de la civilisation. Les jardins de la rive gauche sont absolument identiques malgré les pavillons qui portent trace du séjour de quelques Européens. Un champ cultivé en *Habelaziz* (cyperus esculentus), régulièrement planté de dattiers et de bananiers est le seul potager bien entendu. Il est entouré d'une haie de roseaux, bien arrosé d'eau courante. On dirait qu'il a été abandonné hier par quelque Tourangeau de l'armée de Bonaparte. Les ruisseaux et fossés des rizières sont couverts de bechnin (nénufar bleu) et autres fleurs, que picorent toute l'année des essaims de libellules, vêtues du velours le plus riche, du satin le plus éclatant. Le soir les lumières des maisons attirent une phalène violette et jaune plus grande et plus belle que celle du laurier rose. Sur les roseaux qui couvrent les marais salants du Delta on voit voltiger une pie noire et rouge que les gens du pays appellent poule de Pharaon. Les tourte-

relles sont aussi communes que dans les autres régions de l'Egypte; la rivière est couverte de goëlans qui portent ici le nom de *Nourouz*. Les roseaux du lac Borolos sont fameux pour les sangliers qu'ils abritent; pour leur faire la chasse il faut aller se poster la nuit dans quelque ravin; on est à portée de faire feu sur eux quand au point du jour ils rentrent des rizières où ils ont été pâturer par troupeaux. La mangouste ou ichneumon est aussi fort commune dans ces grandes broussailles.

Le riz, principal produit de Rosette, fournissait jadis une récolte de plus de cent mille ardebs. Maintenant elle n'atteint pas trente mille; les bras manquent et le monopole paralyse tout. L'ardeb de Rosette, qui est d'un tiers plus petit que celui de Damiette, se vend trois cent vingt piastres; son poids est de cent cinquante-six oques ou kilogrammes; l'ardeb de Damiette se vend quatre cent vingt piastres. La couffe ou *zembil* de Rosette est simple mais forte et bien bourrée de riz; celle de Damiette a deux épaisseurs: elles contiennent demi-ardeb ou trois-quarts d'arbed. La différence des tares, des *zembils*, estimées uniformément à deux oques et demie, et du poids gras sous les romaines turques des marchands ou des katebs, fin sous les romaines franques du correspondant, procure des profits aux commissionnaires des deux extrémités de la ligne commerciale. Le riz de Damiette est mal nettoyé; il est rouge, mais gonfle beaucoup et est plus prisé que celui de Rosette, qui est plus blanc, plus fin, mais gonfle moins. Mohammed-Aly a établi ici deux grandes machines à vapeur pour le battage du riz.

Le grain, au moment où on l'expose dans les mortiers au choc des pilons, est revêtu d'une balle nommée *sers*; celle-ci une fois séparée est achetée par les fours qui l'emploient en guise de combustible; une seconde opération enlève une autre paille plus petite mêlée d'un peu de farine, qu'on appelle *redgü;* un troisième et un quatrième battage produisent le *redjü-el-kham* et le *beïad,* toujours plus riches en farine de riz; ces trois dernières poussières sont employées à la nourriture des animaux. Les bananes, qu'on ne peut mettre en parallèle avec le riz, sont cependant un autre produit lucratif du terroir de Rosette. Le Qaire et Alexandrie en sont approvisionnés presque toute l'année. L'oque de bananes se vend maintenant de trois à quatre piastres (de quinze à vingt sous), c'est la mortesaison. Il n'y a sur les arbres que quelques régimes attardés de l'hiver dernier. La végétation du bananier est languissante; on n'ose pas l'arroser avec l'eau de l'étiage, qui est toujours un peu salée. L'inondation fera recommencer la végétation et la production, alors le prix du fruit tombera de moitié. Le bananier est une plante dite bisannuelle, c'est-à-dire que la tige met deux ans à se développer et donner sa fleur et son fruit. C'est, en réalité, une grande herbe qui reproduit plusieurs surgeons en remplacement de celui qui se flétrit après fructification. Comme il y a toujours au moins deux tiges en rapport et que le régime a moyennement soixante bananes qui se vendent, au plus bas prix, six piastres (un franc dix sous); chaque bananier rapporte au moins douze piastres ou trois francs par an, produit énorme si l'on considère la certitude de sa récolte et de sa vente. Les fameux enclos d'Hyères sont bien loin de donner, année moyenne, un revenu de un franc par oranger.

9. — Un chronologiste arabe, El-Makin, donne à la fondation de Rosette la date de 375 (870 de l'ère chrétienne); le khalife abasside Metawakel dénomma la ville nouvelle d'après son aïeul *Raschid.* Il l'assit un peu au midi de la Bolbitine, dont quelques restes se devinent en-

core à Abou-Mandour. L'importance qu'elle acquit par degrés y fit transporter le siége des consulats, qui avaient été assez longtemps établis à Fouah.

Celle-ci, fondée par les Milésiens à l'embouchure du Nil, en est maintenant à dix lieues. La négligence turque, qui laissa obstruer le canal d'Alexandrie, lui fit perdre son commerce. Fouah a perdu, sous Mohammed-Aly, une autre illustration plus ancienne et moins respectable, une colonie d'Almées. Maintenant, l'improvisation rimée, la danse frétillante ne sont plus le monopole d'une caste ou d'un sexe, le pudibond réformateur n'a plus voulu que les femmes se donnassent en spectacle dans les rues. Il est douteux que la pudeur y ait beaucoup gagné, car à la place des Almées, on a vu des adolescents imberbes ou des adultes rasés endosser le jupon et tinter la castagnette métallique. *Khawal* ou *khanta*, hermaphrodite, est le nom imposé à ces baladins ; on ne sait si c'est par l'approbation ou par la critique publique. Fouah sera bientôt recommandé à la curiosité de l'étranger par un établissement de la plus haute importance. Il est fortement question d'y ouvrir un collége chrétien sur le modèle de celui d'Antoura.

Les consuls européens avaient concentré à Rosette le commerce qu'Alexandrie a repris depuis l'ouverture de son canal. L'aristocratie commerciale rivalisée par celle de quelques beys riches avait fait de Rosette la ville la plus élégante de l'Egypte ; ses rues sont droites et parfois garnies de trottoirs, les maisons ont trois étages ; au rez-de-chaussée, on y a bizarrement employé des forêts de colonnes provenant de Bolbitine ; partout on a fait avec le bois et la brique de charmantes fantaisies qui feraient envie à Londres. On a bien mieux qu'à Damiette arrondi des tours, découpé des dentelles, bombé et ciselé du *moucharabiès* et cent autres espèces de balcons et de jalousies. Le fameux thème si chéri de la sculpture arabe, d'un cordon double ou quadruple et formant des groupes de colonnes avec un nœud au milieu a été répété ici avec deux nœuds au lieu d'un. Ceci est dans les quartiers nommés *Djameh-el-Arbaïn* ou bien *Hart-el-Télaii* au sud-ouest de la ville. Partout ailleurs le temps fait des ravages qu'accélère encore une espèce de bande noire.

La brique dont furent bâties les maisons de Rosette est d'une dureté et d'une cuisson qu'on ne sait plus imiter aujourd'hui. Les Alexandrins trouvent plus commode d'acheter une maison de Rosette à charge de démolition. Ils y trouvent plusieurs millions de briques, du bois, du fer, du plomb, de la pierre; ils chargent le tout sur des germes; ces matériaux rendus à Alexandrie coûtent beaucoup moins cher que ceux qu'on pourrait trouver ou fabriquer sur place. Les fouilles de la ville antique commencent à être pauvres et chères. Un bey nommé Mahmoud avait voulu conjurer la ruine de Rosette en creusant le Boghaz, en faisant un port franc, en convertissant en un jardin tout l'ouest de la ville que les sables envahissent chaque jour jusqu'à sauter par-dessus les remparts; des plantations et des irrigations auraient rendu cela possible.

C'est au sud-ouest qu'est la porte dite d'Alexandrie; on entre par là quand on vient d'Alexandrie par terre: le château voisin a encore des canons, le sable menace leur gueule comme la cime des dattiers. Malgré ses progrès la verdure persiste et donne raison au plan de Mahmoud-Bey qui par malheur a prêché dans le désert.

Le nom de Rosette est désormais lié dans le monde savant au monument qui a ouvert une ère nouvelle pour l'histoire de l'Egypte antique. La pierre de Rosette fut trouvée ici en août 1799 par un officier du génie militaire Bouchard, en faisant pour l'établissement du petit fort les fouilles ordonnées par d'Hautpoul. Cette pierre porte une inscription trilingue qui a déjà fait écrire des volumes par centaines et qui a servi de fondement à une science nouvelle, l'interprétation des hiéroglyphes. Par une violation du droit des gens et de la science, les Anglais s'en emparèrent et la transportèrent à Londres dans le musée britannique où je l'ai vue avec une curiosité tempérée par l'amertume.

10. — Depuis quelques jours nous avons le plaisir d'avoir à notre table outre le père Geremia, le père président d'Alexandrie, appelé ici par les affaires de son couvent. Il vient selon la coutume chercher les briques d'une maison achetée et démolie. Ce religieux est instruit et expérimenté, il était curé de Jérusalem pendant que le révérendissime actuel était vicaire capitulaire, tous deux firent de leur mieux pour recevoir dignement madame de Lamartine. Dans la présidence de son couvent l'un des plus importants il développe et applique un talent administratif qui s'était déjà montré à Jérusalem sous le jour le plus avantageux. Il avait demandé au gouvernement turc la concession d'un village voisin avec ses terres attenantes dont l'exploitation aurait occupé et nourri la plus grande partie des pauvres chrétiens de Jérusalem. Plus de mille Latins habitent la ville sainte, et dans les temps de disette, la plupart sont à la charge du grand couvent. Ce projet, qui était accepté par le gouvernement turc, fut refusé par la timidité de quelques membres du grand conseil. Le père *** nous a porté un premier bulletin d'Ibrahim-Pacha qui bien loin de craindre Hafiz lui bat les premiers régiments qui ont osé franchir la frontière.

Je me suis servi de cette nouvelle pour tâter un peu l'opinion publique du pays: la boutique des barbiers est ici, comme partout, le bureau d'esprit et le journal, c'est en même temps l'académie des sciences ; tous les barbiers sont médecins. J'ai souvent assisté aux consultations médicales, je les ai vus saigner de la main droite sur le bras gauche comme sur le bras droit, adresse ou imprudence inconnue aux chirurgiens d'Europe ; je les ai vus conseiller la patience et la résignation aux lépreux. L'un de ces malheureux porte, ici même, une tumeur de lèpre tuberculeuse beaucoup plus pesante que celle qu'opéra Delpech dans l'hôpital de Montpellier. Ici, comme dans toute l'Egypte, on ne fait aucune attention au carreau qui donne un ventre énorme à tous les jeunes enfants, et qui avec les maladies cérébrales forme la cause la plus active de leur mortalité.

Aujourd'hui, en attendant mon tour de barbe, j'ai répété tout haut le bulletin ronflant d'Ibrahim; l'auditoire était nombreux : les hommes jeunes ont fait un chœur de *azim* (très-bien) et de *ma challah* (ce qui plaît à Dieu, avec la signification équivoque de voyez-vous ça). *Azim* représentait un germe d'orgueil national, et l'autre exclamation la peur de la conscription. Tous les vieillards ont baissé la tête, ont regardé de côté, ont murmuré quelque proverbe encore plus équivoque que *ma challah*. Les vieillards se souviennent des beys turcs, et malgré cela regrettent leur gouvernement, c'est sans doute par l'association de l'idée de jeunesse, les fonctionnaires turcs tout en mangeant le pain et le sel de l'Albanais, sont encore plus rétroactifs ; le gouvernement turc pur sang était le bon et le vrai gouvernement modèle, sous celui-là chaque soldat arrivé d'Estamboul ou de Salonique avec une chemise sale ou un fustanel en lambeaux, pouvait espérer de mourir bey ou cheikh-el-beled, mais maintenant on ne veut plus d'un titre de bey prostitué à des giaours ; on s'obstine à prendre au mot les protestations de fidélité du pacha, il a un peu outrepassé ses pouvoirs, mais il n'est après tout que le délégué du sultan, par conséquent sa guerre est impie et ne peut qu'être mal vue de Dieu.

Un négociant italien qu'on rasait à côté de moi, me faisait ce commentaire que les assistants ne pouvaient comprendre non plus que le texte qui l'avait précédé, et ce texte le voici : le bey un tel, le kachef un tel, sont venus me faire visite à plusieurs reprises, ils ne croient pas un mot de toutes les victoires qu'annoncent ou que promettent les amis du pacha ; sa cause est mauvaise, la colère du sultan est terrible, l'armée de son Seraskier est formidable : avant quelques semaines, elle aura envahi la Syrie pendant que la flotte turque fera un débarquement sur la côte d'Egypte, et de préférence aux deux Bogahz, alors, disent-ils, malheur à nous Turcs qui avons servi le rebelle ! Je vous demande un refuge dans votre maison, dans vos vaisseaux, un pavillon franc cachera et protégera mieux ma tête que le tarbouch privé de la mousseline verte de schèrif. »

Tel est le sort de toutes les réformes, elles sont d'abord jugées par les intérêts qu'elles blessent, et ceux-ci sont nombreux, car l'habitude est la plus forte de toutes les puissances humaines. Mohammed-Aly a fait cesser les processions de derviches mangeurs de serpents et de verres, il a détruit les almées, il a supprimé les turbans ; demain peut-être il fera cesser le miracle annuel du *dossé*, sous prétexte qu'un cheval qui piaffe sur un pavé humain peut enfoncer des côtes ; cela joint, il est vrai, à la conscription, à la profonde misère et à la dépopulation du pays fait assimiler par bien des gens, Mohammed-Aly au khalife Hakem, et cependant il y a toute la distance du génie à la folie entre les réformes de l'Albanais et celles du sultan fatémite qui défendit de manger des tellines. J'ai pensé à cette prohibition bizarre en entendant crier *om-el-khaloul*, en sortant de chez le barbier. *Om-el-khaloul* est le nom de ce même petit coquillage qui paraît en avoir appelé de la sentence de Hakem.

11, 12, 13. — Après trois jours donnés à la fièvre, à l'hygiène et au sulfate de quinine, il faut songer au Boghaz, le seul point qui nous reste à explorer dans la topographie du pays. Nous sortirons par-là pour aller à Alexandrie. Le reïs avec lequel l'agent consulaire a fait marché nous déclare que le vent est bon et que sa germe nous attend vers le soir; nous y aurons la société du père supérieur qui fait en même temps que nous ses adieux au bon père Jérémie. Nous vidons ensemble une dernière bouteille de Champagne, qui a deux fois passé le tropique, car elle revient de la seconde cataracte, et à cinq heures et demie nous sommes sur le quai. On lève l'amarre après avoir inutilement attendu le reïs plus d'une heure; on finit par apprendre que, retenu par la noce de son frère, il ne reviendra que demain matin avec le pilote du Boghaz: un peu plus de bonne foi ou de prévoyance nous aurait permis de coucher dans un lit plus commode et plus propre que la tente de cette barque; mais la morale prend toujours le niveau de l'instruction; le péché doit être compagnon de l'ânerie. Un quiétisme, non pas religieux, mais fataliste, qui abandonne à Dieu le nombre des enfants, l'estime du temps et de la distance, qui répond par *in scha Allah* (s'il plaît à Dieu)! par *ma scha Allah*, par Allah kerim (Dieu est grand); quand on lui demande combien il a d'enfants, quelle heure il est, quand on arrivera, quelle distance y a-t-il d'ici là-bas? Ce quiétisme doit nécessairement condamner les enfants à mourir de faim, après avoir condamné le père à la misère par l'inexactitude et l'imprévoyance. La liberté ne subsiste que pour multiplier par l'abus le plus infâme du divorce les malheurs de la polygamie.

Le Boghaz est aussi loin de la ville que celui de Damiette; une superbe végétation règne le long des rives pendant deux lieues. A une lieue de la mer la plage n'a plus que des arbustes gras et épineux; un peu avant la Santé et le château gardien du Boghaz, nous avons compté une série de dix-neuf moulins à vent à huit ailes comme ceux d'Alexandrie; les matelots s'éparpillent dans les villages, le long de la route, et il ne reste que le timonier et le mousse pour nous garder et nous amarrer.

14. — Le reïs ne viendra pas : à six heures on fait sans lui l'appareillage. Le vent très-fort qui nous a fait dormir un peu cette nuit, malgré la vermine, s'est heureusement calmé assez pour permettre la sortie; il est plein nord et enfile presque droit la ligne magistrale de l'embouchure. Quelques bordées nous mènent aux premiers brisants : le pilote est à la barre, son canot amarré derrière nous; les brisants signalent la barre de sable qui continue pendant plus d'une lieue au nord-est la ligne de la rive gauche; leur largeur est d'un quart de lieue environ. Nous les traversons assez rapidement, non pas sans talonner quatre ou cinq fois sur un sable moins mou que celui de Damiette; une autre barque moins robuste que la nôtre éprouve, après de pareils chocs, une voie d'eau qui la force de rentrer en rivière.

Quatre heures de vent bon frais nous menèrent en face d'Aboukir, premier promontoire que nous apercevions du télégraphe d'Abou-Mandour, et qui nous avait déjà rappelé une cruelle bataille, glorieuse même pour les vaincus. Les grands bâtiments revenant de Syrie, et même toute la flottille sortie du Boghaz avec nous, passèrent au nord d'un îlot de sable et de tuf qui précède la pointe d'Aboukir. Nous passâmes au sud, c'est-à-dire entre l'îlot et la terre et en coupant une ligne d'écueils qui lient ces deux points. Dès ce moment nous aperçûmes au loin de grandes masses qui paraissaient des palmiers, la tour des Arabes, le marabout, la colonne de Pompée : c'était l'escadre du pacha qui, sortie des passes difficiles du port vieux, croisait pour s'exercer aux grandes manœuvres et observer la flotte du sultan qu'on disait sortie des Dardanelles. Vers deux heures après midi, nous rangions l'île de Paros, nous voyions de près le champignonage du sérail neuf, nous coupions les écueils si chéris du pacha et par la passe des petits bâtiments entrions dans le port vieux.

Le palais de l'amirauté fait belle figure au bord de l'eau. De près, la chaux et le mortier doivent produire leur désenchantement accoutumé ; le mur d'enceinte du bassin de l'arsenal est sorti de l'eau par les soins de M. Mougel, qui a aussi commencé un quai devant la douane. Un vilain ordre de grosses colonnes, avec fronton, est commencé en briques et planches pour décorer l'hôtel de cette administration. Zizinia a fini la pesante façade de son palais (locution du pays) et l'a fait précéder d'un cloître grillé où deux petits parterres longeront l'allée de la porte cochère. La grande rue des Consuls est barrée au sud par un hôtel neuf celui de *Tousizza*. Les rues sèches, le soleil et l'été, joints à ces améliorations, donnent à Alexandrie une mine un peu plus attrayante que celle que nous lui trouvâmes à la fin de l'automne. D'autres changements aussi m'ont frappé ; le consul-général Médèm, que nous rencontrâmes à Miniéh avec un chargement de doum et de crocodiles, paraît fort maigri depuis qu'il a taillé ses moustaches. M. Jorelle, qui a rasé les siennes, ressemble prodigieusement au général Bonaparte se promenant en frac dans ces mêmes rues d'Alexandrie. Un camarade m'embrasse avec un cigarre à la bouche ; de plus polis m'offrent une pipe. Je m'aperçois qu'on m'a fait ici le renom de voyageur téméraire; avec les tiers on doit dire pire. Voilà le premier et le plus certain bénéfice que j'aurai tiré du singulier choix de mes compagnons de voyage.

15, 16, 17. — Au surplus, chacun sa folie dans ce monde. L'un aime les chemins de montagne, les sables du désert, les boghaz du Nil et de l'Oronte, les brigands druzes, les guet-apens de Manfalout, la fièvre et la peste. D'autres préfèrent le séjour de certaines colonies, habiles surtout à affaiblir les grands airs des métropoles et à exagérer les travers du provincialisme européen. On s'arrache aux joies tranquilles de Cadix, de Gênes et de Marseille pour aller porter dans un désert les prétentions du Jockey-club? pour discuter gravement si dans un cheval la forme vaut mieux que le fonds? pour conclure que ce qu'on estime surtout c'est un animal payé cher, une enseigne piaffante de la fortune de son maître? pour entendre des hommes dont l'instruction se rouille, s'enivrer de leur fortune naissante, et conjuguer en complaisantes variations le verbe : *Je suis riche, es-tu riche, il n'est pas riche*, avec des marchands dont ce verbe doit faire la seule et perpétuelle conversation; pour fréquenter, pour devenir soi-même un des notables justement épris de l'honneur d'être allié aux familles consulaires et de l'honneur plus grand de voir tous les jours le consul de leur nation, de l'avoir à leur table, dans leur jardin, dans leur voiture, de le visiter à toute heure du jour, de lui parler à l'oreille, de rapporter ses conversations : le consul me disait; je disais au conseil; de lui vanter les vertus privées et le génie du pacha; de siéger comme assesseur au tribunal consulaire; d'opiner dans les questions d'architecture du palais de... et, qui sait, peut-être d'avoir imaginé le magnifique escalier spiral ou en zigzag qui supporte le mât de pavillon!

18, 19, 20, 21, 22. — Au temps de la foi la plus absolue à la contagion de la peste, une autre superstition faisait balance à la première. La Saint-Jean terminait le mal: on rompait les quarantaines, on cessait toute précaution, on s'embrassait, on touchait les marchandises suspectes, on reprenait le cours ordinaire de ses affaires, on était rassuré. Toutes les morts, quels que fussent leur nombre et leur forme, étaient expliqués par des maladies communes. L'arrivée de la science européenne et l'établissement des lazarets ont fait évanouir la fête de la Saint-Jean et la foi consolante qu'elle apportait. La peste, observée de plus près, a persisté même après la Saint-Jean. Les lazarets ont continué leur inquisition pendant tout le cercle de l'année.

25. — Je suis allé ce matin visiter le lazaret d'Alexandrie, qui occupe l'emplacement du timonium. Les rigueurs de la captivité, les horreurs de la maladie ont remplacé les voluptés d'Antoine et de Cléopâtre. Un docteur, pour qui j'avais une lettre inutile à Jérusalem, m'a introduit dans un asile fermé à tous les profanes. Le lazaret est grand et assez bien tenu. Les chambres des quarantenaires ont des volets, quelques-unes des vitres. Par malheur, la plupart sont au rez-de-chaussée et sans doute fort humides en toute saison. Les pestiférés occupent un hôpital séparé et formé dans une portion distante du lazaret. Il y avait douze lits occupés, la plupart par des convalescents qui nous ont montré bubons et charbons. Un seul était en proie à la fièvre avec un *coma* somnolent qui lui permettait à peine de tirer une langue qui n'était ni noire ni nacrée, mais humectée d'une salive que les dents détachaient à quelques points. Un gros engorgement des glandes de l'aîne à la région du bubon vénérien (chose rare) annonçait le bubon pestilentiel. L'infirmier a tâté le pouls que j'allais prendre par distraction sans l'intervention de l'inspecteur qui nous

suivait. Le pouls était fréquent. Depuis avant-hier, un peu de dyssenterie s'est manifestée. C'est aujourd'hui le onzième jour de la maladie. Le docteur-médecin du lazaret et premier employé du service quarantenaire professe en contagion l'orthodoxie la plus pure. La peste ne vient ici que par une importation étrangère, opinion qu'il accommode comme il peut avec les devoirs de sa vigilance. Les pestiférés en convalescence conservent une certaine stupeur et un bégaiement, restes de la lésion profonde du cerveau pendant la maladie. Le sulfate de quinine, quand on en prend à fortes ou fréquentes doses, produit quelque chose de pareil. Les personnes qui ont coupé par ce spécifique plusieurs rechutes de fièvres éprouvent une lenteur de mémoire (bradymnésie) qui gêne la pratique des langues étrangères et même allanguit la pratique de la langue maternelle.

26, 27.—Le travail chauffe dans tous les comptoirs et bureaux d'Alexandrie en même temps que le charbon dans les paquebots-postes. Malgré la torpeur du commerce et l'éloignement des armées, il faut tarifer le coton et faire un bulletin. Un aide-de-camp du maréchal Soult, arrivé ici depuis plusieurs jours pour décider le pacha à suspendre les hostilités, a obtenu de lui une lettre pour Ibrahim, conforme aux désirs des cabinets pacifiques. Mais le steamer qui doit porter cette lettre et l'aide-de-camp à Suédié arrivera assez tard pour que des courriers, envoyés par terre, aient pu hâter les événements et préparer la paix par une vigoureuse guerre. Au milieu du surcroît d'occupations de toutes les chancelleries, j'ai discrètement raccourci mes adieux au consulat de France, où l'honorable consul-général et son jeune élève, les drogmans et chancelier offrent de parfaits échantillons de l'urbanité parisienne. M. Dantan qui, comme les hommes laborieux, ne paraît jamais assez occupé pour se priver d'une causerie amicale, est revenu nous voir à bord avec l'excellent M. Franc et mon ancien camarade de l'armée d'Afrique, M. Gérardin, directeur des postes. La table du bord est fort bien servie en viandes, poissons et coquillages, auxquels la fièvre me défend de faire honneur. Parmi les passagers on nous montre plusieurs Indiens, de vieux Nababs jaunes et défaillants qui vont mourir à Cheltenham; d'autres fonctionnaires anglais, renvoyés de Canton et de Macao par les troubles récents de la Chine; la mère d'un secrétaire du gouvernement portugais, de Goa, assassiné au milieu d'un bal pour cause de jalousie d'amour. La pauvre femme se distrait de son deuil en parlant avec de jolis merles jaunes qu'elle compte offrir à l'impératrice et à la reine. Les agitations de l'Espagne, de la Pologne et de l'Italie sont collectivement représentées par un prince de Gonzague, né comte polonais et devenu général au service de don Carlos. Il va, je crois, offrir ses services militaires au sultan après les avoir inutilement offerts au pacha. Son français, acquisition tardive, nous prouve que les Slaves ne parlent si merveilleusement les langues étrangères que lorsqu'ils les ont apprises de leur nourrice ou de leurs premiers précepteurs.

GRÈCE.

28, 29. — Le matin de la troisième journée nous rangions la pointe E. de Candie. Suivant ensuite le côté nord, nous remarquâmes le mont Ida encore tout couvert de neige. Vers les trois heures, nous voguions dans le canal qui sépare Naphi de Santorin; la nuit nous surprit entre Naxos et Paros. A deux heures après minuit le roulement de la chaîne de l'ancre nous apprit que nous étions dans le port de Syra.

30. — Monté sur le pont au jour naissant, je vois une baie ronde ouverte au nord-est et barrée à l'est par une île portant un phare. La ville de Syra est étendue en amphithéâtre le long de la mer. Elle est dominée par un cône couvert de maisons et terminé par plusieurs églises catholiques en guise d'acropole. La montagne, coupée de petits murs en pierre sèche, a quelques cultures d'orge, et par-ci par-là quelques bouquets d'arbres caroubiers, figuiers, oliviers. Une petite promenade à la Santé m'a fait voir de près la fabrique des maisons, qui est assez mesquine. Leurs pierres m'ont fourni un échantillon des montagnes qui sont d'un calcaire schisteux et de grès rouge. Syra doit sa prospérité à son port et à la révolution grecque. C'est l'entrepôt de tout l'archipel. L'île elle-même ne produit rien et possède à peine assez d'eau pour sa population fixe et flottante. Un consul français habite ce nid de goëlans. Il y a aussi un agent des paquebots-postes : c'est M. Schyros, homme de plume et de petite taille, qui, ma-

niant pour la première fois une épée, tua raide un Goliath escrimeur fort habile. Il nous apprend que le sultan Mahmoud était fort gravement malade. Le paquebot de Constantinople qui portera des détails ultérieurs est attendu à chaque instant. Nous ne devons repartir que demain soir; mais en cas de retard des autres services, l'ordonnance commande d'attendre trente-six heures de plus. Nous les subirons avec patience. Un garde de la santé grecque est venu à bord, et chaque heure compte maintenant pour la quarantaine du Pyrée.

1er *juillet.* — Tous les paquebots sont réunis. *Le Tancrède, le Minos, le Dante,* sont arrivés de Malte, de Constantinople, d'Athènes. Les nouvelles de France sont peu copieuses; le ministère est ébranlé par le succès de la loi sur la Légion-d'Honneur. Les bruits de Constantinople n'ont pas encore transpiré : deux vaisseaux de guerre français, *le Trident et le Généreux*, après un moment de relâche, sans doute, pour recevoir leur correspondance, viennent de remettre à la voile pour aller à Smyrne rallier l'amiral; leur salut de départ s'est mêlé au salve d'un pyroscaphe qu'a visité l'évêque catholique de Syra. Après le déjeûner les passagers ont choisi leurs effets et se sont avec confusion embarqués pour aller rejoindre *le Tancrède* qui va à Malte. Dona Joachina Rosa Josavetta va par cette voie se rapprocher du palais d'Ajuda, où elle occupe un emploi dans la haute domesticité de la reine; elle se plaint d'avoir perdu quelques paquets; grâces à Dieu! ce n'est pas la cage de ses merles indiens. Le général Gouzaga et son aide-de-camp parlent maintenant de gagner Trieste en passant par la Grèce. M. Hamilton Lindsay, type charmant de l'Anglais poli par les voyages, esprit cultivé, caractère liant, physionomie pleine de noblesse, d'aménité et de jeunesse, malgré ses cheveux prématurément blanchis par le climat de Makao, n'a pu résister à la tentation de voir Athènes dont nous sommes si près. Il passe gaîment son temps à rire, à causer dans la langue de tous les passagers, à se baigner dans les roues du paquebot, et reparaît sur le pont dans la toilette commode et légère des créoles indiens : pantalon et veste de calicot blanc, chapeau d'écorce de broussonetia, recouvert d'un fourreau blanc de mousseline.

LE PYRÉE.

2. — Partis hier soir à huit heures, nous nous réveillâmes à quatre heures ayant le cap Sunium à droite. Egine et Salamine s'aperçoivent à notre gauche. En rangeant Egine, on distingue le temple à mi-côte de l'île. A l'horizon quelque chose blanchit au bord de la mer : c'est le Pyrée. Une colline terminée par un groupe de colonnes le domine à droite ; c'est le Parthénon. Derrière Egine règne la série de montagnes qui forment l'isthme de Corinthe ; plus loin, les montagnes de Mégare, de la Livadie et du Parnasse. Nous sommes en face de la passe qui sépare Salamine du continent. Un Anglais a fait élever son tombeau sur la pointe où la tradition veut que fût placé celui de Thémistocle. On découvre enfin un goulet par lequel le Pyrée communique avec la mer, et on s'y engage en tournant à droite, à angle presque droit. Le port est grand, et quand il sera enceint de quais, il égalera à-peu-près la moitié de la surface de celui de Marseille, auquel il ressemble d'ailleurs par sa parfaite clôture. Les maisons du pays sont toutes neuves, et déjà au nombre de cinq ou six cents. La campagne voisine est aride et dépeuplée d'arbres ; les portions les plus voisines du port à droite le long de l'antique mur de Thémistocle ont été données en présent aux Hy-

driotes; le plan le plus lointain du paysage est formé par une belle ceinture de hautes montagnes bleues qui s'abaissent un peu vers le nord. Le Pentélique et l'Hymette en font partie. J'ai beau me rappeler que je voyage surtout dans l'Orient sarrasin et turc duquel cette Grèce est déjà heureusement séparée, tous les beaux rêves de régénération d'une nation hellénique plus grande, tous les souvenirs de la Hellade antique sont évoqués et caressés avec ivresse.

Mais quel désenchantement! Nous entrons au lazaret et entendons les détails du budget fiscal expliqués par le directeur, gros garçon à face turque et à costume albanais.

3. — La bourse allégée, la santé affaiblie par un long voyage, il est dur de se voir emprisonné sans crime, taillé et corvée à merci, et qui plus est forcé à un régime insalubre, et, en cas, d'appétit, menacé de mourir de faim. Le restaurateur privilégié demeure à l'autre bout du Pyrée; le repas très-maigre qu'il fait payer fort cher arrive toujours refroidi. Il est dur de voir la ruse italienne, le despotisme autrichien, la cupidité provençale, la rapacité turque et arabe surpassées par les descendants des Miltiade, des Cimon et des Aristide.

En principe, quand on emprisonne quelqu'un pour un soupçon, la justice veut qu'on le loge et qu'on le nourrisse. Si, par une fiction sociale, l'emprisonné accepte la légalité de la prévention, s'il consent au sacrifice de son temps et de sa liberté en faveur des scrupules, des terreurs d'autrui; si, poussant plus loin la condescendance, il veut bien payer sa nourriture et son logement, l'abus le plus criant, l'arbitraire le plus odieux peuvent seuls en élever les prix au-dessus du taux d'un séjour charmant, d'un hôtel confortable, d'un lieu ouvert et qu'on serait libre de prendre ou de laisser.

Une nuit mieux employée nous fera je l'espère prendre

notre parti sur le tarif de notre pension bourgeoise. Nous avons pour compagnon d'infortune le prince Georges de Cambridge, adolescent grandissime et roux qui, sans doute à cause de l'égalité du Lazaret, a le privilége d'aller prendre son café dans la cour du directeur. La gabarre anglaise qui est mouillée dans le port a maintenant pour compagnon une frégate autrichienne qui rôdait depuis deux jours autour de Salamine où elle a déposé un amiral (le baron de Bandiera) dont elle a maintenant amené le pavillon. Elle a à bord une musique assez copieuse que nous avons écoutée avec plaisir, le soir pendant que le calme et la nuit descendaient des montagnes de l'Attique. Nos yeux baissés vers le bord de l'eau ont remarqué des écailles d'huître et d'une grande pine marine rouge et nacrée. Le port en renferme un banc et en fournit à Athènes ; elles sont fort grosses dans cette saison et nous en demanderons à notre hôte.

4, 5, 6. — Une bombarbe partie lundi dernier de Constantinople a porté à Syra la nouvelle de la mort du sultan Mahmoud qui aurait succombé à sa maladie le dimanche ; le gouvernement grec en a reçu ce matin la dépêche par le pyroscaphe de Nauplie. Voilà une complication nouvelle de la question d'Orient ou plutôt le premier pas fait vers sa solution la plus désirable et la seule solide. Othon va se souvenir sans doute qu'il porte le labarum des Césars dans son drapeau, ses palikares qui gardent la Thessalie et la Livadie vont sans doute reculer ses frontières au moins de façon à transplanter à Salonique la capitale d'un royaume aggrandi. Ce matin, pendant que l'ambassade anglaise faisait visite au prince Georges, on a beaucoup parlé de ces graves événements, de cet avenir nouveau et brillant de la Grèce, et l'on a même ajouté que le roi était déjà parti pour aller se mettre à la tête des palikares ; mais un quart-d'heure après nous avons entendu rouler une voiture, ouvrir avec fracas et à deux battans les portes qui, de la douane, communiquent au Lazaret et un aide de camp costumé à l'albanaise, le même qui avait introduit la légation anglaise, est allé recevoir un grand jeune homme blond et pâle, c'était le roi Othon : je l'ai reconnu d'après ses portraits. Le prince de Cambridge était sorti de ses appartements; ils ont fait ensemble, dans la cour, une demi-heure de conversation allemande. Othon a très bonne façon avec son costume pittoresque, le fustanel blanc, la veste bleu de ciel galonnée d'argent, le tarbouch mutinement incliné sur l'oreille. Sa démarche est résolue, sa parole ronde et ne sentant pas la dureté d'oreille et le bégaiement dont on a tant parlé. Il est vrai qu'à distance et dans une langue étrangère, cela ne peut guère se juger; son aide de camp Zavellas, dont nous avons examiné l'accoutrement avec plus d'attention, portait sous le jupon un pantalon rouge collant et emboîté en bas dans des demi-bottes noires. Le cocher et le jokey étaient à la porte en livrée bleu de ciel et argent, un grand chasseur costumé en tambour-maître de régiment français est venu les rejoindre, les domestiques et le directeur du Lazaret le tarbouch à la main, se tenaient debout et à distance respectueuse. Ils ont couru vers le port pour écarter et faire taire un groupe de marins qui accostaient bruyamment le quai : ô vasilep ! ô vasilep ! et la barque s'est éloignée en pagayant avec circonspection.

A la nuit tombante, longtemps après le départ du roi, le prince Georges était avec le colonel, son gouverneur, assis au bord de l'eau. M. Lindsay, qui était allé au Léonidas est revenu en ramant pour prendre l'exercice systématique dont les Anglais s'imposent le régime quotidien. Le colonel l'a félicité sur son adresse de rameur. Le prince a parlé des punaises qui infestent toutes les chambres du Lazaret. L'étiquette ne permettait pas de toucher à d'autres sujets dans un pays et dans une saison où la pluie et le beau temps ne peuvent pas décemment monopoliser la conversation d'un grand seigneur.

7. — Les officiers du Léonidas nous ont donné, à leur bord, un dîner qui a interrompu le carême auquel nous sommes condamnés par le traiteur du Lazaret. Dans la soirée, pendant qu'on chassait aux goëlands, une barque s'est approchée : elle portait le jeune ministre de France, M. de Lagrenée, et sa dame, charmante Parisienne qu'une distraction du sort a fait naître à Saint-Pétersbourg. Le ministre a quelqu'envie de partir pour Syra par le prochain pyroscaphe autrichien. Il aura ainsi dix jours plus tôt ses dépêches, dans lesquelles il espère trouver un congé qui le rappellera à Paris. Il pourra être encore de retour à Athènes, le 12, un jour avant la fin de notre captivité.

12. — Nos préparatifs de départ ont été distraits par des camarades. Une corvette arrivée hier soir porte un jeune archiduc, fils de l'archiduc Charles. Plusieurs officiers du roi Othon sont venus le complimenter; la corvette et la frégate se sont mutuellement salués à plusieurs reprises. Toutes deux ont salué aussi le ministre autrichien. Point de retour du côté des côtes Hellènes; les goëlettes grecques ont des canons qui ne feraient pas plus de bruit qu'un sifflet, et les forts ne sont pas encore construits. La frégate est élégamment pavoisée de signaux; c'est le commencement des fêtes que la visite de deux princes étrangers occasionnera à la cour d'Athènes.

ATHÈNES.

13. — On a fait venir des voitures et des chariots pour transporter nos personnes et nos bagages. Une fois débarrassé des approches de la douane, qui est aussi mal précé-

dée par terre que par mer, du côté du Lazaret, on prend une route ferrée à petits fragments de calcaire qui s'écrasent en une farine aussi blanche que celle des routes provençales. La campagne a d'ailleurs la plus grande ressemblance avec les environs de Marseille: une plaine où les oliviers, d'abord clair semés, s'épaississent de plus en plus; des collines et des montagnes à peine grisaillées par quelques arbustes et plantes aromatiques. Les ports de Phalères et Munichies s'enfoncent dans la terre beaucoup au-delà des limites du Pyrée, mais peu profonds, ils ne sont accessibles qu'aux petites embarcations; sans cela la ville d'Athènes toucherait bientôt à la mer. De ce côté, elle en est maintenant séparée par un marais salant couvert de plantes grasses. Aux approches de la ville les oliviers, amandiers, vignes, frênes, sont devenus plus serrés et plus verts; et à leur ombre deux cabarets, garnis de tables, invitent les passants à se rafraîchir. Le Parthénon, la tour vénitienne, tout l'Acropole et ses ruines percées à jour, le fronton et une partie de la colonnade du temple de Thésée se distinguent, à droite, après une petite montée. La route tourne, à gauche, pour éviter la colline qui porte le temple et qui forme le gradin intermédiaire entre la cité et l'Acropole. Quelques maisons gaies de couleurs, jaunes, blanches, abricot, avec des contre-vents verts et un peu de verdure autour d'elles, jouent les bastides d'une ville de province jouissant depuis longtemps d'une parfaite sécurité. En descendant le revers de la montée et tournant un peu à droite pour entrer dans le milieu de la ville, on s'aperçoit que ces bastides se relient au plan de la ville future; elles sont sur l'alignement des rues, elles forment coins de places à venir. Les plans sont faits, les lignes jalonnées: l'argent seul manque pour l'exécution. Nous descendons au *Xenodo-*

chion (hôtel) de Munich qui nous paraît propre, confortable et bon marché en comparaison du dénuement et des taux exhorbitants du Lazaret. Les vins nationaux ont de la réputation : ceux de Tripolitza ont un insupportable goût de thérébentine, le Samos blanc a un parfum de muscat mêlé à une pointe de thin et de lavande; ces vilains vignerons croient toujours améliorer leurs vins avec la résine ou les fines herbes. Le miel du mont Himète, auquel M. de Châteaubriand a rendu justice, est beaucoup plus jaune et beaucoup plus riche en cire que le miel de Narbonne.

14. — Les Vénitiens qui ont bâti la tour de l'Acropole, ont aussi laissé dans la ville nombre d'édifices, petits, grossiers, noueux, fabriques singulières de moellon, de brique et de bois, bosselées de petits dômes, galeuses de grosses tuiles; quelques archéologues veulent voir là des œuvres de la décadence byzantine; la supposition n'est que pour la carcasse fondamentale qui est souvent le plan de la croix grecque. La plupart sont des chapelles d'un style sarrasin avec quelques fenêtres allongées où des colonnettes de marbre jurent avec le hâle et la parcimonie du reste de l'édifice. Le roi qui se bâtit au levant un palais brodé de marbre pantélique avec dix-huit croisées de façade, habite pour le moment une maison bourgeoise qui domine un petit quinconce de platanes avec quelques massifs de styrax. L'hôtel du ministre anglais est l'édifice le plus apparent de ce même *square*. La ville moderne, au lieu de faire comme l'ancienne, le tour de l'Acropole, forme croissant entre l'Acropole et le mont St-Georges, l'ancien Lycabètes. Le savant consul Gropius à qui j'ai demandé des nouvelles du Céphyse et de l'Ilyssus, m'a dit que le premier se dépensait dans les jardins, et dans les temps de pluie, portait ses sables à Phalères par une rigole artificielle qui coupe la route du

Pyrée ; le second, enterré sous dix pieds d'alluvions, cesse même d'humecter quelques arbres et un peu de verdure, bien avant d'arriver à Phalères.

15. — J'ai fait de bon matin la tour de l'Acropole : à l'E., sur la ligne du palais neuf sont les restes du temple de Jupiter et un grand hôpital, l'édifice le plus considérable de la nouvelle ville ; vers le S. et au-dessous de la tour vénitienne quelques rangées superposées d'arceaux sont les restes d'un ancien amphithéâtre romain. Je suis monté jusqu'à la porte fermée par où l'on pénètre dans l'Acropole, un garde m'a dit qu'elle ne s'ouvrirait qu'à midi ; en descendant j'ai poussé jusqu'au temple de Thésée, modèle antique de tous les périptères ; on en a fait un musée où quelques *lepta* m'ont fait pénétrer ; dedans comme dehors sont accumulés quantités de débris, la plupart peu anciens et médiocres, excepté un aristoclès, morceau récemment découvert, demi-relief plat, sorte de calc demi-égyptien, enduit de couleurs encore visibles : on le regarde comme fort précieux, car on l'a encadré dans une armoire vitrée ; une voûte de construction récente a fermé le ciel du temple.

Vers les onze heures, j'ai enfin trouvé notre ministre dont j'ai admiré l'instruction variée, la causerie sémillante et assurée. Autour de lui se constellaient quelques notabilités du pays, le directeur des postes françaises, le professeur d'Oméado, savant naturaliste et savant polyglote, des membres de la cour de cassation, le président de la cour des comptes, M. Regny que la France a prêté à la Grèce pour mettre de l'ordre dans ses finances, des conseillers d'état démarques en fustanel et en tarbouch. Mes souvenirs du Qaire m'ont fait mettre sur le tapis, la question du grec moderne. J'ai demandé si la langue antique l'emportait dans les livres et journaux modernes sur la langue populaire, il m'a semblé que la question était éludée plutôt que répondue ; on paraît avoir accepté ici comme une convenance et une fatalité que le grec antique devait être ressuscité ; sans penser qu'expérimentalement la chose n'est jamais arrivée pour aucune autre langue et dans aucun autre pays. Les Grecs savants me paraissent commettre la même erreur que les ouléma arabes. La langue des journaux qui n'ont pas le temps de consulter les livres et qui ont pour première nécessité d'être compris des masses, étend chaque jour le domaine de la langue ou plutôt du patois moderne que Coray, le premier, a osé constituer et écrire. Ce patois fera des progrès bien autrement larges et rapides quand le pays aura un parlement dont les discours improvisés seront recueillis et publiés par la sténographie sans aucune préoccupation ou modification littéraire. Ce matin j'ai assisté à la pose de la première pierre d'un palais de l'université hellénique. Le prélat chancelier a prononcé à cette occasion un superbe discours en grec ancien de Platon et d'Homère, M. d'Oméado m'a assuré qu'il y avait dans l'auditoire au moins six personnes capables de comprendre ; lui-même, qui était certainement de cette minorité privilégiée, aurait pourtant trouvé fort bon que la multitude comprît.

Vers cinq heures je suis remonté à l'Acropole, dont j'ai enfin parcouru l'intérieur : les ruines forment trois masses distinctes. Le grand temple dorique le plus conservé des trois avait un pavé de grandes dalles de marbre ; une mosquée turque à coupole, recouverte de grosses tuiles, est bâtie dans l'intérieur. Les Musulmans, ici comme à Jérusalem et à Luxor, ont voulu que les édifices les plus élevés et les plus apparents de ce qu'ils appellent les idolâtres eussent pour rival et pour supérieur quelque monument consacré à leur croyance ; l'autre temple (Erechtheum), dans l'intérieur à gauche, est plus petit et orné de colonnes ioniques ; quelques-unes de ses dépendances furent hideusement réparées par lord Elgin : un mur de moellon remplaça les deux plus belles des Cariatides. Le roi espère la retrouver non pas dans le musée britannique, gouffre d'où rien ne peut sortir, mais dans l'atelier d'un autre Phidias (M. David d'Angers), qui a déjà prouvé sa sympathie pour la Grèce par le tombeau de Markos Niketas. Lord Elgin, ambassadeur à Constantinople, dota la ville de Sétines d'une horloge sonnante qu'on voit encore à la tour du principal marché ; il se paya de ce cadeau par une inscription fastueuse qui aurait dû le dispenser de prendre les Cariatides. Celles qui restent sont plus ou moins mutilées. La troisième masse est proprement les propylés ou porte de l'Acropole. On y voit un grand ordre dorique semblable à celui du Parthénon ; les fûts cannelés, les chapiteaux courts, les bases absentes comme dans la vieille architecture égyptienne de Beit-Waly et de Beny-Hassan ; les pierres de l'architecture sont aussi pharaoniques par le volume ; le bloc qui sert de linteau est encore plus long ; il a neuf de mes pas, plus de vingt-deux pieds. A droite et à gauche sont des dépendances avec colonnes plus petites ; à droite, en montant, un petit temple corinthien est donné pour une reconstruction du temple de la Victoire. Les matériaux ont incontestablement appartenu à un temple de ce nom. Il est permis de douter que le tâtonnement moderne ait reproduit l'arrangement antique.

J'ose à peine dire ma pensée tout entière sur ce santon architectural : tout ce qui appartient à la Grèce, et surtout à Athènes, a été l'objet d'admirations si fréquentes, si folles, qu'il n'est plus permis ni d'admirer, ni, à plus forte raison, de critiquer.

La symétrie, telle que la comprenaient les modernes, était non pas inconnue, mais méprisée des Grecs aussi bien que des Egyptiens, Romains, Bizantins et Sarrasins. Les Propylées étaient composées de masses diverses et et sans parallélisme, aussi bien que celles de l'Erechteum. Le Parthénon, par rapport aux deux autres masses, se présentait par un angle. On montait du niveau supérieur du cirque romain au niveau du sommet du rocher par des degrés de marbre fort larges et fort doux. Les ouvriers qui remuent les fragments dont l'Acropole est jonchée trouvent et mettent à part chaque jour, avec quelque débris des chefs-d'œuvre antiques, des éclats de ces bombes turques ou vénitiennes qui hâtèrent la ruine des monuments. La tour vénitienne est carrée et très-haute; les bords du rocher sont garnis d'un parapet crénelé qui est aussi une œuvre vénitienne; beaucoup de débris antiques et bizantins y sont employés. Les Bizantins avaient converti le Parthénon en église. On aperçoit encore sur le marbre les ornements et la peinture des saints et de leurs cadres; des colonnes grises et à chapiteaux, semblables à la plupart de ceux de la mosquée d'Omar au Qaire avaient été taillés et dressés dans l'intérieur du grand temple païen comme à Mediné-Tabou. Cette fabrique plus légère et moins bien assemblée s'est écroulée plus tôt que les constructions antiques. Le marbre du Parthénon, et encore plus celui du temple de Thésée, a pris par la vétusté une couleur jaune qui rappelle celle qu'offre dès le premier jour le travertin de Baalbek.

16. — Muni de la carte d'un jeune architecte lyonnais que j'ai eu le plaisir de connaître au Qaire, je me suis remis en route pour aller chercher des détails qui échappent toujours aux explorations premières. J'ai commencé par les bas-reliefs du temple de Thésée. La frise intérieure existe, mais presque aussi délabrée que les métopes extérieures; je l'ai admirée, mais en enviant les yeux capables de recon-

struire sa perfection première. L'exégèse est bien autrement difficile pour les restes du fronton du Parthénon. Ce Mars et cette Vénus sans bras et sans têtes et écrasés par une pierre de la corniche sont sans doute admirables pour qui s'approche assez pour analyser les méplats des torses ; mais d'en bas beaucoup de détails conservés et dignes du ciseau des grands maîtres, frappent beaucoup moins que les ravages des siècles et des Barbares. C'est un palimpseste merveilleux que le marteau du temps, des conquérants et des iconoclastes a recouvert d'un barbouillage ignoble. La procession ou Panathénée qui garnit la frise est mieux conservée; mais les personnages étant fort petits et fort élevés, et la reculée étant bornée par les colonnes, il est difficile de rendre aux détails la justice qu'ils méritent. La mosquée bâtie dans l'intérieur du Parthénon renferme quelques fragments trouvés dans les fouilles. On a aussi converti en musée provisoire une barraque dont la principale pièce s'atteint au moyen d'une échelle. Je l'ai montée à la suite d'une nombreuse société de Grecs en fustanel, en habit franc, en robe de prêtre. Un Allemand blond et en lunettes, M. Ross, faisait en grec moderne la démonstration des antiquités rangées et numérotées sous verre : terres cuites, bronzes, etc.; une douzaine de crânes formant métope ionique au-dessus de l'armoire ont à leur tour appelé l'attention du professeur et de l'auditoire. Ils appartiennent, croit-on, à des Turcs, Grecs, Vénitiens; on pense même qu'il peut y en avoir de Philhellènes. Les cadavres avaient été enterrés dans les décombres de l'Acropole, plusieurs jetés dans la citerne. Les fronts noueux, les nez camus, les pommettes saillantes, la face courte et large n'étaient pas des raisons suffisantes pour écarter tout d'abord la supposition de crânes du peuple antique. Les Grecs modernes, non-seulement ceux du continent où la race est mêlée, mais ceux des îles où elle s'est maintenue plus pure, étaient là pour montrer que le type choisi dans les œuvres de l'art était un type idéal.

En descendant, j'ai rencontré la butte du Pnix, et j'en ai monté les gradins taillés dans le roc vif. De là on domine la rade de Phalères et le port du Pyrée : beau thème de mouvements oratoires pour la tribune d'un peuple navigateur. Le Pnix est presque au niveau de la colline qui porte les restes du monument de Philopappus. Entre les deux, on voit des hypogées qui auraient dit-on appartenu à la prison où mourut Socrate. L'Aréopage siégeait près de là. Un Grec vient de demander sérieusement la révision du procès de l'illustre et malheureux philosophe. Il n'est jamais trop tard pour la réhabilitation d'une si grande mémoire, mais on peut croire que l'Aréopage moderne aura des causes plus urgentes inscrites à ses rôles, et, par exemple, le procès d'un palikar, qui, aujourd'hui même, a assassiné et dépouillé un avocat en plein midi, derrière les colonnes du temple de Jupiter. Je suis rentré au Xénodochion en passant par la rue d'Eole qui coupe la rue d'Hermès et prend son nom de la tour des Vents. Près de celle-ci est la lanterne de Diogène ou de Démosthène, dont les colonnes et ornements corinthiens sont chose fort rare dans les vrais monuments grecs. Le corinthien a été surtout affectionné par les Romains.

Au moment où j'achevais d'écrire ceci, une lettre de M. le ministre m'apprend que M. le grand-maître des cérémonies Soutzo a annoncé au roi ma visite, et que ma présentation aura lieu ce soir même au milieu du bal de la cour.

17. — A neuf heures et un quart, conformément au billet de M. le grand-maître, ma voiture me déposait au palais de la rotonde. Une société nombreuse y était réunie;

les dames en moindre proportion que les hommes. Ceux-ci, curieux surtout par la variété excessive des costumes, variété nationale et bigarrure diplomatique : une bonne moitié des Grecs présents étaient en fustanel. La plupart des femmes en accoutrement grec de toutes les îles et de toutes les provinces du continent. On y remarquait les deux demoiselles Botzaris dont l'aînée, dame d'honneur de la reine, passe pour une beauté. En la regardant attentivement, on comprenait bientôt que cette célébrité était plutôt celle du nom de son père. Elle a une face moutonnée, des joues énormes, de petits yeux, pas de taille, une tournure commune, et la coiffure hideuse des Albanaises, un tarbouch démesurément long suspendu sur une oreille. Encore passe, si on avait fendu ce bonnet rouge pour l'enfoncer sur la tête comme le bonnet phrygien de Paris. Parmi les personnages marquants revêtus du fustanel, j'ai retrouvé plusieurs démarques déjà aperçus chez M. de Lagrenée, et quelques vieux chefs de l'insurrection grecque, les Colocotroni, les Mavromichaely, titrés de généraux et décorés du grand cordon du Sauveur, sous leurs grosses et blanches moustaches turques. Le roi et la reine arrivèrent vers neuf heures et demie, et firent quelques mots de conversation avec la diplomatie, en commençant par la Russie, puis l'Angleterre, puis la France, la Bavière, etc. Cette hiérarchie est celle des titres avec lesquels les représentants sont accrédités : la Russie a un envoyé extraordinaire, l'Angleterre un ministre plénipotentiaire, la France un ministre résidant.

La musique donna le signal de la danse, et l'on commença par une promenade diplomatique, elle aussi, car les représentants sexagénaires, chauves, gris, ventrus, goutteux, firent quelques tours en donnant le bras à la reine, aux dames d'honneur et aux ambassadrices. On marchait majestueusement autour da la rotonde : cela s'appelle la polonaise des ambassadeurs. La valse, la contredanse, la mazourke eurent leur tour. Le roi et la reine ne perdirent pas un coup d'archet : l'étiquette le veut ainsi; leur goût paraît, d'ailleurs, conforme à l'étiquette, les Allemands raffolent de la danse. La reine était, non pas la seule jolie femme, mais la plus jolie femme de son bal. Elle a les yeux et la bouche pleins de grâce, le teint éclatant de blancheur, la taille souple, les formes prononcées et séduisantes. Sa danse est vive et enjouée. Le roi paraît moins avantageusement sous l'uniforme de chevau-léger que sous le costume grec. Les diplomates allemands, avec leurs épaulettes ajoutées à leurs broderies, écrasaient les diplomatie française et russe assez parcimonieusement brodées. Les simples consuls de l'Allemagne et même de l'Italie avaient plus riche mine que les ministres. Il semble que l'insignifiance politique veuille prendre sa revanche par le luxe des habits. L'ambassadeur de Bavière était tout écarlate et or; le consul de Naples était aussi brillant d'uniforme et plus chargé d'ordres. Les conseillers d'état grecs, les membres de la cour souveraine ont aussi adopté un uniforme à broderies et épaulettes. Les ministres à portefeuille sont encore plus brodés et épauletés que l'aréopage, et la figure méphistophélétique du Fanariote Zographos portait autant d'argent sur ses habits qu'il en reçoit en un an de son traitement de ministre des affaires étrangères. Les généraux grecs en uniforme européen sont chamarrés de la même façon. Un seul était présent : c'était le philhellène anglais Church. M. Lindsay et moi fûmes présentés par nos ministres respectifs. Le roi parla avec une aménité parfaite de la Chine à l'un et des Arabies à l'autre. A la cour on renferme chacun dans sa spécialité. La reine parla fort gracieusement de l'excessive chaleur par laquelle nous avions eu le courage de venir visiter Athènes. Cette chaleur, qui est effectivement intolérable, aurait exclu la possibilité d'un bal, n'était le cas de force majeure, la présence d'un archiduc autrichien. Ce jeune capitaine de vaisseau était là, accollé de sa toison d'or, prenant sa bonne part de la danse, causant avec ses connaissances et avec ses présentés, toujours avec bonhomie, et en approchant beaucoup de leur figure ses yeux myopes, sa tête à gros front et grosses lèvres, type perpétuel de la famille de Lorraine.

Pendant que M. Lindsay et moi faisions tapisserie, quelques hauts fonctionnaires qui n'avaient pas à maudire une grandeur qui les condamnât à la réserve et aux spécialités, s'approchèrent pour nous parler de l'Egypte, de la bataille de Nézib. Ils nous donnèrent en échange quelques renseignements curieux sur l'organisation de la Grèce. Le chancelier Armansperg fit deux fautes, dont ce pays souffrira longtemps; la première, est l'adoption du drachme (90 centimes) pour unité monétaire. Le peuple se souvenant d'avoir vu la piastre turque au taux de 100 lepta (90 centimes), et ne pensant pas à sa dépréciation dernière (23 centimes) ou plutôt assimilant l'aloi de la nouvelle à celui de l'ancienne monnaie éleva subitement de 3|4 le prix de toute matière et de tout travail, substituant purement et simplement le drachme à la piastre. C'est là une des causes de la cherté actuelle de tout. Le manque de routes et l'inhabitude d'importation par terre aggrave encore cette cause. Le gibier qui est pour rien à quelques lieues d'ici, coute ici plus cher qu'à Paris et à Marseille. La cherté des salaires a bientôt dévoré les capitaux absorbés pour la plupart dans la construction des maisons d'Athènes. C'est par ce point que la première faute aggrave la seconde le choix de la capitale.

Certes, à un pays qui s'était affranchi, qui s'était constitué une indépendance par la magie des souvenirs, la ville des souvenirs par excellence devait servir de capitale; mais cette ville est double, une moitié dans les terres, une autre au bord de la mer, autour d'un port excellent. La Grèce étant essentiellement maritime, ayant plus de surface en îles qu'en terre-ferme, et ayant du côté des îles les plus grandes probabilités d'accroissement; la Grèce qui ne peut tarder à compter Lemnos, Samos, Scio, Rhodes, Candie, Mytilène parmi ses provinces; la Grèce devait avoir une capitale maritime. Au temps de Démétrius de Phalère, quand Astu avait près de cinq cent mille habitants, quand le mur de Thémistocle servait d'appui à une série continue de maisons, la cité de Minerve et la cité de Neptune pouvaient être considérées comme une seule cité. Maintenant le Parthénon est plus loin du Pyrée que Paris n'est loin de Saint-Cloud, et Athènes s'éloigne du Parthénon en se jetant vers le Lycabète. Les alluvions de vingt siècles, au milieu desquelles un petit nombre de monuments antiques dressent encore leur tête, en ont enterré un nombre incalculable qu'il fallait laisser fouiller à la curiosité et à la science européenne. Des constructions bourgeoises et hâtives ont coupé court à cette perspective pour donner, quoi? vingt-six mille habitants à la nouvelle Athènes. Si l'on avait laissé ici la nécropole de la vieille Hellade, en y bâtissant tout au plus un palais royal ayant le Parthénon et ses alentours pour musée national, ce Versailles, précieux par lui-même, n'eût pas empêché l'aggrandissement d'un Paris placé au Pyrée. Le commerce congénère de la politique aurait profité à la capitale, tandis que la rade de Syra absorbera longtemps le mouvement commercial, malgré l'incontestable supériorité du triple port de *Cantharos*, *Aphrodisium* et *Zea*, où avant Lysandre, les Athéniens comptèrent parfois jusqu'à quatre cents vaisseaux. Armans perg a été Lysandre pour le Pyrée comme pour Athènes !

Nous nous retirâmes vers les une heure. Ce matin, nous avons dû faire remettre des cartes pour le roi chez son maître des cérémonies, pour la reine chez ses trois demoiselles d'honneur, Nordenflich, Weisingtan et Botzaris. Sir John Lyons, le ministre anglais, expert dans l'étiquette d'une cour où il paraît exercer une haute influence, l'a ainsi conseillé à M. Lindsay.

18. — Nous avons fait nos adieux au Parthénon, distraits même là par les nouvelles de Nézib et de Constantinople. Dans l'édifice à gauche des Propylées est un vieux tronc découronné de palmier, maintenant plus que jamais emblème de la puissance orientale qui asservit si longtemps la Grèce en arborant son drapeau sur l'Acropole. Les souvenirs du bal de la cour défraient les conversations de la rue d'Éole, espèce de boulevard de Gand où tous les soirs on va se rafraîchir d'air et de glaces. On m'a montré le café et la chaise où M. Raoul Rochette causait archéologie avec les Ross et les Gropius. On y voit galoper plus d'une amazone anglaise, et même la jeune reine, qui voltige à cheval aussi gracieusement qu'à la mazourque. On nous montra un beau prestidigitateur français, jeune homme de bonne famille, qui a grossi la secte déjà nombreuse des cabotins instruits et des baladins de haut parage. Si le rang social se mesure définitivement par le bruit et par l'argent ; si une belle voix rapporte autant d'argent qu'une recette générale ; si quelques coups de doigt sur un violon ou sur un piano rapportent des croix d'honneur et des sabres d'honneur, des parchemins et une notabilité plus grande que celle d'un receveur-général ou d'un ministre, la tentation doit gagner de proche en proche aux gobelets et à la gibecière qui rapportent de l'argent et des croix comme les violons, les voix et les pianos, et qui peuvent de plus,

tout comme une tribune, faire une renommée d'esprit, d'improvisation et d'éloquence !

19. — Nous arrivons à onze heures au Pyrée, où les auberges sont pleines. Il nous reste la ressource d'un cabaret grec où nous dînons un peu moins mal qu'aux auberges d'Athènes et du Lazaret. Le *Dante* n'est pas arrivé ; il s'est arrêté à Poros pour réparer de fortes avaries. Le roi a mis à la disposition de M. de Lagrenée une de ses goëlettes, sur laquelle le ministre a eu l'obligeance de nous faire réserver des places.

20, 21. — Partis à six heures du soir nous n'avons eu le vent que quelques heures ; depuis minuit jusqu'au lendemain soir des brises légères et des calmes plats nous ont retardés ; nous n'avons retrouvé les vents qu'aux approches de Syra, contraires presque partout, mais la merveilleuse goëlette et son adroit équipage savent faire route avec toute brise. Parfois nous donnions une bande à recevoir un pied d'eau par les dallos sous le vent. A onze heures du soir nous avons jeté l'ancre en rade de Syra après une traversée assez agréable, beau temps, belle mer semée d'îles aux noms célèbres ; le vaisseau était fort bien tenu. A six heures du matin nous sommes descendus chez M. Schyros : les nouvelles de Constantinople fournies à la santé par nos amis du Léonidas sont fort rassurantes. Chosrew pacha, boiteux comme Talleyrand, est habile comme lui, car il n'a pas été tué et a empêché l'émeute. La flotte turque est réellement livrée à Mohammed-Aly comme nous l'avions déjà entendu murmurer au bal de la cour. Le Minos arrivé d'Alexandrie l'a laissée mouillée dans le port d'Alexandrie. Les auberges de Syra sont au niveau de celles d'Athènes et du Pyrée. Nous déjeunons à côté de plusieurs passagers du Tancrède, que le prestidigitateur Bosco amusait de sa verve et de son jargon italien. Il voulait aller à

Athènes déjà rassasiée des tours de Rodolphe. Bosco est décoré non pas comme Rodolphe d'un ordre bleu de Lucques, mais d'un ordre rouge et vert de Hambourg. Quelqu'un lui a recommandé d'aller de préférence à Alexandrie qu'il trouvera en jubilation depuis les succès prodigieux du pacha. A midi nous étions embarqués sur le Tancrède. Bosco qui pratique son état *con amore* nous a diverti pendant tout le dîner, et nous a donné le soir une plus grande séance au thé de madame S...

22. — A dix heures on lève les ancres; la terre semble s'enfuir. Expression classique et fénélonienne obligée au milieu de ce monde homérique. Les rochers de Syra avec les maisons suspendues sur leurs anfractuosités, l'île de Délos avec ses roches nues ont bientôt disparu. Délos fut un point commercial central après que Mummius eut ruiné Corinthe; Syra paraît jouer aujourd'hui le rôle de Délos. L'objet qui ait le plus appelé notre attention et reposé un peu nos yeux fatigués de terre sans verdure, est l'île de Tino la plus verte, la plus peuplée de l'archipel Egée. En haut de la montagne on peut compter nombre de villages. La ville capitale blanchissant au bord de la mer, est surmontée d'une grande église avec un immense couvent; vers le soir nous avons accosté l'île de Scio que nous avons longée jusqu'à la nuit.

23. — Réveillés dans la baie de Smyrne. La ville est au fond, précédée à droite de son château blanc. En approchant nous distinguons ses nombreux minarets, les cyprès groupés dans les champs de morts et dans les jardins des particuliers. Plus loin à gauche est la rade de carénage et derrière la colline, du même côté, le village de Bournabah couvert de villas, de jardins et de kiosques. La santé de la ville est bonne depuis assez longtemps puisqu'elle est en libre pratique avec Constantinople. Des caïques élégantes mais

moins élancées que celles du Bosphore accostent le Tancrède et le remplissent de visiteurs. Les domestiques de place offrent les cartes de leurs hôtels. Une famille grecque qui porte un nom illustre du fanar et de la révolution grecque, Mavrocordato, descend à terre. Elle est originaire de Scio; la mère et la fille toutes deux belles de la beauté de leurs âges respectifs, pleuraient hier en reconnaissant leur terre natale. La fille qui reproduit exactement ce que sa mère devait paraître il y a une vingtaine d'années a les yeux velus et vairons, une bouche mignonne, un joli ovale et un teint fort blanc ; sa taille est peu élevée, mais elle est gracieusement faite de partout, excepté peut-être des pieds qui ne sont ni andaloux ni parisiens. Des amis étaient venus offrir des fruits à cette famille, des marchands en ont porté pour tout le monde, les raisins y figurent : il y en avait déjà au Qaire au mois de mai quand nous le quittâmes. Ici le climat quoique doux est moins précoce que celui des îles grecques. Je n'ai pas encore aperçu de palmiers, et je doute même qu'il y en ait un pauvre pied comme celui que les Athéniens ont respecté au milieu de la rue d'Hermès. Plusieurs goëlettes et brigs autrichiens, une goëlette et un steamer anglais, sont à l'ancre près de nous et la politique n'a rien de plus neuf que ce que nous avons appris à Syra. Le pays est tranquille : une petite conspiration a été découverte à temps pour qu'on en prévînt l'éclat ; les chefs sont emprisonnés au château et bâtonnés pour en obtenir des aveux. Le Français qui nous a donné ces détails est le frère de M. de Cadalvene, le numismate, récemment promu directeur des postes à Constantinople.

TURQUIE.

Nous reviendrons ici, mais il faut ébaucher connaissance pour préparer le plaisir de revoir. Nous traversons toute la ville en allant au pont des Caravanes, bâti sur un des ruisseaux qui prétendent au nom de Mélès. Les champs de morts occupent une surface à-peu-près égale à celle de nos places publiques. Ils sont jolis et pittoresques avec leurs cyprès et leurs tombeaux. Parmi ces derniers, on nous montre le marbre du dernier pacha de Smyrne, surmonté d'un fez rouge. L'uniforme nouveau a été adopté même par les morts. L'inscription est dorée. Cette architecture polychrome ne rachète pas le mauvais goût par une exécution soignée.

2. — A quatre heures du matin, nous longions depuis longtemps Métélin, l'ancienne Lesbos. Nous sommes ensuite passés fort près du cap et de la ville de Baba, où les Turcs fabriquent des couteaux estimés, et où l'on mange d'excellentes huîtres. Ténédos s'est présenté d'abord par un côté pelé, puis par un autre qui a un peu de culture, des vignes, des moulins, et une petite ville avec un fort. Au-delà apparaît Imbro, dominé par les hautes montagnes de Samothrace. Lemnos est à notre gauche, vaporeux comme un nuage. La flotte française qui est à l'ancre vers le cap Sigée a cinq grands vaisseaux, une frégate, une goëlette, un brig et un pyroscaphe. Notre capitaine va à bord de l'amiral; le prince de Joinville qui y fait fonction de chef d'état-major garde le visiteur à déjeuner : nous en avons notre part, car nous entendons la musique qui l'accompagne. Le capitaine nous revient en société d'un secrétaire d'ambassade allant à Constantinople. La plaine de la

Troade s'appuie sur la chaîne de l'Ida, qui est peu élevée, mais fort découpée. On nous montre quelques tumulus auxquels les érudits veulent rapporter les tombes de Patrocle et d'Hector. Nous sommes à l'entrée de l'Hellespont.

Un officier de l'escadre venu avec le secrétaire d'ambassade nous conte la sortie de la flotte du capitan pacha. Il laissa croire à M. de Lalande qu'il allait vers l'Égypte pour négocier avec le pacha et non pas pour se rendre à lui. Le sadrazam Kosrew voulait, disait-il, livrer cette flotte à la Russie; c'était pour cela d'abord qu'il fallait l'éloigner des Dardanelles. La flotte était formidable : vingt-huit voiles dont huit vaisseaux; mais les marins étaient des Turcs, l'amiral un officier de terre : ce n'était pas cette flotte ni son branlebas de combat qui effrayait l'amiral français. On l'avait laissé aux Dardanelles avec deux vaisseaux, et ce qui est pire, sans instruction aucune. Il fallait tout prendre sur soi, et la responsabilité militaire d'un combat si inégal et la responsabilité diplomatique d'une intervention. Ainsi le *statu quo* est toujours trompé par l'imprévu; la diplomatie raffinée de l'Europe est jouée par des Barbares; le monde réel court et laisse au loin celui des utopies, à-peu-près comme maintenant dans le grand salon du paquebot on cause statistique de la Turquie, partage de ses états immenses dépeuplés et disjoints; on mêle à la politique les anecdotes, le rire et la gaîté, tandis que M. le premier secrétaire reste dans un coin, sérieux, ganté, les pouces dans son gilet, et maudissant une grandeur qui le condamne à la solitude et à l'ennui.

Les vallées et les collines se succèdent sur les deux rives des Dardanelles : étroites, boisées, jolies en Europe, larges et grandioses avec des lointains en Asie. Le vent du nord-est qui règne depuis longtemps a arrêté un nombre immense de vaisseaux marchands; nous les trouvons par centaines à l'ancre le long des rives. Quels profits pour une compagnie qui établirait des pyroscaphes remorqueurs ! Les forts sont innombrables comme les vaisseaux ; le premier qu'on rencontre à droite est à la ville de Jenichery, près de l'embouchure du Minder. Said-Elbahr à l'opposite a du fort gros calibre avec des pyramides de boulets de marbre ; de ce même côté le second a les batteries du baron de Tott, maintenant désarmées et en ruines. Dans l'intervalle est une vallée basse, traversée par un souterazi, dont quatre hauts obélisques en maçonnerie sont les soupiraux. Au village des Dardanelles, où l'on prend toujours quantité de passagers, le paquebot s'arrête entre les deux plus formidables batteries appelées proprement châteaux d'Europe et d'Asie. Sélim, effrayé par la bataille de Lépante, en fut le premier architecte. Là le détroit ne paraît pas aussi étendu que le Nil aux approches de Rosette ; il s'élargit graduellement jusqu'à Lampsaque (Asie) et Gallipoli (Europe), qui sont le commencement de Marmara. Ce grand lac est borné des deux côtés par des collines assez élevées et qui s'éloignent au point de se confondre avec les nuages.

CONSTANTINOPLE.

25. — Le vent et les courants ont retardé notre arrivée de plus d'une demi-journée. A quatre heures du matin nous étions encore loin du Bosphore : le cap d'Héraclée était à notre gauche ; de l'autre côté la Bythinie était invisible. Quand les deux terres se sont rapprochées, nous avons distingué bien après Héraclée une petite crique coupée de chaussées et de ponts : c'est Bouyouk-Tchemiché. Vers neuf heures quelques hauts minarets se sont dessinés dans le ciel par-dessus le village de Santefano qui fait le coin de la pointe d'Europe ; puis vient Baroudkhana ; le

château des Sept-Tours, commençant au mur bizantin, se présente ensuite avec son réduit rond et sa tour longue et pointue comme un paratonnerre. Plusieurs maisons bâties en dehors des murs de la ville baignent dans l'eau, supportées par des piliers de bois; les caïques, voitures des propriétaires, sont remisées dans cet humide rez-de-chaussée. Les mosquées sont nombreuses et toujours composées d'une coupole centrale qui appuie des coupoles latérales plus petites et quelques pavillons à versants inclinés ou à terrasses plates, le tout entremêlé d'aiguilles et de minarets. Le patron est pris de Sainte-Sophie; c'est aussi le patron des mosquées et tombeaux des sultans au Qaire, nouvelle preuve de la racine bizantine de l'architecture des Sarrasins. La côte d'Asie se rapprochant à son tour montre Scutari précédé de son immense caserne. Le vieux sérail avec ses kiosques, ses cheminées en colonnes, ses cuisines, ses coupoles, ses jardins entremêlés de bâtiments vieux et de pavillons neufs, de hauts sapins, de cyprès, de grands buis, de tilleuls, vient par une suite de gradins baigner dans la mer vers la Corne-d'Or, où les ornements de ses portes, les gerbes de ses soleils, les croissants, les boules, les aiguilles dorées, les écussons de ce vert pré qui est la pourpre musulmane se détachent richement sur le blanc vif des édifices. Le port se découvre un instant après plongeant à gauche au loin vers Istamboul et vers les eaux douces. Galata, sa limite orientale, forme le bas de la colline que couvre Péra; il est comble de débarcadères, d'échelles et de douanes; plus loin apparaissent Tophana, Béchiktasch, et vis-à-vis, à l'autre bout de Scutari, Beglerbey, le palais que Mahmoud s'était construit comme l'emblème d'un ordre nouveau qui devait assurer à lui-même et à sa dynastie la certitude de mourir dans un lit. Ne serait-ce pas plutôt le commencement de l'émigration en Asie? Les échelles et les premières rues de Galata produisent leur désenchantement accoutumé, mais la facilité des douanes console : quelques piastres leur plaisent plus que les clés de vos malles.

26. — Constantinople a été décrite si souvent qu'une description de plus serait inutile. La seule chance de tempérer l'ennui des redites est de les subordonner aux impressions personnelles du visiteur. Les capitales sont perpétuellement changeantes même dans leur partie matérielle. Elles le sont encore davantage dans le rapport moral. Le chatoiement est plus grand encore dans les préoccupations du voyageur. Chacun à son insu ou à son escient est poussé par une tendance, celle de son siècle, de ses préjugés, de ses goûts, de ses études particulières. Le bal d'Othon était plein d'érudits allemands qui venaient visiter la cour de Périclès, qui, Homère à la main, allaient parcourir la Troade. Je me suis fait d'autres dieux, je caresse d'autres souvenirs. Indépendant par caractère et par les hasards d'une vie vagabonde, j'ai refait des classes après les humanités régulières, et mes classiques se sont déplacés. Le paganisme grec a cessé de m'intéresser, si ce n'est dans ses aïeux indous ou égyptiens ; cette antiquité elle-même me plaît un peu moins que celle dont Moïse, Samuel et Esdras furent les historiens. C'est à la venue de Jésus-Christ que l'humanité m'inspire une sympathie complète ; c'est dans les phases agitées et complexes du moyen-âge que ses destinées m'ont paru prendre un élan vigoureux vers un but final qui n'est pas encore atteint, mais vers lequel l'impulsion recommence. Voilà les peuples, les temps, les pays dont j'aime les fastes, dont je recherche partout les traces, les souvenirs et les races : voilà l'avenir que je voudrais anticiper ; voilà les préoccupations que j'emporte partout avec moi comme mes propres organes, comme mon cœur et

mon cerveau. Elles se glisseront nécessairement dans l'enregistrement de mes éphémérides.

Nous sommes logés à Péra dans ce qu'on appelle la Grande-Rue et le plus bel hôtel, au voisinage du petit champ des Morts et des palais de la Diplomatie européenne, au voisinage de madame de F....., digne fille d'une mère si belle, si spirituelle, hélas, et sitôt enlevée à l'admiration de sa famille et de ses amis! Les Anglais de tous les coins de l'univers se sont donné rendez-vous à notre table d'hôte. Plusieurs nous accompagnent quand nous descendons à Tophana pour prendre une caïque. Aujourd'hui vendredi le sultan va à la mosquée de Beschik-Tasch... Nous longeons une série de palais impériaux et particuliers tous rehaussés de couleurs et de dorures. L'or et le vert pré font un mélange singulièrement tendre et agréable à l'œil. Une frégate, seul reste de la flotte turque, est à l'ancre dans le milieu du canal. Soudain un coup de canon que nous avons vu fumer au loin, bien avant qu'il détonnât, annonce la sortie du sultan du palais où est mort son père. La frégate répond par une salve de ses batteries, qui est répétée par une batterie voisine de Dolma Bagtché. Leurs feux se croisent pardessus notre frêle embarcation pendant que la flottille impériale s'avance rapidement. Le jeune homme est seul dans la première barque, lancée par seize paires de rames et garnie à la poupe d'un dais resplendissant d'or et de velours cramoisi. Kosrew et deux autres ministres sont dans la seconde; huit autres barques portent des personnages de moindre importance. Le sultan, ayant pris terre au perron d'un kiosque, est monté à cheval pour atteindre la mosquée perchée au haut de la colline. Des détachements d'infanterie et de cavalerie étaient stationnés dans les rues adjacentes. Les officiers supérieurs portaient leur nicham d'or et diamants suspendu au cou par une petite chaîne et rappelant assez le lorgnon d'un fashionable ; la plupart avaient des broderies au collet, mais je n'ai pas vu une seule paire d'épaulettes.

Le sultan est âgé de dix-sept ans et demie ; il est grand et mince, a la tournure et la physionomie timide et embarrassée. Sa face brune et pâle est tachetée de cicatrices de variole ; sa lèvre est déjà ombragée d'une petite moustache ; il porte l'habit européen avec le fèz. Autour de lui tout n'est pas resté aussi fidèle aux traditions de Mahmoud. La sultane Validé, en prenant possession de Beglerbey, y a trouvé une grande provision de vins de Champagne et de Bordeaux qu'elle a fait jeter à la mer. Les ouléma appuyés par elle ont repris les amples turbans qu'ils regrettaient d'avoir remplacé par la coiffure militaire ; et l'on ajoute que la première fois qu'Abdoul-Medgid a couché dans la chambre impériale, il fut choqué de voir une pendule parisienne ornée d'une figure dorée. Un bijoutier qu'on alla par son ordre chercher à Péra à une heure du matin dut, sous les yeux du sultan, mutiler la pendule pour satisfaire à ses répugnances iconoclastes. Reste à savoir maintenant si ces premiers actes appartiennent à l'homme ou à l'enfant, au caractère individuel ou à la docilité sous une influence étrangère. Si, comme on le dit, cette dernière hypothèse est la plus près de la vérité, l'impression de la cire dépendra du doigt qui la malaxera. Contre-révolutionnaire avec des ouléma et des janissaires ressuscités, elle poussera la réforme à des degrés inespérés sous des conseillers engoués du progrès européen.

27. — Nous sommes aussi voisins des derviches tourneurs qui ont dans leur cimetière la tombe du pacha Bonneval. Les exercices de ces religieux ont rappelé à quelques érudits la danse des Corybantes, avec accompagnement de timbales, de crotales et de flûtes. La Phrygie leur en a sem-

blé la commune patrie (1). Pourtant au Qaire, où ces *zikr* sont plus communs et aussi habiles, les supérieurs de la corporation sont toujours des Chaldéens et même des Persans. Le mysticisme musulman s'est surtout développé au-delà du Tigre, comme s'il y avait reçu l'influence des anciens mythes parses et indous! Deux officiers de l'escadre Lalande, après avoir assisté à la valse sacrée, sont venus nous prendre pour aller aux eaux douces.

On peut s'embarquer à Tophana ou à Galata pour traverser le petit port marchand; puis on passe le long pont de bateaux derrière lequel se trouve l'arsenal où six ou sept vieilles carcasses de gros vaisseaux de ligne pourrissent à côté de plusieurs pyroscaphes surchargés d'or. La vallée se resserrant de plus en plus, les quartiers opposés de la ville se rapprochent. La corderie est en face du Fanar et du quartier grec occupant les anciennes Blakernes, vers la pointe septentrionale du triangle rempli par l'ancienne Constantinople. Après le quartier d'Eyoub et la caserne des bombardiers, les maisons deviennent rares et font place à des champs de morts avec quelques cyprès et beaucoup de colonnes dressées à la place atteinte par les flèches de quelques sultans qui venaient s'y amuser à tirer de l'arc. Les collines un peu cultivées ou couvertes d'arbres et de gazons, quelques fabriques rares, les villa du sultan encadrent la nappe d'eau devenue verte par les bas fonds et la proportion plus grande de l'eau de rivière. C'est là proprement ce qu'on appelle les eaux douces. Les femmes viennent s'y promener en chars à bœufs, en arraba à un ou deux chevaux. Elles balancent leurs enfants sur des escarpolettes attachées aux grands frênes, chênes et pins. Des marchands ambulants, des limonadiers établis sous des tentes vendent

---

(1) Phrygias turrita per urbes. (VIRG.)

quelques sucreries et des rafraîchissements. La rivière, rétrécie davantage après quelques îlots de verdure, se passe sur un petit pont de bois aussi joli mais plus sérieux que le pont d'un jardin anglais. Le premier kiosque du sultan est là tout près après la tuilerie ; un autre plus grand est un peu au-dessus en tournant à gauche, près du barrage en marbre qui eut la prétention d'imiter la cascade de Marly. Tous deux sont, comme la plupart des édifices publics, peints en gris avec quelques lignes bleues qui les font ressembler à de grandes tentures de coutil, comme si l'idée de la tente qui a évidemment fourni le patron architectonique de la plupart des seraïs turcs, devait encore se retrouver partout pour les couleurs ; renouvelant ainsi par tous les points l'idée de campement provisoire remarquée par la sollicitude chrétienne et acceptée par le fatalisme turc. La Corne-d'Or, le port de Constantinople, est fort longue. Nous avons été plus d'une heure et demie pour regagner en caïque l'échelle de Tophana.

28, 29. — Hier matin je descendis vers le pont flottant par le petit champ des Morts qui est une forêt très-grande de cyprès coniques et de quelques cyprès étalés, jouant le sapin. Le pont, quoique récent, a déjà son tablier usé au point qu'en maints endroits les planches s'enfoncent sous les pieds et à plus forte raison sous les roues des chars à bœufs ou à chevaux ; à l'autre extrémité une porte conduit dans Istamboul où les vieilles maisons en bois, les rues sales, étroites et tortueuses rappellent la bonne vieille Turquie ; cependant même là il y a un peu plus de luxe qu'au Qaire, la boutique est plus ornée, plus grande, plus propre ou plutôt moins sale. En continuant cette rue on atteint l'aqueduc de Valens, grosse masse fort dégradée où il circule encore un peu d'eau, plus loin une colonne de granit gris avec un chapiteau d'Acanthe épineux trop grand et surmonté d'un dé massif ayant quatre aigles aux quatre coins. C'est la colonne dite d'Arcadius, ruine solitaire au milieu des masures d'un quartier désert; non loin de là est la colonne dite de Théodose, vaste tronçon de porphyre noirci et fendillé par un incendie : on dit que c'est du sommet de cette colonne que l'usurpateur Murzuffle fut précipité par les Latins. M. Lechevalier prétend que la vraie colonne de Théodose fut détruite par Bajazet.

J'étais dans la rue la plus longue, la plus régulière et à-peu-près la seule peuplée d'Istamboul, quelques soldats montaient la garde auprès d'une tente basse et de mauvais goût. Mahmoud passant par ici se reposa et exprima le désir d'y être enterré; son vœu a été obéi : son corps est là drapé dans des châles de diverses couleurs; un cippe funéraire est surmonté du fèz rouge et de l'aigrette impériale; une mosquée doit être bâtie sur le cercueil; Dieu sait si la famille en aura le temps. On atteint enfin l'Atméidan qui précède la superbe mosquée d'Ahmed avec ses six minarets, ses nefs, ses pavillons, ses kiosques, ses grilles, ses cours presque tout en marbre blanc réjoui par nombre de beaux platanes. L'hypodrome ancien a été plus d'à-moitié envahi par cette immense construction.

L'aiguille de granit hiéroglyphié est encore debout sur ses quatre dés de bronze au-dessus d'une double base chargée de quatre bas-reliefs d'une exécution si raide, si mesquine qu'on la croirait gothique, n'était la double inscription grecque et latine qui vante la gloire de Théodose. L'architecture gothique a copié le bizantin remanié par le sarrasin; ici elle a pu copier directement la sculpture, ces figures en procession, uniformes d'attitude, étriquées de membres, pauvres de draperies ; ces orchestres de musiciens au-dessus desquels un tréteau supporte le roi ou l'empereur symétriquement flanqué de ses principaux officiers.

Au fond de la place est un grand pilier carré à quatre faces bâti d'assises, que les plantes parasites disjoignent, il était jadis recouvert d'une lame de bronze sculpté. Plus près de l'obélisque montent encore cinq ou six mètres d'une colonne torse en bronze. Niketas Choniates en racontant le pillage des Latins, décrit un cadran solaire formé par un aigle enlevant deux serpents dont les corps entortillés retombaient jusqu'à terre. L'aigle et le sommet des corps des serpents ont été brisés, la portion inférieure est le tronçon de colonne torse qui subsiste encore.

Sainte-Sophie s'élève non loin de l'Atmeïdan; la nef primitive a quasi disparu, au moins à l'extérieur, sous les pavillons et minarets qu'on y a appuyés de tout côté. Elle devait avoir quatre côtés principaux avec une série de fenêtres formant frise circulaire; au-dessous, les jours étaient ménagés, ternés ou en quinconce. C'est précisément la disposition des tombeaux des sultans au Qaire, où les architectes grecs auront porté ce patron. Les maçons sarrasins l'ont modifié, assez heureusement, en allongeant en tête la calotte, basse qui clot le sinciput de Sainte-Sophie.

On peut regagner une échelle en longeant les murs du vieux sérail, murs crénelés et de temps en temps percés de portes et flanqués de tours carrées. Le tympan d'une de ces portes, la plus voisine de Sainte-Sophie (bab humaioun), est chargée d'une inscription où les lettres jetées pour le plus grand ornement, et l'éternel embarras du déchiffreur, dessinent les rayons d'une gloire, dont le moyeu de l'arceau est le centre. Quelques échappées de beaux jardins ombragés des vieux arbres que nous avons admirés déjà du Bosphore, s'aperçoivent, par-ci par-là, à travers les battants ouverts de ces portes. Ces murs, ces tours, servirent d'enceinte au palais des Césars avant d'enfermer le sérail de Mahomet II. Le roc vif, sur lequel ils reposent, est encore visible en plusieurs endroits : les décombres se sont tenues à distance respectueuse ; sur l'Atméidan, au contraire, et aux approches de Sainte-Sophie, les fouilles faites pour dénuder la base de l'obélisque et les marches établies pour descendre au parvis de la Mosquée, ont prouvé que le sol de la ville moderne s'était exhaussé de plus de 10 pieds.

Je visitai ensuite Eski-Seraï, la tour du Seraskier, la Citerne des mille colonnes et regagnai la Corne-d'Or par le grand Bazar *Bouyouk-Tchersé*. Là comme au Khan-Khalily du Qaire on voit des millions de pantoufles, dont pas une ne pourrait chausser commodément un pied européen, des bonbons indignes même du carnaval de Rome, des pâtisseries ruisselant de beurre rance, des fruits verts, des marchands demandant le triple de la valeur des objets. Les boutiques des poissonniers offraient quantité de moules énormes et séparées de la coquille, de grands poissons épées qu'on débite par tranches comme du thon. Au Bazar des Armes on voit quelques armures du moyen-âge richement damasquinées et une ample collection des nouvelles épées du nizam Djedid Turc qui paraît avoir copié de préférence les formes anglaises et russes.

Ce soir, chez Mme de F..., j'ai rencontré plusieurs Français de distinction : M. le comte Jaubert, que les journaux m'avaient fait connaître pour un orateur si mordant m'a étonné par sa parole douce, par son regard insinuant, par sa tenue sérieuse, sa politesse exquise. Il va, dit-on, en Perse : sa tête a déjà pris le costume du pays. Sa figure pâle et régulière est aux trois-quarts couverte d'une barbe noire et drue qui ferait envie à un mirza ; M. Saint-Marc Girardin qui a l'abord et la toilette sans façon, la causerie liante, l'humeur enjouée. Quelle agréable nouveauté de rencontrer des députés, des conseillers de l'université, des journalistes, oubliant de s'envelopper dans leur important quant à soi, dans leur haute et triple considération! Nous avons échangé quelques nouvelles botaniques avec M. Jaubert qui a paru apprendre avec intérêt les trouvailles de l'abricotier primitif dans la Célosyrie et du papyrus dans la Philistine. A propos de la question d'Orient M. Saint-Marc Girardin s'accommodera volontiers de tout ce qu'on proposera de nouveau, attendu que rien ne peut être pire que l'état actuel. Mais, ajoute-t-il, toutes les propositions et arrangements nouveaux que l'on peut prévoir et imaginer seront à leur tour aussi mauvais que cet état ; le poids de la Russie nécessitant toujours le contre-poids européen. Un replâtrage turc, une organisation slave, une réorganisation grecque laisseront longtemps, bien longtemps, la Romélie dans une minorité qui aura besoin de tutelle autant que la décrépitude musulmane. M. F..., qui en sa qualité de drogman, est aussi souvent conseiller du Divan que de l'ambassade de France, a par malheur été privé, par une dureté d'oreille, d'entendre cette ingénieuse apologie du *statu quo*.

30. — Un panorama de Prévot fit, il y a bien des années déjà, connaître Constantinople à Paris. Le peintre avait pris son point de vue de la tour de Galata, grand cylindre de pierre coiffé d'un long éteignoir de plomb; la frise de la tour est formée par une ceinture de fenêtres d'où la vue est déjà fort imposante. On jouit d'un horizon plus complet et plus magnifique de la galerie qui règne à la base du cône. Dans la salle éclairée par les fenêtres on trouve un homme occupé à faire du café et qui vous en offre pour dissiper la chaleur causée par l'ascension; un autre vieillard, ouvrier en serinettes, est préposé à l'entretien d'une horloge qui sonne des heures romaines à l'oreille de l'Istamboul musulman ; un escalier spiral au-

tour du mât, pièce principale de la charpente du cône, vous conduit à la galerie circulaire : là, en s'appuyant sur une des consoles, on sent que le vent et le roulement des voitures impriment à la tour une secousse incessante; elle augmente l'étourdissement que cause la prodigieuse élévation. L'œil plane à une région supérieure à celle des faucons et des vautours qui animent le ciel ; les pigeons bleus volent encore plus près de vous : la tour à tous ses étages est un colombier aussi peuplé que les champs des morts et les bords de la mer. Une autre population et d'autres domiciles vous frappent par leur immensité, quand vous avez suivi quelque temps les lignes de la Corne-d'Or et du Bosphore. Aussi loin que la vue peu s'étendre vous voyez en Asie, en Europe, des villes, des bourgs, des villages presque aussi considérables que les cités qui sont sous vos pieds, et vous savez que les détours du canal, les plis du terrain, vous en dérobent encore d'autres, car Therapia, Buyukdéré et la mer Noire, ne se voient pas d'ici.

Un steamer, arrivé aujourd'hui de Trébizonde, a porté à M. de Cadalvène des nouvelles de la Perse et de l'Inde : les Anglais se sont emparés de Caboul ; on reparle de la mort de Rungitsing. Le steamer a reçu pratique immédiate, quoique la peste soit à Trébizonde : il est censé ne partir de là qu'après une quarantaine dont on se rachète pour une soixantaine de piastres. M. de Cadalvène (1), qui a une grande expérience de l'Orient, a abandonné l'ancienne orthodoxie : il est contagio-épidémiste. C'est un acheminement à la vérité que les savants spéciaux ont vue et que les négociants, consuls et gouvernements recon-

---

(1) Cet aimable compatriote est, par sa mère, Thoron-d'Honfroy, et pourra quelque jour réclamer, au nom de son sang aussi bien que de ses études orientales, une portion de l'héritage que le vicomte d'Honfroy a réclamé en essayant d'insurger les montagnards Syriens.

naîtront quelque jour. En attendant, l'on tempère les exigences des intendants européens avec l'ancien laisser-aller et avec la fiscalité levantine. Abdoulmèdjid, le jour qu'il alla ceindre le sabre à la mosquée d'Aïoub, cérémonie équivalente au couronnement de nos rois, voulut associer à sa joie les malheureux de toutes les classes. Les quarantenaires furent mis en liberté comme tous les autres prisonniers. Un de nos commensaux anglais, orientaliste et officier de cavalerie au service de la compagnie des Indes, nous racontait que le gouverneur d'une province de Perse avait établi une quarantaine et une désinfection d'un mode nouveau. Au fond d'un puits sec on faisait un gros feu de bois vert. Le suspect, que les Marseillais ne pourraient plus appeler contumace, était suspendu par une corde et exposé à la fumée ; il se hâtait de promettre des *barchich* pour être retiré avant de suffoquer, et les agents du gouverneur proclamaient ce parfum une institution fort profitable au Trésor.

31.—La promenade de Constantinople à la mer Noire et retour par le Bosphore est incontestablement le plus magnifique spectacle qu'on puisse imaginer ! Ni grand opéra, ni baie de Naples, ni forêt vierge, ni saut du Niagara, ne sauraient lui être comparés. Il n'y manque (l'homme est si exigeant), qu'un peu de cette terreur, apostille indispensable pour accorder le brevet de sublimité. Cela même, les curieux et les blasés de l'Europe occidentale pourront en jouir quelque jour, lorsque, par exemple une flotte, forçant le Bosphore après les Dardanelles, sera canonnée de droite et de gauche par des artilleurs venus d'Odessa et de Sevastopol. Mais il est une autre promenade capable de rivaliser le Bosphore, sans cet accessoire dramatique : c'est celle des remparts occidentaux de l'ancienne Constantinople. Le temps et les révolutions y ont écrit en caractères mélancoliques leurs terribles enseignements. Le pittoresque, quoique moins pompeux et moins varié, est plus inattendu ; il demande un certain effort d'attention pour être savouré, mais il attache et remue plus profondément. Ce sont les ruines de deux grandeurs passées, déchues toutes deux par l'imprévoyance du despotisme ; despotisme bizantin, despotisme turc, tous deux ont dépeuplé la campagne de laboureurs, la ville de citoyens, les remparts de soldats !

On peut prendre terre après le château des Sept-Tours au débarcadère des abattoirs ; la campagne est fort peu et fort mal cultivée au voisinage et tout le long des murs ; elle est presque partout occupée par des cimetières plantés de cyprès, par des fontaines ombragées de frênes magnifiques. Les deux fossés qui séparent les trois premiers murs plus bas que le grand mur flanqué de tours sont comblés d'une terre végétale fort grasse où croissent des légumes, des noyers, des micocouliers, des frênes et surtout des thérébinthes les plus immenses qu'on puisse imaginer : de notre bateau nous avons reconnu plusieurs arbres pareils le long des remparts des Sept-Tours ; deux ou trois couronnent des tours appartenant à l'enceinte du côté de la mer et m'ont rappelé la charmante tour des pins du rempart de Montpellier, voisin du Jardin-des-Plantes. Une chaussée pavée, et, selon toute apparence, de fabrique bizantine, longe les murs de soutènement du fossé le plus extérieur ; elle suit la série de collines sur lesquelles est bâtie la ville et dont la plus élevée porte à son sommet la porte du Canon par où Mahomet II fit sa principale attaque avec sa couleuvrine monstrueuse.

La vallée qui précède est traversée par plusieurs soupiraux de souterasi ; de Tob Kapouci la vue plonge jusqu'à la Corne-d'Or, par-dessus les villages qui entourent la mosquée d'Aioub. Un peu avant de descendre en pente rapide vers la mer, une porte est fermée sur laquelle était à cheval un grand corps de logis bâti en assises alternées de pierre et de brique comme la partie supérieure de la ligne des tours. A dater de la porte du Canon les tours et les autres portions des remparts sont beaucoup plus délabrées; de larges pans sont écroulés, d'autres ont des fentes de plus d'une toise, comme le tremblement de terre en a fait aux murs d'Alep; d'immenses draperies de lierre festonnent toute la ligne et mêlent leur verdure à celle des grands arbres. On s'arrête volontiers au milieu de cette campagne désolée, en face de cette Rome nouvelle plus déchue que sa mère : de grands peintres de plume et de pinceau pourraient y retrouver les paysages solennels et les méditations du Poussin ! Toutefois, une heure et demie de marche aisée peut conduire un piéton des Sept-Tours à la porte *Haïvan-Hissari*, voisine de l'échelle maritime où le rempart va joindre l'eau de le Corne-d'Or; de là une caïque vous ramène à l'échelle qui précède le pont flottant et touche à Péra par le petit champ des Morts.

Dans l'après-midi nous avons fait visite à M. Franchessi que nous prenions pour un compatriote à son excellent français; il est natif de l'île d'Elbe où ce semble l'on réunit l'habileté florentine à la discrétion corse. M. Franchessi est directeur du *Moniteur ottoman*: la politique quiétiste est pour lui une bienséance d'état; il nous a appris que les ambassadeurs réunis hier avaient rédigé une note par laquelle ils déclaraient que l'Europe interviendrait activement dans le règlement des affaires d'Egypte. Avant-hier, un courrier avait été dépêché par le Divan à Mohammed-Aly, maître de la flotte et vainqueur de l'armée de terre : on accédait à toutes ses demandes. L'intervention européenne adoucira sans doute le *væ victis* du pacha et relevera un peu l'abattement actuel de la Turquie. Un avenir meilleur et pacifique peut donc être espéré si la diplomatie ne se borne pas à de vaines menaces, dont le pacha a appris à se moquer. Il règne de fait en Egypte, il peut régner ici par son or et par ses intrigues ; laissera-t-il durer un cabinet qu'il déteste et une tranquillité qui l'effacerait? Constantinople et son jeune sultan sont à la merci d'une émeute qui peut changer le gouvernement, et en dérangeant tous les plans des diplomates, remettre tout à la merci des passions et du hasard.

1er *août*. — Dans un pays où la propriété est sûre, le voisinage d'un grand centre est toujours agité par le mouvement qui l'approvisionne ; plus on s'en approche, et plus le terrain est précieux, plus soigneusement il est cultivé! à cinquante lieues de Paris et de Londres, on commence à sentir le branle de cette force centripète. Constantinople est moins grand que Londres et que Paris, mais les villes et bourgs éparpillés le long des deux rives du Bosphore pendant près de quatre lieues, ne peuvent être estimées à une population de moins de cinq cent mille âmes. Comment se fait-il, comment se peut-il que toute la campagne qu'on aperçoit à l'occident des murs bizantins, soit inculte! Istamboul est principalement peuplé de Turcs, et les Turcs n'aiment pas l'agriculture: fort bien, mais maintenant je reviens de visiter l'aqueduc dit de Justinien, je suis sur la grande route de Thérapia et de Belgrade, il n'y a de Turcs qu'au bord de la mer, dans les rues basses de Galata, de Tophana. Entre ces points et moi, tout est Arménien, Grec, Franc, la campagne est déserte, les champs sont en friche! C'est qu'apparemment les Turcs sont les suzerains du sol, s'ils n'en sont pas les maîtres. Le sol est fertile, mais personne ne veut, ni l'acheter, ni le prendre à ferme; à près de maîtres dont le caprice ou la cupidité serait venu confisquer la récolte, tuer la poule aux œufs d'or, abattre l'arbre pour manger le fruit ! Cette grande population s'approvisionne surtout par mer ; le despotisme au marché est moins absurde, moins vexatoire qu'à la campagne, le fruit, le légume, le mouton, le poisson qui y sont arrivés, ont groupé autour d'eux plusieurs connivences, plusieurs intérêts, plusieurs protecteurs ; ils se sont élaborés au loin dans des parages où il n'y avait que de petits tyrans moins puissants et moins capricieux que les grands seigneurs et les grands favoris. En Orient tout se passe au rebours de notre Europe.

Nous marchions depuis quatre heures dans un désert de collines coupées de ravins, de bruyères mêlées de quelques petits œillets sauvages, de quelques chênes porte-cochenille. Enfin, arrêtés près d'une fontaine où un pâtre bulgare gardait quelques chèvres, nous remarquons un tumulus soutenu de murs et portant les restes d'une noria très-profonde avec une petite esplanade de pins, cyprès et tilleuls. Le chasseur des hôtels de Péra nous a expliqué que nous foulions l'ancien hyppodrôme des premiers janissaires, et que le mur encore debout là-bas et percé d'une double rangée de fenêtres voûtées qui joue à s'y méprendre l'aqueduc bizantin, était un débris de leur ancienne et primitive caserne. Aussi loin que la vue peut s'étendre au N.-E., les seules traces qu'on aperçoive de l'industrie humaine, ce sont des régimes d'obélisques jalonnant la ligne de leurs aqueducs comme la tige extérieure de certaines graminées jalonne les nœuds de leur tige souterraine, ce sont les aiguilles des souterazi qui amènent l'eau à Péra et à Tophana.

J'emprunte à Andréossi la description suivante : « Les souterazi sont des massifs de maçonnerie ayant ordinairement la figure d'une pyramide tronquée ou d'un obélisque égyptien. Pour former une conduite à souterazi on a soin de choisir des sources dont le niveau soit supérieur de plusieurs pieds au réservoir de distribution que l'on veut établir, on amène les eaux de ces sources dans des canaux souterrains légèrement inclinés jusqu'à ce qu'on arrive au bord d'une vallée, d'un bas-fond ou d'un pli de terrain. On y élève de ce côté et du côté opposé un souterazi auquel on adapte deux tuyaux en plomb verticaux, de diamètres déterminés, placés parallèlement à deux faces opposées, ces tuyaux cessent d'être joints dans leur partie supérieure, ce qui forme ainsi un bassin. L'un permet à l'eau de remonter au niveau d'où elle était descendue; par l'autre l'eau descend de ce niveau jusqu'au pied du souterazi, où elle trouve un autre canal souterrain qui la conduit à un second, à un troisième souterazi, où elle s'élève et descend jusqu'à la dernière station. »

Les anciens ne paraissent pas avoir fait usage de cette propriété des liquides de se niveler, dans deux tubes parallèles. Les vasques de Salomon envoient l'eau à Bethléem et Jérusalem par la seule loi de la pente. L'aqueduc ne franchit jamais directement les vallées, il serpente à mi-côte; les aqueducs romains sont fondés sur le même principe, mais amènent l'eau par la ligne droite en franchissant les vallées sur des ponts. Jusqu'au siècle dernier les ingénieurs modernes ont continué la même pratique: les aqueducs de Maintenon, de Caserte, de Montpellier sont rivaux du pont du Gard et des aqueducs de la campagne de Rome. Andréossi, qui croyait le souterazi connu seulement aux environs de Constantinople dit, dans une note, qu'il a appris avec étonnement qu'on le pratiquait aussi en Espagne; il se demande si les Espagnols l'auraient copié dans quelque voyage à Constantinople ou en Afrique? je ne l'ai vu ni en Algérie ni en Égypte, mais je l'ai retrouvé en Sicile: les communications perpétuelles de cette île avec l'Espagne par les dynasties d'Autriche et de Bourbon expliquent cette coïncidence. En Espagne le souterazi paraît une chose récente : en Sicile il est beaucoup plus ancien, mais ne peut être attribué aux Maures qui ne l'ont pratiqué nulle part. Les aqueducs de Grenade, de Coïmbre et du Qaire sont du système romain. Andréossi incline à donner quelque part de l'invention du souterazi aux Turcs, sans doute à cause de la technologie qui est toute turque; autant vaudrait dire que le Cydaris et le Barbysés n'étaient pas jadis les mêmes eaux douces que les Turcs ont appelées depuis *Ket khansouiou* et *Aly-bey Kuiusouiou*. Mais l'administration des fontaines est le privilège héréditaire de familles grecques. Le souterazi, moyen ingénieux et économique, aura été trouvé par leurs aïeux bizantins quand l'épuisement du trésor et le rappetissement de l'empire ne permettaient plus de construire ni même d'entretenir des ponts-aqueducs dispendieux comme ceux de Valens et de Justinien.

Tourmentés par la chaleur, nous allions boire l'eau tiède de quelques ruisseaux stagnants ; l'un de nous s'aperçoit qu'elle fourmille de couleuvres, alors nous sentons le besoin de nous rapprocher du Bosphore en coupant non pas à travers champs, mais à travers déserts et bruyères. Le village grec d'Arnaout-kiu nous est annoncé par de grands champs plantés de fraises. Dans un cabaret du village on nous sert une matelotte de poisson, des pastèques, du vin de Scutari et des glaces ; ce goûter bizarre nous fait le plus grand plaisir, et nous rend la force de continuer la promenade sur la côte d'Asie. Mahmoud-Kiusk est un petit pavillon perché sur la cîme d'une colline d'où l'on a une magnifique vue du Bosphore, on a presque sous ses pieds les deux châteaux, véritables clés descendant de mi-côte jusqu'à la mer. C'est ici que Soliman eut la fantaisie de faire recommencer, par Michel-Ange, le pont que Darius avait fait jeter par Mandroclès de Samos. Un pistolet un peu fort enverrait une balle d'Europe en Asie. A l'est, on aperçoit Buyukdéré et la coupure de la ligne des dernières montagnes entre lesquelles la mer Noire s'aperçoit du sommet plus élevé de Boulgourlou ; cette montagne, haute de 240 mètres, fait partie de la chaîne de Bithynie et, par conséquent, de l'Olympe. Elle domine Scutari ; les vallées avoisinantes sont couvertes d'une sombre et épaisse forêt entremêlée de vergers et de vignes, de riches broussailles, de chêne, de laurier-rose et de clématite. L'arbre le plus commun dans ces forêts est le cyprès étalé que l'on y trouve à tous les âges et avec toutes les dimensions, futaie, baliveau, taillis, buisson. Cette terre plus humide que le liban lui est encore plus favorable : l'Asie-Mineure est sa vraie patrie. La fertilité de sol, plus grande ici qu'en Europe, masque un peu la négligence caractérisque de toute banlieue d'une ville musulmane ; mais l'industrie agricole n'en est pas moins absente, sitôt qu'on s'éloigne un peu ; seulement la terre produit des arbres un peu plus que les Turcs n'en peuvent détruire.

Ayant regagné notre barque, nous passons à distance respectueuse du Lazaret, puis longeons Beglerbey avec ses portes et ses toits rayonnants d'or, ses murs jaunes à liserés bleus ; puis Serat-Mia que le sultan Mahmoud n'a pas eu le temps de finir, mais où déjà les cuisines avaient lancé dans le ciel leur colonnade de cheminées. Après une station faite au port et à la ville de Scutari, nous reprenons terre à Dolma-Bagtchè où une autre cheminée-colonne fume pour refondre à une armée nouvelle, à une nouvelle flotte, un nouveau matériel d'artillerie. Par une pente un peu raide on atteint le grand champ des Morts où le marbre de quelques tombes neuves a un barbare et merveilleux éclat de pourpre d'or et de sinople.

2. — Le sultan est venu fort près de nous à la mosquée voisine de la fonderie de Dolma-Bagtché. Son père, qui le produisait quelquefois, semblait retomber plus habituellement dans les terreurs jalouses des rois d'Abyssinie, des empereurs Mogols, ou de ses propres ancêtres qui l'avaient tenu prisonnier jusqu'au jour de son élévation sur le trône. Abdoulmedjid avait été abandonné aux femmes et aux ouléma ; et le pauvre adolescent qui devait cimenter et poursuivre les réformes de son père n'a pas eu les moindres notions de l'Europe ni de ses langues ; il n'a même pas été vacciné, distraction singulière de la sollicitude paternelle qui avait pourtant fait quelque bruit de la vaccine importée en ses états. Un Turc, même grand homme, ne peut ressembler en rien aux hommes des pays policés, il y a toujours des lacunes énormes dans son esprit. Les préjugés de l'ignorance présomptueuse sont une calotte de plomb que le cerveau le plus énergique ne peut jamais soulever qu'à moitié. Mahmoud et son heureux rival, Mohammed-Aly lui-même, ont voulu singer l'Europe pour plaire à l'Europe d'abord, ensuite pour trouver de l'argent et augmenter leur pouvoir. Quant aux autres motifs, aux autres progrès des réformes leurs enfants les comprendront, les pratiqueront s'ils le peuvent. Dieu sait si une semence si peu enfoncée en terre germera ou durera jusqu'à la troisième génération !

Dans l'après-midi un araba nous a menés à Buyukderé par la route que nous avions déjà parcourue aux trois quarts. Le paysage cesse d'être désert et désolé vers *Musluk*, café ombragé de quelques arbres et rafraîchi par une fontaine empruntée aux souterazi voisins. La plaine verdit un peu ; les arbousiers se mêlent aux bruyères. La fraîcheur du sol est alimentée par les brouillards de la mer Noire que vous voyez en bas, au défaut des deux continents. En descendant vers le Bosphore la végétation devient exubérante, les micocouliers, châtaigniers, frênes, les platanes monstrueux de Godefroy, se mêlent aux pins, cyprès, tilleuls, plaqueminiers (dattiers de Trébisonde de Forskael) et maronniers d'Inde que les habitants des villages ont planté dans leurs parcs et jardins.

L'un de nous avait une lettre de créance à remettre à son ambassadeur qui sera demain tout occupé de son courrier de mer. Aujourd'hui il en avait reçu une de terre qui l'empêchait de recevoir personne; nous sommes allés gaiement employer le temps de l'audience à reconnaître dans la mer Noire, les cyanées, roches volcaniques dont la plus grande porte un autel votif mal à propos nommé colonne de Pompée. Tournefort dit que cette mer n'est noire que de nom : il aura eu le guignon de la voir par un temps serein, par un ciel d'azur cru comme celui que nous venons de laisser sur Bizance et Chrysopolis. Mais l'exception de Tournefort est rare, au dire du nom traditionnel aussi bien qu'à celui de tant de voyageurs qui comme nous au mois d'août ont trouvé ici une autre saison, une autre physionomie, un autre climat, une autre eau, un autre ciel; une voûte complète de vapeurs épaisses, une bise froide qui soulève les eaux, et là où l'eau est plus calme, à l'entrée du Bosphore, ce ciel gris miré dans une nape foncée comme les flots du Cocyte. Pour s'expliquer cette teinte on n'a qu'à observer la ligne sombre que trace sur l'eau la plus azurée de Marmara ou de l'Egée le mirage de la fumée d'un pyroscaphe, quand elle est jetée horizontalement par le vent. Les nuages de l'Euxin sont une fumée plus épaisse et plus continue.

Le soir nous avons fait visite à madame Gropius qui est ici dans sa famille, nous y avons entendu causer médecine. Le jeune sultan, dont ce matin encore nous remarquions la pâleur et l'étiolement, a été longtemps en proie au *gillingik* : c'est une maladie de langueur qui donne aux enfants le carreau, la diarrhée, l'atrophie, la fièvre lente, une faim canine. Le seul aliment qu'on leur permette est le merlan, nommé pour cette raison *gillingik bouliksi* (poisson du gillingik). Istamboul possède un médecin femelle nommé Miriam-Kadoun qui est fort en vogue pour le traitement du gillingik. Elle a guéri le jeune sultan qui lui a témoigné sa reconnaissance par une belle pension. *Lilangik* est une sorte de dartre. Pour faire l'homœopathie des formes, on la traite par le contact d'une pierre de jaspe tachetée comme le serpent et nommée pierre serpentine *ilangik tach*. Le remède suivant est un peu moins absurde, on arrête l'érysipèle en le recouvrant d'un morceau de drap rouge sur lequel on brûle un peu d'étoupe, c'est un moxa affaibli.

3. — Après un nuit dérangée comme à Péra par le hurlement des petits chiens et l'aboiement des grands, nous quittons notre hideux cabaret, pour aller à Belgrade. Les empereurs grecs avaient fait des lois très sévères pour tout ce qui regardait l'entretien et la conservation des eaux. C'était un article encore plus important pour des Musulmans abstèmes et accoutumés à plusieurs ablutions par jour. La fin du Balkan ou Mont-Hémus, riche en sources plus élevées que les collines de Constantinople et de Péra, devint pour les sultans l'objet d'une sollicitude encore plus grande que celle qu'il avait inspirée aux Césars. Pour ménager les sources, il est défendu, sous des peines rigoureuses, de couper des arbres, de creuser des puits, d'arroser des jardins. Les sources ne sont disponibles aux particuliers qu'autant que leur niveau est inférieur aux *bend* ou réservoirs qui commencent et alimentent les aqueducs. Une fois au moins un motif rationel a empêché l'agriculture ; l'état et les promeneurs y ont gagné de magnifiques forêts. Les environs

de Belgrade comme les jardins suspendus au-dessus des palais de la diplomatie de Bujukdéré ont une végétation plus luxuriante, une verdure plus noire que je n'en ai rencontré dans les parcs de la brumeuse Angleterre. Il faut lire dans Andréossi la savante description du système d'aqueducs qui approvisionnent Constantinople, mais il faut admirer ici les travaux commencés par les Antonins et continués par les empereurs grecs et par les sultans. Ces derniers ont encore moins pensé à l'économie que leurs prédécesseurs ; ils ont élevé des ponts-aqueducs autant que des souterazi, ils ont prodigué le marbre à ces aqueducs et jusqu'aux réservoirs où l'humidité cache bientôt la matière sous la mousse et sous les lichens. Le Barbysès a des sources nombreuses et abondantes dans la forêt de Belgrade ; un barrage appliqué à leurs vallées a formé plusieurs réservoirs qu'aucune sécheresse ne peut tarir ; des canaux de six lieues de longueur sautent plusieurs vallées sur des ponts aqueducs aussi magnifiques que celui de Justinien et vont porter l'eau dans la ville de Constantinople proprement dite. L'aqueduc de Valens qui approvisionne le sérail, reçoit ses eaux d'un autre système de sources au N.-O. de la ville vers le village de *Kalfa kiu*. C'est vers Belgrade et Pyrgos que sont les réservoirs ou *bend* les plus grands et les plus beaux, de l'autre système, Péra est abreuvé par le *Mahmoud bend*, œuvre de Mahmoud Ier, un peu après le village de *Bagtché kiu*; cette eau traverse une vallée profonde sur un superbe pont de marbre blanc que les promeneurs de Thérapia et les marins du Bosphore aperçoivent comme suspendu au milieu de son cadre de sombre verdure ; dans l'endroit le plus bas du col une arcade fort large livre passage au chemin de Buyukdéré à Belgrade : au-dessus de celle-là règnent vingt arcades de dix-huit pieds d'ouverture ; la moyenne qui est aussi la plus élevée, a quarante-trois pieds de hauteur, leur voûte est ogive ou à tiers point, circonstance insignifiante dans un monument turc moderne, mais fort curieuse quand elle se rencontre aussi dans un moment bizantin qu'on a osé attribuer à Justinien.

Le grand aqueduc qui porte ce nom et traverse le Cydaris a deux rangs d'arcades à tiers point. L'aqueduc coudé de Pyrgos a les arcades de son étage inférieur à tiers point. La date de celui-ci est un peu douteuse, quoique son origine soit certainement bizantine, l'autre manque à la liste des monuments de Justinien donnée par Procope, mais Gyllius l'attribue à Andronic Commène, élu empereur vers 1183. Nikétas nous donne une date antérieure en disant qu'Andronic ne fit que renouveler ces ouvrages; reste à savoir si la réparation ou le renouvellement suivit ou non le tracé primitif des arcades. L'arc ogive était depuis deux siècles pratiqué en Sicile par les Sarrasins; depuis plus longtemps, selon toute apparence, il l'était en Espagne, en Syrie et en Egypte où Constantinople envoyait des architectes et d'où par conséquent il en pouvait recevoir formés ou gâtés par leurs voyages, mais en tout cas porteurs de modes nouvelles pour lesquelles on pouvait se passionner comme pour les factions rivales de l'hyppodrôme.

Dans l'après-midi, nous nous sommes rencontrés chez madame Gropius avec l'aimable cosmopolite Puckler. Ces interminables villages qu'on appelle Buyukdéré, Thérapia, sont pleins d'une siguliére espèce de gens: ils sont distants et contenus apparemment pour vous cacher les nouvelles d'Europe que vous savez aussi bien qu'eux par le journal; quant à celles de Constantinople, vous les savez mieux qu'eux, vous y demeurez et ils en sont loin ; les dessous de cartes du divan y sont connus de tout le monde, et eux ne reçoivent communication que des mensonges officiels. La vérité fait bien quelques efforts pour pénétrer dans leur cabinet, pour se mêler à leurs paperasses. Plus d'un visiteur a dépensé deux jours de son temps, 100 piastres de son argent en frais de transport par terre ou par eau, et il a trouvé portes closes : si vous êtes admis, ils serrent tant de papiers, reviennent si souvent à leur bureau, paraissent si distraits en vous écoutant, savent si peu votre nom même en ayant reçu votre carte le moment d'avant, vous demandent d'une si singulière façon ce qu'il y a pour votre service, qu'on a peur de les déranger; on les rend à leurs graves travaux, à leurs éternelles écritures; on abrége la visite, surtout quand on venait pour leur dire des choses utiles à eux-mêmes, quand on venait pour leur service. Ces gens-là s'appellent diplomates. M. Puckler Muskau est tout bonnement un prince et un homme d'esprit; il sait des nouvelles et les communique; il en est friand et il les demande.

A Péra il m'avait déjà fait le portrait de Hafiz-Pacha, m'avait raconté la bataille de Nèzib, d'après les lettres de deux capitaines prussiens qui lui servaient d'aides-de-camp. Hafiz n'a pas manqué d'attribuer son désastre à la présence des Giaours dont cependant il a très-peu suivi les conseils. Aujourd'hui le prince nous a expliqué à quelles conditions les cinq puissances consentaient à reconnaître Mohammed-Aly : la reddition immédiate de la flotte, l'abandon des Arabies et de la Syrie. Le prince, que la reconnaissance lie envers le pacha au profit duquel on l'accuse même de travailler un peu maintenant, trouve les conditions fort dures et affirme qu'elles seront accueillies par des risées avant même que M. de Médem ait rassuré le pacha. On murmure déjà à l'ambassade russe qu'on ne se reconnaît pas le droit d'intervenir dans les affaires intérieures de la Turquie au moment même où la

France répète pour la millième fois sa morale de non-intervention.

Vers les trois heures nous profitons du courant qui rase la côte d'Asie pour regagner Constantinople. Nous avons joui si souvent de cette merveilleuse galerie de paysages que, tout en les dévorant des yeux avec ivresse, nous avons pu écouter la causerie de quelques gens plus blasés que nous et qui pouvaient, au milieu de ce spectacle, penser à des misères telles que celles-ci : La Turquie a beaucoup d'Européens à son service. Tout ambassadeur devrait désirer que ses compatriotes fonctionnaires dans le pays fussent puissants et considérés ; ce serait un moyen d'influence précieux pour une position où l'on doit rechercher l'influence par tous les moyens. L'habitude est au contraire de négliger les compatriotes quand ils sont fonctionnaires de bas étage, de les contrecarrer, de les jalouser quand ils atteignent quelque grade élevé : secrétaires, aides-de-camp, attachés, drogmans, le mot est donné à tout le monde ; à ces derniers surtout qu'on occupe aux petites intrigues depuis que beaucoup de fonctionnaires turcs savent des langues d'Europe et peuvent s'aboucher directement avec les aides-de-camp, les secrétaires, avec les ambassadeurs eux-mêmes.

M. de Choiseul dit un jour qu'un ambassadeur à Constantinople n'était que le secrétaire de ses drogmans ; ses successeurs et collègues ont fait expier aux drogmans la vérité de l'exclamation. La position des drogmans français dans toute la diplomatie du Levant est fort à plaindre : ni 1840, ni même 89 n'ont sonné pour eux. M. de Broglie a resserré les liens de leur ilotisme ; ils ne peuvent jamais être que des drogmans ; les carrières consulaires et diplomatiques leur sont fermées à tout jamais, malgré les études d'affaires auxquelles ils doivent se livrer par le moyen même de leurs travaux spéciaux. Les drogmans levantins deviennent habiles aux affaires à force de les traiter. Supposera-t-on qu'avec l'éducation européenne de plus on fasse des langues orientales un but et non pas un moyen ? Ennuyés de n'avoir en perspective que des places de cent louis ou mille écus, les drogmans capables se jettent dans le commerce ou passent au service d'un étranger qui les traitera mieux. A Constantinople le traitement est un peu plus fort, mais les dépenses sont en proportion et les dégoûts aussi. Les hommes capables gravitent vers leur métropole où des positions plus honorables les occupent, d'autres émigrent : il reste le fretin pour le tripotage en turc ouigour, ou les paperasses avec meninski. Les consuls et ambassadeurs, même ceux qui se croient des idées libérales, trouvent très-bonne cette continuation de vasselage sous leur suzeraineté. Ce qu'il y a de plus singulier, c'est que, en maintenant dans quelques familles une véritable hérédité des charges diplomatiques, on a rendu hommage au principe que fait la force et devrait faire le droit des drogmans. Les fils de consuls et ambassadeurs nés dans l'Orient connaissent les mœurs et les langues du pays ; la première génération des drogmans a justement les mêmes avantages. Si l'on tenait absolument à faire durer la féodalité aux affaires étrangères, il fallait, comme jadis, laisser aux drogmanats et aux chancelleries les revenus qui compensaient jadis le subalterne perpétuel auquel leurs titulaires étaient voués.

Le soleil allait se coucher derrière le promontoire de Chalcédoine, quand notre caïque se rapprocha d'Europe près des palais neufs de *Bechisktasch*, le premier corps à gauche n'est pas encore fini ; le plâtre et la peinture manquent sur les bois qui font le fonds de la structure. Cette anatomie visible ici, désenchante beaucoup pour nos yeux l'apparence des corps qui font suite et où l'on voudrait croire que tout le blanc des murs, ornements, moulures, festons terminaux, est de marbre aussi bien que les perrons et les colonnades du rez-de-chaussée. Le corps-de-logis moyen surtout, est un colifichet ravissant, un pastiche de marbre de malachite et or, de sculptures corinthiennes, de vases de Médicis, de peintures à fonds tendres avec filets délicats, tels qu'on en trouve dans les églises gothiques les plus ornées : de loin le barriolage fond clair avec les lizerés renouvelle toujours l'idée de la tente en coutil, au moins pour la couleur; mais les lignes générales tendent à l'architecture d'Europe; la tente courte et ventrue est abandonnée maintenant aux Turcs de province.

4, 5, 6. — Par l'architecture, cette grande écriture des nations, je clôturai mes études sur la Constantinople turque et bizantine. M. le comte Jaubert avait obtenu un firman pour visiter le sérail et les mosquées : tombé malade et hors d'état d'en profiter, il lui laissa ressortir son effet pour que sa maladie ne fût pas deux fois pénible à ses compagnons de voyage. Le rendez-vous général était à Kaly Keusch, petite esplanade voisine d'un vilain kiosque vert et fermé de rideaux de toile cirée. J'y vis successivement arriver plusieurs étrangers; j'y retrouvai des voyageurs d'Alexandrie, du Qaire, de Syra. Les alcyons, les chiens, les pigeons, les tourterelles, les anecdotes et les observations sur les arrivants mêlaient leur petit divertissement au grand et continuel spectacle dont on jouit de la pointe du sérail. Ce beau trivium d'azur tout sillonné de vaisseaux élégamment voilés, de caïques furtives, entouré d'un amphithéâtre de villes et de paysages plus ornés, plus dorés que le cadre le plus magnifique, fut tout-à-coup oublié pour la tournure d'un certain conseiller de l'Université gracieusement déjetée à gauche, pour ses petits coups de tête périodiques, pour sa redingote de maître d'études. Ce personnage était porteur du firman si précieux et si longtemps attendu. Les cawas de l'ambassade et ceux de la poste nous firent ouvrir la porte du sérail, et nous nous lançâmes dans ses détours.

C'est un immense labyrinthe où même ceux qui y ont été nourris peuvent se perdre quelquefois : les cours, les jardins, les appartements, offrent le mélange perpétuel des ornements prétentieux et de la négligence, des emprunts faits à l'Europe, avec les souvenirs du goût baroque et grossier de l'ancien Orient. Tout le corps-de-logis qui avoisine la pointe et le port est de fabrique moderne; cependant les cheminées y ont conservé la vieille forme que nous avons retrouvée dans les plus anciens appartements; les chambres des khatoun, même celle de sa majesté impériale, la première khatoun, seraient dédaignées par beaucoup de petites maîtresses de Londres et par des financières de la Chaussée-d'Antin. Un bois de cerf planté au-dessus de la porte d'une de ces chambres excita le fou rire des visiteurs.

Les plus anciens restes du palais de Mahomet II, les dernières parties que nous visitâmes sont le trésor, la bibliothèque et la salle de réception des ambassadeurs. Le cérémonial de cette solennité était parfaitement ridicule. Le sultan, accroupi sur son trône, entre un sabre et une écritoire ornés de pierreries, ne parlait jamais à l'ambassadeur, ne se retournait même jamais de son côté. Il ne regardait que le grand-visir debout devant une cheminée, et ne communiquait qu'avec lui. Celui-ci ne parlait qu'avec le drogman grec, le seul interlocuteur de l'ambassadeur. Ce trône, du haut duquel il s'est débité tant d'impertinences qu'on avait la bonté de ne pas se faire traduire, est un vieux dais de bois incrusté de pierres fort peu précieuses, la plupart turquoises. Plusieurs colliers de grosses perles étaient en outre suspendus en croix et festons au-dessus de la tête du sultan. Plusieurs qaouk ou turbans impériaux plus ou moins ornés étaient posés le long des traverses entre les boulettes de topaze ou verrotterie qu'on y voit encore. La salle était d'un demi-jour presque noir, par respect pour la face impériale : les volets étaient fermés, et les vitraux de couleurs sombres. Avant d'être admis dans cette salle, l'ambassadeur attendait dehors pendant plusieurs heures; on le régalait d'un repas turc; on payait devant lui les janissaires, et les deux cazi-asker lui donnaient le spectacle d'un jugement civil. C'est pendant ce temps que le sultan, caché derrière une grille, pouvait regarder la figure du récipiendaire à laquelle il devait ensuite tourner le dos.

Le jeune sultan va dit-on habiter de nouveau ce sérail; nous avons vu les réparations qu'on y fait dans ce but. Je ne pense pas qu'il rapporte dans ce séjour de ses farouches aïeux l'étiquette barbare qui tant de fois humilia les rois francs. Il est passé le temps où ici même Mahomet II renouvelait la menace de Bajazet d'aller faire manger l'avoine à son cheval sur l'autel de Saint-Pierre-de-Rome, où Amurat voulait faire du même temple une écurie et un lieu de prostitution. Il aurait pu imaginer pire en pensant à la prise d'Edesse par un de ses cousins Zenguy, qui fit décapiter l'évêque dans sa cathédrale et viola quatre belles femmes sur l'autel. Depuis longtemps la diplomatie souffrait de la vieille étiquette : le *tahin* la rendait indulgente. Les ambassadeurs étaient censés avoir froid et faim : on les vêtissait et nourrissait le jour de réception et tout le temps de leur séjour auprès de la Sublime-Porte. Trois ou quatre cents rations par jour faisaient au bout de l'année un compte plus élevé que les traitements les plus magnifiques de la diplomatie actuelle. Déjà cependant M. de Saint-Priest avait refusé de poser son épée pendant l'audience impériale. M. Sébastiani refusa d'ôter sa chaussure et y parut en bottes de général. Le républicain Aubert-Dubayet refusa la pelisse et le repas en disant que les envoyés de la France n'avaient besoin ni des vêtements ni des aliments du sultan. Guilleminot est le dernier ambassadeur que Mahmoud reçut dans cette salle, le dernier qui fut témoin et acteur dans cette singulière cérémonie. Après la destruction des janissaires, Mahmoud abandonna le sérail pour loger dans ses palais neufs, et principalement à Beglerbey, où il est mort.

Ici, cependant, les appartements impériaux sont encore meublés comme du vivant de Mahmoud. Nous avons vu de près ses bibliothèques éparpillées entre deux ou trois chambres, composées chacune d'une centaine de volumes. La grande bibliothèque voisine du *Khasné* ou trésor en peut avoir un millier. Derrière une armoire vitrée on montre une collection d'armes qui ont été portées par le même sultan : ce sont principalement des sabres et poignards enrichis de pierreries et damasquinés ; des sabres persans et afghans niellés et émaillés sur poignée et fourreau. Les bains, cours et jardins sont en grand nombre. Nous vîmes de près les petits parcs qui s'aperçoivent du Bosphore. Le divan était assemblé dans un de leurs kiosques. Au voisinage, plusieurs bornes de marbre longues et grêles étaient semées aux endroits atteints jadis par les flèches pendant les jeux du sultan. Les jardins sentent un peu le reflet de l'Europe du dernier siècle : les parterres, les arbres taillés à formes fantastiques ont modifié le potager.

La cour où se trouve la colonne de Bélisaire est comme celle des Mehkemé ombragée d'arbres magnifiques, cyprès, platanes, micocouliers et plaqueminiers. Cette colonne est en marbre cipolin ; le chapiteau en acanthe épineux trop long ; sur la base on lit encore assez distinctement, malgré les badigeonnages répétés : *Post devictos Gothos*. A toutes les portes, nous étions reçus par quantité d'eunuques noirs et blancs, la plupart à taille courte, à jambes arquées ; les vieux ridés comme des pommes. Dans la dernière cour entre Bab-Humaioun, la Monnaie, la petite église de Sainte-Irène et la cour des comptes, étaient exposées jadis les têtes des grands personnages condamnés comme traîtres. Celle d'Aly, pacha de Janina, est une des dernières que les curieux y aient vue.

Sainte-Sophie reçut notre visite après le sérail. Un atrium et un sekos précèdent la nef proprement dite, qui impose par sa grandeur. La coupole est beaucoup plus haute et plus élégante qu'on ne le supposerait du dehors. La forme générale est ovale : des colonnades latérales la séparent des bas-côtés. Des colonnades moins hautes sont répétées aux tribunes. On arrive à celles-ci par un plan incliné sans degrés, pavé, mais plus doux que les escaliers à *cordone*, en sorte qu'on pourrait le monter et le descendre à cheval. Une galerie circulaire forme un troisième étage à la naissance de la voûte. D'en bas nous avions remarqué les mosaïques antiques reparaissant par la chute des badigeons ; un grand séraphin est presque tout entier dénudé à droite de l'abside, au-dessus du monogramme d'Aboubekr. Près de la voûte, on reconnaît le reflet vitreux et doré des petits cubes employés par milliards au revêtement de cette immense surface. De quelques points élevés de Constantinople ou de Péra, de la tour du Séraskier ou de celle de Galata, on voit l'extérieur de la coupole de Sainte-Sophie reluire au soleil de la même façon et par la même cause. L'extérieur est, comme l'intérieur, orné d'une mosaïque de petits cristaux dorés. Au-dedans, les portions à portée de la main des visiteurs se détachent avec le stuc. Des vandales vous importunent en vous en présentant des fragments que vous pouvez acheter pour quelques piastres.

Le pavé de la nef et celui des tribunes est tout en marbre : les murs eux-mêmes sont revêtus sur toute leur hauteur de marbres rares et précieux. Les colonnes sont aussi en beaux marbres, en granit et en serpentine. Plusieurs ont été déjetées et fendues par le temps et les tremblements de terre. Les Grecs et les premiers Turcs avaient déjà relié plusieurs de leurs astragales avec des cercles de fer pour empêcher la chute des fragments. L'ouverture des chapelles est déparée par une grande traverse de bois qui fait corde à l'arc de la voûte : la plupart de ces traverses portent des sculptures grecques et des croix.

Les Turcs, et avant eux les Sarrasins, avaient reproduit cet arrangement dans leurs mosquées, comme au surplus ils ont perpétuellement copié le patron de la nef de son abside, de ses demi-coupoles latérales et de sa calotte terminale. Des églises propageant ce type étaient répandues dans tout l'empire bizantin quand les Arabes et les Turcs l'envahirent. Un Grec mêlé aux curieux nous indiqua mystérieusement dans une des tribunes du premier étage une porte qui fut, dit-on, murée sur la petite chapelle où un prêtre grec était en oraison au moment où les Turcs se précipitèrent dans la basilique. La tradition veut que ce prêtre doive se réveiller et finir sa prière le jour que les chrétiens rentreront à Sainte-Sophie. Alors aussi les grands écritaux qui portent dans l'abside les noms des quatre premiers khalifes au niveau du nom de Mahomet, et, ce qui est plus singulier, au niveau du monograme d'Allah, doivent se détacher spontanément des clous qui les suspendent. Ces superstitions ont un côté sérieux et respectable, elles enregistrent la protestation constante des anciens maîtres du sol, que les conquérants n'ont su s'attacher ni par la civilisation ni par la justice. Et les désirs incessants, les secrètes espérances finissent toujours par s'accomplir quand elles s'appuient sur de pareils griefs.

Après Sainte-Sophie on va visiter les autres mosquées, dites impériales. Bien qu'elles soient curieuses à titres divers, la plupart des voyageurs se contentent de Sultan-Ahmed, charmante fabrique turque, moins grande que Sainte-Sophie, mais d'une fort ample et élégante dimension que fait valoir son assiette au haut de la colline. Sa charmante coupole bleue, la première que l'œil salue en s'approchant du Bosphore, est supportée, à l'intérieur, par quatre massifs en forme de piliers agrégés qui appuient aussi les coupoles mineures des quatre côtés. Les portails d'entrée principale sont sculptés en rocaille sarrasine comme ceux de Bayazid, près du vieux sérail et le fameux portail de Sultan-Hassan au Qaire. La mosquée est précédée d'une belle cour carrée, entourée d'un cloître ogive à colonnade de marbres antiques. D'autres cours, jardins, bâtiments, colléges, séminaires, lui forment d'immenses et riches dépendances. Les six minarets sont placés aux quatre coins et aux deux angles extérieurs du cloître; ils sont sveltes et blancs comme de grands cierges allumés près d'une châsse religieuse. Leur nombre égale celui de la Qaaba de la Mecque, à laquelle le sultan Ahmed dut faire ajouter un septième minaret pour maintenir à ce premier temple de l'Islamisme ses priviléges métropolitains.

En rentrant à Péra, nous trouvâmes l'hôtel agité par une grande nouvelle. Le prince de Joinville arrivait incognito, et comme c'était surtout Constantinople qu'il voulait étudier plutôt que les brouillards de la mer Noire, il se logeait ici et non pas à Thérapia. L'hôtel était loué tout entier: le prince devait faire salon dans notre salle à manger, devait coucher dans ma chambre que je me hâtai de vider. Un compagnon excentrique, un Anglais, sorti avec moi et suivant flegmatiquement les portefaix bulgares chargés de nos effets, avisa sur un mur l'affiche d'un pyroscaphe autrichien qui partait le jour même, et nous estimâmes que c'était le seul domicile où l'on pût raisonnablement espérer de se loger. L'incognito du prince avait amené dans tous les hôtels la même foule et la même perturbation que dans le nôtre.

Vers les quatre heures nous avions dit adieu à Constantinople, jeté un dernier coup-d'œil sur les îles des princes, sur Fanaraki et Kadikeui. Ces deux jolis villages servent de guinguette au dimanche des Grecs et des Francs. Il y a peu de jours, à propos de je ne sais quelle fête autrichienne, le pyroscaphe de l'internonce, mis à la disposition des invités de Péra, les porta à Thérapia et les promena ensuite jusqu'au village et aux îles. Les gouvernements constitutionnels ne peuvent pas ainsi mettre embargo sur leurs paquebots-postes et les invités se mouillent en caïque ou se poudrent en araba pour aller à leurs frais aux fêtes de leurs ambassadeurs. Au-delà des îles, au fond du golfe de Nicomédie, l'Olympe haut et neigeux malgré l'été s'empourprait des feux du soleil couchant. D'ici au Tchénokolé (nom turc des Dardanelles), la terre est trop loin pour occuper l'œil même pendant le jour. La méditation en présence du soleil couchant est la prière du soir après laquelle le voyageur doit se coucher. Mais en quittant une ville dont les souvenirs ne sont pas moins grands, pas moins variés que les spectacles, la curiosité ne peut se passer de feuilleter quelques notes historiques, fut-ce même à la lumière de la lampe que le roulis fait osciller.

QUELQUES POINTS DE L'HISTOIRE DE CONSTANTINOPLE.

Tout n'est pas fable dans la mythologie : l'interprétation du mythe peut fournir de véritables inductions historiques, et l'expédition des Argonautes, par exemple, est le voile transparent de la première tentative maritime et commerciale des Grecs dans la mer Noire, comme la guerre de Troie fut la première invasion territoriale des Grecs dans l'Asie-Mineure. La navigation et le commerce paraissent avoir eu des progrès plus lents que la conquête, ou plutôt des annales plus obscures ; toujours est-il que le Mégarien Bizas, fondant une colonie à l'entrée du Bosphore cinq ou six siècles après que les Argonautes y furent passés, réalisa tous les rêves de richesse représentés par le bélier de Phrixus. Peut-être faut-il reculer jusqu'à cette époque la désignation de Corne-d'Or que reçut le port de Bizas ; là était vraiment la tête de l'opulence commerciale dont la toison était disséminée dans la Colchide et dans toute l'Asie.

Bizance tenta de bonne heure ses voisins d'Asie : Darius la prit sur ses premiers colons ; les Ioniens la reprirent sur les Perses pour se la voir ravir par Xerxès. Les voisins d'Europe éprouvèrent à leur tour la tentation : les Athéniens et les Spartiates, rivaux sur terre comme sur mer, prirent, reprirent et perdirent plusieurs fois ce grand entrepôt commercial. A la fin, les habitants se sentirent assez forts pour secouer le joug de tout le monde et même pour résister aux armes de Philippe. Moins heureux envers les Romains, ils conservèrent pourtant une indépendance et de grands priviléges en aidant à-propos ces conquérants à combattre et terrasser un voisin, Mithridate, contre lequel sans doute ils avaient des griefs de rivalité. Bizance, libre sous la commode protection d'un suzerain fort éloigné, devint une cité opulente, prépondérante dans la Thrace, capable de soutenir les prétentions d'un rival de Septime Sévère, et après la défaite et la mort de ce rival, capable de résister trois ans à l'empereur et à son armée. Sévère se vengea en homme courroucé et non en roi ni en politique. Il voulut anéantir une cité que sa position rend immortelle. La réflexion et les instances de Caracalla, son fils, le décidèrent à la rebâtir presque aussitôt après qu'il l'eut saccagée et rasée.

Deux siècles lui avaient rendu son ancienne prospérité, lorsque Constantin vint y ajouter une splendeur plus grande en y transportant la capitale du monde chrétien. Je renvoie à une période ultérieure de mon voyage l'appréciation du caractère de Constantin et de la grande révolution qu'il opéra. Ce caractère et cette révolution recevront quelques lumières du temps qui aura marché et mûri la question d'Orient. Deux autres périodes de l'histoire de Constantinople me paraissent capables d'éclairer aussi l'avenir de cette question : la croisade, qui forma une dynastie latine, et la conquête de Mahomet II. Tout le passé d'un pays peut exercer quelque influence sur son avenir: la Bizance primitive, république ou cité anséatique, pourrait se refléter dans une régénération de Constantinople, aussi bien que le schisme grec et l'élément turc.

Les deux premières croisades se firent au profit et à la prière des empereurs grecs : ce fut le voisinage de plus en plus menaçant des Turcs Seldjoukides qui décida les Comnènes à solliciter l'appui des Latins, à promettre la rentrée dans l'église d'Occident. Les saints lieux, la Syrie, l'Asie-Mineure avaient été pris par les Infidèles sur les empereurs qui renouvelaient leurs prétentions de souveraineté, même en avouant leur impuissance de faire renouveler, par leurs propres armées, la croisade de Zimiscès. Les chefs latins prêtèrent foi et hommage pour les pays qu'ils allaient conquérir. Alexis les récompensa de cette soumission en les traquant, les assiégeant dans leur camp, en les persécutant, en les brouillant et les divisant par ses intrigues. A la seconde croisade, Manuel, petit-fils d'Alexis Comnène, faisait complimenter Louis VIII par des ambassadeurs qui lui parlaient à genoux pendant que d'autres ambassadeurs concluaient alliance avec les Turcs d'Iconium, avec ces mêmes Infidèles, avec ces ennemis dont on oubliait subitement l'ambition. Des intrigues plus actives et plus noires que celles d'Alexis ouvrirent à la fin les yeux de quelques chefs, et un prélat, représentant du clergé, qui alors était plus avancé que tout le monde, même en fait de science politique et guerrière, l'évêque de Langres proposa l'occupation de Constantinople comme point de départ de la conquête des saints lieux.

Les richesses de cette capitale étaient une tentation perpétuelle pour l'Infidèle, contre lequel la mollesse de ses habitants et de ses maîtres ne pouvait la défendre. Les intelligences avec le sultan d'Iconium devaient précipiter cette catastrophe en y ajoutant, pour le monde chrétien, le scandale d'une alliance avec les Turcs, et pour l'armée croisée la certitude d'avoir ses derrières inquiétés. La jalousie tracassière, quand même elle ne serait pas compagne obligée de la faiblesse et de la lâcheté d'un peuple dégénéré, était la conséquence naturelle d'un schisme, ennemi perpétuel de l'église latine et des peuples latins, et cause de toutes les trahisons. La prudence permettait-elle de laisser subsister un état de choses si périlleux? Les Turcs, maîtres de Constantinople, menaceraient bientôt l'Europe! Pour le trône, pour la nation, pour la religion grecque, une régénération était préférable à l'anéantissement. Ces vues hautes et sages furent repoussées par la générosité ou plutôt par l'ignorance des chefs militaires. Les Grecs, fidèles à leur système, mêlèrent de la chaux à la farine qu'ils vendaient aux Croisés, changèrent leurs pièces d'or contre de la fausse monnaie, égarèrent les armées et les livrèrent aux Turcs qui les massacrèrent.

Sans doute les chefs, qui comprenaient si mal la politique, avaient des subalternes qui entendaient encore plus mal les devoirs de l'hospitalité ; le soudard allemand, italien ou français prenait sa ration dans le ménage grec sans attendre qu'on la lui fît ; mais c'était un peu la faute des Grecs qui, en attaquant leurs alliés, en se faisant battre par eux, leur donnaient le droit de se comporter en vainqueurs. L'amour du vainqueur, si dangereux pour les femmes de tous les pays, était probablement moins du goût des pères, des frères ou des époux ; ils pouvaient s'en prendre aux lettres de leurs empereurs, qui avaient promis l'amour des belles Grecques aux étrangers qu'ils appelaient à la défense de leurs états. La famille impériale, toute la première, avait montré qu'elle prenait au sérieux ces promesses. Voici un portrait de Bohémond tracé de main de maîtresse par Anne Commène : « Ni l'empire, ni les pays étrangers n'ont produit en notre siècle aucun homme qui pût lui être comparé : sa présence éblouissait autant les yeux que sa réputation étonnait l'esprit ; sa taille était si avantageuse qu'il surpassait d'une coudée les plus grands ; il était menu par le ventre et par les côtés, et large par le dos et par l'estomac, il avait les bras forts et robustes : il n'était ni maigre ni gras ; il avait les mains grandes et pleines, les pieds fermes et solides, il était un peu courbé non par défaut, mais par habitude ; il était blanc par tout le corps, mais il avait sur le visage un agréable mélange de blanc et de rouge ; il avait des cheveux blonds qui lui couvraient les oreilles sans lui battre sur les épaules, à la façon des Barbares ; ses yeux étaient bleus et paraissaient pleins de colère et de fierté ; son nez était fort ouvert ; car, comme il avait l'estomac large et le cœur grand, il fallait que son poumon attirât une grande quantité d'air pour en modérer la chaleur ; sa bonne mine avait quelque chose de doux et de charmant ; mais la grandeur de sa taille et la fierté de ses regards avaient quelque chose de farouche et de terrible ; il était fin et rusé ; il parlait fort à-propos et ne manquait jamais de réponse à quelque demande qu'on lui pût faire. »

Les querelles domestiques du palais impérial rappelèrent les Latins à Constantinople. Cette fois, la ville était leur but, et non pas seulement un lieu de passage. Ils venaient, à la prière même du césar détrôné, Isaac Lange, représenté par son fils Alexis, mettre fin à des troubles toujours plus compromettants pour la république chrétienne de l'Europe et pour les nouveaux états latins fondés en Orient.

C'etaient les Vénitiens, ou plutôt leur doge, Dandolo, alors aussi avancé que le clergé dans l'intelligence des intérêts politiques, qui apercevaient, dans le jeune Michel ou dans Isaac son père rentrant au giron de l'église catholique, le moyen d'obtenir l'unité et la force auxquelles avait pensé l'évêque de Langres. On a dit que Malek-Adel lui envoya une somme considérable pour détourner vers Constantinople la croisade qui menaçait d'abord l'Egypte et la Syrie. Cette démarche est fort probable de la part du rusé successeur de Saladin, et l'acceptation du trésor encore plus probable de la part du chef d'une nation marchande accoutumée à faire argent de tout. Les chefs capables de répondre comme Turenne : « Je ne devais pas passer par chez vous, je n'accepte pas votre rançon, » ont été fort rares dans tous les temps.

La flotte vénitienne arriva à San-Stefano, puis débarqua l'armée à Chalcédoine et s'approcha des murs de Constantinople en présentant le jeune Alexis et le proclamant l'héritier du trône. Son oncle, qui avait envoyé inutilement des ambassadeurs, envoya un corps d'armée qui fut mis en déroute par quatre-vingts chevaliers, et livra Chrysopolis, qu'on commençait déjà à appeler Scutari. L'empereur vint commander en personne une autre armée qui devait s'opposer au passage du Bosphore et qui prit la fuite avant que les premiers Latins eussent touché terre. Le lendemain les Flamands s'emparèrent de Galata pendant que la flotte attaquait le port ; l'entrée était barrée par une chaîne que brisa le choc d'un vaisseau armé de cisailles ; les galères grecques furent prises et dispersées par l'escadre qui défilait majestueusement dans la Corne-d'Or, montrant aux Grecs, sur des vaisseaux gros comme le monde (1), ces boucliers blasonnés d'armoiries menaçantes, ces guerriers cuirassés et immobiles comme des statues de bronze, hauts comme leurs lances, irrésistibles comme des anges exterminateurs, ne craignant rien que la chute du ciel, terreurs réelles mêlées aux visions de la peur qui grossit les objets.

La flotte alla se poster vers les eaux douces, et l'armée faisant le tour du port vint se ranger devant le quartier des Blakernes ; une tour, qui porta le nom de Bohémond, fut élevée vers le lieu où fut depuis la mosquée d'Aïoub. L'empereur, d'une fenêtre de son palais, fut témoin du premier assaut donné par l'armée en même temps que le flotte, rangée devant le petrion (le fanar) couvrit les quais et les remparts d'adroits et intrépides marins ; ceux d'en-bas dressaient des échelles, ceux d'en-haut sautaient par-dessus le tablier des tours que portaient les vaisseaux, se glissaient le long des vergues et des cordages. Baudouin, Montmorency, Saint-Gal, Conon de Béthune, d'A-

---

(1) Expressions de Nikétas.

vesnes, Montferrat criaient à leurs soldats, en présence des *balistes* et des feux grégois : Voilà le chemin de la gloire, qui m'aime me suive ! Le vieux doge, plus positif, criait qu'il ferait pendre ceux qui ne le suivraient pas. Il fut aussi plus heureux : le côté qu'il attaquait était plus vulnérable ; maître d'un quartier de la ville et de vingt-cinq tours, il put porter secours aux autres assiégeants contre lesquels l'empereur faisait une sortie ; ce fut alors que, pour occuper une population immense et qui pouvait devenir dangereuse en se mêlant aux troupes impériales, le doge fit mettre le feu à un quartier de la ville.

L'empereur, rentré dans Constantinople sans avoir osé livrer bataille malgré les remontrances de son gendre Lascaris, en ressortit dans la nuit et s'enfuit sur un bâtiment. Dès que le peuple connut cette abdication de fait, il tira de sa prison Isaac, vieux et aveugle, que les Croisés firent saluer par Villehardouin, en lui demandant la ratification du traité conclu par son fils Alexis. Cette ratification fut pleinement et librement consentie : Alexis fut associé à l'empire, et les Croisés s'établirent paisiblement au-delà de *Chrysokeras* (la Corne-d'Or), où ils jetèrent les fondements des faubourgs francs de Péra et Galata. Visitant Constantinople comme simple curieux, ils admirèrent les palais, les églises et surtout la prodigieuse quantité de reliques.

Il était difficile à Alexis de conserver la confiance de ses libérateurs et l'amour de ses sujets ; ceux-ci, pleins de mépris pour l'éducation des Latins, qu'ils regardaient comme des barbares, furent surtout blessés de la leçon de théologie que les Latins prétendaient leur donner en réformant et leur dogme religieux et leur discipline ecclésiastique. La question dogmatique s'était jusqu'alors tenue dans des termes vagues relativement à la procession du Saint-Esprit et à l'impropriété du pain azime pour consacrer l'eucharistie. Le patriarche Cerularius, en prétendant se faire reconnaître chef de l'église universelle à la place du pape, avait précisé davantage le différend disciplinaire. La fermentation occasionnée par les tentatives conciliatrices d'Alexis et d'Isaac fit prononcer plus complètement le différend dogmatique, et l'historien du christianisme (1) date de cette époque le schisme religieux. Les divergences politiques et religieuses dataient évidemment de bien plus loin et remontaient à Photius. L'infatuation grecque pour des subtilités qu'elle comprenait fort peu et son aveugle résistance à un progrès qu'elle s'obstina à ne pas comprendre : l'unité, l'union en présence d'un ennemi commun, telles furent les causes véritables des troubles qui agitèrent Constantinople et né-

---

(1) L'abbé Fleury.

cessitèrent un changement radical de dynastie. La réapparition d'Alexis, l'empereur détrôné, la guerre des Bulgares, l'incendie de la ville, la levée d'impôts exorbitants, la conduite peu digne du jeune Alexis, qui allait se mêler aux orgies de Galata et se laissait couvrir du bonnet rouge des matelots vénitiens à la place de son diadème impérial, s'ajoutèrent comme occasion et comme causes secondaires.

Les Croisés répondirent par des hostilités aux attaques et à la violation des traités : l'émeute s'érigea dans Constantinople et menaça le palais impérial sous la conduite habile d'un Alexis Ducas, surnommé Murzuffle, à cause de ses gros sourcils. Ce roi des halles était en même temps le favori du jeune empereur ; il l'avait été aussi de l'empereur détrôné, qui l'avait employé à crever les yeux à Isaac. Il compromit tout-à-fait le jeune homme avec les Latins et se fit son bourreau après s'être fait proclamer empereur à sa place. Isaac-l'Ange épargna un nouveau parricide à Murzuffle en mourant d'effroi et de désespoir. Les croisades ne pouvaient plus traiter ni avec un peuple si versatile, ni avec un chef coupable de tant de crimes, de tant de perfidies. L'état déplorable des états chrétiens en Syrie réclamait leurs secours ; leur position fausse au milieu d'un pays sans amis et presque sans vivres, ne permettait plus d'y rester en alliés ou en ennemis ; il fallait s'y établir en vainqueurs et en maîtres.

Le 9 avril 1204, toute l'armée, réunie sur la flotte, fit une attaque infructueuse vers ce même petrion par où Dandolo avait pénétré dans la ville. L'attaque, renouvelée trois jours après, le 12, fut plus heureuse : deux vaisseaux appelés le *Pèlerin* et le *Paradis*, poussés par le vent, accostent le rempart, et deux guerriers, un Français, Durboise, et un Vénitien, Alberti, s'élancent sur le rempart ; un instant après, les bannières des évêques de Troie et de Soissons sont arborées sur une tour ; quatre tours sont emportées, trois portes enfoncées livrent passage à la cavalerie. Un cavalier, arrivé seul jusqu'au camp de Murzuffle, mit en fuite son armée qui eut peur de sa taille colossale et de son casque, évalué par Niketas au volume d'une tour. L'incendie, moyen cruel de diversion, vint encore occuper la populace plus redoutable, ce semble, que l'armée : Murzuffle se sauva dans un esquif par la Propontide et laissa le champ libre à l'élection, qui recommença dans Sainte-Sophie à la lueur de l'incendie. Lascaris fut empereur pendant quelques moments, jusqu'à ce que l'arrivée du jour et des Latins mit en fuite les sujets et le prince. La plupart fuirent de la ville par la porte d'Or, arc-de-triomphe de Théodose, après sa victoire sur Maxime, dont nous avons vu les débris au château des Sept-Tours.

Les soldats, rangés en bataille, reçurent l'ordre de respecter les personnes et les propriétés ; le clergé fortifia l'ordre par la menace d'excommunication. Malgré ces sages précautions, l'ivresse de la victoire produisit ses désordres accoutumés: les Européens furent stimulés par l'exemple des chrétiens latins établis depuis longtemps dans l'Orient et qui avaient des représailles plus nombreuses et plus personnelles à exercer. Ce sont ceux-là qui donnèrent au sac de la ville les proportions passionnées d'une vengeance de famille, qui mêlèrent au pillage la profanation des églises et même des tombeaux; le corps de Justinien, conservé par l'embaumement et revêtu de ses habits impériaux, fut dépouillé et mis en pièces. L'assertion de Voltaire, sur la danse des Français dans les basiliques a été, on le sait, démentie par les patientes recherches d'un certain érudit allemand; il est plus certain que les Français promenèrent, avec des honneurs dérisoires, des écritoires et des robes de soie, pour railler le luxe et le pédantisme des Grecs, auxquels ils ont fait depuis amende honorable en les imitant. On ne pouvait guère attendre de pareilles gens le respect des chefs-d'œuvre de l'art: les statues de marbre furent mutilées, celles de bronze furent fondues en monnaie. Les Vénitiens, plus heureux et plus connaisseurs, envoyèrent à Venise le fameux quadrige qui, malgré l'immobilité de ses chevaux, a fait tant de chemin. On imita les Grecs dans leur goût pour les reliques. Dandolo envoya à Saint-Marc un morceau de la vraie croix; Philippe-Auguste en eut un autre fragment; Baudouin garda pour lui la couronne d'épines, trouvée dans le palais de Bucoléon (le sérail de la pointe d'Europe), dans cette même chapelle où se fit l'élection du nouvel empereur.

Six ecclésiastiques français et autant de nobles vénitiens furent les juges de ce concours où, comme dans la plupart des concours, on nomma le plus hardi et non le plus habile, celui qui inspirait le moins de jalousie et non celui qui avait le plus de mérite. Le vieux Dandolo était l'homme le plus avancé de son époque: il avait proposé d'affranchir Constantinople de l'incendie et du pillage moyennant une rançon en argent, moyen reconnu le plus humain et le plus profitable huit siècles après. Son grand âge et la jalousie de ses compatriotes l'écartèrent. Le marquis de Monferrat, le chef de la croisade, était presque Dandolo rajeuni; ses états d'Europe, voisins de Venise, inspirèrent de l'ombrage à la susceptibilité des républicains. Il aurait pu, comme Dandolo, vouloir rendre Venise tributaire de ses états.

Ce patriotisme étroit perdit le nouvel empire. Baudouin et ses successeurs, privés d'armées permanentes, chefs nominaux d'un empire fractionné et ne recevant que peu de secours de l'Occident, laissèrent languir et périr le trône latin. Les Vénitiens, qui furent les véritables héritiers maritimes de Constantinople, puisqu'ils gardèrent, même longtemps après la conquête turque, Chypre, Candie, les îles Ioniennes et une partie de la Grèce, les Vénitiens seuls auraient été assez puissants par leur voisinage, par leur science politique pour rendre l'empire cohérent, pour le protéger sur terre comme sur mer. Il fallait transporter à Constantinople le sénat de Venise qui, avec son habileté et ses trésors, aurait écrasé les Bulgares, monopolisé le commerce de l'Asie, fait tête de colonne à la Hongrie et empêché les Turcs de passer le Bosphore. C'était la grande pensée de Dandolo ; sa mort, loin de Venise, sa tombe, érigée dans cette basilique de Sainte-Sophie où l'on n'avait pas eu l'esprit de lui dresser un trône, semblèrent des reproches adressés aux compatriotes qui lui avaient préféré un jeune homme qui n'avait pour lui que sa bravoure et l'appui de quelques aventuriers.

Le pape voulut venir à son aide en invitant les Français de tout sexe et de toutes conditions à se rendre dans la Grèce pour y recevoir des terres et des richesses, selon leur mérite et leur qualité. Innocent III avant saint Louis comprenait déjà la colonisation comme complément de la conquête : les Français n'étaient encore que soldats. Plusieurs chevaliers, qui avaient obtenu des royaumes dans le partage fou qui se fit à Constantinople, les vendirent, les jouèrent aux dés, et rentrèrent en France pour aller, comme dit plus tard Joinville, causer en chambre de leurs exploits devant les dames. L'Italie gagna une richesse agricole à cette conquête. Les mûriers qu'on connaissait depuis la première croisade y furent alors transportés avec le maïs. Les lettres et la langue grecque firent leur première apparition en Europe. Philippe-Auguste établit à Paris un collège où de jeunes Grecs reçurent leur éducation. Ce fut le prélude des chaires de langues orientales créées plus tard par décision du concile de Vienne.

La coutume féodale de diviser l'empire en grands fiefs dont les chefs étaient assez puissants pour résister à leur souverain, fut accompagnée d'une autre non moins dangereuse, la spoliation des vaincus, leur séquestration des droits de la cité; on refusa même de les recevoir dans l'armée. C'était tarir les sources de la prospérité de l'état, puisqu'il ne venait de l'occident ni colons ni recrues ; il n'était même pas besoin de la persécution religieuse pour se faire des ennemis mortels d'une population nombreuse et orgueilleuse. Cinquante-sept ans après que Baudouin de Flandre eut été élevé sur le pavois, et après le règne de six princes latins, la famille de Lascaris qui s'était fait un trône à Nicée rentra triomphante à Constantinople, dans la personne de Michel Paléologue.

Les papes, que l'on peut regarder pendant tous ces siècles comme la pensée de l'Europe chrétienne tendue vers l'Orient menacé par les Barbares, les papes recommencèrent avec une nouvelle ardeur la prédication des croisades contre les Turcs, que Constantinople était moins que jamais en mesure d'arrêter. Plusieurs empereurs offrirent même l'abjuration de l'hérésie de Photius et de Cerularius comme préliminaire d'une demande de secours aux puissances latines. L'empereur Manuel vint en France avec le maréchal de Boucicault, qui avait empêché Bajazet de prendre Constantinople. Quarante ans avant, Jean Paléologue avait écrit directement au pape, et enfin, lorsque Constantinople fut de nouveau menacée par les Turcs, revenus du coup que leur avait porté la bataille d'Ancyre, les ambassadeurs grecs présents au concile de Florence répétèrent au nom de leur prince et de leur patriarche une soumission qui n'avait jamais été très-sincère, et qui, en tout cas, était trop tardive. La bataille de Warna fut le dernier effort d'une résistance sans homogénéité, et le successeur d'Amurat put porter le dernier coup à l'empire grec réduit aux limites de sa capitale. Plusieurs rois chrétiens de l'Occident étaient en guerre. Les voisins immédiats craignaient les Turcs : les Vénitiens et Génois envoyèrent deux ou trois mille soldats pour défendre leurs comptoirs de Galatha qu'ils avaient toujours conservés. Quelques Catalans se joignirent à eux pour continuer la vie agitée qu'ils avaient menée en Grèce. Le pape, le plus logique et le plus désintéressé envoya ce qu'il put trouver de soldats italiens avec un trésor et un cardinal légat.

Ces soldats étrangers se comportèrent vaillamment, car l'empereur n'avait pas cinq mille soldats grecs, et pourtant le siége dura cinquante-trois jours (du 6 avril au 29 mai). La principale attaque des Turcs se fit du côté du rempart occidental. Des deux autres côtés, ils avaient à craindre les escadres grecque et latine avec lesquelles la marine musulmane ne pouvait encore se mesurer, et qu'elle ne pouvait même empêcher de ravitailler le port. Une chaîne fermait l'entrée de la Corne-d'Or à l'ennemi, comme au temps d'Alexis. Quand le capitan-pacha eut reconnu l'impossibilité de forcer ce passage, il proposa au sultan un moyen extravagant d'introduire une flottille dans le port et d'attaquer la ville par un second côté. La forte volonté de Mahomet II et les milliers de bras qu'il mit à la disposition de son amiral réalisèrent ce plan qui paraissait impossible. Dans la campagne de Péra, au village de *Levendi Tchiflick*, commence une vallée qui descend en pente assez rapide vers l'anse de *Balta Limani*. On construisit sur cette pente des glissoirs en bois enduits de suif sur lesquels on poussa les vaisseaux turcs choisis sans doute parmi les plus légers. De Levendi Tchiflik, une voie pareille les conduisit vers les eaux douces. Le village d'où les vaisseaux étaient partis a gardé depuis le nom de ce hardi capitan-pacha, appelé *Balta Oglou*.

Les troupes de terre secondèrent l'arrivée de cette flottille, qui attaqua tout de suite Constantinople par le quartier du Petrion. Les Grecs ne purent réussir à les détruire par le feu grégeois : son artillerie la défendit contre les attaques des galères génoises et vénitiennes. L'artillerie turque dont on a tant parlé, et à laquelle on a donné des dimensions fabuleuses (1), était encore une arme nouvelle et mal manœuvrée. Les assiégés n'en avaient point, puisqu'ils laissèrent battre plusieurs points des murs avec le bélier. L'emploi de celui-ci prouve que les assiégeants ne se servaient pas de leurs canons ou qu'ils ne s'y fiaient guère. L'empereur Constantin trouva une mort glorieuse sur la brèche de la porte Saint-Romain. Le cardinal-légat Isidore se fit tuer comme un vaillant soldat sur les remparts qu'il avait réparés des deniers pontificaux. Il était fidèle à la belle tradition léguée par le cardinal Julien à la bataille de Warna. Les rois de l'Europe furent consternés en apprenant que Mahomet II était à Sainte-Sophie. La menace des Turcs avait été si longue, on en avait si longtemps parlé que les uns regardaient la chute de Constantinople comme inévitable, les autres comme impossible ; alternative très-commode pour se dispenser de la secourir.

De Mahomet II à Abdoul-Medgid la dynastie turque se compose de vingt-trois princes ; ce qui donne pour une période de trois cent quatre-vingt-sept ans une moyenne de seize ans par règne, moyenne supérieure à celle du règne des papes qui, comme on sait, sont toujours des vieillards quand ils sont élus, mais bien inférieure à celle des dynasties héréditaires. On peut regarder Abdoul-Medgid comme le Louis XVI de la dynastie : en remontant à trois cent quatre-vingt-sept années de l'avénement de Louis XVI, on arrive jusqu'à Charles VI, et l'on ne compte que quinze princes ayant régné moyennement vingt-cinq ans chacun !

L'armée de Mahomet II était plus nombreuse que celle de Xerxès : elle se grossit encore beaucoup quand il s'agit de partager les dépouilles des vaincus. On ne peut évaluer à moins de deux millions les Turcs qui achevèrent l'occupation de la Roumélie. Ce chiffre était alors celui des soldats jeunes : aujourd'hui la totalité des individus turcs, femmes, enfants et vieillards compris, en représente à peine la moitié. Les mêmes causes ont produit les mêmes effets : les Turcs ne se sont pas mêlés à la population vaincue qui s'est accrue pendant que la race des vainqueurs diminuait. Les premiers Timariotes ont été un peu moins absurdes que les grands et petits vasseaux latins ; les Grecs leur ont été moins hostiles : la disproportion de la popula-

---

(1) On a dit que la grosse pièce de Mohammed II lançait un boulet de 700 quintaux ! Quelque nouveau Niketas aura pris ces mesures du haut des remparts.

tion grecque, leurs griefs d'intérêt matériel et de servitude se sont formulés en petites révoltes et en grand compromis. Telle est l'origine des principautés croissantes de nombre, de grandeur et d'émancipation. Ce que le divan faisait par rapport aux provinces, la Turquie l'a fait par rapport à l'Europe : après avoir assiégé Vienne deux fois et attaqué l'Italie, les sultans ont essuyé la bataille de Lépante et le traité de Carlowitz. Il n'y a plus de guerre ostensible entre la Turquie et l'Europe, pas plus qu'entre le divan et les principautés. Le temps et les traités semblent pour le moment chargés de venger les vieilles injures, de faire droit aux intérêts des populations, selon leur nombre et leur mérite respectif.

7, 8. — Si la note historique est un peu longue, on peut s'en prendre au temps qui fut pluvieux pendant tout le trajet de la Propontide et même le long d'une partie de l'Hellespont. Entre Sestos et Abydos un orage avec éclairs et tonnerre troublait encore le ciel et la mer de façon à nous rappeler la rupture du pont de Xerxès, et la grotesque vengeance prêtée au grand roi par la malice des Grecs; mais cet orage fut la crise de la maladie atmosphérique. Le ciel devint serein, la mer tomba; nous pûmes de nouveau contempler sur sa surface ces milliers de grandes hirondelles, errant toujours de l'Égée à l'Euxin, et que leur mouvement perpétuel aussi bien que leur livrée sombre, ont fait poétiquement surnommer âmes en peine, ou hirondelle épouvantail.

L'île de Samothrace rappelle l'hypothèse par laquelle ses habitants expliquaient le déluge d'Ogygès (1). Le Pont-Euxin était un grand lac fermé et d'un niveau très-élevé, à cause de la quantité de fleuves qui s'y jettent. Une ouverture se fit aux environs de Cyanées ou Symplégades, puis à l'Hellespont, et la masse d'eau qui se verse dans la mer Méditerranée inonda l'Attique. Les habitants de Samothrace,

(1) Strabon, Diodore de Sicile.

encore plus voisins et plus exposés, durent se réfugier sur les plus hautes montagnes de leur île qui fut presqu'entièrement recouverte. Andréossy (1), étudiant le Bosphore et la hauteur du barrage que le choc des eaux aurait rompu, estime cette hauteur à 71 mètres. En répartissant le volume de ces 71 mètres d'eau sur la surface de la Méditerranée, huit fois plus grande que celle de la mer Noire, on n'a qu'une inondation de moins de 9 mètres, laquelle ne peut pas avoir fait réfugier la population de l'Attique et le roi Ogygès sur les montagnes de la Bœotie. Si on admet que déjà le détroit de Gibraltar fût ouvert, l'inondation aura été presque nulle ; et, en tout cas, elle aura été de courte durée et bornée aux lieux frappés directement par la masse des eaux. La direction de ce courant était vers l'Eubée plutôt que vers l'Attique ; l'île d'Imbro s'y trouvait plus exposée que celle de Samothrace. Un tremblement de terre pourrait seul avoir enfoncé subitement et complètement le barrage du Bosphore ; un volcan aurait eu une action moins complète ; l'action des eaux eût été encore plus lente. Les savants modernes sont assez disposés à croire à cette ancienne élévation de l'Euxin, et même à une communication de ce grand lac avec la Caspienne ; cette supposition serait démontrée impossible si aucune des vallées du Caucase intermédiaire n'a moins de 71 mètres d'élévation au-dessus du niveau actuel de l'Euxin. En admettant un Bosphore caucasien favorable à la supposition, la communication a cessé bientôt après l'écoulement vers l'Egée, et la Caspienne aura conservé un niveau encore très élevé. Il se trouve au contraire que la Caspienne, mesurée dernièrement, avec plus de précision qu'elle ne l'avait été en 1812 par Parrot et Engelhardt, est d'environ cent pieds inférieure à la mer

(1) Voyage à l'embouchure de la mer Noire.

Noire et par conséquent de sept mètres de plus au niveau supposé de l'ancien Euxin. Andréossy exige comme preuve et témoin de cet abaissement une cataracte du Volga de pareille hauteur, parce que, dit-il, la nature ne travaille plus à creuser des vallées, leur pente diminue vers l'embouchure du fleuve par les dépôts que leurs eaux y abandonnent. L'absence de la cataracte ne me semble pas un argument si décisif. Il aurait fallu au préalable prouver que l'ancienne embouchure du Volga était sur une falaise sous-marine que l'évaporation aurait mise à nu. Or, la sonde de la plupart des atterages des murs nous montre que la terre se glisse sous la mer par des talus peu inclinés, et les cent mètres de chûte pourraient être répartis maintenant entre les cent soixante-dix-neuf kilomètres de cours gagné par le Volga sur pareille étendue de terrain en douce pente abandonnée par la Caspienne. Cette question de géologie ressemble beaucoup à celle que nous avons agitée déjà à propos de la mer Morte et de l'ancien cours du Jourdain; l'un et l'autre prouvent de plus belle le trouble de toutes les sciences physiques qui prétendent remonter à l'origine des choses. L'origine de tout est le mystère et la tradition; la fin de tout, la prophétie et le mystère.....

La flotte de Ténédos était grossie de plusieurs vaisseaux de ligne anglais; nous descendîmes à Smyrne dans l'hôtel du Maltais Salvo, où une table plantureuse nous dédommagea des jeûnes du pyroscaphe triestin.

Smyrne est une ville du quinzième siècle rebâtie après la belle défense des chevaliers de Rhodes, contre Timour qui la prit et l'incendia après la bataille d'Ancyre. Le château ruiné qui couronne la colline au N.-E., paraît encore désolé comme au lendemain du passage des Mogols: seulement les lierres ont caché les sombres traces du feu. Bournaba, résidence d'été des négocians et des Levantins, est trop connu pour que je le décrive. Les Anglais commencent à donner la préférence à Bougia, où Salvo possède une succursale de son hôtel ; le chemin qui y mène est à gauche du Mélès : la vue plonge sur une vallée assez bien cultivée et semée de *villa* ; mais les collines qu'on parcourt sont incultes et désertes comme celles qui séparent Constantinople de Thérapia. Chaque maison de Bougia a un petit jardin avec un puits ; à peu près comme les bastides marseillaises que le chemin rappelle aussi par sa poussière et sa blancheur. Pendant le jour, après l'heure de la sieste, les dames smyrniotes se tiennent dans leurs vestibules, où l'ombre et le courant d'air aident à braver la fraîcheur. Le soir elles se groupent sur les portes mêmes, et surtout le long d'une rue qui aboutit à la *pointe* et qui est la promenade la plus fréquentée. La basse classe est en chemise à larges manches de soie écrue ; la moyenne classe porte des corsages de soie noire ou brune avec les manches trop longues à la mode égyptienne ; les rangs supérieurs portent les robes européennes, mais la plupart un peu plus décolletées qu'il n'est avantageux lorsque la poitrine n'est pas soutenue par un corset ; toutes sont coiffées d'une profusion de fleurs naturelles et de tresses de cheveux d'emprunt. La chronique dit aussi que les peaux éclatantes de blancheur ou d'incarnat, doivent une bonne partie de cet éclat à du rouge ou du blanc artificiel. Plusieurs hommes, la plupart à cheval, avec de petites vestes blanches, des cravates à la fanfan et de grandes cravaches, passent et repassent devant ces groupes. Les piétons usent leurs souliers sur les pierres pointues du pavé turc. Les attachements commencent par cet échange d'œillades ; c'est sur la porte de leurs maisons que les jeunes filles et les veuves pêchent au mari ; mais l'appât est plus abondant que le poisson. La circonspection de Malthus paraît avoir gagné jusqu'aux colonies : les hommes s'y marient peu, se marient tard et commencent à demander une dot plus solide et plus durable que la beauté.

9. — On nous a servi à déjeûner de ces crevettes énormes que les Grecs appellent *Karidés*. J'ai fait en plein midi mes dernières courses pour arrêter des places et revoir M. le consul-général Challaie. La chaleur était assommante : *l'imbat* qui vient ordinairement rafraîchir les rues de Smyrne et balancer les navires mouillés en rade nous a fait faute aujourd'hui. J'ai rencontré quelques Lévantins plus courageux que moi, car j'étais vêtu à la légère tandis qu'eux ont conservé malgré la chaleur, leur caftan, leur salta, leur gibbé, et leurs calpaks monstres. Madame Challaie m'a fait parcourir sa résidence qui est un vrai palais et le plus beau de toute la diplomatie du Levant. Ce qu'il y a de plus merveilleux c'est qu'elle-même en a été l'architecte ; de magnifiques salons, des escaliers de marbre, des jardins délicieux, des terrasses avec des vues magnifiques sur la ville, la baie, la campagne. Un dîner fort bien ordonné et réjoui par la gracieuse manière dont nos hôtes en faisaient les honneurs, voilà ce qu'on nous avait annoncé et ce que nous avons retrouvé sans aucun de ces mécomptes si fréquemment éprouvés dans les voyages. M. Challaie, beau vieillard qui ressemble à Ducis, a une conversation paternelle et instructive. Il a fort bien observé les souterazi en Espagne, il m'a décrit une source thermale qui est au fond de la baie de Bournaba et qu'on appelle bain de Diane. Les Turcs n'ont pas eu l'esprit de l'exploiter : il est vrai que c'est une dotation de mosquée, un oakf ; et les biens de main-morte sont toujours des biens morts dans les mains des ouléma.

10, 11, *en rade de Syra*. — Le transbordement est un des plus grands ennuis du voyage, il devint presque un malheur pour moi. Syra est le carrefour des quatre routes d'Athènes, Malte, Alexandrie et Constantinople; c'était le paquebot venant d'Alexandrie qui était de tour pour aller purger sa quarantaine à Malte. On se servit pour y envoyer nos effets d'un chaland grec vieux et trop petit; chargé outre mesure, il fit eau et fut sur le point de sombrer en touchant l'échelle. La panique des propriétaires qui se précipitaient dans le chaland augmenta le poids et le désordre; chacun ayant voulu saisir ce qui lui appartenait en bouleversant tout le reste et en triplant les embarras de l'ascension. La malle renfermant mes manuscrits, mes notes, et le journal de plus de sept cents jours de voyage fut entièrement submergée. Quand je pus visiter ces papiers je les trouvai tous mouillés, plusieurs noircis par l'eau sale et par un commencement de putréfaction ; quelques cahiers étaient réduits en une bouillie que le moindre contact désagrégeait, d'autres étaient encore plus maltraités : ils étaient d'une encre soluble dans l'eau comme toutes celles qu'on fabrique dans le Levant, et qui se trouva délayée et étendue, au point de rendre l'écriture illisible.

Quelques fragments de ce papier réduit en bouillie, quelques notes effacées par l'eau auraient peut-être comblé une lacune de la science. Le ministre qui ordonna ma mission, les corps savants qui m'avaient investi de leur confiance, auront le droit de m'en demander compte; et je dus faire mes réserves pour mettre à l'abri du soupçon la conscience de l'homme d'études et la sollicitude du voyageur. Un procès-verbal fut inscrit dans le registre du commissaire du bord.

MALTE.

12, 13, 14. — Malte est un rocher qui ne se voit pas de fort loin, surtout par le temps brumeux. Son port ou plutôt ses ports sont des digitations profondes que la mer jette dans l'anfractuosité de ses rochers ; ils sont dominés par un amphithéâtre de remparts, de forts, de bastions. La ville projette au-dessus ses palais, ses maisons, ses églises ; par-ci, par-là un peu de lierre, des capriers, des pins, des nopals mêlent leur verdure aux rochers et aux remparts. Par cette rareté de verdure seulement, Valette rappelle les villes barbaresques assises sur la croupe des falaises calcaires, la netteté, la solidité de ses édifices, et surtout le carillon des cloches qui sonnent joyeusement pour la fête de demain, vous annoncent l'Europe et l'Italie. Les sentinelles anglaises, montant la garde le long des quais sous une sorte de parasol, vous font penser à la mollesse coloniale. Quelle décadence ne faut-il pas que notre marine ait éprouvée sous l'empire, pour abandonner de si bons ports, des fortifications si formidables ! Cette pensée est plus oppressive que celle de la quarantaine dont il faut subir 21 jours. Plus loin du fléau que prétend étouffer le lazaret, on impose une quarantaine plus longue qu'à Constantinople, qu'à Athènes, qu'à Syra ; on refuse d'en déduire l'isolement réel de la traversée. Les pays frontières de la Turquie ont une morale moins timorée. Odessa a réduit la quarantaine à 15 jours, Semlin à 8 ; à Scouleni, elle n'est que de 7 ; à Orsova que de 5 ; plus on approche du monstre, moins on le trouve terrible.

15.— Les gardiens sont vêtus et stylés comme des inspecteurs, et non comme les domestiques des quarantenaires. Le directeur, homme de bon sens et d'un convenable un peu sec, nous expliqua que des gens munis d'une certaine autorité, d'un certain contrôle sur nous, ne doivent pas devenir nos subalternes et nos complaisants, en nous servant et recevant des gages en sus des appointements que l'autorité leur confère. Ces gardiens exigent que nous exposions nos hardes à l'évent sur des chevalets ; l'aération et la sereine sont ici prises au sérieux ; les directeurs viennent chaque jour dans les chambres surveiller l'exécution des réglements. La tenue anglaise a discipliné la foi contagionniste italienne. On fait tout ce qui est compatible avec la liberté des quarantenaires ; mais on exige aussi toutes les précautions traditionnelles contre le fléau. Dans d'autres pays où la croyance est portée au-delà de toutes les échelles de la superstition, on n'est ni si tolérant, ni si rigoriste.

Nous sommes logés au fort Manoël, dans des appartements propres, spacieux, aérés, ayant vue sur les deux ports et sur la grande mer. La ville nous fait face avec sa belle couronne de clochers, de bastions, de coupoles, de phares, de colonnes et de moulins à vent. Le grand-maître qui a donné son nom au fort, a son buste sur la porte d'entrée, au haut des trois ou quatre étages de terrasses qui descendent vers la mer. Sa statue en pied est au milieu de la grande cour. Le Portugais Manoël de Vilhèna est posé et costumé à la Louis XIV. Des inscriptions latines disent que le fort fut bâti de ses deniers, qu'il dota les orphelins, fonda des hôpitaux. Le fort fut bâti en 1726 ; la statue fut élevée en 1737.

16. — Encore quelques voyages, et j'aurai complété ma douzaine de quarantaines. Les premières eurent des commencements si affreux que l'expérience m'a appris à rendre le plus possible ce commencement semblable au milieu et à la fin : je discipline le travail, en improvisant des habitudes. J'ai fait acheter en ville quelques livres italiens que je lis dans la matinée. Dès que le soleil frappe sur notre galerie, j'y expose les papiers avariés que le soleil a déjà séchés deux ou trois fois, et que la nuit recommence à mouiller par l'hygroscopicité du sel marin. Je coordonne, je transcris avec l'aide de ma mémoire les notes du journal ; je redessine, hélas bien imparfaitement, les inscrip-

tions effacées par l'eau. Vers six heures et demie, seulement, les terrasses du bas de la cour sont couvertes d'ombre. On peut alors dérouiller ses jambes, respirer l'air du soir, causer avec les voisins, avec quelques visiteurs charitables, entre lesquels le plus assidu est le consul de France, compatriote, ancien ami, et, de plus, aimable compagnon d'une partie de notre voyage. On parcourt de l'œil les portes, les remparts, la ville; on admire un peu moins que le premier jour l'éternel carillon des cloches et des horloges. Les cloches de Malte parlent un jargon comme les Maltais. Une ou deux à peine sonnent minuit et midi à l'européenne; toutes les autres sonnent les heures de jour et de nuit, de une à six renouvelées quatre fois, à l'italienne; peut-être même quelques-unes sonnent douze au coucher du soleil, comme les montres turques et l'horloge de Galata; et ces douze coups sont appelés vingt-quatre heures. A ces deux variantes principales sont mêlés tant de quarts simples et doubles, tant d'angélus, de messes, de vêpres, de matines et de complies, qu'il est impossible de computer le temps, quand on a une montre désheurée par le changement de longitude. Reste la ressource du coucher du soleil et des constellations du nord, cadrans intelligibles au navigateur de la mer et du désert. Les Druzes et Maronites, nos co-quarantenaires, n'en ont pas d'autres, et nous en expliquent longuement les mérites avec quelques petites incursions sur l'astrologie appliquée à la politique. Nos gardes et domestiques maltais, pour peu qu'ils soient intelligents, comprennent l'arabe de ces Syriens, et le voyageur d'Europe capable de causer couramment arabe d'Égypte et de Syrie comprend aussi le dialecte maltais, qui n'est que de l'arabe mêlé de mots italiens. Ceux-ci sont parfois bizarrement habillés à la mode arabe : on fait des pluriels rompus avec des singuliers italiens. *Canapel* est le pluriel de *cam-*

panella; *cararis*, le pluriel de *carrossa*. Depuis que l'anglais est parlé concurremment avec l'italien et l'arabe, il subit les mêmes travestissements. Le canon de neuf heures donne le signal de la retraite vers nos galeries, où une demi-heure de rêverie au balancement d'une chaise, à la fumée des chiboukes, met suffisamment le comble à la pesanteur de la journée, pour qu'on se trouve heureux du refuge offert par le lit et par le sommeil.

26. — Le *Léonidas* a porté la nouvelle d'un incendie qui a dévoré la portion de Péra qui avoisine San Dimitri. Notre hôtel était aux premières loges pour assister au spectacle. Constantinople s'est montré à nous avec une physionomie rare, sans peste, sans émeute, sans incendie. Mais le naturel reparaît : la peste est à Trébizonde, le feu à Péra; l'émeute surgira quand il plaira à Mohammed-Aly, le grand agitateur de la Romélie et de l'Albanie. Déjà les Turcs de la flotte, réunis aux soldats égyptiens, d'Alexandrie se trouvent assez forts pour insulter les Francs. Le fellah, le marchand, les ouléma eux-mêmes, commencent à se vêtir, à s'instruire, à manœuvrer en milice citoyenne sous le nom de *redif*. Le paquebot, outre ces grandes nouvelles, a porté des hommes d'état. M. le comte Jaubert est arrivé en compagnie de Talhat-Effendi, chargé d'affaires turc près la cour de France. Celui-ci a pour conseiller de légation un Français qui a beaucoup vu le Levant. Reschid, dont la famille arriva à Constantinople avec nous, vient d'arriver de Londres par Marseille : il va prendre un ministère dans le divan de son sultan, et, en attendant, il a de longues conférences avec Talhat, son collègue, qui a hérité des appartements vidés hier seulement par M. de Lagrénée, notre ministre en Grèce. M. Fabreguettes vient voir tout ce monde avec M. de Bourville, qui va prendre possession de son consulat au Qaire.

Il ne manquerait plus que Nadir-Bey, qui se prétend fils du sultan Moustafa.

Malte, on le voit, pourrait être aisément constituée en un congrès permanent des affaires d'Orient. Le baromètre politique est toujours à l'orage ; la signification menaçante partie de Buyukdéré, a été reçue par Mohammed-Aly avec un sourire. « Vous paraissez unis pour l'ultimatum ; l'expérience m'a appris que vous ne l'étiez pas quand il s'agissait de l'exécuter. Au surplus, venez, exécutez vos menaces ; je suis plus que jamais prêt à vous recevoir avec des armées victorieuses et une flotte envoyée par le ciel. Je suis vieux, j'ai assez vécu ; les gens de mon pays et de mon caractère aiment mieux mourir sur un champ de bataille que dans un lit. » En Grèce on tient aussi peu de compte du divan et de la dynastie turque, et tout en laissant les palikares immobiles, on escompte l'avenir par des utopies. La question d'Orient doit être scindée de fait comme elle l'est géographiquement et religieusement. L'Asie est séparée de l'Europe par la mer, l'Europe en est encore plus séparée par la religion. Istamboul, la seule agrégation un peu considérable de musulmans n'en a pas deux cent mille ; tout le reste y est chrétien. La question turque, arabe, peut être négligée pour le moment, Mohammed-Aly en sera l'arbitre suprême jusqu'à sa mort. La question chrétienne, grecque, pour peu qu'elle soit aidée par la diplomatie ou plutôt pourvu qu'elle soit abandonnée à son cours naturel, continuera le développement de ce qu'elle a déjà commencé. Une principauté Macédonienne, ayant Salonique pour capitale ; une principauté Thrace, ayant Constantinople pour capitale ; voilà toute la Turquie d'Europe émancipée. L'organisation est aisée ; les Grecs sont familiarisés avec les hospadarats mitigés ; au lieu de la suzeraineté turque on peut leur donner le lieu fédéral, dont les amphictions se tiendront à Constantinople ; et pour ôter à celle-ci l'envie et le moyen d'une prépondérance dangereuse, elle n'aura qu'un sénat au lieu d'un prince ou d'un hospadar qui éprouverait une trop forte tentation d'asservir ses voisins et collègues. Cette fédération de princes, de rois et d'une ville anséatique commencerait avec une population de huit ou neuf millions d'âmes, un terrain qui peut en nourrir quarante millions, des fleuves, des forêts, des ports. C'est plus que n'en ont beaucoup de puissances européennes du second rang. L'avenir serait plus grand et plus beau que celui des fédérations américaines, car le voisinage des monarchies de l'Europe donnerait beaucoup de colons et empêcherait beaucoup de troubles.

27. — On s'occupe aussi d'un orient plus éloigné, de la Chine menacée par l'Angleterre, de la Perse tiraillée maintenant entre trois cajoleries ; comme si l'activité européenne devait de proche en proche préparer toute la terre pour le choc de ses armées par le ferment préliminaire de ses ambassades. Dans ces pays lointains, les diplomates officiels ont toujours été devancés par des hommes aventureux, précurseurs hardis des tendances de leur siècle et de leur pays, propagateurs des sciences physiques ou militaires, enveloppes commodes d'une mission plus haute, mission qu'ils tiennent de leur foi et surtout de leur besoin d'activité. M. B. est un de ces hommes : il a été le camarade, le collègue des Allard et des Ventura ; avec un succès égal au leur, il sera contenu, distant, réservé ; sa vie, sa carrière en sont encore à la période expansive ; sa conversation est un reflet naïf et rapide de son caractère ; il se raconte dans l'Orient. Comment pourrait-il n'en pas être ainsi ? Il y était principal acteur, seul témoin. L'Européen qui affecte tant de dégoût pour le moi, devrait bien pardonner au moins à celui qui est signe d'activité ; car l'action est plus admirée,

plus estimée que la pensée! M. B. évalue à neuf millions la population actuelle de Perse; de ce nombre, près de quatre millions sont Chrétiens, les Juifs et les Guèbres réduisent à quatre millions les Musulmans. Le climat de toute la Perse est plus froid que ne semble l'annoncer sa latitude. Un plateau fort élevé au-dessus de la mer d'où s'élancent ensuite les hautes cîmes de l'Arménie; voilà la Perse du nord. A Teheran, il y a chaque hiver une longue et forte neige ; à Tauris, il gèle à quatorze degrés ; les plus belles forêts de l'Aderbidjan appartiennent aux Russes. Les chênes abondants au voisinage de la Caspienne, ne sont pas d'un bois, à beaucoup près, aussi compact que ceux de l'ouest. La langue parlée dans le nord de la Perse, par la cour elle-même, est un turc bien différent du turc écrit à Constantinople, mais plus voisin de l'ouigour. La famille régnante, qui est turque-tartare, ne se sert du persan que pour la langue officielle des affaires. Les Persans, plus éloignés de l'Europe, plus méditerranéens que les Turcs et les Egyptiens, sont beaucoup plus arriérés. Tout est encore à faire chez eux en matière de civilisation. Les conseils donnés par l'ambassade gardanne n'ont guère prospéré ; la mort d'Abbas-Mirza en a éteint les dernières traces. Au moins les Persans sont dociles et humbles ; ils sont loin de la fierté et de la présomption des Turcs.

M. B. a séjourné assez longtemps à Bagdad, pays fort mal connu en Europe. Plusieurs Chaldéens que j'ai connus au Qaire m'ont affirmé que la chaleur était si forte à Bagdad pendant l'été qu'on ne pouvait dormir qu'en se faisant verser continuellement un peu d'eau sur la tête. Un *goullé* arrangé en une sorte de clepsidre distille lentement quelques gouttes. M. B., qui n'a jamais observé cette pratique, a toujours vu les habitants se retirer pendant la chaleur du jour dans les caves appelées *sardep*. Ils ont la précaution de faire veiller autour d'eux les domestiques qui guettent les scorpions et les serpents dont toutes les maisons et surtout les caves fourmillent. Quand on prend son chapeau, avant de chausser ses bottes, il faut avoir le soin de les secouer, de les renverser, et l'on en voit presque toujours tomber quelqu'un de ces vilains animaux. La nuit, on monte sur les terrasses, où l'on dort pendant tout l'été ; l'automne, on couche dans les galeries ; l'hiver, dans les chambres ouvrant sur ces galeries, mais qui n'ont ni portes ni fenêtres. 8, 10 degrés (Réaumur) dans le jour, telle est la température de l'hiver : la nuit, le thermomètre descend à 2 degrés au-dessus de zéro. Bagdad, qui est à la latitude du Qaire, et situé comme lui entre deux déserts fort secs, est donc un peu moins froid la nuit, un peu moins chaud le jour que le Qaire pendant l'hiver. Le froid de la Mésopotamie, quoique peu intense au thermomètre, est fort sensible à la peau : c'est probablement à cause de l'humidité qu'y mêlent les forêts et les montagnes du nord. Bagdad a soixante mille habitants. Elle occupe principalement la rive gauche du Tigre. Sur la rive droite, il n'y a qu'un petit faubourg : c'était le contraire du temps des khalifes.

Revenant à Constantinople, M. B. m'a confirmé plusieurs assertions singulières que j'avais entendues plusieurs fois. Les Sultans étaient les esclaves d'une étiquette pire que celle de la Chine. Mahmoud est le premier qui ait osé fumer en particulier et en public. Le sultan ne pouvait rester plus de trois heures dans l'appartement d'une de ses femmes ; au bout de ce temps, un des Eunuques venait frapper à la porte pour le conduire au bain. Les époux des sultanes, filles ou sœurs du sultan, sont encore aujourd'hui dans une position subalterne, qui rappelle l'époux de la reine en Angleterre. Khalil-Pacha, beau-frère du sultan actuel, ne peut monter au lit conjugal autrement que par les pieds ; la tête est le passage réservé à l'épouse-sultane, et comme tout doit être incohérent dans ces mœurs musulmanes, ce respect n'empêche pas l'époux de se donner d'autres femmes légitimes et des odalisques de toute couleur.

28. — Avec un autre de mes voisins, la causerie s'occupe de Malte. L'histoire d'un pays a toujours un intérêt plus vif dans le pays même ; la position de l'île, ses ports, ses fortifications, sa belle capitale sont d'éloquents commentaires des annales de ses chevaliers ; cet ordre illustre est le nœud des croisades avec les temps modernes. Il a continué jusqu'à nos jours leur grande pensée : défendre l'Europe contre les Barbares ; rendre à l'Asie la religion chrétienne et la civilisation qui en sortirent jadis. Mon interlocuteur appartient à une de ces familles des îles Ioniennes qui furent titrées par l'administration vénitienne et fournirent à l'ordre de St-Jean de nombreux chevaliers ; lui-même, quoique grec et marié, est affilié à l'ordre par des diplômes du comité français catholique, et d'un comité anglais luthérien. J'ai vu son uniforme rouge à revers de velours noir, grosses épaulettes d'or que j'avais déjà vu porter à l'armée d'Afrique par le prince de Schwarzenberg. L'ordre que bien des gens regardent comme mort, vit encore : il a subi l'influence du siècle relativement au célibat et à l'unité religieuse, combien d'autres institutions qui gardent encore leur ancien nom, ont subi des réformes plus radicales. L'ordre de Malte avait conservé son organisation en Autriche et dans les îles Baléares, il la reprit en 1814 en Espagne et en Sicile ; dans la Russie grecque il fut fervent et en progrès même, après que sa métropole tomba au pouvoir de l'armée d'Egypte. L'Autriche, Rome, Naples, viennent de le relever ; de notre temps la vie est au

prix de ces changements : cela seul, dure, qui se transforme ; l'immobilité est signe de mort !

L'ordre de Malte, composé de représentants de toutes les puissances catholiques de l'Europe, dut éprouver une secousse profonde quand la révolution française fit éclater la guerre entre ces puissances, bien plus commença une guerre systématique aux trônes et à la religion. C'étai surtout de l'Europe monarchique et religieuse que Malte était le représentant : les chevaliers, ceux des langues françaises surtout devaient poser leurs croix, ou faire de Malte un Coblentz : la neutralité était impossible ; mais l'hostilité avait encore plus de dangers, car elle ne pouvait se pratiquer qu'avec un protecteur. On avait le choix de deux : la Russie, dont la marine était faible et éloignée ; l'Angleterre, plus forte et plus voisine, puisqu'elle occupait Gibraltar et avait occupé la Corse et Toulon. Les protectorats sont presque toujours des conquêtes : la Russie installée à Malte aurait fait tomber la grande maîtrise en religion grecque ; l'Angleterre déjà hostile à l'ordre par ses prétentions d'omnipotence maritime et par son luthérianisme, aurait détruit plus complétement et l'ordre et sa souveraineté. On conçoit difficilement que l'habileté personnelle d'un conseil ou d'un chef, trouvassent un échappatoire à cette complication de dangers. Emmanuel de Rohan n'en n'avait vu que la plus faible partie, la misère de l'île par la perturbation du commerce, la misère de l'ordre par la suppression des commanderies, le germe des troubles politiques, la fermentation des idées républicaines parmi les Maltais et même parmi quelques chevaliers. Son successeur Hompechs, homme médiocre et indécis, eut à lutter contre la dernière et la plus forte partie de l'orage : Malte y perdit son indépendance et Hompech, son trône. Catherine et Paul Ier avaient obtenu de Rohan la création d'un prieuré pour les sujets catholiques de la Russie. Les revenus des commanderies devaient être grossis de subsides fournis immédiatement par le trésor russe. Hompech resserra ces liens par l'envoi d'un ambassadeur extraordinaire, le bailli Litta qui entendit l'autocrate russe prendre le titre de protecteur de l'ordre, et vit tous les princes de la famille impériale parés de la croix de St-Jean. Le prince de Condé qui était réfugié à cette cour, fut proclamé grand-prieur de Russie.

Ce dernier trait complétait la physionomie hostile que l'œil inquiet du gouvernement français ne tarda pas à reconnaître à cet acte. Il commença les représailles en demandant au congrès de Rastadt l'aliénation des propriétés de l'ordre en Italie, une circonstance fortuite lui fournit le prétexte d'attaques plus directes. Litta envoyait à Malte le nouveau traité conclu avec la Russie: le courrier, pour diminuer les lenteurs de la mer, voulut aller par terre de Trieste à Ancône. Il tomba aux mains des troupes françaises qui avaient envahi l'Italie et ses dépêches furent envoyées au général en chef Bonaparte, qui les transmit au directoire avec un mémoire sur la nécessité de s'emparer le plus tôt possible de Malte. Les relations devenant de plus en plus intimes avec la Russie, l'empereur fit demander par Kourakin, son ministre, la création de 72 commanderies de rite grec. Le conseil de l'ordre accéda à cette demande le 1er de juin 1798. Les dépêches, les bulles, les sceaux, les décrets étaient prêts; la flotte de Bruys parut avant que le vaisseau qui allait les emporter ne fût sorti du port.

Le 17 un conseil céda les îles et Valette leur capitale aux Français. La capitulation promettait au grand-maître une pension de 300 mille livres, à chaque chevalier français résidant alors à Malte, 700 livres avec un supplément de 300 livres pour ceux qui avaient plus de 60 ans. Hompech, accompagné de douze chevaliers, s'embarqua le soir même sur un vaisseau marchand qui le conduisit à Trieste sous l'escorte d'une frégate française. Il mourut à Montpellier en 1804. Plusieurs chevaliers se réfugièrent en Russie où un chapitre général déposa Hompech et nomma à sa place l'empereur Paul Ier, comme soixante-dixième grand-maître de l'ordre. Le grand étendard de Saint-Jean fut arboré ce jour là sur les bastions de l'amirauté de Saint-Pétersbourg; il est resté depuis déposé dans ses archives. Alexandre Ier, qui avait comme son père, pris le titre de grand-maître, nomma quelques chevaliers quand il vint à Paris en 1814. C'est à la paix de cette année que les commissions des langues diverses se formèrent et correspondirent avec le chapitre de l'ordre et le lieutenant de maîtrise qui s'étaient installés en Sicile, puis à Ferrare, et enfin à Rome où ils sont à présent. Les chapitres catholiques ont perpétuellement disputé aux empereurs de Russie la grande maîtrise que ceux-ci s'étaient arrogée. En 1803 Pie VII nomma grand-maître Jean-Baptiste Tommassi, qui mourut en 1805. Son tombeau git obscur comme le propriétaire dans la cathédrale de Cortone. L'harmonie entre les commissions ou chapitres et le grand conseil de l'ordre n'a pas non plus été toujours parfaite : de graves et nombreuses questions les partagent et tout d'abord les moyens de se donner une constitution et une mission appropriée aux circonstances nouvelles.

Voilà en abrégé l'histoire des derniers temps de l'ordre; celle du pays est plus courte. Dans le conseil qui délibérait sur sa propre ruine, un membre (Doublet), osa dire, en présence de Bonaparte et de Bruys : Je refuse de signer cette capitulation qui doit couvrir de honte et l'ordre et le grand-maître et les Maltais, et qui ne contribuera ni à l'avantage de la France, ni à la gloire de son général. Comment l'entendez-vous, demanda Bonaparte irrité? L'infériorité de votre marine, reprit Doublet, va laisser Malte à la merci de l'Angleterre : ses escadres nous bloqueront peut-être avant que vous ayez débarqué en Égypte. Bruys dit quelques mots d'incrédulité, et Bonaparte se levant mit fin à la conférence. Doublet disait trop vrai : le général Vaubois, laissé dans Malte avec quatre mille hommes, y fut immédiatement bloqué par les Anglais auxquels il dut rendre l'île après un blocus de deux ans. Les soldats étaient presque tous morts; les Maltais étaient décimés par la faim, par les révoltes et les maladies; les moins malheureux furent ceux de la légion maltaise qui partagèrent en Égypte les périls et la gloire de l'armée française (1).

2. — L'amour des Maltais et la voix de l'Europe ont, en 1814, confirmé Malte et les îles à la grande et invincible Bretagne. Je traduis du latin une inscription fastueuse ciselée par les Anglais entre le lion et la licorne du corps-de-garde de la grande place; car maintenant nous continuons *visû et passû* l'histoire que nous avions commencée de loin et avec l'aide des livres et des ouï-dire. Valette dont nous foulons le sol est une charmante ville, bien bâtie, bien peuplée, avec de belles rues bien droites, et nombre d'églises d'une richesse espagnole; il y a des traverses un peu inclinées, mais d'un pavé si bien ménagé que les voitures y circulent. L'Italie se sent par l'abondance de certains *cicerone* : l'Angleterre est représentée par ses sentinelles en habit rouge et par ses constables, la cocarde noire au chapeau et le petit bâton à la main; les femmes, vêtues de soie noire et voilées du grand houbara comme les Égyptiennes, rappellent l'Orient autant que la langue maltaise. La grande colonne que nous ape-

(1) L'ultimo periodo della storia di Malta, dal canonico Fortunato Pauza-Vecchia.

cevions du Lazaret est érigée en souvenir des neuf ans de l'administration de lord Ponsomby. Sur la terrasse voisine des moulins est la tombe de lord Hastings. Depuis vingt-neuf ans que Malte est aux Anglais, ces deux maigres monuments et les armoiries anglaises avec lion et licorne sont, avec la seconde aile du grand hôpital, les seuls signes extérieurs de leur administration. A l'intérieur elle a imprimé des traces plus nombreuses et plus utiles ; l'abondance et l'ordre dans les finances, une part très-large concédée aux hommes et aux intérêts de la localité, part qu'il est encore question d'accroître par la création d'une sorte de chambre des communes ou *consiglio popolare*. Valette publie cinq journaux anglais, italiens ou mixtes ; la mission protestante a une imprimerie immense d'où sortent des publications utiles et à bon marché en langues orientales. On y a fait la première et utile tentative d'imprimer l'arabe véritablement usuel si différent de la langue des livres et même de celle du style épistolaire.

L'empire si étendu de la langue arabe va se fractionnant en dialectes qui doivent un jour détrôner l'arabe du Qoran comme les patois néo-romans ont détrôné le latin ; de même que celui-ci est toujours le moyen terme de ces patois devenus des langues, de même l'arabe littéral sera toujours la meilleure clé pour l'étude littéraire des divers idiômes ; mais tout le monde n'a pas le temps, les moyens ou l'intelligence nécessaires à une étude de ce genre, et pour qui ne veut que pratiquer un idiôme, commencer directement par cet idiôme est une nécessité. Un Allemand (1) attaché à la mission protestante a adopté une partie de cette idée, en proposant de substituer dans l'en-

(1) Views on the improvement of the maltese language, by th. rev. C.-F. Schlienz.

seignement primaire de Malte la langue maltaise à la langue italienne, mais il voudrait que le patois fût régularisé et rapproché, autant que possible, de l'arabe littéral. On voit que c'est le grand procès d'Athènes et du Qaire ; les minorités lettrées le jugent toujours sans penser aux majorités populaires qui ont possession d'État. M. Schlienz a pourtant raison, à cause de la position toute exceptionnelle de Malte ; l'intérêt bien entendu imposera suffisamment la langue anglaise, et par elle les Maltais seront Européens. Ils émigrent vers toutes les échelles arabes d'Afrique et d'Asie, et l'étude de l'arabe littéral, fût-elle bornée à l'alphabet, serait pour ces émigrants d'un bénéfice immense.

A la fin du dernier siècle, la pensée de régulariser la langue maltaise et son enseignement avait occupé Vassali. Une seconde édition de sa grammaire, que j'ai sous les yeux, porte un alphabet quasi-romain adapté aux sons divers de la langue maltaise. C'est le plan de Volney. Mais les Maltais n'ont pas besoin de cette innovation pour toucher aux langues et à la science de l'Europe. Ils y tiennent par l'italien et par l'anglais. Ils pourront aussi goûter et suivre les réformes très-désirables que les peuples d'Orient introduiront quelque jour dans leur alphabet, si dépourvu de précision ; Malte et Gozo, malgré leur population pléthorique de cent quarante mille habitants, ne forment pas une agglomération assez considérable pour prendre une pareille initiative.

Vassali, littérateur et grammairien, eut, dans son pays, une popularité politique. La Révolution française avait trouvé de l'écho parmi les Maltais, et même parmi quelques chevaliers. Il y avait parmi ceux-ci des Lafayette, des Lameth et des Mirabeau, qui assistaient aux séances d'un *club* de patriotes maltais où Vassali était en grand crédit.

« Dans les petits pays, dit à ce propos Pauza Vecchia, le titre de lettré se confond volontiers avec celui d'homme d'état. » Il y a de fort grands pays où l'on est sujet à la même illusion d'optique.

3. — Je trouve à la bibliothèque publique d'autres produits littéraires du pays. Le chanoine Jean-François Agius de Soldanis, natif de Gozo, a expliqué la première scène de l'acte cinq de la comédie de Plaute *In pœnulo* (1). Selon cet érudit, la langue maltaise et gozitane n'est autre chose que l'ancien punique ou phénicien. J'ai passé plusieurs heures à feuilleter de volumineux manuscrits, dont l'un est un recueil d'expressions carthaginoises éparses dans le maltais. Un autre contient un dictionnaire maltais-punique-latin-italien; puis, vient le travail inverse. Ces trois recueils forment quatre volumes in-quarto. Un cinquième volume contient la grammaire de la langue punique-maltaise, accompagnée de dissertations.

Soldanis, qui connaissait assez mal les analogies de toutes les langues sémitiques et chamites, et qui n'avait jamais étudié ni pratiqué l'arabe littéral ou vulgaire, est allé construire fort loin et fort péniblement dans l'hébreu, le chaldéen, le syriaque, une langue phénicienne dont Malte possède les débris. C'est absolument comme si les interprètes du roi de France à Lacalle, lisant par hasard un livre latin, allaient affirmer que la langue romaine s'est conservée là parce que toutes les racines du provençal sont latines. Un voyage à Marseille ou l'histoire des pêcheries de corail sur la côte d'Afrique auraient plus nettement éclairci la question. Agius de Soldanis, que la double noblesse de son nom (pèlerin-sultan) aurait dû guider tout d'abord vers l'histoire et la philologie sarrasine, aurait bien pu savoir qu'aux

---

(1) Annone Cartaginese, Rome, 1757.

treizième et quatorzième siècles les Calabres, la Sicile, et à plus forte raison Malte, étaient encore pleines d'Arabes dont la plupart se convertirent plutôt que d'abandonner ces pays. La prédilection de Manfred pour les Sarrasins des Calabres lui fit perdre la couronne de Naples que le pape transféra à Charles d'Anjou.

La grande salle de la bibliothèque contient un fragment de corniche en marbre portant une inscription koufique karmatique du style des derniers kalifes fatimites. Près de là est le candelabre en marbre portant la fameuse inscription plus réellement phénicienne que la langue maltaise. Une autre inscription en grec a aidé à l'interprétation de la première, qui a fait l'objet d'un beau mémoire de Barthélemy. Le cabinet particulier du bibliothécaire contient une feuille de papyrus fabriquée à Syracuse avec la plante moderne du papyrus. Elle porte un dessin et une dédicace au grand-maître Rohan, par Savorio Londino Nava, *cavaliere del abi.. di devozione*, avec la date de 1585. La plupart des ecclésiastiques élevés de Malte, de Sicile et de Naples sont encore revêtus de ce titre. Nous avons vu la croix à la boutonnière et la petite plaque pectorale à l'habit noir de plusieurs vieux abbés qui se promenaient dans la grande rue et sur la place voisine de l'auberge de Castille. L'homme illustre qui traita si mal ces pauvres chevaliers logea tout près de là dans la maison du frère Parisi. Celui-ci venait faire très-poliment sa cour à son hôte, qui lui répondit par un : Je vous donne vingt-quatre heures pour vider la maison et la ville. Du haut de la terrasse voisine on plane sur le grand port qui est encore plus beau de près que de loin : spacieux, profond, digité de canaux et de presqu'îles couvertes de belles maisons ; ennobli par la colonnade du grand hôpital, avivé par nombre de vaisseaux de commerce et de guerre, par de jolis bateaux de plaisir, par une série d'édifices et de monuments s'échelonnant sur ses flancs parmi des jardins où les bananiers et les orangers entremêlent leur riche et éternelle verdure.

4. — La grande rue se termine à porta Reale; à celle-ci succède porta Santa-Anna, qui est suivie de la porte des Bombes. Les trois enceintes dont ces portes font partie sont à grande distance l'une de l'autre : il y a nombre de maisons et de *villa* dans l'intervalle. A la dernière aboutit la route de *Cita-Vecchia*, longeant l'acqueduc qui abreuve Valette. La campagne est sèche et pétrée. Par-ci par-là un peu de verdure annonce quelques jardins ou quelques champs de coton. Mais si la verdure est rare, les villages (casali), villa et même les villes sont abondantes. La main industrieuse de l'homme a partout lutté contre l'aridité du sol. Quel jour pour l'Orient, que celui où Péra aura des rues comme celles de Valette, où les campagnes du Qaire et de Constantinople auront des villages bâtis en belle pierre et en belle architecture comme ceux que nous voyons ici ! Cita-Vecchia représente encore aujourd'hui le remaniement fait par Manoel de Vilhena, le grand architecte du pays. Nous avons visité une belle cathédrale (Saint-Paul) et plusieurs églises mineures, mais riches d'architecture, de peintures et de mosaïques. On nous a ensuite conduits à la grotte où Saint-Paul naufragé passa trois mois en pénitence. Il y a un Christ sculpté en bois apporté de Rhodes par le grand-maître l'Ile-Adam. Dans la chapelle d'en haut se trouve un portrait peint du grand-maître Vignacourt. Les catacombes sont un peu plus loin : ce sont des cryptes artificiels anfractueux et en labyrinthe. Il y a des voûtes rondes percillées de trous (columbarii) pour recevoir les cercueils. Une manière de voûte naturelle est supportée par trois ou quatre piliers groupés et d'un dorique primitif grossier, mais fort semblable à celui de la Haute-Egypte

(Beni-Hassan) et de la Nubie (Guerfèh Hassan). En revenant, on s'arrête à Sant' Antonio, où le gouverneur anglais a une maison de plaisance et un assez beau jardin. Il y a de médiocres cultures d'oranger et un grand nombre de *schynus mollis* fort gros et couverts de fruit. Dans la cour, les murs sont tapissés d'un *solandra* aussi énorme que les plus grands qu'on élève en serre chaude dans les jardins de botanique européens. Le gardien offre aussi en pleine terre l'*asclepias gigantea*; les bassins nourrissent des papyrus assez maigres. La poussière, le soleil, les routes blanches, la campagne aride rappellent un peu la Provence d'été. Ces belles plantes des pays tropiques disent assez qu'on ne pourrait faire le moindre rapprochement avec la Provence d'hiver.

5. — La botanique et le départ prochain me rappellent nos voisins encore prisonniers au Lazaret. L'histoire naturelle est un passe-temps charmant pour les voyageurs, et M. Jaubert l'a mêlé à de plus graves études. Nous en mêlons quelques souvenirs aux adieux que nous échangeons à travers grilles. L'homme a son tour après les plantes. L'ethnographie, science moderne, a la juste ambition de prendre pour point de départ l'état physique des races humaines. Cette histoire naturelle sera désormais le commencement obligé de l'histoire politique. Malte me fait continuer dans ses habitants les rapprochements que m'a déjà suggérés sa langue; les Maltais me frappent par leur ressemblance physique avec les Egyptiens. M. Schlienz avait déjà noté que le dialecte égyptien était celui duquel le patois maltais se rapprochait davantage. Volney, toujours excellent observateur quand il n'est pas troublé par ses préjugés anti-religieux, a remarqué le caractère africain de la physionomie maltaise : les lèvres fortes, les pommettes saillantes, le teint cuivré, la barbe rare, les cheveux d'un frisé

presque crépu; il aurait pu ajouter la myopie des yeux et la maigreur du mollet. Ce dernier caractère qui est une anomalie avec la forte musculature des matelots et des portefaix n'en frappe que davantage l'œil qui observe leurs jambes nues, on le voit avec la même facilité chez les ecclésiastiques et les élèves de l'université que l'étiquette cléricale a condamnés à la culotte courte. En Egypte, la nudité habituelle ou fréquente des mariniers me permit de noter une autre particularité de l'héritage nègre que l'on ne peut ici supposer que par analogie. Le masque, fort ressemblant pour le matériel des traits, diffère sensiblement par l'expression : les parties mobiles, les paupières, les lèvres et les ailes du nez, montrent tout d'abord l'influence de l'éducation et des sentiments habituels dans deux pays si divers : les passions européennes ont dû altérer la placidité orientale.

M. Ch. Lenormant, qui a trouvé acceptable l'hypothèse de Soldanis sur la langue phénicienne de Malte et de Gozo, a voulu aussi y trouver un débris de la race phénicienne échappé à la malédiction de Noé; il a fait un détour aussi grand que celui de Soldanis, pour aller chercher ses inductions. « Les Phéniciens qui avaient donné aux Grecs leur alphabet et leur religion, durent aussi leur transmettre leur peinture et leur statuaire. Si l'art phénicien n'a pas laissé de traces on doit le retrouver dans les premiers essais de l'art grec. Effectivement, ses productions tout-à-fait originaires, diffèrent beaucoup de celles des Doriens Eginètes ; à dater de ceux-ci, non-seulement, l'exécution a changé beaucoup, mais les types qu'elle a reproduits ont différé totalement des types primitifs qui étaient trapus, sans noblesse, à formes plus que ressenties et singulièrement exagérées dans la musculature et la vivacité. Ces types provenaient des maîtres phéniciens qui avaient reproduit leur propre nature ; c'est la condition perpétuelle de l'art à toutes les périodes, il peut innover dans la correction du dessin, le mouvement, l'expression: il n'innove pas dans le type, que l'art à son plus grand état d'imperfection reproduit presque toujours avec fidélité au moins quant aux masses. Le type phénicien se trouve assez complètement dans les figures des Égyptiens chamites comme eux, semblables par les traits du visage et par la taille, mais moins musclés, parce que l'homme paisible d'une vallée ne peut ressembler à celui qui, vivant sur un rocher stérile, doit consacrer sa vie aux hasards et aux fatigues de la navigation. »

La thèse est ingénieuse, je ne le conteste pas. Mais on ne contestera pas non plus la subtilité des éléments. Cet art, qui reproduit toujours les types nationaux et qui, nationalisé en Grèce, commence par négliger le type grec ! l'auteur se tire d'embarras en admettant une race pélasgique croisée d'une colonie phénicienne. Cet art phénicien si voisin de la charge, qui se trouve reproduire un type identique à celui qu'a affectionné l'art égyptien et qui est si svelte, si gracieux, si hiératique ! Cette navigation qui, sur l'eau salée, prononce la musculature et, sur un grand fleuve, qui occupe tant de mariniers, n'empêche pas les formes d'être douces et efféminées ! M. Lenormant, qui a navigué sur le Nil, a pu voir que le métier de marinier est plus pénible que celui de marin ; il a pu voir aussi que les muscles de ces mariniers étaient aussi prononcés que ceux des équipages des Speronare. S'il avait remarqué chez les Égyptiens, comme chez les Maltais, l'absence du mollet, si singulière avec cette forte musculature, la ressemblance des traits de la face et celle du langage l'auraient frappé aussi, et il eût été forcé d'admettre, même dans les temps modernes, une parenté qu'il a affirmée pour les temps anciens seulement. Les tombes de Gourna et d'Elethia ont clairement démontré que la race de l'Égypte antique n'était pas une. M. Lenormant, tout le premier, a observé et décrit avec exactitude les traits spéciaux du peuple, fort différents de la plupart des races royales. Quel dommage que son attention ait été monopolisée par les représentations de l'art antique. Les mariniers, vivant et parlant autour de lui, les guides qui l'accompagnaient dans ces grottes mêmes, qui tenaient une torche à côté des bas-reliefs et des peintures, étaient des textes aussi précieux à consulter, quoiqu'ils n'eussent pas trois mille ans de date.

Ce rapprochement des vivants et des morts, de la nature actuelle et de l'art passé, je l'ai fait cent fois et toujours avec l'obligation de conclure à la ressemblance parfaite, à la directe filiation. M. Lenormant regarde les Barabras et les Kabaïles comme des races fort mélangées, et sans doute il a la même opinion des modernes habitants du Sahid. Pendant que j'étais en Nubie, j'ai dit mon opinion sur les Barabras, je l'ai dite aussi sur les habitants du Sahid. Je pense que pour la population moderne, M. Lenormant et moi sommes du même avis. Mais les lois de la physiologie et la ressemblance des Sahidiens avec les portraits de leurs aïeux m'ont forcé de conclure que, même dans la plus haute antiquité, la race populaire de Thèbes fut une race métive précisément au même degré qu'aujourd'hui. En descendant la vallée du Nil, l'élément nègre-chamite a été un peu voilé par l'élément sémitique apporté d'abord par les pasteurs, puis par les Grecs. C'est de ce remaniement d'une race deux fois métive que me paraît être sorti le rameau maltais, vers une époque que sa langue arabe peut faire rapporter au dixième siècle de notre ère. Si la race chamite fut primitivement une race pure, elle est donc éteinte absolument, et la malédiction de Moïse s'est accomplie même au-delà de sa portée, car elle se dirigeait surtout vers Chanaan. Si Cham était une race mélangée, il dure encore en Égypte aussi bien et plus qu'à Malte, et, dans les deux pays, il accomplit encore la condamnation fulminée par Noé, car il est soumis aux descendants de Sem et de Japhet!

Nous employons notre après-midi à visiter le palais du gouverneur, jadis palais du Grand-Maître. La cour par laquelle on entre, est un peu sombre, à cause de la hauteur des murs intérieurs ; celui de gauche est exhaussé encore par le donjon qui sert de vigie et de tour des signaux. Dans la cour à droite, il y a une horloge où trois Jacquemards nègres et enturbanés frappent les heures. L'escalier par lequel on monte aux étages supérieurs, est composé de marches ayant à peine trois pouces de hauteur : comme elles sont d'une pierre tendre, le pied des passants les amincit encore chaque jour ; elles seraient plus faciles à monter à cheval que la spirale de la mosquée de Sainte-Sophie. Les appartements sont vastes et nombreux, les murs couverts de fresques et de peintures de divers temps : il y a plusieurs portraits de souverains, et la série des portraits des Grands-Maîtres ; une salle est meublée de tableaux exclusivement exécutés par des artistes maltais élevés en Italie. Tous représentent des sujets classiques, dans la manière de l'école de David, avec moins de dessin et pire couleur. Plusieurs salles ont des tentures des Gobelins ; les Anglais n'ont guère plus ajouté au mobilier du château qu'aux édifices de la ville.

Le domestique qui vous montre les appartements vous livre à un sergent ayant charge de la salle d'armes ; elle est comble d'armures des Grands-Maîtres et des Chevaliers ; l'armure noire d'Hompech est la dernière par rang de date et par rang de mérite : les drapeaux et canons pris sur les Turcs abondent. J'ai prématurément décrit (à Alep) la curieuse couleuvrine de tôle de cuivre enveloppée de cordes et de stuc : la tradition affirme qu'elle fit un feu très-vif avant d'être prise. Dans la collection des armes singulières, se trouve une épée portant un pistolet dans son manche, pareille à celle du musée d'artillerie de Paris. Nous sommes rentrés chez nous en jetant un dernier coup-d'œil à cette magnifique église de Saint-Jean, à ses belles fresques, ses riches mosaïques, ses innombrables cénotaphes, tout blasonnés de la gloire et maintenant du deuil de l'ordre. Le mausolée du Grand-Maître Rohan a pour pendant un cénotaphe érigé en mémoire du duc de Beaujolais, par son frère le duc d'Orléans, depuis Louis-Philippe.

J'ai fait viser mon passeport par le consul des Deux-Siciles. Les formalités de police vont nous faire regretter l'Orient ; le chancelier du consulat français m'a aussi donné un visa pour la première fois : donné est le mot propre ; car j'y ai lu avec étonnement le mot *gratis* motivé, m'a-t-on dit, par la qualité du porteur. Voilà la première fois que je vois la science honorée de cette façon positive !

SICILE.

SYRACUSE, CATANE.

Malte, égyptienne par son sol et par son langage, peut être considérée comme la dernière station d'un voyage en Orient. La Sicile, l'Italie ont un autre sol, une autre langue, d'autres mœurs que tous les livres décrivent, que tous les voyageurs observent, qu'il est par conséquent moins curieux d'observer, plus superflu de décrire ; mais la science humaine ne s'astreint pas plus aux limites de la géographie que l'activité humaine. Les peuples de l'Orient ont envahi l'Occident et y ont laissé trace de leurs mœurs, de leurs arts, de leurs langues ; 'ls y ont porté, à côté de quelques nouveautés, des choses et des idées qu'ils nous avaient empruntées d'abord et qu'ils nous rendaient perfectionnées ou déchues. La science européenne a étudié les révolutions, en a recueilli les traces dans des livres, des musées. Je ne résisterai donc pas à la tentation si naturelle de porter, jusqu'en Europe, les préoccupations qui me remplissent depuis deux ans, surtout quand je trouve sur mon chemin, dans le climat, les monuments, les livres, les journaux, dans la conversation des savants et des hommes d'état les moyens de compléter mes études, de résumer mes idées. J'ai continué à enregistrer comme de coutume, tous les événements et les observations de ma journée ; mais je ne ferai désormais à mon journal que des emprunts partiels. La Sicile et l'Italie seront considérées surtout par les points qui peuvent se rattacher à l'Orient, remettant à d'autres temps la publication du reste de mes observations.

6. — A quatre heures du matin nous longions la Sicile depuis longtemps; une haute montagne paraît au nord, peu après le lever du soleil. A neuf heures, le *Véloce* a jeté l'ancre dans le port de Syracuse, la montagne du nord est plus visible : c'est la montagne par excellence, comme l'appelle encore son nom arabe *Gibello*. La brume, qui enveloppe sa tête, ne permet d'y distinguer ni neige ni fumée. L'immense ville de Gélon et de Denis est réduite aujourd'hui à l'île d'Ortygée, qu'une série de ponts jetés sur des fossés de vive eau de mer rattache à la terre; ces fossés sont au nombre de quatre, les portes et les remparts, au nombre de six, avec des bastions rasants et à feux croisés, invention de l'Archimède syracusain ressuscité en France sous le nom de Vauban. L'ancien temple de Minerve, avec sa colonnade dorique, a été remanié en une belle cathédrale; Aréthuse verse encore son eau limpide dans un bassin encombré de ruines antiques. On parle d'une réparation qui élèvera le niveau de façon à faire aiguade vers le port et à pouvoir planter sur ses bords abondance de papyrus, l'une des curiosités du pays à laquelle nous nous sommes empressés de faire visite après un déjeuner où l'on nous a servi le miel du mont Hybla.

On s'embarque dans le port et l'on se dirige ves l'embouchure *del fiume*, où le bateau talonne comme dans tous les boghaz grands ou petits. A un mille au-dessus du pont, le ruisseau gagne en profondeur ce qu'il perd en largeur; il a à peine l'envergure des rames, dont chaque coup démêle les conferves, les potamogétons et les cressons, gardes avancées de la rive; à la région supérieure, les ronces, les roseaux, les salicaires, les vignes sauvages, les chardons reliés de liserons à belles fleurs blanches frôlent contre la tente qui vous abrite du soleil. Ce grand mouvement dérange une quantité d'habitants de l'eau et des rives qui s'enfuient à tire d'ailes ou de nageoires. L'eau claire et mirant la verdure laisse suivre le mouvement des poissons, des grenouilles et des crabes; le martin-pêcheur, aux ailes de saphir, abandonne la branche d'où il guettait sa proie; la poule d'eau plonge et disparaît, les linots, les passereaux, les pies, familiers et craintifs tout à-la-fois, vont seulement vous attendre un peu plus loin; des demoiselles, sveltes comme des Andalouses, et comme elles vêtues de satin noir, bourdonnent partout en compagnie de quelques phalènes; c'est un peu comme dans les traînes ou dans les ruisseaux du Berry. Mais voici venir la différence: cette eau, que nous sillonnons de notre barque, porte, parmi les gens du pays, le nom de l'amant d'Aréthuse, et à un mille du pont, les plantes vulgaires des rives s'interrompent pour faire place à d'énormes bouquets de papyrus. Au confluent des deux ruisseaux on pêche un *cozzola* spécial à la localité et fort prisé par les naturalistes.

C'est en remontant le ruisseau le plus petit qu'on arrive à la fontaine de Cyane. Jusque-là se continuent les touffes de ce jonc rendu fameux par les anciens Égyptiens et qui leur a rendu aide pour aide en faisant arriver jusqu'à nous leur écriture et leur pensée. Ce papyrus est de moitié plus petit que celui des marais de Jaffa, et semble même se propager difficilement, comme si le pays ne lui convenait pas, ou plutôt comme s'il n'était là que transplanté; durant sans interruption depuis les Grecs, qui l'y portèrent d'Égypte, mais n'ayant pas gagné de terrain; au contraire, ayant disparu de tous les autres cours d'eau de la Sicile méridionale et ne s'étant maintenu que dans ce seul ruisseau, encore même n'occupant qu'un assez petit espace de son cours. Il se propage fort lentement tout seul; un groupe isolé, que l'on montre, a été planté, dit-on, par une dame anglaise. Si les curieux s'attaquent au papyrus, en le cueillant comme nous ou en le transplantant comme les dames anglaises, ce vestige de l'industrie des Grecs finira par disparaître comme tant de produits de leurs arts. Dans un climat plus convenable, avec la négligence des natifs et l'oubli des visiteurs, comme à Jaffa, le souchet aurait barré le cours du ruisseau et se serait répandu dans la campagne avec le marécage. C'est d'ici que les jardins de botanique s'approvisionnent. Leurs échantillons sont donc dégénérés du dégénéré.

Dans le petit ruisseau de Cyane, les rames étaient trop larges et l'on n'a vogué qu'au moyen d'avirons faits d'un double roseau, avec lequel on s'appuyait au rivage. En descendant, le courant, plus rapide qu'on ne s'en douterait à la vue, nous a fait cheminer une fois plus vite qu'en montant. L'étonnement causé par cette singulière navigation nous a laissé passer indifférents devant les deux colonnes, restes du temple de Jupiter, élevé jadis au sommet de la colline voisine du pont. De ce point élevé, l'emplacement de Néopolis, avec ses ruines, ses rochers taillés en amphithéâtre, ses aqueducs et ses eaux couronnées de verdure, m'ont rappelé les environs de l'ancienne Séleucie. La campagne est ici plus large, les plans sont plus nombreux, mais à Séleucie le premier plan est plus colossal et plus riche : et c'est le premier mérite d'un paysage.

7, 8. — Les Syracusains m'ont frappé par leur ressemblance avec les Normands et les Danois : grands, forts, blonds, faces larges, pommettes saillantes, yeux bleus. Une autre race est mêlée, mais non confondue, avec celle-ci : celle-là se rapproche de la maltaise, trapue, noire, se hâlant prodigieusement, même dans la ville. A celle-ci appartient un guide qui monta à cheval avec nous pour parcourir les ruines des quatre cités antiques, les grandes syringes d'Epipoli, les carrières ou latomies, dont fait partie l'Oreille de Denis-le-Tyran ; les amphithéâtres, les aqueducs et nymphées de Néopolis, l'église souterraine *Marziana*, le plus vieux monument chrétien du pays et dont les piliers ont des chapiteaux doubles à volutes ioniques surmontées de figures entremêlées aux ornements, comme cela s'est pratiqué plus tard dans le gothique. Les rochers de Tycha sont criblés d'hypogées. L'une d'elles, appelée le Tombeau d'Archimède, a une porte ciselée dans le roc, comme la tombe des Hérodes, comme celle des Ptolémées et, plus anciennement encore, comme les chapelles pharaoniques de *Gebel-Selseleh*. La campagne offre la même végétation que la Syrie : des riccins, des caroubiers, des micocouliers, des asphodèles bulbeux ; il y a, de plus, des solanum à épines dorées. Les vignes sont mariées aux arbres, à la mode napolitaine, importée à Antioche par les Croisés.

10, 14 *septembre*. — Catane est une ville neuve, rebâtie depuis le tremblement de 1669, grande, belle, régulière, alignée le long de la mer, comme un marteau dont le manche se relève vers l'Etna, son formidable voisin. Sa population n'est pas proportionnée à son étendue ; cependant le Corso et la piazza Sainte-Agathe offrent un assez grand mouvement, les voitures de maître et de place y circulent avec abondance, riches et parfois attelées de mules, à la mode espagnole ; le soir un marché se tient aux flambeaux, véritables *mechaal* arabes, grils creux renfermant des bouts de bois embrasés. Les fruitiers, charcutiers, fromagers, ont grand débit. La foule est bruyante et joyeuse, les cafés sont bien pourvus de glaces au jasmin selon le singulier goût du pays où ce semble ce parfum n'est pas désenchanté par la pommade ; le pavé est noir et sonore : c'est une préparation aux rues de Naples.

Deux obélisques sont debout à Catane, l'un à l'extrémité orientale du Corso est de fabrique moderne; l'autre exhaussé sur le dos d'un éléphant, motif principal de la grande fontaine de la place Sainte-Agathe, est en granit rose et porte des hiéroglyphes. L'éléphant taillé dans un bloc de lave est l'emblême de la Catane antique et probablement carthaginoise. L'obélisque a les arêtes arrondies et ses hiéroglyphes sont de la plus grossière exécution.

Neuf heures de marche peuvent conduire au cratère de l'Etna que je trouvai couvert d'une neige fort épaisse. Nicolozzi, qui est au tiers du chemin, possède un géologue préposé par une société anglaise à l'observation continuelle du volcan. Il donne depuis longues années le bulletin journalier de sa physiologie. M. Gemmelaro tient un registre des visiteurs, parmi lesquels je vis le nom de Léopold de Buch, d'Elie de Beaumont et de Cuvier. Les deux cônes de Monterosso sont tout près de Nicolozzi; c'est de là que sortit, en 1669, la coulée volcanique qui brûla et traversa la ville de Catane. L'évêque Michel Angelo-Bonadies, qui rebâtit la cathédrale, en 1736, a fait peindre, à fresque, sur un mur de la sacristie une vue cavalière de la ville de Catane et du mont Etna au moment de l'éruption. La cime du mont fume; la lave coule de beaucoup plus bas en une chaussée de feu assez large et qui se bifurque pour sauter, d'un côté, par-dessus la pointe orientale de la ville; de l'autre, atteint la mer entre le port actuel et Valle-Roscosa. Cette éruption dura six mois. Le dessin tracé d'après les traditions, encore vivantes et plus précises au temps de l'érection de la cathédrale, explique parfaitement la configuration de la cité actuelle vers son extrémité orientale; une colline assez élevée la termine. Des maisons particulières, des palais, des églises, des couvents avec leurs jardins ont couvert cette colline dans la partie reconquise par la cité nouvelle. On aperçoit ces constructions, ces terrasses, ces jardins, par les soupiraux des amphithéâtres antiques, par les puits, des excavations récentes du prince Bischeri. Le volcan jeta par-dessus ces ruines, alors à ciel ouvert, une couche de laves, de cendres, de scories, de décombres de la ville renversée. La lave ruissela par les soupiraux des voûtes et alla se mouler à la forme des loges, des vomitoires, des prisons. Au midi de la ville, une autre fouille pratiquée dans la lave même, comme à Herculanum, a dénudé un ancien rempart conservé par la lave qui atteignit son niveau puis tomba par-dessus en nappe de pierre.

Non loin de Catane, dans la *Pianura del Mineo*, un petit volcan vomit de l'eau mêlée à la lave. L'hiver un lac occupe son cratère, et alors, on y voit un bouillonnement continuel occasionné par le dégagement du gaz; l'été, les boues elles-mêmes sont agitées et crevassées par ces gaz très-fétides. Deux fontaines de naphte ou pétrole sont au voisinage; ce lac s'appelle *Lago de Nafita*. Les anciens avaient bâti là des temples aux dieux infernaux.

Autour de l'Etna la campagne est toute noire de laves, mais en bas, dans les régions moyennes et même jusqu'à la naissance du grand cône, bien plantée et au total d'un aspect assez riant: c'est le rire d'une figure fort brune. Les vignes font le fond de la culture; les amandiers, oliviers y sont mêlés en abondance, les chênes blancs en broussailles et même les châtaigners commencent à paraître aux approches de Nicolozzy. Les fameux châtaigners de Cento-Cavalli sont de l'autre côté vers *Giarri*. Les genêts sont communs aux endroits incultes, mais là aussi l'industrie sicilienne a planté un végétal qui est une providence pour le pauvre, le nopal (*cactus opuntia*) qui n'a besoin ni de terre ni d'eau, qui végète fort bien sur la lave et au milieu d'une sécheresse de sept mois. Les paysans sont maintenant occupés à sécher les figues de Barbarie qu'ils préparent à-peu-près comme les figues ordinaires, écorcées puis coupées en deux moitiés et étendues sur des claies au soleil. Pour les conserver fraîches, on les laisse adhérentes à la raquette qui achève de les mûrir séparée de sa tige et de ses racines et clouée contre les murailles de la ferme. L'abondance de ces figues sur une seule raquette est parfois prodigieuse. La variété de leur couleur, leur volume énorme, leur multiplicité rappellent dans ce pays tempéré le luxe des fruits des tropiques. Quand donc les Egyptiens et Syriens mettront-ils convenable sollicitude à la propagation d'une plante avec laquelle le peuple ne peut plus mourir de faim, plante qui n'a besoin ni de culture, ni de terre, ni d'eau et qui semble octroyée par Dieu exprès pour couvrir les déserts. Plusieurs ruisseaux qui coulent de l'Etna vers la campagne de Catane sont distribués aux jardins et aux *villa* par les souterazi dont les obélisques ont ici le nom d'aiguille *(guglia, ouglia)*.

15. — Tormina, la Molla et Giardino sont à l'extrémité d'un promontoire de grès et de calcaire, dernier et haut piton d'une chaîne qui traverse la Sicile moyenne et qui au sud revient s'appuyer sur l'Etna, magnifique et éternel plan final de notre paysage depuis Syracuse. Le long de la mer les contrepentes taillées parfois en falaises, sont garnies de capriers, de clématites, de ronces et de cactus, mais d'une espèce plus épineuse que l'opuntia, et à figue un peu plus petite et violette. Celui-ci se retrouve et se reproduit partout comme une plante spontanée du pays, malgré le nom populaire (figue d'Inde), et la tradition scientifique qui veut absolument faire arriver ces grands nopals d'Amérique avec Cristophe Colomb. Un guide bel esprit qui nous montra le théâtre de Tormina semblait avoir quelque penchant à adopter cette tradition en m'expliquant la manière

dont les surfaces même verticales de rochers si élevés ont pu se garnir avec le temps. L'homme a planté un nopal tout en haut de la montagne dans son jardin, sur sa terrasse, sur sa fenêtre. Le vent ou la vétusté en détachent une raquette qu'une avance du rocher reçoit, enracine et fait végéter. Au bout de quelque temps, le même accident se reproduit plus bas et pour ainsi dire de gradin en gradin. Ce rocher à cent étages finit par se trouver tout hérissé comme nous le voyons. Mais que de siècles il a fallu pour un tel travail accompli sans l'intervention de l'industrie humaine! une ou deux espèces de nopal doivent avoir existé de temps immémorial dans le bassin de la Méditerranée, dans les îles Baléares, la Corse, la Sardaigne, l'Andalousie, les Barbanes, la Syrie, l'Egypte avant que les Espagnols importassent du Nouveau-Monde l'opuntia, les agaves et tant d'autres productions épineuses qui se sont trop bien acclimatées dans l'ancien.

A *Paolo* la côte de Calabre se reconnaît très distinctement. Le phare se resserre et vous montre bientôt une grande ville : c'est Reggio. Une autre plus petite blanchit au bout du promontoire qui fait face à *Pélore*. On voit enfin se dresser au nord les clochers de Messine, après avoir passé quelques torrents sur des ponts et un plus grand nombre dans le lit desséché. Toujours aux côtés de ces cours d'eau il y a des plantations d'orangers qui comme de raison souffrent quand l'eau tarit tout-à-fait ; on y supplée alors par l'arrosage au moyen de la *noria* arabe. La machine usitée a ici décomposé en deux pièces celle qu'on emploie dans le haut Languedoc. La roue dentée de la *saqié* égyptienne est réduite à une double croix horizontale qui s'emboîte avec une croix pareille posée verticalement et ayant pour axe l'arbre central de la roue qui porte les chapelets. Le manége tourne à côté et non pas autour du puits. L'agnus castus, la réglisse, le laurier-rose, les datura, les solanum pyracantha suivent la route. L'agriculture exploite un coton plus grand que l'herbacé de Syrie et plus petit que le souligneux d'Egypte, il diffère aussi des deux autres par ses fleurs qui sont blanches ou roses.

16, 20. — Messine était encore tout en émoi d'un tremblement de terre dont le Véloce avait porté les premiers bulletins à Malte. La dernière secousse que nous ressentîmes assez fortement à Giardino, vers les sept heures du soir, renversa un clocher à Reggio et y fendit plusieurs édifices. Messine en a été quitte pour des secousses répétées et pour une semaine d'angoisses, pendant laquelle la population bivouaqua dans les rues et sur les places publiques.

La cathédrale de Messine est un édifice bizantin où j'ai pu continuer les études d'architecture déjà commencées aux basiliques de l'impératrice Hélène, à celles de Constantin et de Justinien. La nef moyenne est séparée des deux latérales par de grandes colonnes revêtues de stuc et peintes en granit. Les chapiteaux sont tous de format différent, comme dans un temple égyptien ; ils n'ont de commun que la dorure qui paraît une restauration moderne. La voûte de l'abside porte une image du Christ parfaitement symétrique au milieu d'une gloire dorée ; à ses côtés sont la Vierge et les Anges ; plus bas et de plus petite dimension, est un roi agenouillé, avec le nom de *Frédéricus Rex*, écrit en lettres gothiques. Le nom des personnages est écrit sur la tête de chacun, parfois en lettres grecques. Le livre que tient le Christ a deux pages écrites en grec : le tout est exécuté en mosaïque qui aura été peut-être badigeonnée par les Sarrasins, comme celle de Sainte-Sophie, mais qui, en tout cas, aura été regrattée et r'habillée par le roi qui s'y est fait représenter. La face du Christ est louche et ascétique, selon la mode de ces temps reculés. Le plafond de la grande nef est en cèdre brun avec des ornements or, gueule et lapis fort semblables à ceux de la vieille mosquée de Kalaoun dans la citadelle du Qaire.

21. — Ce n'est pas par une vaine bravade que le jour même de l'équinoxe, nous confions de nouveau nos fortunes au perfide élément, que nous nous jetons étourdiment entre Sylla et Charybde. La route de terre rebrousse vers Catane, elle est sans auberges, et prend quatre jours pour arriver à Palerme, nous avons cédé à la tentation d'aller vite, de voir les îles Eoliennes, et de franchir le fameux détroit! le temps au surplus paraît avoir beaucoup diminué les périls du dilemme, il n'a pas diminué le renom prestigieux du mirage appelé *fata morgana* et que nous n'avons pas eu la bonne fortune de voir. Le moment était cependant propice, car *fata morgana* est, nous a-t-on dit, un des signes concommittants des éruptions volcaniques et des tremblements de terre ; nous étions admirablement placés pour jouir du spectacle, car nos appartements étaient dans l'hôtel *Vittoria* le long d'un balcon célèbre à Londres pour sa vue de la Calabre. Nous sommes déjà en face de Stromboli qui nous reste à tribord. La fumée est un peu masquée par la brume qui hier soir a conspiré avec le clair de lune, pour nous empêcher de jouir de sa flamme. Le panache qui sortait du cône ne nous apparaissait que phosphorescent.

A midi, poussés doucement et en poupe par une charmante brise, nous avons passé Melazzo et son promontoire. L'Etna domine toute la masse de montagnes qui s'échafaude depuis la mer jusqu'à sa ceinture de nuages. Stromboli fume toujours au levant, Lipari au nord reluit comme de la neige un peu fanée ; ses deux cônes sont tout striés de pierres ponces; nous dépassons Alcudi vers le soir.

PALERME.

22. — Nous nous réveillons bien loin de Céfalu; à huit heures nous sommes dans la baie de Bagharia; le vent est faible et tourne au Scirocco. Les montagnes qui bordent perpétuellement la côte sont toutes brunes d'ombre; les trous des nuages laissent tomber sur quelques points, un rayon de soleil qui les dore ou les blanchit comme si elles étaient de sable ou de neige. Aussitôt le cap doublé, nous saluons Palerme avec ses clochers, ses dômes, ses jardins semés au bord de la mer comme des ulves ou des coquillages et rappetissés par son immense cirque de montagnes. Le pic qui porte Sainte-Rosalie est au bout du promontoire. A midi nous sommes à l'hôtel d'Albion sur la place de la Marine: de mon balcon la vue est un peu moins magnifique que de la *loggia* de Messine, mais j'aperçois à ma droite le palais de justice taillé sur un patron musulman. Plusieurs églises de la ville sont d'anciennes mosquées, beaucoup d'autres monuments ont des inscriptions kufiques. Morso m'a fait connaître la Ziza, la Cuba; la chapelle palatine et Monréale attestent encore la magnificence artiste des traditions de Constantinople; leurs archives sont pleines de chartes écrites en grec et en neskhy. Je suis enfin en possession de la Sicile byzantine et sarrazine et c'est celle-là que je poursuivais.

30. — Le zèle et l'ardeur des conquêtes, double mobile des croisades, s'étaient exercés séparément et avaient préludé par une sorte de division du travail, avant la grande expédition qui délivra le tombeau de Jésus-Christ. La Terre-Sainte avait été visitée à travers les périls et les privations, par des pèlerins sans armes; l'Espagne, la Sicile et l'Italie méridionale, avaient été disputées à des Infidèles plus voisins que ceux de l'Orient; beaucoup de chevaliers s'y

étaient faits, avec leur épée, des états qui méritèrent bientôt le nom de royaumes. Les Normands sortis des mers du Nord, retrempés par l'esprit belliqueux de la France, devinrent une puissance de premier ordre dès qu'ils purent s'appuyer sur une île et une presqu'île digitées d'excellents ports et sur une population qui n'avait pas encore perdu les souvenirs industriels et mercantiles de la Grèce. La marine marchande et militaire des rois de Sicile lutta avec avantage contre celle des empereurs de Constantinople et même des Vénitiens : elle fut l'arbitre des mers pendant les premières croisades : le nord de l'Afrique, le midi de la Grèce et une partie de ses îles lui appartinrent. Le roi Roger replanta en Sicile les mûriers qu'il trouva en Grèce, il amena des tisserands, des teinturiers, des brodeurs habiles à travailler la laine et la soie. Les marchands d'Amalfi remplirent un quartier de Palerme qui du temps des Maures était abandonnné aux bas-fonds de la mer et à des marécages couverts de papyrus.

Les Maures, qui étaient maîtres de la Sicile depuis le milieu du neuvième siècle, s'étaient relâchés bientôt de la férocité avec laquelle ils avaient effectué leur conquête. Palerme était la seule ville qu'ils n'eussent pas détruite ; ils permirent aux habitants de relever leurs murs, d'exercer leur culte, de reprendre leur travail. La population grecque était redevenue riche et nombreuse ; les cérémonies de sa religion s'accomplissaient en public, même dans les rues de la capitale ; les constructeurs de bâtiments ou naupactitesi avaient formé une confrérie de la bienheureuse vierge Marie, qui faisait des processions avec flambeaux et bannières. La Charte, qui renouvelle ces priviléges moyennant un léger tribut appelé *djesiè*, a été conservée dans les archives de l'église Saint-Michel-Archange. Les Normands usèrent de la même tolérance non-seulement vis-à-vis des

Grecs, mais envers les Musulmans eux-mêmes. Les rois Roger et Guillaume souffrirent que leurs monnaies portassent la formule sacramenta'e de la croyance musulmane. Aux funérailles de Guillaume Ier on vit des femmes maures prendre part au deuil à la façon égyptienne, couvertes d'un sac, les cheveux épars, poussant des hurlements et chantant des cantiques au son des timballes. Guillaume avait de son vivant payé bien d'autres tributs aux mœurs orientales; il avait vécu au milieu d'un harem, dans la société des eunuques, laissant les soins de l'Etat à un favori, véritable visir, et le commandement de sa flotte à un esclave africain, converti très-équivoque, qui un beau jour s'enfuit à Maroc en emportant un trésor qui lui avait été confié. Tancrède qui fut, comme Frédéric II, un des hommes les plus instruits de son temps, avait été élevé dans l'Orient. Frédéric II savait et parlait l'arabe et le grec aussi bien que l'allemand et l'italien.

Les monuments de l'époque normande et de l'époque sarrasine doivent reproduire le même éclectisme que nous venons de noter dans les mœurs; seulement les Neustriens ne pouvant pas mêler à l'élément grec et à l'élément maure quelque chose d'également saillant, ont laissé prédominer presque toujours les deux autres avec une abnégation qui témoignait de leur bon goût, c'est-à-dire de leur impuissance. Dans la littérature, le latin a été employé pendant plus d'un siècle comme simple transcription du grec ou de l'arabe; les diplômes, les inscriptions ont été trilingues, au lieu d'être bilingues ou unilingues comme avant. Une pierre conservée à Saint-Michel-Archange porte une inscription quadrilingue : latin, grec, arabe, hébreu. Ce n'est que sous le règne de Guillaume II que Hugo Falcandus et Romuald de Salerne composent des livres uniquement latins et d'une latinité supportable. Alors aussi l'on commence apercevoir quelques germes d'une langue plus populaire : le patois sicilien mêlé d'un peu de français prépare la voie à ce qui doit être un jour l'italien. En architecture on se borne à rétablir les images que l'iconoclastie des Sarrasins avait bannies ; on les rétablit avec le style grec, car c'est du ciseau grec qu'on est obligé de se servir aussi bien que de la truelle grecque. Les ouvriers grecs étaient habiles et nombreux ; ils avaient conservé les traditions anciennes en les modifiant par les patrons nouveaux que les ouvriers sarrazins avaient apportés du Qaire. Aux dixième et onzième siècles les Pisans et les Vénitiens s'adressaient à Constantinople pour faire exécuter les œuvres d'art difficiles. Venise avait fait venir de là des ouvriers en mosaïque, mais la pratique de cet ornement n'avait jamais été interrompue en Sicile. Les arts grecs s'étaient maintenus avec la domination des empereurs dans le midi de l'Italie. C'était sur les Césars que les Maures avaient fait leur conquête ; la république de Naples était encore sous la protection des Césars au moment où le roi Roger s'en empara (1171).

Les monuments byzantins antérieurs à la conquête maure sont fort rares en Sicile. Les monuments purement sarrasins sont au nombre de deux à Palerme : la Ziza (1) et la Cuba (2). Mais, d'après ce que nous venons de dire, il est évident que les premières constructions normandes peuvent nous faire juger les habitudes antérieures des Grecs et des Maures, qu'elles ont dû reproduire et continuer. Si nous y trouvons des éléments que l'architecture dite normande n'avait pas encore produits quand les conquérants ont quitté la Neustrie, nous serons bien forcés de conclure que ces éléments étaient déjà la propriété du pays

---

(1) **La Favorite.**
(2) **Le Pavillon.**

conquis. L'ogive que l'architecture bizantine n'emploie qu'avec répugnance, et que nous avons vu apparaître pour la première fois dans l'acqueduc d'Andronic Comnène (l'an 1183) est employée ici cinquante ans auparavant dans le pont construit sur l'Oreto par Georges d'Antioche, amiral du comte et du roi Roger. Le grand portail, le portail latéral et les tours de la cathédrale sont de quelques années postérieures au pont de l'Amiral. Mais l'ogive et les ornements qu'on y trouve à profusion sont certainement de deux siècles antérieurs à l'architecture dite gothique, qui, avec des arcs et des ornements absolument pareils, fleurit en Europe aux quatorzième et quinzième siècles.

1ᵉʳ *octobre*. — La Ziza et la Cuba offrent aussi des arcs à tiers point. Ceux de la Cuba seuls peuvent être affirmés de beaucoup antérieurs au *ponte Miraglio*. La Ziza paraît avoir été remaniée plusieurs fois par les Normands. Les deux édifices sont parfaitement semblables pour la forme et le plan. Un carré long avec une saillie à la partie moyenne de quatre faces. Les fenêtres et portes se trouvent ménagées dans la longueur d'un arceau très-long et très-haut. Sa voûte en ogive touche au listel. Les quatre étages d'ouvertures sont embrassés par ses montants. A la Cuba, au-dessus du listel, règne une grande inscription en lettres koufiques passant au neskhy sans points. Elle forme sur les quatre faces une frise d'un dessin gracieux. Elle est fruste presque partout, et, de plus, couverte de poussière et de mousse brune, en sorte qu'on n'y reconnaît que quelques mots. La hauteur de l'édifice empêche de la voir assez distinctement pour la dessiner. Morso et Gregorio ne l'ont point donnée dans leurs ouvrages à cause de ces difficultés. M. le duc Serra di Falco va s'occuper d'en faire tirer un fac-simile en papier mouillé, dont il enverra e dessin à quelques orientalistes. Les édifices semblables à la Cuba sont fort communs au Qaire et en Syrie. Les arceaux oblongs, les ogives mousses, les grandes surfaces sans un autre ornement que des filets saillants sont les attributs de l'architecture des premiers siècles sarrasins. En province, ces caractères avaient duré plus longtemps, surtout pour les édifices privés ou de peu d'importance.

La Ziza a de plus que la Cuba un vestibule ajouré par trois grands arceaux ogives assez semblables au triple portail des cathédrales gothiques. Dans l'intérieur, les portails sont répétés par des niches avec voûtes que Mortillaro compare à l'empreinte d'une pomme de pin. Cela en donne une idée assez exacte : seulement il faut ajouter que les saillies sont plus minces et plus longues, de façon à imiter des rocailles et des stalactites régulièrement disposées. Ce genre d'ornement est d'une époque beaucoup plus récente que la fabrique des quatre murs de l'édifice. L'usage s'en est maintenu longtemps, et l'on peut dire qu'il n'est pas encore abandonné, car, en Syrie, j'ai vu tailler des chapiteaux de colonnes, des culs-de-lampe et des voûtes de niches de même style. Au Qaire, les plus beaux édifices des sultans abondent en ornements pareils. C'est aux côtés de la voûte moyenne du vestibule, et formant frise au niveau des chapiteaux de ses colonnes, que court l'inscription copiée par Morso. Elle a été empâtée par de nombreuses couches de lait de chaux.

Morso en avait envoyé le dessin aux plus fameux orientalistes de son temps, Frahen à Pétersbourg, Hammer à Vienne, Silvestre de Sacy à Paris. Frahen répondit : « *Disjuncta membra in corpus jungere non possum.* » Hammer dit : « *Confiteor me nec tuæ interpretationi inscriptionis cuficæ assentiri, nec eam totam enucleare posse.* » Sacy s'écarta aussi de l'interprétation et de la lecture de Morso et ajouta : « *Nil hæsitans ita legen-*

dum esse statui (1). » C'est apparemment sur les contradictions d'hommes de ce mérite que beaucoup de gens du monde appuient leur mépris et leurs doutes contre la science. S'ils savaient que la plupart des inscriptions monumentales turques et arabes sont calculées pour la plus grande élégance artistique et pour le plus grand embarras du lecteur; s'ils savaient que, même aujourd'hui, les prétentions de la calligraphie orientale sont les mêmes et que l'horrible méprise de *châtrer* pour *compter* (2) pourrait être renouvelée par les ouléma et par les pachas; que l'on ne peut lire, c'est-à-dire prononcer exactement les mots, qu'après avoir compris toute la phrase; au lieu de railler la science et les savants, ces gens du monde railleraient sans doute une civilisation qui n'a pas encore su fabriquer un système d'écriture, et qui le trouble encore à plaisir par la sottise de l'exécution.

La grande frise de la Ziza portait, comme celle de la Cuba, une inscription dont on aperçoit des traces insuffisantes pour la reconstruire. Leandro Alberti et Fazello attribuent la construction de la Ziza aux Arabes. Romuald de Salerne la fait construire par Guillaume Ier. Morso prend un moyen terme et la fait seulement réparer et embellir par les rois normands. Les empereurs souabes ajoutèrent plus tard leur aigle aux ornements qu'on y avait prodigués. Alberti et Fazello décrivent la Ziza comme un pavillon situé au milieu d'un parc, au voisinage de bassins, lieu de retraite pour le délassement des rois, comparable, pour son élégance, aux plus jolies *villa* royales d'Italie. La Ziza appartient aujourd'hui à un particulier. La Cuba sert de caserne à un régiment de cavalerie.

2.— La ville de Palerme, au temps où les Normands la

---

(1) Morso, Descrizione di Palermo antico.
(2) Sacy, Mém. de l'acad. des Inscrip. L.; Volney, Rech. sur l'Hist. anc.

prirent, après un siége de cinq mois et deux ans d'occupation de la Sicile (1072), méritait encore son nom grec de *Panormos*. Son port était considérable : deux grands canaux faisaient le tour de la ville moyenne, bâtie sur une presqu'île. Depuis cette époque, ces canaux paraissent s'être comblés, et des constructions et des rues ont pris la place jadis occupée par l'eau et par les navires. Ce qui est resté du port intérieur ne peut admettre que des barques. Son ouverture représente assez exactement celle qui était fermée par une chaîne tendue de Castellamare à l'église paroissiale de la Kalsa, dite encore *della Catena*. De tous les édifices sarrasins qui couvraient l'ancienne ville, aucun n'a subsisté entier. Quelques portions du bâtiment des *Tribunali* et de l'église de *San-Giacomo-la-Marina* sont signalées par Morso et Fazello comme ayant appartenu, l'une à un palais maure, l'autre à une mosquée. Mais beaucoup de débris sarrasins ont été employés dans des constructions normandes, et les inscriptions koufiques abondent sur les piliers de plusieurs églises. Sur une colonne du portail latéral de la cathédrale est sculpté un morceau de la septième surate du Qoran. Un morceau de la deuxième surate est écrit en lettres d'or sur un marbre du monastère *delle Vergini*.

La profession de la foi musulmane est ciselée sur une colonne de Saint-François-d'Assises. Grégorio n'a publié que le *Bismillah* qui fait anneau. Les affiches, dont le milieu de la colonne était ordinairement chargé, lui dérobèrent le cartel inférieur que Morso découvrit et publia. Une supercherie de Vella, qui jouit longtemps à Palerme d'une réputation de savant, avait dérobé l'inscription de deux piliers de la *Martorana*. Vella persuada aux religieuses que les inscriptions contenaient quelque abomination musulmane, qu'il fit cacher sous une couche de stuc pour se dispenser de la traduire. Morso, qui enleva le stuc, a rassuré les religieuses par l'assertion, un peu contestable, que l'inscription n'était point musulmane et se rapportait au chrétien fondateur de l'église, à l'Amiral.

On ne peut douter que beaucoup d'inscriptions arabes n'aient été faites postérieurement à la conquête normande. L'état devait se servir de la langue employée par la majorité des sujets. Un grand nombre de Sarrasins, convertis au christianisme, n'en savaient pas d'autre et, dans les actes publics, écrivaient leur nom d'*Abdallah* ou d'*Abderrahman* en arabe, après avoir fait une croix. Les caractères arabes étaient employés selon le goût sarrasin, dans le but complexe d'inscription monumentale et d'ornement. Le plafond de la chapelle palatine et le manteau de Nuremberg le démontrent d'une façon péremptoire. Le palais royal et la chapelle palatine sont du règne de Guillaume Ier. Le manteau de Nuremberg avait été brodé pour le roi Roger. Henri VI, empereur d'Allemagne et mari de Constance, reine de Sicile, emporta ce manteau avec d'autres objets précieux. Il figura depuis parmi les *regalia* légués aux divers empereurs jusqu'à ce que Sigismond, avec le consentement du pape Martin V, en 1424, ordonna que ces *regalia* fussent, à perpétuité, déposés à Nuremberg. Le style de la rosace de la chapelle palatine et celui du pallium se ressemblent beaucoup. C'est toujours un long chapelet de vertus, un *congeries* de qualités dont la traduction fait épuiser à Tichsen et à Gregorio tous les synonymes latins : *Benignitate, comitate, beneficentia, affabilitate, facilitate, clementia, magnificentia, decore, majestate, famá perfectione, duratione*, etc... Un monument presque moderne, la statue de Charles-Quint, a plagié le style arabe avec un bonheur étonnant : *Carolo-Quinto, Hessiano, Saxonio, Austriaco, Gallico, Hispano,*

Mexicano, Peruviano, Molluquensi, Africano, Turcico. Onze adjectifs bien comptés ! Et on a oublié Naples et la Sicile, qui auraient dépassé la douzaine. On a assez singulièrement résumé ce chiffre contre toutes les lois de Barême dans un *imperatori ter maximo!*

Les églises de *San-Giacomo* et de *Santa-Maria-la-Mazara* contiennent quelques débris d'inscriptions koufiques que Morso rapporte aussi aux temps normands.

3. — Léon l'Africain décrit des mosaïques qu'il a observées dans les palais de Maroc et de Fèz. La Cuba de Palerme en fut décorée. La Ziza en offre encore aujourd'hui. Mais les trois monuments où la mosaïque est le plus employée sont la Martorana, la Capella Palatina et la cathédrale de Monreale. On fait un cours complet de mosaïque en les visitant tous les trois le même jour. On y voit tous les âges de l'art, sans en excepter l'époque actuelle, qui y est représentée par les ouvriers occupés aux réparations. L'église de la Martorana fut commencée en 1113 ; son clocher est d'un joli style sarrasin-normand ; le chœur est presque entièrement en mosaïque, les figures, avec leurs noms écrits en grec, sont dans une atmosphère d'or. Dans les chapelles latérales, deux cadres représentent, 'un le roi Roger couronné par Jésus-Christ, l'autre son amiral Georges agenouillé devant la Vierge. Roger y est revêtu d'habits ecclésiastiques, comme les rois et empereurs de ce temps en portaient à leur sacre ; il y avait plus de droits qu'un autre, car le pape l'avait traité comme un prince spirituel en le nommant son légat à perpétuité, en lui donnant le bâton, l'anneau, la dalmatique, la mitre et les sandales. Les corps d'Henri VI et de Frédéric II furent trouvés vêtus comme Roger l'est dans ce tableau, lorsqu'on ouvrit leurs tombes dans la cathédrale. Celle de Guillaume Ier, qui fut ouverte en 1801 et en 1826, renfermait les mêmes insi-

gnes. L'amiral Georges d'Antioche est prosterné à la façon orientale ; son corps, raccourci ou caché par un enfoncement du sol, a l'air d'une tortue ; la dalmatique, brodée à carreaux, représente la carapace. La figure de la Vierge, ainsi que celles de Roger et de Jésus-Christ, est svelte et ascétique, selon le type bizantin qui dura jusqu'au Pérugin ; toutes sont mieux traitées pour le dessin que les figures de la voûte.

A la chapelle palatine, la Genèse et l'Evangile ont fourni des sujets qui ornent les panneaux compris entre les ogives et les frises. On y voit le Paradis terrestre, l'Incendie de Sodome, l'Arche de Noé, etc.; plus bas sont des saints et des papes. Aux voûtes du chœur, Jésus est entouré de la vierge, des anges, archanges et séraphins. Tout cela est raide, mais ne manque pas d'une certaine grace, d'une solennité religieuse augmentée encore par la demi-lumière qui règne dans le vaisseau. Ce demi-jour ne permet pas de distinguer les rosaces et les inscriptions koufiques du plafond. Cette partie aura sans doute été exécutée par des ouvriers sarrasins accoutumés à traiter l'ornement et les caractères de leur propre langue. D'Agincourt a voulu reconnaître leur main dans les figures, œuvre plus difficile, et dans laquelle les ouvriers grecs seuls pouvaient être expérimentés. En dehors, sur la paroi gauche de l'église, une restauration moderne mais fort harmonique a représenté, toujours en travail mosaïque sur fond doré, le comte Roger et le roi Roger avec un cortége de saints. Dans l'intérieur de la chapelle, on voit un grand candélabre de marbre long de plus de dix pieds, fort grêle et tout fouillé de sculptures gothiques à plein relief. La pierre trilingue relative à l'horloge du roi Roger est encadrée dans un mur du vestibule. L'arabe est un neskhy fort lisible.

On visite ordinairement le palais après la chapelle. On

entre par la salle où sont réunis les portraits des vice-rois. Un bon tiers sont des évêques et des cardinaux. Le dernier est le prince de Campo-Franco, dû, ainsi que celui du cardinal Gravina, au pinceau de Patania, peintre sicilien moderne. Le nom de Gravina est plusieurs fois répété dans cette noble assemblée. Un de leurs aïeux était déjà haut placé avant d'épouser Marguerite, femme de Guillaume-le-Mauvais ; mais cette alliance n'aura pas nui à la fortune de la famille. Les Campo-Franco sont maintenant placés dans une situation pareille. Le fils du prince actuel s'appelle comte de Lucchesi-Palli.

Dans la salle d'audience sont deux béliers en bronze apportés de Constantinople par Georges Maniaco. Ils sont de grandeur naturelle, accroupis, la tête tournée vers le flanc, pose fort naturelle, mais qui fait regretter la belle pose en sphinx des antiques béliers de Karnac. Parmi les autres appartements, le seul qui doive m'occuper ici est une grande et vieille salle qui passe pour un reste unique du palais normand primitif. Les murs sont tout couverts de mosaïques d'un dessin fort grossier représentant des hommes et des animaux. Ceci me paraîtrait, plutôt que les figures de la chapelle, justifier l'opinion de Dagincourt. On peut reconnaître ici les premiers essais d'ouvriers sarrasins passant de l'exécution des ornements fantastiques et sans reliefs à l'imitation des produits de la nature avec leurs ombres et leurs lumières. Une terrasse du palais voisin de l'observatoire s'avance sur le monument de *Porta nova*.

On y jouit d'une magnifique vue sur la campagne, toute couverte de villa jusqu'à la haute montagne qui lui sert de cadre. Du côté de Monte Pellegrino, la perspective n'était pas moins belle ; partout elle était enrichie et harmoniée malgré la lumière du plein midi, par une vapeur chaude et transparente, comme dans un tableau de Claude Lorrain.

Au midi les montagnes et fabriques plus ombrées, plus grandes et plus sévères, rappelaient davantage un cadre de Poussin.

Vers trois heures nous passâmes sous l'arc de Porta-Nova en nous dirigeant vers Monreale. Cette porte, qui a les proportions d'un arc de triomphe, est un ouvrage de 1688. Du côté de la ville règne un ordre à colonnes: vers la campagne les colonnes sont remplacées par des cariatides représentant quatre Maures enturbanés. Depuis l'expulsion des Sarrasins, le thème du prisonnier est toujours une tête à turban; c'est la première chose que nous ayons vue à Syracuse. Une tête maure forme la clé de voûte à la porte de mer. Un carcan passé au cou relie la tête au mur par une chaîne.

L'église épiscopale de Monreale est la chapelle palatine sur une grande échelle: c'est une basilique bizantine avec son antique originalité, avec ses richesses, avec ses milliers de figures en mosaïque nageant dans un océan d'or. L'incendie qui, il y a quelques années, dévora le plafond n'a pas laissé de traces. Le plafond a été refait à neuf sur le dessin primitif, ce qui conserve l'harmonie avec le reste de la fabrique, on l'a refait avec la même richesse d'arabesques et de dorures, ce qui semblait impossible. Les talents artistes et l'érudition du duc Serradifalco ont prêté le plus heureux secours aux architectes. La grande figure du Christ, dans l'Abside, doit avoir été refaite, au moins, en partie, car le dessin de la face est correct et l'ancienne et classique expression ascétique a disparu. L'inscription grecque *opantocraton* se lit encore à côté. Les chapiteaux-colonnes sont variés comme à la cathédrale de Messine. On voit dans le chœur l'ancien sarcophage de Guillaume-le-Bon, rompu en plusieurs pièces; un évêque au seizième siècle a remplacé ce porphyre par du marbre. Dans le chiffre romain des dates les mille sont représentés par un 8 couché et coupé d'un trait horizontal. La façade de l'église est moderne; sur la façade latérale libre, règne une galerie à colonnes du temps de la renaissance. Le cloître gothique est plus ancien et plus élégant.

Au couvent des Bénédictins, qui est fort voisin, le bibliothécaire me montra un grand nombre de diplômes arabes dont quelques-uns ont plusieurs toises de longueur. Le grand espace de parchemin est couvert de nom propres des témoins ou intéressés d'actes de donation, de vente ou concession. L'écriture en est parfaite, très-lisible, nette et d'un neskhy élégant assez semblable aux mains modernes qui ne sont pas trop turquisées. Il y a, comme dans les diplômes de la chapelle Palatine, quelques *sin* faits, à la *diwany*, d'un seul trait.

Les lettres orientales sont cultivées à Palerme. Grégorio et Morso ont laissé des ouvrages estimés. MM. Mortillaro et Caruso s'apprêtent à recueillir leur héritage; les lettres grecques sont plus particulièrement étudiées par les descendants des anciens Bizantins, qui forment encore dans l'île des colonies, où le grec moderne n'est pas oublié. Les savants hébraïsans ne sont pas rares parmi les ecclésiastiques; plusieurs avec lesquels j'ai eu de longs entretiens y ont développé une instruction générale digne des membres les plus éminents du clergé romain. Je citerai, entre autres, le chanoine chancelier, de la chapelle Palatine, à qui je dois un exemplaire d'un ouvrage qui ne se vend pas et que la munificence royale a fait composer avec des pièces précieuses grecques et arabes, conservées à la chapelle Palatine (1). M. Caruso, qui avait eu la bonté de m'accompa-

---

(1) Tabularium regiæ imperialis capellæ collegiatæ divi Petri in regio panormitano palatio Ferdinandi II regni utriusque Siciliæ regis, Jussu editum ac notis illustratum. Panormi ex regiâ typographiâ, 1835.

gner à Monreale, ajoutait quelques mots à mon répertoire déjà long, d'expressions arabes conservées dans les patois Néo-Romans, de la Sicile, de l'Italie, de la Provence et du Languedoc; *dica*, veut ici dire mal au cœur; *sciarra*, une rixe; *ballato*, le pavé ou la pierre propre à en faire; *zacara*, la fleur d'orange; *cacamo*, la micacoule; *barcoc*, la pêche dure; *zabar*, l'aloës ou agave; *abéazizo*, la racine édule du souchet; *felano*, un tel. Les noms de localité sont presque aussi riches en arabe ici qu'en Espagne. Il y a des *calaat*, en quantité, qu'on n'a pas pris la peine de traduire par *castel*. Mais *scettenam* a pour synonyme *ripa amena*; *miselmiri* (hospice de l'Emir), est resté sans traduction, de même que *Rachap*, où les Algériens retrouveraient aisément le nom de *Rahaba*, leur marché aux grains; *fondaco* le *foudouc* des diplômes arabes est rapporté par Freytag au *pandoxeion* des Grecs, mais les diplômes grecs de Palerme et Moureale écrivent *phondaka*.

Notre attention n'était pas assez absorbée par cette science étymologique, pour nous empêcher d'admirer le beau panorama qui se déployait sous nos pieds, en descendant les sinuosités de la route de Monreale. La plaine de Palerme, à l'instar de la baie de Constantinople, a été nommée conque d'or; la conque n'était dorée qu'à certains espaces de son cadre de montagnes, touchés par le soleil couchant. Le contenu de la conque est une vraie richesse plus précieuse que l'or : des villas élégantes, des potagers, des vergers où, l'hiver et l'été, la verdure est éternelle, des sources abondantes distribuées aux jardins, à la ville, par des aqueducs, par des souterrazi. Les obélisques de ceux-ci forment un cordon continu dans la vallée de la Favorita, jusqu'à la baie de Sferra Cavallo.

4. — J'ai complété mes reconnaissances botaniques en

me dirigeant vers Mardolce Favara et Bagaria. Mardolce est un hameau avec une église au pied de la montagne, au sud-est de la ville. Plusieurs sources alimentaient jadis un grand lac ou naumachie dépendante de quelque villa des Émirs; et Morso y rapporte avec raison le boheïra pompeusement décrit par les auteurs arabes et par Benjamin de Tudéla. Bagaria agréablement situé entre deux baies près d'un promontore, est depuis longtemps la villegiatura favorite des riches Palermitains. La grande curiosité du pays est la villa Palagonia, où plusieurs Gravina ont colligé à plaisir des ameublements rococos et des caricatures sculptées. La campagne assez maigre offre quelques pieds rabougris de chamœrops ou palmier éventail. Cette espèce si commune dans le midi de l'Espagne, les Baléares et l'Afrique mogrébine, abonde aussi en Sicile, mais seulement du côté de l'ouest; Palerme paraît être sa limite au nord-est. Le cactus opuntia prospère ici comme partout; ses fruits à trois couleurs inondent les marchés : le cabotage en fait des exportations considérables à Naples. L'agave presque aussi commun que le nopal, paraît décidément un produit autochtone. Zabarone, nom du fil qu'on extrait de ses fibres, est un mot arabe mentionné par des auteurs bien antérieurs à la découverte de l'Amérique. Le consul anglais, M. Godwin, m'a assuré en avoir vu des citations dans l'histoire de Sicile de Diblasi. Je dois à l'instruction et à l'obligeance du même fonctionnaire l'indication de la salsola sativa, comme l'espèce dont on retire la soude. La salsola rosacea est cultivée dans quelques parties de la Sicile, mais beaucoup moins estimée. Le sumac, cultivé pour la tannerie, est récolté plus petit qu'en Syrie. Les arbres des routes sont des platanes, peupliers, broussonetia, gleditzia, erythrina et squinus mollis : c'est sans doute celui-ci que les guides anglais auront appelé cèdre pleureur, à cause de sa forte odeur résineuse. Le seul cèdre qu'il y ait dans le pays, est un très-jeune arbre planté dans la villa Buttura. Les erythrina des routes et des places publiques fleurissent au printemps; une autre espèce déjà commune dans les villa et maintenant fleurie, donne une idée de la richesse du genre. Au-dessus de la verdure sombre s'élancent des panaches de belles fleurs papillonnacées écarlates. L'autre erythrina fleurit en grappes plus grosses et pendantes comme celles de la grande casse ou du faux ébénier.

Le Solandra vient en pleine terre dans les jardins; les *ficus elastica* y acquièrent une grande taille et quelques jardiniers ont déjà essayé d'en extraire le lait qui produit le kaoutchouc; dans les ruisseaux ou lacs artificiels, le papyrus n'acquiert pas les dimensions que nous lui avons vues à Syracuse, dans les massifs on tire partie de la belle verdure des frènes cultivés en Sicile comme en Calabre, pour en extraire la manne. La canne à sucre qui a presque entièrement disparu, fut cultivée ici fort activement jusqu'à la colonisation de l'Amérique. Tripoli, où les croisés la trouvèrent si abondante, Antioche, où elle couvre encore aujourd'hui de grands jardins, ne sont pas plus chauds que la conque d'or. A la fin du quinzième siècle, l'industrie sucrière était fervente sous l'administration de Piètro Spéciale. gouverneur de Palerme; alors aussi Piètro Campo construisit l'aqueduc qui arrosait les champs de cannes avec l'eau de l'Oreto. Ainsi, ce ruisseau a mêlé son nom et ses eaux à toutes les gloires du pays: celle de l'architecture par le pont de l'amiral; de l'industrie par l'aqueduc de Pietro Campo; de la guerre, car l'eau qui avait abreuvé les éléphants carthaginois désaltéra les chevaux de Metellus après sa grande victoire sur Asdrubal. Quelques palmiers éparpillés dans les jardins du voisinage, sont les restes de ceux qui ombrageaient jadis l'Oreto, et qui furent abattus par Squillaci, amiral du roi Robert de Naples.

Parmi les promenades publiques qui sont en même temps jardins, on doit distinguer le *Papireto* d'où les anciens papyrus ont disparu aussi bien que les riches boutiques sarrasines et amalfitaines; la *villa Julia* et la *Flora*. Les charmantes et riches perspectives dont on jouit près du bassin central où aboutissent en rayons toutes les allées de la villa Julia, font comprendre la supériorité d'un jardin régulier sur le jardin chinois importé par les Anglais. Au milieu d'une capitale, une grande pensée, une unité, un système, la symétrie elle-même, toute décriée qu'elle puisse être, sont quelque chose de plus élevé, de plus difficile, de plus convenable que les hasards en série et les imprévus calculés. La *Flora* ou jardin de botanique qui est à côté de la *villa Julia*, est un vrai bijou. L'école botanique a vraiment l'air d'un temple antique, simple, noble, presque religieux, c'est, m'a-t-on dit, l'œuvre d'un architecte français, M. Fourny! la serre chaude qui est presque un anachronisme, est grande et a deux versants. Je crois qu'on a fait injure au soleil de Palerme en établissant les bananiers à demeure dans cette serre. Les palmiers sont très-vigoureux en pleine terre, ils donnent de beaux régimes de dattes qui ne prennent ni noyau ni maturité, c'est précisément comme à Alger. Les bambous réussissent très-bien, ils poussent en vingt jours des surgeons de vingt pieds de hauteur. Nous avons vu aussi des gouillaves, des litchys et des annona. Heureux trois fois le professeur qui préside à ces cultures, qui enseigne la science des fleurs, qui dessert les autels d'une telle divinité, sous un tel climat, dans un tel sanctuaire!

5.—**La Sicile formera un brillant épisode dans les souve-**

nirs de notre voyage, c'est la gloire des croisades sans triomphe des infidèles ; c'est Sélinonte, Agrigente, antiquités comparables à celles de l'Egypte; c'est le climat de l'Orient sans peste, sans ophtalmie, avec la salubrité, la sécurité et les raffinements européens. A Palerme nous avons eu la rare fortune de rencontrer des habitants qui ont ajouté encore à l'impression favorable du pays. Le consul de France, M. Axel Renard, homme laborieux et capable, caractère heureux et franc qui fera partout des amis à son gouvernement et à lui-même, chef et modèle d'une famille qui sait unir la simplicité et le naturel au tact le plus fin et le plus doux des convenances sociales; le docteur Fodera, mon ancien condisciple, qui après des travaux physiologiques, récompensés par le titre de membre de l'Institut, s'est élancé dans le transcendentalisme métaphysique ; enfin le duc de Serradifalco, la providence des voyageurs de toutes les nations; aussi justement estimé par ses ouvrages d'artiste et d'érudit que pour son aménité de grand seigneur. Sa conversation et ses ouvrages ont pleinement justifié le jugement porté sur lui par Morso : *l'erudito duca di Serradifalco nostro concittadino, che unisce alla bella letteratura molto perrizzia di archittetura e disegno; il quale so che si è accinto ad illustrare le antichità di Sicilia etc.* Ses travaux sur les principaux édifices normands et sarrasins de Palerme doivent être consultés comme une pièce importante du grand procès de l'origine du genre gothique: le plan des églises normandes offre toujours, selon lui, le mélange de la croix latine et de la croix grecque. Dans l'architecture antique ses études aideront à la solution des problèmes historiques déjà agités avec sagacité par M. Lenormant: les bas-reliefs de Sélinonte offrent des figures courtes, exagérées de geste et de musculature : ce type est appelé par le duc, Egyptien. M. Lenormant y trouverait avec plus de raison son type phénicien antérieur aux Egynètes ; mais le duc date l'émancipation de la sculpture de la cinquantième olympiade, époque où il fut ordonné de faire le portrait des lutteurs ; or, il me semble que c'est précisément avec de pareils modèles que le genre court, ramassé, musculeux, exagéré de geste, grimaçant de traits, devait prévaloir dans la sculpture ; pour s'en convaincre, on n'a qu'à regarder le portrait des boxeurs anglais représentés en action. Quelque incertitude peut donc subsister sur la date authentique de ces figures, et plus encore sur les inductions relatives à la race qu'elles reproduisent.

NAPLES.

15. — A bord de la *Marie-Christine*, nous étions enducaillés comme à Palerme. Les Gravina, les Moncade étaient assis à la table commune qu'un temps magnifique permit de dresser sur le pont. Les jeunes gens, selon la nouvelle étiquette, étaient sérieux et distants; les vieillards, expansifs, aimables, gais. On considérait avec presque autant de respect deux diplomates naissants qui reproduisent les traits et le nom de deux des premières illustrations de la France nouvelle: M. Foy, secrétaire d'ambassade à Rome, et M. Casimir Périer, chargé d'affaires à Naples. Une matinée un peu brumeuse ne me permit pas d'abord de juger la fameuse rivalité de la baie de Naples avec le Bosphore. Après des examens répétés, il m'a paru que cette rivalité n'avait pu être posée que par des gens qui n'avaient vu que l'un ou l'autre pays, ou du moins avaient pris de l'un et de l'autre des impressions troublées par le temps. La baie de Naples, surtout, telle qu'on la voit de la mer, est un magnifique paysage sans premier plan; vue de la terre elle n'offre jamais que la moitié du spectacle dont on

jouit au Bosphore. Offrir cette moitié tout entière serait déjà un lot assez beau.

Naples n'offre aucun des monuments bizantins, sarrasins ou normands que je recherche. Les restes les plus anciens du moyen-âge, la *Capella Minutulo* et le tombeau du pape Innocent IV sont de la fin du treizième siècle, qui vit Masuccio, Cimabue et Giotto commencer l'école proprement italienne. A Athènes, en face du Parthénon et du temple de Thésée, j'ai fait mes réserves en faveur de l'antériorité de la colonne dorique primitive de Beni-Hassan et de Guerfeh-Hassan. Je n'ai pas besoin de les renouveler à propos des colonnes de Pestum, qui sont plus pesantes, plus égyptiennes que celles d'Athènes et même que celles de Sélinonte et d'Agrigente. Le rococo des dix-septième et dix-huitième siècles a élevé sur quelques places de Naples des aiguilles qui se rapprochent davantage du type indou que du type égyptien. Elles sont composées de quatre ou cinq étages de piédestaux superposés avec des saints, des madones, des rois détachés ou de plein relief. On dirait du candélabre de la chapelle Palatine à Palerme. Cela est riche, car c'est en marbre polychrome, et parfois avec des ornements bien sculptés. Mais les lignes tourmentées et papillotantes sont d'un aspect désagréable, surtout pour qui se souvient des lignes calmes et grandes des pyramides ou des obélisques antiques. Dans le musée royal *dei Studii*, la salle du Taureau Farnèse offre quatre marbres chargés d'inscriptions karmatiques-koufiques : ce sont des pierres tumulaires. Deux ont la figure de colonnettes coiffées d'un renflement en guise de turban, comme on en rencontre aujourd'hui dans les nécropoles musulmanes.

Le climat de Naples est un peu moins doux que celui de Palerme : sa végétation, thermomètre infaillible, le prouve. Le nopal y vit fort bien, mais y fructifie fort peu. Le jardin de botanique offre une collection remarquable de *diospiros* qui fructifient, mais grandissent un peu moins qu'à Constantinople. La capitale turque est à la même latitude que Naples; mais la mer Noire, les Balcans et l'Olympe y rendent l'hiver plus froid et plus long. Naples est donc plus chaud et moins humide que le Bosphore. Dans le joli jardin de Villareale, il y a quelques palmiers, des erythryna, des caswarina et même des bananiers. Que dira le directeur de la Flora? Il en brisera sans doute de dépit les vitres de sa serre-chaude! A la vérité ces plantations sont récentes et n'ont pas encore subi l'épreuve de beaucoup d'hivers.

20. — Mais Naples offre quelque chose de plus curieux que son Vésuve, de plus curieux que son ciel, de plus instructif que son musée. Un livre fermé au premier siècle de l'ère chrétienne s'était conservé jusqu'à nos jours à l'abri des injures du temps, à l'abri des falsifications des hommes. Rouvert tout-à-coup, il nous a révélé, non pas seulement l'état précis de cette civilisation reculée, mais les germes d'une décadence dont on croyait la date bien postérieure.

Pour qui n'a pas vu les antiquités bourgeoises de la Syrie, Pompeï est l'objet d'un étonnement inépuisable. Encore en Syrie le bourgeois, l'ordinaire, le commun, le grossier même est monumental, au moins par la matière, qui, même aux plafonds, est toujours de la pierre très-dure et en masses énormes. Ici les maisons des simples particuliers, les boutiques des marchands, les établissements des étuvistes, des baigneurs, des ruffiani se sont conservés avec les bois, les briques, les plâtres, les mortiers qui entraient dans leurs fabriques. Les stucs grossiers, les badigeons et les barbouillages ont duré autant que les sculptures, peintures et décors, œuvres d'artistes délicats. Les écritures grotesques, les paroles tracées par les mains désœuvrées ou cyniques, l'orthographe provinciale nous apparaissent là pêle-mêle avec les inscriptions sérieuses ou monumentales. Mais ce qui ajoute davantage à la surprise et au désenchantement, c'est de trouver dans les monuments de pierre et de marbre, au beau milieu des formes classiques de l'architecture, des essais capricieux que nous étions accoutumés à ne rapporter qu'à des époques bien postérieures : en sorte que les âges de décadence, l'époque bizantine, que nous avions crue originale, au moins par le mauvais goût et la bizarrerie, n'a fait en réalité que reprendre en sous-œuvre les ébauches échappées à la fantaisie des siècles antérieurs, qu'ériger en règle pour son architecture ce qui avait été longtemps l'exception méprisée ou inaperçue!

J'ai vu taillés en marbre, taillés en cette lave d'une coulée anté-historique dont les rues étaient pavées, dont les cordons de tant de colonnades furent fabriqués, j'ai vu dis-je des chapiteaux trop longs ou trop courts en achante épineux ou en dessin composite appelé bizantin ou gothique. Bien plus dans ces chapiteaux trop courts et trop larges, les feuilles de fantaisie, les amours, les génies sont arrangés précisément comme plus tard on y arrangea les démons, les gorgones, les anges ou les chimères. Plusieurs m'ont rappelé à s'y méprendre les chapiteaux de l'église souterraine *Marziana* à Syracuse. Dans les dessins des fresques on voit quantité de pavillons, de treilles, avec des colonnettes d'une délicatesse sarrasine ou grecque; et sur ces colonnes en guise de couronnements, d'architraves de frises ou corniches, des découpures où l'on croirait que se sont inspirés les architectes qui taillèrent plus tard les créneaux et les dentelles gothiques. Les niches en rocaille et coquillages entremêlées de dessins coloriés, invention du cavalier Bernini et ornement obligé de toutes les bastides du midi de la France, ont ici le modèle primitif de leur rococo. Les cascatelles à plusieurs versants et plusieurs degrés si chéries des Aleppins et des Damaskins étaient en grand honneur à Pompéïa sous le règne de Titus. Les puits à très petite ouverture avec une margelle monolithe représentant une colonne courte sont aussi venus de fort loin. Les Syriens modernes qui en ont reçu le patron de Bizance firent prédominer la base ou le chapiteau et finirent même par employer un chapiteau réel renversé et foré comme plus expéditif et plus solide que la base ou le fût d'une colonne courte. La mosaïque de la bataille d'Issus représente tous les bras revêtus de manches, toutes les jambes de pantalons. Alexandre en est muni comme Darius.

22. — Il y avait eu le matin, baise-main à Capo-di-Monte; le soir la cour était à San-Carlo. La salle qu'on a justement comparée à un pigeonnier jadis doré et maintenant bronzé était rehaussée par les splendides toilettes qui remplissaient toutes les loges : les princesses, les ambassadrices, les dames napolitaines étaient resplendissantes de diamants; le corps diplomatique tout chamarré de croix et de cordons presqu'autant que les grands officiers de la couronne et de l'armée napolitaine. Notre chargé d'affaires embarrassé de la simplicité de son frac de secrétaire d'ambassade avait arboré un uniforme de colonel de la garde nationale de Paris. Notre costume diplomatique avec sa couleur sombre et son absence d'épaulettes est écrasé partout par la richesse des couleurs et des ornements des autres costumes. Nous ajoutons encore à cette infériorité par la modestie avec laquelle nous portons les colliers d'ordres. Les autres nations les mettent par-dessus le collet de l'habit nous le mettons en dedans, de façon à n'en laisser sortir que le bijou. Le ruban, ce qu'il y a de plus éclatant, est entièrement caché. Que signifie cette velléité demi-austère,

demi-fastueuse? Reprenons le frac républicain avec la ceinture des représentants du peuple, ou si nous faisons de l'aristocratie à la façon de nos voisins, de nos rivaux, adoptons-en plus franchement, plus ouvertement les livrées! donnons à l'habit qui ne paraît qu'aux lumières une couleur plus claire qu'à ceux que fait valoir le grand jour d'une bataille ou d'une parade. Le bleu barbeau paraît le soir ce que le bleu de roi paraît au soleil. La révolution de juillet a mêlé des drapeaux tricolores aux rayons de l'étoile de la Légion-d'Honneur. C'est fort bien pour l'histoire, mais les diamants au naturel ou les pointes de diamants figurées par les rayons d'argent des autres plaques ou étoiles font meilleure figure de jour et de nuit. Les nichams turcs, persans ou égyptiens qui commencent à paraître dans l'Occident écraseront partout les émaux d'Europe. Dans l'Orient on connaît ce qui flatte l'homme et fascine l'œil. Le général Allard et son ami Ventura qui y avaient longtemps vécu avaient toutes leurs décorations, même la Légion-d'Honneur, couvertes de diamants; quand on leur demandait pourquoi ils avaient ainsi dérogé à l'uniforme, ils répondaient : les Indiens prendraient le roi mon maître pour un fayencier, s'ils voyaient de la fayence sur son nicham.

25. — Nous dîmes adieu à Naples par un beau clair de lune à trois heures du matin. Le Vésuve lançait en fumée épaisse la pluie dont son cratère avait été inondé : la campagne de Capoue est richement cultivée en vignes et oliviers que l'on marie comme si l'époux ne devait donner que du bois. Vers Sisterno la vraie culture antique reparaît : ce sont des ormeaux qui appuient les troncs et les bras de la vigne; le terrain est devenu montueux et s'est boisé de grands chênes que l'on emploie aussi parfois comme les ormeaux. On dîne à San-Germano, au pied du mont Cassin, si bien appelé le Sinaï du moyen-âge; le couvent

est au sommet d'une montagne dominée elle-même par des sommets plus élevés et souvent perdus dans des nuages fort épais; par un hasard singulier les haies de toute la campagne sont faites de *mespilus pyracantha*, communément appelé buisson ardent. Il ne manque donc ici que Moïse, ou plutôt saint Benoît; son grand souvenir plane encore sur le monastère. La campagne environnante porte toujours les traces de la riche culture que ses adeptes enseignèrent aux habitants. Quelques-uns de ces chênes séculaires furent peut-être plantés de leurs mains! L'Apennin nous parut aussi magnifique que la baie de Naples; la verdure y est plus épaisse; les profils des montagnes aussi pittoresques, plus pressés et à teintes plus variées. Aux approches de Frosinone les cimes sont bordées de pins-parasols, arbre élégant et caractéristique de l'Italie méridionale, comme le palmier des terres sémitiques. Dans ces hautes régions on voit des prairies sans arrosement; les hyèbles et les *phitolacca* bordent la route, signes d'humidité autant que la belle venue des chênes. Dans les élargissements des vallées, la limpidité du ciel après les crises atmosphériques, la délicatesse de la vapeur qui pâlissait la terre, donnaient au paysage une sérénité triste comparable à la physionomie des convalescents avec leurs regards longs, doux et humides. Vers Colonna, le dernier échelon de la montagne, on descend sur la campagne de Rome. Cette grande et sérieuse plaine, qui va se confondre avec la mer, est bornée à droite par une chaîne élançant quelques pitons hauts et coniques comme des volcans. Quelque chose d'aussi haut et d'aussi volumineux qu'une montagne se profile au nord-ouest sur l'horizon; c'est Saint-Pierre, monument merveilleux, égal aux pyramides par sa masse; supérieur par sa conception, autant que le christianisme est supérieur au vieux paganisme égyptien!

ROME.

J'ai dit mes impressions en Terre-Sainte et surtout à la vue de Jérusalem; les pareilles ne se renouvellent pas dans la vie. Rome, seconde métropole du christianisme et reine des arts, devait être vaincue par la cité du Christ, désolée et prisonnière de l'Infidèle; mais Rome a continué et grandi les sentiments que m'avait inspiré le catholicisme d'Espagne et d'Italie. La piété fervente, la foi immense de ces populations explique le luxe des églises. Mais que ces monuments rendent bien au peuple et aux grands ce qu'ils en ont reçu! quel sentiment exalté, quel enthousiasme religieux les chefs-d'œuvre de l'art, ainsi pressés, ne doivent-ils pas inspirer! Après avoir été témoin de la pompe du service divin dans ces temples, l'étranger se sent vergogneux des églises d'autres pays où l'on paraît croire que Jésus-Christ voulait être adoré dans une étable comme il lui avait plu d'y naître.

Il y a des gens guignonés, meilleurs observateurs que moi, sans nul doute; dotés par la société chrétienne d'une position brillante; dotés de la fortune et de la gloire par la religion, qui les inspira si bien loin de l'Italie et de la Terre-Sainte! et ces gens, en Italie, ont perdu le catholicisme; en Palestine, ont cessé d'être chrétiens. Je n'envie pas leur sagacité; j'avais de moindres obligations au Christ : il ne m'avait donné que des consolations. De loin je croyais sa religion vraie, je la trouvais belle et poétique. En remontant à sa source, par l'étude et par les voyages, son optique n'a pas changé.

30. — Saint-Pierre, qui reçoit les premières et les plus fréquentes visites de l'étranger, s'aperçoit de tous les points élevés de l'intérieur comme de l'extérieur de Rome. De la charmante promenade de Monte-Pincio je vis plusieurs fois le soleil couchant former une immense auréole au dôme de Michel-Ange; de là aussi l'œil embrasse, dans une sorte de perspective chronologique, des échantillons de la Rome des siècles divers: les obélisques égyptiens, les colonnes antonines, les campaniles byzantines, les dévastations des barbares, les dômes de la renaissance, la restauration de l'art et de la science moderne sur les ruines de tous les âges. Je m'aperçois, en abrégeant mon journal, que le cadre rêvé à Monte-Piccio a été réalisé dans mes études orientales.

Douze obélisques ont été érigés sur les places publiques de Rome, principalement par les papes Sixte V et Pie VI, tous avaient été trouvés dans les fouilles de la Rome antique, renversés par le temps ou par les Goths et brisés en plusieurs pièces, à l'exception de celui de la place Saint-Pierre, que Fontana dressa d'un seul coup par une machine compliquée et ingénieuse dont le dessin a été conservé par des livres et par une fresque du Vatican; ceux de la place Rotonda, Minerva, de la villa Mateï et de Monte-Piccio, sont fort courts et doivent être considérés plutôt comme des pointes d'obélisque que comme des obélisques entiers; celui de la piazza Minerva a été posé comme celui de Catane, sur le dos d'un éléphant. Alexandre VII ordonna et Bernini exécuta ce monument. Celui de la villa Matteï est exhaussé sur un tronçon de fabrique moderne, et, avec ce secours, atteint à peine à la longueur du petit obélisque d'Arles. Les trois aiguilles de la place Saint-Pierre, du Quirinal et de Sainte-Marie-Majeure sont sans hiéroglyphes; tous les autres en portent d'une exécution plus ou moins soignée. Le plus remarquable sous ce rapport, aussi bien que pour sa longueur, est celui de Saint-Jean-de-Latran qui a quatre-vingt-dix-neuf pieds de hauteur, la base non comprise; ses cartouches l'attribuent au roi Touthmoutis. Il fut porté de Thèbes au cirque par les soins de Constantin et de Constans son fils. Le plus grand, après celui-ci, est l'obélisque de la place Saint-Pierre, il a soixante-dix huit pieds; celui de la porte du Peuple en a soixante-treize; on l'attribue à Rhamsès; Auguste le fit transporter d'Héliopolis à l'épine du grand cirque; celui de Mont-Citerio a soixante-huit pieds, il servait de gnomon solaire sous Auguste, qui le fit venir d'Héliopolis. Pline l'attribue à Sésostris, mais les cartouches portent le nom de Psammétikus.

La mode des monolithes donna l'idée à quelques empereurs d'en faire tailler et sculpter exprès pour eux au lieu d'enlever ceux qui étaient debout à On ou à Thèbes. La place Navone offre, sur une base extravagante de la composition du Bernin, un obélisque dont les cartouches offrent les noms de Vespasien, de Titus et de Domitien; l'obélisque relevé par le pape Urbain VIII, Barberini, porte le cartouche d'Adrien; les dessins sont d'une exécution bien inférieure à celle des hiéroglyphes de Psammétikus et surtout de Touthmoutis.

De nos jours, la fantaisie d'ériger des obélisques s'est emparée de quelques grands seigneurs. La villa Borghèse offre un temple égyptien qui reproduit les petites dimensions de certains temples de la Nubie, mais qui est complètement original pour le plan et pour la lourdeur: il est précédé de deux obélisques maçonnés comme celui de Marseille, mais revêtus d'un stuc coloré en rouge et garni d'hiéroglyphes exprimant, à ce qu'on espère, les noms et les vertus des princes édificateurs. La ville Poniatowsky offre un autre pseudo-obélisque dans le même goût. Un des ducs Torlonia vient d'imiter les empereurs romains d'une façon moins économique : il a fait tailler dans les Alpes en granit dit du Simplon, un obélisque de plus de soixante pieds qui, embarqué sur le lac Majeur, sur le Tésin, le Pô et l'Adriatique, est arrivé au Tibre et finalement à sa villa, voisine de la porte Pia. Il n'est pas encore question d'y faire sculpter des hiéroglyphes ; mais c'est un ornement dont les obélisques ne peuvent guère se passer. Il faut espérer qu'une transcription et une traduction authentiques seront conservées à portée du monument lui-même pour éviter les incertitudes à la postérité des Rosellini et des Champollion.

La pyramide de Caïus-Cestius tient le milieu par ses dimensions entre l'obélisque et la pyramide. Sa base au lieu d'être de deux septièmes plus large que sa hauteur, n'en offre que les deux tiers. Haute de 164 palmes, elle n'en a que 170 de base ; au milieu et au bas d'une des faces un couloir bas et humide conduit à une chambre voûtée. Sur le stuc qui la revêt sont peintes, à fresque, quatre renommées ou victoires de fort petite proportion et d'exécution médiocre. La base est, par malheur, enfoncée de 15 pieds au-dessous du niveau du sol actuel. A cette profondeur excavée tout autour de la pyramide, on a retrouvé le pavé antique de la voie *flaminia*, où l'ornière des chars est encore empreinte. Après le mole d'Adrien c'est le plus volumineux tombeau subsistant de la vieille Rome, et l'on peut ajouter, le mieux conservé. La pyramide est entièrement recouverte de marbre dont, par malheur, la blancheur n'éclate pas au soleil, recouverte qu'elle est par les lichens et la moisissure verte, lèpre inévitable dans les pays humides. Quelle différence sous le ciel sec et conservateur de l'Egypte et, à plus forte raison, de la Nubie. Là aussi on entendait mieux l'art d'applanir et de dresser une grande surface. La pyramide de Cestius, bien que régulière pour l'œil qui la voit de loin, frappe de près par l'irrégularité de ses faces et de ses arrêtes. Les apothèmes sont ondulantes; les arêtes sont tortueuses pour l'œil qui mire leurs lignes. Malgré ces défauts, la forme admirable de solidité et d'élégance des édifices originaux fait valoir encore la pauvre et mesquine copie. On ne sait rien de ce C. Cestius à qui est élevé ce monument, sinon, ce qu'en dit son inscription encore fort lisible, qu'il était chef des Epulons. Au bas de la statue de C. Cestius, trouvée dans les fouilles, on lisait une autre inscription qui le faisait contemporain d'Auguste.

Monte Testaceo, dont l'origine n'est indiquée ni par des inscriptions ni par des textes d'auteurs, est une colline voisine de la pyramide; son nom vient de l'abondance des poteries brisées qu'on trouve en y fouillant. A une époque où Rome ne remplissait déjà plus l'enceinte d'Honorius, un vacant, voisin des remparts, servait de dépôt aux immondices et aux décombres. La mauvaise police et la longue durée ou plutôt la longue décadence des grands villes d'Orient a accumulé près d'elle bon nombre de dépôts pareils, qui font parfaitement comprendre l'origine et la composition du Testaceo. Alep et le Qaire en sont entourés comme d'une ceinture de collines. L'Alexandrie antique et Antinoë sont entièrement converties en *Koum* de ce genre qui couvrent plusieurs lieues carrées de surface. Au Qaire les jardins d'Ibrahim et les grandes routes de son père ont tranché à pic plusieurs koum, hauts de cent pieds, dans lesquels on peut observer dans une sorte de stratification géologique, les débris des cités pharaoniques, grecques, romaines, bizantines, sarrasines et turques, qui se succédèrent entre le Nil et le Mokattam.

1er *novembre.*—La sollicitude éclairée de Grégoire XVI a enrichi le Vatican d'un musée égyptien et d'un étrusque.

Je ne parlerai pour le moment que du premier, en suivant les quatre grandes divisions de l'art : écriture, peinture, sculpture, architecture. Le musée Grégorien possède un grand nombre de papyrus des trois types mentionnés par Clément d'Alexandrie : l'hiéroglyphique, l'hiératique et le démotique. Ils contiennent, pour la plupart, le rituel funéraire qui, après les grandes inscriptions monumentales, est le principal secours de la philologie. Parmi les inscriptions sur pierre, on voit la stèle de la reine *Amensè*, le scarabée d'Aménoph III, dit Memnon, la légende d'un prêtre naofore qui contient le cartouche de cinq rois, dont trois pharaons : Apriès, Amasis, Psammachérites ; et deux rois perses : Cambyse et Darius. Les deux superbes lions du temps de Nectanèbe offrent des inscriptions hiéroglyphiques aussi remarquables que l'exécution des animaux. Le trône de Rhamsès a un autre échantillon d'écriture où l'hiéroglyphe est à silhouette. D'autres pièces l'offrent à simple contour, linéaire, peint, dessiné. Vingt-huit rois, reines ou princes royaux forment la liste des noms propres qu'on a pu extraire de ces inscriptions. On sait que la lecture des noms propres, portion jusqu'ici la plus certaine des études égyptiennes, donne l'avantage immense d'établir des tables chronologiques.

Le plus ancien de ces rois est un des premiers de la 16e dynastie, Renoubka, contemporain d'Abraham, c'est-à-dire de l'an 1920 avant J.-C.

Puis, viennent Aménoph Ier, de 1822 avant J.-C.

Amense et Amenthé, celle-là reine de la 18e dynastie, celui-ci mari ne régnant qu'au nom de l'épouse, vers l'an 1750.

Thoutmès, fils et successeur d'Amense, régna de l'an 1740 à 1727.

Aménoph III, époux de *Taïa*, 1690.

Mnephta Ier, père de Sésostris-le-Grand, de 1604 à 1579.

Twea et Conchérès, la première épouse du précédent, la seconde épouse de Sésostris.

Ramsès-le-Grand, de 1565 à 1499.

Séphtah, régnant au nom de Taosra, de la 18₆ dynastie, mais à une époque incertaine.

Ramsès V, deuxième roi de la 19ᵉ dynastie.

Ramsès X, chef de la 20ᵉ, au 13ᵉ siècle avant J.-C.

Osorchon, fils de Takellothis, de la dynastie bubastique, huit siècles avant J.-C.

Psammétik Ier, quatrième roi de la 26ᵉ dynastie, a régné de 654 à 609 avant J.-C.

Apriès, de la même dynastie, 588 avant J.-C.

Amasis, successeur du précédent.

Psammacherités, successeur d'Amasis.

Cambyse, conquérant de l'Egypte, 525.

Darius, successeur de Cambyse.

Nectanèbe, de la 29ᵉ dynastie légitime et dernière des pharaons, 350 ans avant J.-C.

Ptolémée-Philadelphe, 284 avant J.-C.

Arsinoé, femme du précédent.

Ptolémée-Evergète et son épouse Bérénice.

Ptolémée-Philopator, 219 avant J.-C.

Arsinoé, sœur et épouse du précédent.

Les peintures sont des hiéroglyphes coloriés ou la représentation des convois funèbres et des stations de l'âme dans l'*Amenti*, telles qu'on avait l'habitude de les représenter dans les coffres des momies.

La sculpture passe avec raison pour le criterium de la culture d'un peuple. Une statue résume et mesure toute une civilisation. La peinture se développe un peu plus tard; mais en prenant la sculpture pour guide. Celle-là est moins originale que celle-ci ; elle est un retour vers le vrai que la sculpture avait un peu idéalisé. Aussi toutes les époques de régénération de la peinture sont-elles caractérisées par l'imitation de la sculpture, la simplification des sujets, l'idéalisation, le culte du dessin préféré à celui de la couleur. La sculpture égyptienne comprise de cette façon donne une idée assez exacte de la vieille et précoce civilisation de Thèbes et de Memphis. Les langes hiératiques seules l'ont empêchée de prendre le vol le plus élevé, à-peu-près comme le patron imposé par l'hyerogrammate condamnait les statues à une pose raide et à des gestes convenus. Le musée possède beaucoup de statues, bas-reliefs, vases et animaux antiques. Mais il a une collection plus complète et plus rare de monuments imitant l'égyptien, et provenant pour la plupart de la villa d'Adrien, voisine de Tibur.

Cet empereur s'était, comme tous les voyageurs, amouraché des curiosités qu'il avait vues dans ses lointaines explorations, et il avait employé les sculpteurs grecs les plus habiles à lui faire des dieux et demi-dieux égyptiens pour orner sa villa favorite. Le goût du maître paraît s'être communiqué aux artistes, car ils ont travaillé *con amore*. La lange hiératique est un peu soulevée par le doute et par la volupté. Le caractère de la face quitte la race pharaonique pour passer à l'idéal grec. Cet égyptien ainsi remanié plaira davantage au spectateur de Rome, et probablement aussi à la fantaisie de César. Ce qui reste des ruines d'Antinoë est suffisant pour prouver que cette capitale devait offrir quelques monuments du genre mixte d'où de proche l'imitation se sera propagée jusqu'à la Nubie. Je l'avais soupçonné à Moharraca : il ne fut plus possible d'en douter à Tafèh. La révolte des artistes contre les patrons purement égyptiens est écrite sur chaque pierre. Les architectes ont tourmenté jusqu'aux lignes des assises des murs ; les sculpteurs ont mis les figures de face, de trois quarts, les ont faites gesticuler, minauder, grimacer. L'exécution provinciale a encore empiré les effets du caprice. Les savants qui n'ont voyagé que dans les livres sont donc encore sous le coup d'une erreur grave, quand ils affirment que l'art égyptien a été un ; qu'il a duré sans changement jusqu'à sa mort, au sixième siècle. Il a eu son agonie comme partout ailleurs, son pastichisme de grec et de romain, probablement même de chrétien. Zoëga et Winckelmann s'étaient trompés, je le sais, en donnant toujours une date pharaonique à tout ce qui portait une inscription hiéroglyphique. Les cartouches des Lagides et des empereurs romains ont réfuté victorieusement cette hypothèse; mais les cartouches ne suffisent pas pour faire de l'art égyptien, et la conjecture toute divinatoire de Winckelmann a trouvé des preuves patentes à Tafèh et à Moharraca.

Parmi les statues de la *villa Adriana* se trouve une figure qui a des mamelles de femme avec le petit appendice sous-mentonnier qu'on a coutume d'appeler la barbe. Cette coïncidence est bien faite pour inspirer des doutes sur la nature véritable de cet appendice. On se rappelle alors que les sphinx toujours femelles dans la sculpture grecque sont le plus souvent représentés avec l'appendice mentonnier dans l'art égyptien. Quelquefois pourtant des sphinx vraiment égyptiens sont imberbes. Zoëga s'était tiré de cet embarras en prenant les barbus pour l'emblème du Nil et les imberbes pour celui de l'Egypte. Mais les cartouches ont appris que les sphinx égyptiens étaient le plus souvent des portraits de rois ou de reines au moins pour la tête; et quant à l'hermaphrodite barbu et mammifère, son type, qui n'est pas rare parmi les monuments vrais égyptiens, porte souvent son nom propre écrit en hiéroglyphes : *hopimou*; nom qui se lit sur la face septentrionale de l'obélisque Barberini, avec la signification d'abîme d'eau. C'était un des noms du Nil, conservé par Cicéron dans *Opas* (1).

En fait d'architecture égyptienne le Musée vatican ne possède qu'un chapiteau campane en grès; mais les salles qui renferment les produits recueillis en Egypte et à la villa d'Adrien, sont elles-mêmes décorées à l'égyptienne; elles ont des voûtes peintes en azur semé d'étoiles, des colonnes de format pharaonique, des frises qui portent en

---

(1) De nat. deor.

hiéroglyphes les noms et qualités du fondateur et le millésime du travail. Un voyageur qui revenait d'Egypte et avait encore l'œil exercé à juger les monuments égyptiens et leurs imitations fit, dans une audience papale, compliment au Saint-Père sur l'architecture de ces salles, en prenant la liberté de recommander comme modèle charmant d'une des salles futures une des hypogées de Beni-Hassan, où se trouve une alcôve séparée par deux colonnes; le reste de la chambre a une colonnade de la plus grâcieuse proportion et du travail le plus original antérieur, dit-on, aux pasteurs. Ce sont des hampes de lotus liées et formant chapiteau par leurs boutons réunis; mais les colonnes sont d'une proportion svelte presque gothique; le plafond est taillé en voûte à trois courbes interséquées.

L'Orient moyen-âge n'est représenté dans le Musée vatican que par quelques pierres tumulaires à inscriptions koufiques dont j'avais déjà vu l'empreinte en plâtre chez M. Lanci qui doit les publier dans son grand recueil. Un rumb de vents portant la synonymie grecque et latine attira mon attention en sortant des salles égyptiennes par la petite rotonde du torse. Je cherchai vainement dans les deux langues quelque chose qui approchât du *cherch* et du *libech*, noms des vents nord-ouest et sud-est, que l'Italie et le midi de l'Europe emploient tout comme l'Orient et l'Afrique septentrionale. J'en conclus que ces noms sont d'origine arabe aussi bien que le *scirocco*.

3. — La Scala-Santa conserve un fragment du palais de Pilate; l'arc de Titus apprend la forme précise du chandelier à sept branches et de l'arche-sainte enlevés à Jérusalem; l'arc de Constantin montre par ses plagiats, ses pastiches, ses vols matériels, le commencement de la décadence bizantine que nous voyons ici, comme à Pompeï, préparée de longue main par les caprices et les fantaisies

de monuments bien antérieurs. L'arc de Gallien a des chapiteaux dont l'acanthe serait appelé par les botanistes *foliis integerrimis*. Certains rhubarbes ont des feuilles pareilles, que les chapiteaux de l'ancien Saint-Paul et ceux du divan de Joseph au Qaire ont reproduites plus tard. Gallien en avait déjà trouvé le modèle dans la porte triomphale, aqueduc de Claude et de Vespasien. Enfin à Tusculum, non loin d'une autre curiosité dont nous parlerons tout-à-l'heure, les fouilles ont fait découvrir des chapiteaux en basalte composite de l'ionien et du corinthien que Nibby paraît rapporter à une antiquité étrusque. Le Musée du Vatican, qui renferme une ample collection de ces chapiteaux d'un gothique anticipé, est aussi fort riche en cascatelles monolithes à quatre et à six versans en gradins; elles étaient communes à Pompéï; elles sont en grande mode dans l'Orient. Tous les appartements d'Alep, Damas, Tripoli, toutes les cours, en ont qui jettent encore de l'eau. L'Orient est vraiment un autre Pompéï, il nous a conservé sous cloche les mœurs et les monuments de l'antiquité. En visitant les Thermes romains avec leurs voûtes, leurs piscines, leurs pavés en mosaïque, il est impossible de n'y pas reconnaître le modèle des étuves orientales, des hammam.

Le style bizantin principalement caractérisé par les chapiteaux trop courts et dépareillés et par des mosaïques, a des représentants nombreux dans les anciennes basiliques de Rome; mais les réparations continuelles ont fini par faire des mosaïques quelque chose de semblable au vieux vaisseau de Thésée, dont toutes les pièces finirent par être neuves; les réparations et restaurations font le désespoir des historiens de l'art. A la cathédrale de Palerme, des façades entières et des clochers ont été reconstruits en style gothique, où l'économie moderne a empêché de reproduire les ornements. A Rome, les mosaïques, du temps où le clair-obscur était à peine compris, ont été réparées avec les savantes ombres et la correction du dessin moderne.

Le gothique proprement dit est fort rare ici. M. Valery qui aime à lui donner des dates fort reculées, cite à peine deux ou trois ogives des onzième et douzième siècles. A Pistoie, il s'étonne qu'un arc de 1294 ne soit déjà plus à tiers point. A Pavie, il cite avec déférence Dagincourt et Malespina qui rapportent au sixième siècle l'église gothique de Saint-Michel. Qu'on songe à ce que je disais tout-à-l'heure des restaurations, et qu'on se souvienne que San-quintino, cité par l'impartialité de M. Valery lui-même, parle d'une grande réparation subie par cette église, à la fin du onzième siècle. J'ai trouvé des ogives d'une ancienneté plus certaine et plus reculée. Tous les aqueducs des thermes de Caracalla, les voûtes des petits escaliers ménagés dans les massifs, rappellent à la fois les fausses voûtes égyptiennes et le tiers point sarrasin : à moitié hauteur du mur latéral, les briques s'avancent graduellement, et finissent par se rencontrer en angle aigu résultant de la section de deux lignes droites inclinées. Ce n'est pas réellement une voûte, puisque la ligne du cintre n'est pas courbe, et que les briques sont toujours posées à plat, et non à la façon des voussoirs ; mais la coupe d'un de ces aqueducs ressemble à s'y méprendre à une voûte en lancette, surtout quand le temps a usé un peu les briques du milieu des lignes obliques, et aide à l'imagination qui ajoute à la grâce des dessins en les arrondissant.

A Tusculum, près d'une fontaine voisine des bains, une grotte voûtée porte une ogive très-pointue. Les derniers voussoirs qui se touchent en angle feront peut-être chicaner la définition ; ils sont posés de champ au lieu d'être à plat, et ils sont beaucoup plus longs que les voussoirs inférieurs ;

mais on ne peut se méprendre sur la ligne que décrivent les deux côtés de la voûte : il est évident que ces deux côtés doivent s'interséquer en angle. Nebby qui s'est souvenu du trésor d'Atrée à Micène et de la porta d'Arpino, croit l'arc de Tusculum d'une fabrique aussi reculée. Voici ses propres paroles : *la camera e formata da un arco a sesto acuto di costruzione analoga al famoso tesoro di Atreo a Micene ed alla porta d'Arpino, e par conseguenza di un'antichita molto remota* (1). Voici encore des aïeux classiques d'un thème favori de l'architecture sarrasine. Dans les restes d'un aqueduc voisin de Sant-Eusebio, qui paraît avoir appartenu à l'anio vetus, on voit dessinés en briques, des arceaux étroits, longs et subintrants, comme ceux de la Cuba et de la Ziza. A la cloaca massina, l'arc de Pépérin est embrassé par un arc de brique.

6. — Les croisades qui eurent leur point de départ à Rome puisque la sollicitude des papes en prit toujours l'initiative, les croisades avec leurs fortunes diverses eurent ici des contre-coups variés. Grégoire VII assiégé dans le château Saint-Ange, par l'empereur Henri IV, appela à son secours Robert Giscard, duc de Pouille qui ne se fit pas attendre longtemps. Son armée était en majorité composée de Sarrasins disciplinés à la victoire par les chefs Normands mais non pas encore disciplinés au respect de la propriété chrétienne. La ville de Rome disputée entre les Allemands et les Normands finit par être brûlée et pillée. La Rome de ce temps là occupait principalement l'espace compris entre Saint-Jean-de-Latran et le Capitole. Elle fut rebâtie dans le quartier du Champ-de-Mars où nous la voyons aujourd'hui. Le sac d'une ville surtout au moyen-âge, inocule toujours à

---

(1) Ant. Nobby, Analisi storico topografico antiquaria della carta de d'intorni di Roma.

la population quelques parts du sang du vainqueur; mais l'élément sarrasin était balancé alors par l'élément tudesque, il en fut de même au sac de Rome par Frédéric Ier, Barberousse en 1167 et plus tard lorsque les états romains et Rome même furent ravagés par l'empereur Frédéric II, cet homme dont un écrivain de l'Orient (1) nous a laissé le plus singulier portrait! il était instruit, éloquent, impie et moqueur, faible de corps, chauve et miope; s'il eût été à vendre comme esclave, son maître n'en eût pas retiré 200 drachmes. Empereur romain et catholique, il brava les foudres du pape Innocent IV qu'il fit chasser de ses états par une armée où les Allemands combattaient à côté des Sarrasins. L'élément germanique domina depuis et surtout au sac de Rome par les Lansquenets et les reitres de Charles V.

Les ménagements des rois normands et des empereurs souabes pour leurs sujets Sarrasins de la Sicile et de la Pouille finirent par faire perdre la couronne à Mainfroi et à Conradin, dont le pape Clément IV transféra les droits à Charles d'Anjou, frère de saint Louis. L'autorité pontificale produisit bientôt d'autres singularités: elle fit un tribun Romain d'un roi de Chypre. Hugues de Lusignan était venu deux fois solliciter des secours contre les infidèles; la première fois Jean XXI avait réussi à armer une petite croisade; la seconde fois n'ayant pu rien obtenir il dédommagea Hugues par une position qui lui parut préférable à sa royauté nominale. Le tribun de Rome était alors une sorte de grand vassal du Saint-Siége transféré à Avignon.

Dans le siècle suivant, même après la prise de Constantinople, la pensée de la croisade ne fut jamais abandonnée par les papes malgré l'aveuglement des rois. Æneas Silvius

---

(1) Hassan-Ibn-Ibrahim, dans les extr. de dom Berthereau.

qui régna plus tard sous le nom de Pie II fut un de ses plus ardents prédicateurs tout en reconnaissant les invincibles obstacles opposés par la république chrétienne, corps sans tête fractionné en langues diverses, en volontés discordantes en intérêts ennemis ; et dont les hommes qui auraient dû en être les chefs, n'avaient de grand que le nom. A défaut d'autres secours Calixte III fit faire des oraisons publiques et pendant que le zèle apostolique de Jean Capistran et la valeur guerrière d'Huniade défendaient Belgrade assiégée par les Turcs, les cloches invitèrent trois fois par jour les fidèles à prier Dieu pour la délivrance de leurs frères. La *Bulla Crusada* qu'on publiait encore au siècle dernier en Espagne n'est plus nécessaire, car le dernier Maure a dès longtemps repassé le détroit, mais *l'angelus* dure encore : je l'entends sonner en ce moment, et si Belgrade n'a plus rien à craindre des Turcs, d'autres villes de l'Orient renferment encore des chrétiens opprimés.

Æneas Silvius monté sur la chaire de saint Pierre s'avisa d'un expédient hardi mais qui avait peu de chances de succès ; il écrivit à Mahomet II pour le convertir. Un despote peut faire plus de bien et plus de mal qu'un autre roi, mais Mahomet régnait sur un peuple trop fanatique pour que sa volonté eût été obéie s'il lui avait ordonné d'abjurer l'islamisme ; d'ailleurs cette croyance qui faisait alors la force du peuple rapportait trop de profits à son chef. La conversion du chef, moyen le plus expéditif d'amener celle du peuple sera praticable quand le peuple sera passé du fanatisme conquérant au fanatisme quiétiste et quand le sultan aura érigé l'indifférence en loi de l'état.

Sixte IV équipa vingt-quatre galères, qui, réunies à la flotte des Vénitiens et du roi d'Espagne, saccagèrent Smyrne et Satalie. Carafa, amiral de cette flotte et cardinal comme Pierre d'Aubusson, rentra en triomphe dans Rome avec les dépouilles de l'ennemi. Mahomet II se vengea par une expédition contre l'Italie; Otrante tomba au pouvoir des Turcs et le pape songea sérieusement à quitter Rome pour retourner à Avignon. Les Turcs étaient autrement puissants et autrement redoutés que ces Sarrasins qui avaient fait de fréquentes descentes vers la campagne du Tibre et contre lesquelles il avait fallu fortifier la cité Léonine et le château Saint-Ange. Heureusement le ciel eut pitié des chrétiens, et les canons du fort Saint-Ange qui auraient été impuissants à combattre les Turcs, tirèrent des salves de réjouissance pour annoncer la mort de leur terrible chef. La discorde qui éclata dans la famille du vainqueur de Constantinople, amena à Rome le frère de Bajazet. Zizim, successivement hôte d'un pape, d'un roi et des chevaliers de Malte, fit recommencer entre le Saint-Siége et des sultans, une correspondance qui, cette fois, n'était plus théologique.

Charles VIII, moins occupé de faire valoir les droits de cet hôte que d'en préparer à sa propre ambition, trouva à Rome un autre prétendant qui lui vendit ses droits à l'empire d'Orient, moyennant une somme de quatre mille trois cents ducats d'or, c'était André Péliologue, despote d'Achaïe et neveu de Constantin, le dernier empereur.

Le premier revers éprouvé par les armées navales des Turcs, la bataille de Lépante fut célébrée à Rome par une cérémonie qui rappela les triomphes antiques. Marc-Antoine Colonna, amiral du contingent pontifical de la flotte, monta au Capitole au milieu d'un brillant cortége. Les drapeaux conquis sur l'Infidèle, furent suspendus aux voûtes de l'église *d'Ara-Cœli*. Les Vénitiens mêlèrent à la fête de Sainte-Justine, la commémoration annuelle du grand succès. Le pape institua une fête plus spéciale et qui dure encore sous le nom de Notre-Dame-des-Victoires.

8. — L'ordre de Malte, qui prit uue vigoureuse part à la bataille de Lépante, mais qui y fut moins heureux que l'amiral Colonna, puisque les Turcs s'emparèrent du grand étendart de St-Jean de Jérusalem ; cet ordre a aujourd'hui sa métropole dans Rome ; le pape est son protecteur et son grand-maître provisoire ; le cardinal secrétaire Lambruschini, son grand prieur. Les affaires courantes sont traitées par un conseil de chevaliers présidé par un bailli-secrétaire; de jeunes profès vivent en communauté dans l'auberge de la Via-Condotti ; les invalides sont dans l'hospice voisin du Tibre qui s'appelle *Xenodochium* comme un hôtel athénien. Quelques chevaliers que j'ai vus en uniforme aux *Fonzioni* portent la plaque pectorale comme ceux que je rencontrai à Malte ; un autre ordre, qui armé de la seule résignation, occupe encore Jérusalem et veille à la garde du Saint-Sépulcre, les frères mineurs ont leur métropole à Ara-cœli où je vais quelquefois demander des nouvelles de nos hôtes d'Orient. Aussi braves et plus heureux que les militaires, ils résistent à la peste et à la maladie du pays. Tous ceux que nous avons connus et par qui nous avons été reçus, se portent bien. Le révérendissime est devenu évêque, chef de toute la mission égyptienne ; sa principale résidence sera à Alexandrie.

Notre digne ambassadeur m'a présenté à plusieurs prélats et cardinaux dont l'esprit et l'instruction m'ont toujours paru égaux à leur fortune : harmonie qu'on a quelquefois le plaisir de saluer dans d'autres pays. La régénération de l'Orient est un thème que tout le monde comprend fort bien ici ; Rome en aura le principal honneur, car ses milices religieuses qui eurent longtemps et y ont encore la charge de l'instruction primaire, ont frayé la voie aux savants spéciaux envoyés par l'Angleterre, la France et l'Italie. Ce haut enseignement rencontre un obstacle immense: l'absence d'une langue une, précise, est au nombre des misères de tous les pays déchus. Les *Ouléma* s'obstinent à ne vouloir écrire que dans le style ancien depuis longtemps inintelligible au peuple; les clercs et les prélats chrétiens-natifs les imitent, et composent dans cette langue savante et leurs livres et leurs sermons. La nécessité de prêcher, d'enseigner et d'écrire dans la langue vulgaire, de scinder les patois modernes d'avec leur souche antique, le néo-arabe d'avec le qoreïchite comme les patois néo-romans furent scindés au moyen-âge d'avec le latin, cette nécessité est bien sentie à la propagande romaine et par son vénérable préfet (1), et par son habile secrétaire général (2).

Un juge merveilleusement doué pour opiner sur des questions de langues est le cardinal Mezzofante. La première fois que j'allai le voir, j'étais armé d'une lettre d'introduction écrite en rabbinique. Je rencontrai un petit vieillard vif, sans façon, modeste, plein de politesse et de bonté, toutes choses qu'on ne remarquait pas chez le bibliothécaire de Bologne. La pourpre romaine fait aussi noter une autre particularité rare chez les érudits des autres pays. Un homme qui a appris cinquante langues dans son cabinet a, dans ses bas écarlates, d'amples mollets comme un piéton ignorant. Son crâne n'est pas volumineux, ses yeux ne sortent pas de la tête comme ceux de Sacy et de Champollion, que Gall avait pris pour type et signe extérieur de la mémoire des mots. M. Mezzofante a, au contraire, l'arcade orbitaire saillante comme un toit de châlet suisse. J'ai vu cette tour de Babel sans confusion; j'ai monté quelques marches de sa spirale prodigieuse, écouté ses échos. Contre ce trésor immense qui s'accroît encore chaque jour avec tant d'aisance, j'ai frotté mon pauvre pécule, si

---

(1) S. E. le cardinal Franzoni.
(2) Monsignor Cadolini, archevêque d'Edesse.

mince, si péniblement acquis. Au couvent franciscain du Qaire, deux jeunes prêtres chinois me montrèrent, écrit de la main du cardinal, le nom de Dieu en cinquante langues. Je revenais de la Nubie, où les deux idiômes nouby et routana appellent Dieu des noms qui ne figuraient pas sur la liste : j'ajoutai *artig* et *noher*, et, arrivé à Rome, je demandai à S. E. pardon de la liberté ; il me l'accorda de la meilleure grâce du monde.

Le cardinal est, comme de raison, l'un des orientalistes les plus distingués. Il a de dignes émules dans le premier bibliothécaire du Vatican, Mgr Molsa, et dans le professeur de la *Sapienza*, M. l'abbé Lanci. J'ai dû à la complaisance du premier la vue de plusieurs manuscrits curieux dans toutes les langues, et particulièrement en arabe et persan. Dans leurs titres et fleurons, j'ai rencontré des spécimens de koufique qui ne figurent point dans la collection publiée par M. Marcel. Ce caractère paraît avoir subi tous les caprices d'une mode dont nos affiches et titres modernes peuvent nous donner une idée. La fin du moyen-âge qui fit tant d'emprunts aux Sarrasins avait transporté beaucoup de dessins des alphabets et inscriptions arabes dans le gothique ressuscité par la fantaisie de nos artistes. Il y a peu de jours, je passai près d'une heure dans une église à déchiffrer le mot *humilitas* dessiné en carré long avec des fleurons ajustés à chaque lettre, de façon à laisser toujours l'œil indécis entre une inscription et un simple dessin. M. l'abbé Lanci, qui est dessinateur fort adroit, s'est exercé à composer des monogrammes, cachets et inscriptions imitant des figures dans le genre des lions, tigres, sabres, aigles, chimères, vaisseaux encore en usage comme amulettes ou simples curiosités dans tout l'Orient musulman. Il travaille depuis vingt ans à une encyclopédie des inscriptions arabes. Il y mettra jusqu'aux imitations illettrées de l'arabe faites par les artistes grecs et latins. Plusieurs morceaux qui divisent encore les érudits ont été examinés par lui et jugés faux. Tels sont les manches de Martin V dans son tombeau de bronze à Saint-Jean-de-Latran; le cadre de bronze de saint Pierre et de saint Paul aux grandes portes de la basilique vaticane; enfin l'auréole des mêmes saints. Les arabesques de Sicile et d'Orient avaient une célébrité qui en fit copier parfois en comprenant l'écriture comme dans le *pallium* de Nuremberg; d'autres fois sans la comprendre, comme dans les trois monuments que je viens de citer. Encore aujourd'hui au Qaire, à Damas, à Alep, les femmes qui ne savent ni lire ni écrire suivent avec des fils de soie ou d'or une inscription dessinée par le crayon d'un lettré, et alors la copie est reconnaissable. Mais plus souvent l'inscription a été copiée sans calque d'un livre ou d'un écrit, et alors elle est altérée au point de ne pouvoir plus être reconstruite. Les artistes de l'occident paraissent avoir fait pire; ils ont choisi deux ou trois accidents dans une ligne d'écriture, et les ont perpétuellement reproduits. Je donnai à M. Lanci copie de la grande inscription en koufique carré de la tour d'Alep dont, par malheur, les noms propres et les dates ont été troublés une fois par le tremblement de terre, et une autre fois par le naufrage de mes papiers. Nous travaillerons chacun de notre côté à les reconstruire.

Lanci, comme la plupart des savants italiens, ne cache pas ses doutes : il ne sait pas déchiffrer ceci; il ne comprend pas cela. Tel vase qu'il regarde depuis quinze ans, a encore des mystères pour lui; telle inscription, telle monnaie, tel cachet qu'il interpréta d'une telle façon il y a vingt ans, aura dans son ouvrage une interprétation différente; il s'est aidé de la réflexion, des dictionnaires, de la lecture des auteurs : cet abandon, ce négligé, cette naïveté paraissent bien singuliers à qui arrive ici tout préoccupé de la charlatannerie italienne; on serait alors tenté d'en renvoyer l'accusation à certains pays transalpins où le savant est toujours assuré, toujours tranchant, élude les questions embarrassantes, ne convient jamais qu'il ignore, qu'il doute, qu'il s'est trompé : il lira plutôt à faux, expliquera plutôt de travers, pour paraître toujours pourvu, toujours riche, toujours convenable et digne; il inscrira sur sa bannière le *nihil hesitans*, sans avoir la science universelle et exceptionnelle de Sacy.

Cette circonspection ne rapporte pas autant de fruit de loin que de près; les étrangers qui font si impartialement les honneurs de leur propre talent, ont le droit de juger autrui avec la même franchise. Il y a ici des gens très-compétents pour mettre à leur véritable place les prétentions asiatiques de Klaproth, les prétentions arméniennes de Saint-Martin et ses mépris pour l'arménien Cirbied qui était un prêtre et non un marchand. Le doute que Labruyère craignait pour la religion du voyageur, menace plus sûrement ses croyances en fait de réputations scientifiques. Dans chaque pays on procède diversement; les esprits, les méthodes, les acquisitions se critiquent les uns les autres et toujours avec une certaine raison. Ce qui protège le plus la considération du savant, c'est en définitive sa position dans le monde et l'habileté de son orgueil, de sa politique à défendre cette position. Sacy, roi de la philologie, a pu arrêter l'océan philologique où il a voulu, et depuis sa mort, le flot qu'il avait retenu aux langues sémitiques, s'est précipité vers les langues sanskrites. Rémuzat a régné par son esprit, par ses journaux, par son savoir-faire, plutôt que par une instruction spéciale, niée de son vivant par les Anglais, et depuis sa mort par ses élèves. Mezzofante, cardinal, et distrait par les grandes affaires, jette un plus grand lustre sur les études de pure mémoire, que le conservateur érudit enterré dans la bibliothèque de Bologne. Une position éminente et officielle, voilà le seul mérite qui se signifie aux dédaigneux, le seul qui ne puisse être nié par l'envie!

10 *novembre*. M. le chevalier Drach, bibliothécaire de la Propagande et savant romain par ce titre autant que par sa modestie, n'en est pas moins un Français plein d'obligeance pour ses compatriotes. J'ai visité plusieurs fois sa riche bibliothèque où l'on conserve, à part les livres et manuscrits en toutes langues, des monnaies et médailles orientales, des idoles mexicaines ou indiennes. On y voit une belle carte en parchemin sur laquelle Alexandre IV traça de sa main une ligne qui partageait l'Amérique du sud entre les Espagnols et les Portugais. Le Brésil était petit, mais il a depuis appelé de la décision. Une carte, en cuivre, offre des dessins d'animaux, plantes, la plupart, de formes fantastiques; les contours ne permettent pas de reconnaître un pays quelconque. L'écriture des explications est du latin en caractères gothiques; cette pièce provient du musée Borgia. Le dernier propriétaire s'était adressé pour l'explication de cette production de l'enfance de l'art, à un religieux camaldule d'un couvent de Venise. La lettre latine, où celui-ci a exposé son avis est conservée parmi les manuscrits de la bibliothèque. On ne la publie pas par une convenance modeste: l'auteur est le pape actuellement régnant.

Un grand manuscrit sur peau de cerf et tout couvert d'hiéroglyphes mexicains, est d'un format beaucoup plus grand qu'un ouvrage pareil conservé à la Bibliothèque vaticane. Un Anglais, qui a publié un ouvrage très-étendu sur le sujet, a eu la permission de faire copier ces hiéroglyphes. Le livre de Kinsborough, en trois gros volumes in-folio, contient quelque chose de plus curieux que ces dessins. Une loge, d'un monument que l'on regarde comme antérieur à la conquête espagnole, porte exécutée en demi-relief, la façade d'un château gothique, avec tourelles, créneaux, arcs ogives, fenêtres allongées. Si le hasard était capable de reproduire aux deux bouts du monde de pareilles simultanéités, il faudrait renoncer au culte de l'analogie, divorcer avec la science des traditions, clé la plus certaine des ressemblances et de la filiation de toutes les industries humaines. Dieu merci l'histoire de l'architecture n'a pas à redouter un pareil cauchemar, et si la loge est antique le château y aura été appliqué par la fantaisie de quelqu'artiste espagnol.

Je dus aussi à M. Drach la connaissance du révérend père Perrone, professeur de théologie au collége Romain, dialecticien puissant, dont le labeur, le savoir et la piété me rappelèrent les grands cénobites du moyen-âge; et toutes ces relations d'hommes éminents par leur position, leur piété, leur science, je les devais, tout d'abord, à notre ambassadeur.

On sait avec quelle dignité M. de Latour-Maubourg s'acquitte de ses devoirs, avec quelle obligeance il accueille les Français! Les hautes fonctions diplomatiques et militaires sont héréditaires, dans cette noble famille, comme les capacités. Heureux le pays où tant d'illustrations anciennes maintiennent leurs titres à l'estime publique, pendant que tant de noms nouveaux y signifient les leurs chaque jour!

10 *décembre*. — Il faut revenir au Musée vatican presque aussi souvent qu'à Saint-Pierre. J'y reviendrai même après avoir quitté Rome. N'ayant voulu parler des salles étrusques qu'après avoir visité les tombes de Cornetto. Nous sommes à Civita-Vecchia attendant le bateau qui doit nous porter en France et que les affaires d'Orient et

les vents contraires ont retardé de trois jours. Cornetto nous a amplement dédommagés de ce mécompte. La route suit au nord la mer pendant un mille, puis se jette un peu à droite dans des collines, aussi désertes que celles de la Sabine. Leur végétation n'offre que quelques broussailles, avec abondance d'herbe et d'asphodèles rameux. Aux approches du bourg quelques nopals et agaves, petits et maigres, paraissent souffrir de l'humidité. Quand la route est à cheval sur le haut d'une colline ou à mi-côte, sur le revers occidental, on voit la mer et la grande baie qu'elle forme en remontant vers Livourne. Un grand promontoire paraît se continuer au-delà de la mer, à gauche, c'est sans doute la Corse, dans l'intervalle une autre terre plus petite et plus éloignée se profile sur l'horizon; on nous dit que c'est l'île d'Elbe. Par un temps parfaitement clair on distingue aussi la Sardaigne.

La route est semée de ces grandes tours carrées que l'on rapporte au sixième siècle chrétien; elles furent bâties comme postes d'observation et de signaux diurnes et nocturnes à l'époque de l'invasion des Barbares : les divers étages ne communiquaient entre eux que par des échelles qui, une fois retirées, coupaient la communication et pouvaient donner divers maîtres aux étages et rendre successivement les assiégeants assiégés, ainsi que cela se passa dans l'attaque de la tour de Damiette bâtie au milieu du fleuve. Dans la ville de Cornetto une tour pareille a été employée comme clocher pour l'église de Saint-François : grâces à cet emploi, son entretien a été parfait et peut faire juger de son architecture qui est effectivement bizantine; des lunettes rondes, accôtées de fenêtres oblongues, se répètent aux trois ou quatre étages; là on voit très-bien comment le sarrasin ou le gothique sont nés du bizantin. Cette tour avec ses ouvertures est l'ébauche d'un clocher;

il ne manque que des ogives et des ornements; beaucoup de campanilles et de coupoles musulmanes ont reproduit ces ouvertes ternées ou en quinconces. Cornetto a un autre édifice beaucoup plus orné; c'est le palazzo Grande qui a une façade avec de belles fenêtres d'un gothique très-découpé et très-élégant exécuté en pierre noire. La cour intérieure est d'un gothique sarrasin; la façade principale offre trois étages de colonnes; les deux inférieurs à arceaux pointus, le dernier à entablement plat; les chapiteaux sont taillés en grosses langues comme ceux de l'arc de Gallien; l'arceau de la porte d'entrée est d'une courbe surbaissée, bizarre et également familière aux Bizantins et aux Arabes. Tout cela est orné avec discrétion et exécuté magnifiquement comme maçonnerie et comme sculpture; il y a des écussons des Vitelleschi. La ville a d'autres édifices plus modernes et de bonne apparence : de belles fontaines, des rues bien pavées; elle paraît plus grande et plus belle que Civita-Vecchia, mais ses seuls rapports avec la mer sont des salines qu'on aperçoit en venant. La ville est à plus de deux milles dans les terres; un port y eût fixé le commerce qui est à Civita-Vecchia.

Les hypogées occupent un champ immense à un quart d'heure de Cornetto; partout on aperçoit des puits, des soupiraux, des tranchées, où les fouilles sont certaines de trouver des richesses, et que l'incurie, ou l'avarice refuse d'entreprendre. On est là au centre de la Tarquinie dont les limites sont marquées à l'horizon par diverses chaînes de montagnes et de collines. Le plan de ces chambres sépulcrales les plus antiques est toujours le même : un plafond à trois plans, un moyen plat, deux latéraux inclinés venant rejoindre celui-ci; des dessins à compartiments, fleurs, etc., ornent ce plafond et se répètent sur les quatre murs en cordons, frises ou corniches. Dans les grands panneaux sont représentés les rites et les jeux funéraires ; il y a des repas, des danses, des cavalcades ; les figures d'hommes sont peintes en rouge, celles de femmes en jaune ; les yeux sont toujours représentés de face, quoique la tête soit vue de profil. On descend à ces caves par un escalier taillé à ciel ouvert dans le roc. Le lecteur croira sans doute que, par quelque méprise, j'ai transcrit ici un fragment de mon journal de la Haute-Égypte ; ma surprise et mon illusion ont été les mêmes en visitant ces tombeaux. Plusieurs figures ont des traits vraiment égyptiens, une coiffure égyptienne, des habits égyptiens, une barbe (sans moustache) égyptienne.

Parfois, au milieu de la chambre, est ménagé un gros pilier massif ; le long des murs règnent plusieurs rangs de gradins qui ont servi de sarcophages, leur couvert est taillé en figures couchées et appuyées sur le coude ; les fresques des murs sont de dessin plus correct ; les têtes ont un autre caractère : on y sent l'idéal grec ; le profil apollonien y est fréquent ; les têtes en profil ont l'œil en profil ; les groupes sont plus vifs, plus savamment agencés : les démons ou typhons du gros pilier carré ont des ailes blanches avec des pieds ou jambes de serpents, ou peut-être, car la dégradation empêche de les bien distinguer, les jambes entortillées de serpents. L'architecture paraît plus ancienne que la sculpture ; celle-ci plus que la peinture. Plusieurs générations diverses, à plusieurs siècles d'intervalles, se seront appropriées ces sépulcres ; il y a même trace d'une invasion romaine des bas temps à en juger par la mauvaise ortographe. Je recueillis un certain nombre d'inscriptions étrusques encore assez lisibles.

Beaucoup de vases, instruments et statues trouvés dans ces hypogées sont maintenant classés dans le Musée étrusque du Vatican avec les produits d'autres fouilles de tout le territoire de l'ancienne Étrurie. Une belle statue de Mercure, cuirassée et portant une inscription dans ces mêmes caractères que j'ai recueillis, a donné lieu à une dissertation fort intéressante de l'abbé Lanci. Ce savant évoque à son tribunal tous les procès dont ses études spéciales lui donnent la clé. Hébraïsant, il a fait des interprétations nouvelles et hardies de plusieurs passages controversés ou obscurs de la Bible; il a repris en sous-œuvre les inscriptions phéniciennes et palmyriennes : arabisant, il a écrit une histoire des rois hymiarites. Nous allons voir qu'il avait d'excellentes raisons pour élever aussi des prétentions à l'interprétation des inscriptions étrusques que les hellénistes avaient longtemps regardées comme de leur domaine exclusif, à l'exemple de son presque homonyme Lanzi.

Micali et Fea ont mis hors de doute que, dans des temps fort reculés, une race sortie de la Lydie et de la Phénicie avait été maîtresse du pays étrusque. Au milieu du septième siècle, avant l'ère chrétienne, le corinthien Démarate vint s'y établir avec une colonie grecque qui apporta, comme de raison, certains changements aux usages et à l'écriture. Par degrés le génie grec, l'influence de ses arts, de ses relations avec la Grèce, la Sicile et l'Italie méridionale, devenues rapidement une colonie plus grande que la métropole, infiltrèrent dans le pays et dans le peuple étrusque-phénicien, les mœurs helléniques avec la mythologie, les arts et la langue hellénique. Pour procéder avec sécurité à l'étude des monuments et de l'histoire de l'Étrurie, il faut donc distinguer trois époques, savoir : 1° le règne exclusif du peuple chamite ou phénicien, lydien; 2° le règne mixte du peuple chamite et des colons grecs; 3° la disparution de l'élément chamite sous la dominance exclusive du grec.

Il est évident que, dans la première période, les Chamites parlaient une langue orientale dans laquelle ne pouvaient se trouver ni une lettre ni une parole grecque ; dans la seconde période il doit se rencontrer une complication et parfois une confusion assez grande. Les Grecs, embarrassés d'un alphabet qui négligeait les voyelles, représentèrent celles-ci par des lettres grecques mêlées à des consonnes étrusques ; les Etrusques initiés aux caractères grecs les employèrent de droite à gauche comme dans leur langue sémitique. Les Grecs trouvant certains sons que leur alphabet ne pouvait rendre adoptèrent la lettre étrusque pour les représenter. Les diplômes arabes, grecs et latins que j'ai vus à Palerme et à Monreale représentent une confusion à-peu-près pareille. Dans les manscrits de l'Escurial il y a de l'espagnol écrit en caractères arabes et de l'arabe en lettres gothiques ; la même chose se passe de nos jours à Alger. Les natifs ne veulent pas traduire par leurs équivalents arabes les titres français de ministre, de général, de maréchal, et écrivent en caractères arabes muistron, genanar, mirdjal. Les journaux et les ordres du jour parlent de *razia*; les drogmans ne prennent pas la peine d'établir l'époque synchronique des divers almanachs, et ils écrivent en caractères arabes le nom français des mois, janvier, février, novembre, précisément comme je l'ai trouvé écrit dans les diplômes siciliens. Enfin, dans la troisième période, les Grecs sont toujours les architectes, les sculpteurs, ou au moins les surintendants, les conseillers des monuments. Le maçon et le praticien à peine se souviennent de l'ancienne patrie et des anciennes mœurs. La langue des inscriptions est toujours grecque ; les ouvriers en exécutent plus ou moins exactement les lettres et l'ortographe.

C'est à cette troisième période que, bon gré, malgré, Lanzi a voulu rapporter tous les monuments découverts dans le territoire étrusque. C'est toujours des lettres grecques, des mots grecs qu'il a cherchés dans les inscriptions. Lanci, au contraire, en partant de l'*a priori* sémitique, a appliqué avec avantage ses connaissances d'hébreu et de phénicien, à la lecture et à l'interprétation de beaucoup d'inscriptions de la seconde et de la première période. Puisque chacun doit profiter de ces travaux et de ces monuments, en ce qui concerne son département plus spécial, je dirai que le musée étrusque et les hypogées de Cornetto m'ont confirmé la bonne opinion que j'avais déjà émise plusieurs fois touchant la très-proche parenté des arts égyptiens et phéniciens et des races de la Phénicie et de la Moyenne-Egypte.

Pendant mon séjour à Rome, je commençai la rédaction d'une série de résumés. Je la continuai à Marseille et à Paris. La bibliothèque de la Société égyptienne au Qaire, les collections particulières de quelques Anglais, les livres et savants italiens, m'ont fourni des secours aussi précieux que ceux des bibliothèques françaises. J'ai retranché de mon livre plusieurs statistiques commerciales et politiques déjà suffisamment connues par les publications de MM. Cadalvène, Mengin, Puckler-Muskau, Clot-Bey, Boué, etc. La plupart des autres résumés sont des mémoires de géographie, de philologie et d'histoire, qui ne peuvent intéresser que les hommes spéciaux. Après les avoir soumis au jugement des corps savants, je les imprimerai peut-être quelque jour comme pièces justificatives annexes à mon voyage. Les résumés qui vont suivre touchent plus directement aux notions générales des lecteurs, sans s'éloigner des préoccupations habituelles du voyageur; ils sont comme la péroraison obligée de ses éphémérides.

RÉSUMÉ POLITIQUE.

ÉTUDES HISTORIQUES SUR LA QUESTION D'ORIENT.

Le moment me semble opportun pour retirer la question d'Orient du terrain de procrastination et de négligence sur lequel on la reléguait. De justes susceptibilités d'amour-propre et de nationalité européennes ont allumé une attention qu'il ne faut pas laisser refroidir avant de lui avoir présenté sous leur jour véritable les graves et curieux problèmes sociaux à la solution desquels l'Orient musulman travaille avec le secours de l'Europe chrétienne.

En cherchant à substituer aux palliatifs impuissants des remèdes véritables, on ne doit pas, je le sais, modifier la destinée des populations sans une manifestation quelconque de mécontentement de leur état actuel; surtout on n'a pas le droit de le faire sans une indication significative de leurs tendances nouvelles. Mais si l'on attend les manifestations bruyantes, la crise a déjà commencé, et Dieu seul est maître de la diriger. Le passé doit avoir été un enseignement suffisant pour estimer un avenir probable, pour formuler l'*à priori*, but raisonnable et secret de la tutelle, garantie publique et future de l'émancipation du pupille.

L'Orient, convenablement interrogé, répond à tous ces *desiderata* de la politique. Nous commencerons par interroger le passé.

L'histoire de l'Asie, assez peu connue parmi nous, est

encore plus mal connue des intéressés plus directs, les diwans qui s'imaginent pouvoir établir une moitié de nos institutions sur le sable mouvant de leur société musulmane.

La persistance du trône dans la famille d'Osman peut laisser croire à quelque chose de réglé dans la succession de cette dynastie. Les trois règnes qui ont précédé celui de Mahmoud ont dû graver même dans les souvenirs contemporains la manière singulière dont la légitimité s'entendait à Constantinople. On sait que Mahmoud fut réduit à permettre sinon à ordonner la mort de son propre père. Les mystères du sérail n'ont pas expliqué comment de tant d'enfants qui y naissaient continuellement, il n'a grandi que des filles, pendant tout le temps que Mahmoud s'est cru menacé dans sa vie personnelle. En Europe, des héritiers adultes et nombreux sont la meilleure sauvegarde d'un trône et d'un roi. Mahmoud, n'ayant point d'héritier adulte, pouvait mieux braver les conspirateurs.

Les temps les plus reculés sont pleins de catastrophes du même genre, malgré la prudence de Soliman qui renouvela, pour les princes de sa famille, la captivité à laquelle le roi d'Abyssinie condamnait jadis tous ses proches. Une histoire complète des Turcs publiée récemment, me dispense de faire des emprunts à leurs annales. J'appellerai de préférence l'attention du lecteur sur les révolutions d'autres pays qui attendent encore des historiens. La vie d'Aurang-Zeb, le plus habile, le plus brillant, le plus heureux des empereurs mogols de l'Inde, est par ses côtés les plus tristes l'histoire perpétuelle de toute la dynastie de Timour, et de toutes les autres dynasties des mêmes pays.

AURANG-ZEB. (1)

Vers le milieu du dix-septième siècle, l'empereur Schah-

(1) James Mill history of british India.

Jehan tombe malade, et ses quatre fils ligués deux contre deux commencent une guerre de dix ans pour se disputer une succession non encore ouverte. Aurang-Zeb, aidé de Morad, bat ses deux autres frères, Darah et Soujah, et renferme son père dans Agra, en lui donnant pour geôlier Mohamed son fils, le propre fils d'Aurang-Zeb. Le prisonnier cherche à s'arranger avec son geôlier, en lui offrant la succession du trône. L'empereur régnant avait le droit de désigner son successeur ; mais non le pouvoir de le faire accepter par ses rivaux.

Aurang-Zeb empoisonne aussi son frère Morad qui l'avait aidé à triompher. Il se laisse ensuite forcer par ses émirs à prendre le titre d'empereur. Darah, repoussé au-delà de l'Indus, est revenu et s'est fait reconnaître par le gouverneur de Guzarate, pendant qu'Aurang-Zeb poursuivait Souja vers le Bengale. Darah vaincu est pris et mis à mort, après une exposition ignominieuse dans les rues de Delhy. Souja, aidé de sa fille, parvient à détacher Mohamed de la cause d'Aurang-Zeb. Mohamed se fait à son tour proclamer empereur, marche contre son père, qui le prend et l'enferme dans une prison où il ne tarda pas à mourir. Un rajah d'Arracan, pour faire sa cour à Aurang-Zeb, se saisit de Souja et de sa famille, et les met tous à mort. Un fils aîné de Darah, le dernier des épouvantails d'Aurang-Zeb, est remis entre ses mains par le rajah de Singapour.

Vers 1661, Aurang-Zeb délivré de ses frères, de ses neveux et de son fils rebelle, donne la paix et la prospérité à toutes les provinces de son vaste empire. Mais il a eu d'autres enfants. Mauzim, qu'il avait institué son lieutenant dans le Deccan, avait évité tout faste, toute démonstration ambitieuse, mais il était chéri de toutes ses troupes, de ses administrés, et son père lui retire son commandement en le dédommageant par le titre d'héritier présomptif.

Aurang-Zeb tombe malade. Mauzim et Akbar ses deux fils commencent les intrigues de la succession auxquelles *Schah-Jehan,* encore vivant, se mêle, du fond de sa prison pour agiter le peuple et les grands de l'empire. Aurang-Zeb, relevé de maladie, retire sa bienveillance à Mauzim et sa confiance à Akbar. *Schah-Jehan* meurt dans sa prison à un âge avancé; ce qui n'empêche pas de murmurer l'accusation d'un empoisonnement lent par le *Pousta.*

Un général fort habile, l'émir Jumla avait reçu le gouvernement du Bengale en récompense de ses services; Aurang-Zeb, jaloux de cet émir, l'envoie attaquer le royaume d'Assam, d'où il revient battu avec une armée ravagée par la dyssenterie à laquelle le général succombe lui-même. Le fils de Jumla entend de la bouche d'Aurang-Zeb cette caractéristique oraison funèbre: Vous avez perdu un père et moi le plus grand et le plus *dangereux* de mes amis !

Vers 1682, l'empereur est en guerre avec les Afghans et les Mahrattes (1). Sevagi, chef de la dynastie Mahratte a laissé plusieurs enfants qui, selon la coutume du pays, se sont disputés le trône. Pendant que la guerre se fait dans le Deccan, Akbar, aidé des Mahrattes, se révolte contre l'empereur son père. Battu, il est réduit à fuir en Perse.

(1) Les Mahrattes, secte d'Indous, comme les Sicks, pratiquent la polygamie et le despotisme de la même façon que les musulmans. Aussi leurs annales sont pareilles. Rungit-Sing, roi des Sicks, a légué, avec la protection de l'Angleterre, la couronne à un fils qui, en quelques semaines, a été détrôné par un frère, malgré cette même protection. La Perse est divisée entre un grand nombre de princes et de gouverneurs qui reconnaissent à peine l'autorité de Mohammed-Schah, petit-fils de Fethaly-Schah, lequel laissa cinquante enfants et plusieurs centaines de petit-fils. La plaisanterie voltairienne sur le testament du roi de Maroc : Je lègue ma couronne à mon fils un tel, qu'on coupe la tête à ses cinquante frères, serait vraiment la meilleure raison d'état dans de pareils pays.

Mauzim et ses deux enfants sont emprisonnés par Aurang-Zeb, pour avoir fait des remontrances sur un procédé de l'empereur envers le roi de Golconde.

En 1707, Aurang-Zeb meurt à l'âge de 94 ans, après quarante-huit ans de règne. Mauzim, déclaré héritier présomptif, sous le nom de *Schah-Aulum*, était sorti de prison et envoyé à Caboul en qualité de gouverneur. Deux autres fils d'Aurang-Zeb, *Azim-Scha* et *Kambousch*, venaient d'être envoyés vers d'autres provinces, par la sollicitude de l'empereur. Mais Azim, apprenant sa mort, revient à Delhy, se fait proclamer, et marche au nord à la rencontre des armées de son frère. Mauzim envoie ses deux fils pour parlementer et même offrir un partage amiable de l'empire qui n'est pas accepté. On livre bataille, Azim et ses deux fils y perdent la vie. Kambousch, qui s'est fait proclamer à son tour, livre une bataille et se fait tuer.

Nous allons maintenant feuilleter les annales de la Syrie et de l'Egypte. Là, de nos jours même, s'est établi un soldat heureux qui a les plus belles chances de former une dynastie. Ses enfants sont nombreux; l'un d'eux est même un guerrier illustre. Le lecteur sera fort étonné peut-être de trouver que tous les usurpateurs, tous les chefs musulmans du même pays ont, comme Mohammed-Aly, obtenu par leur bravoure, conservé par leur habileté un trône qui était perpétuellement au concours. Que tous, au faîte de leur gloire, au déclin de leur vie, étaient, comme lui, entourés d'enfants nombreux, guerriers et administrateurs habiles! que la plupart ont essayé de leur vivant, ont réussi parfois après leur mort, à transmettre le trône à leur postérité. L'opinion si accréditée de l'antipathie du climat pour les races étrangères, est donc un préjugé, est une erreur démentie par l'histoire de chaque sultan. Les chefs mamelouks, tout en s'entourant d'esclaves achetés comme eux-mêmes, tout en trouvant fort bon de dépouiller du trône la famille de leur maître et souvent de leur bienfaiteur, ont tous fait famille, ont eu des enfants auxquels leur tendresse paternelle a voulu assurer le trône. Que si les successions régulières ont été interrompues, les dynasties empêchées, c'est par d'autres antipathies que celles du climat.

NOUREDDIN SALADIN ET LES AIOUBITES (1).

Vers le premier quart du douzième siècle, Alparslan, roi de Moussol et neveu du sultan seljoukide de Perse, Maseoud, a pour abatek ou grand-visir Emad-Eddin-Zenguy, qui se fonde en Mésopotamie et Syrie un état puissant aux dépens des princes ortokides, des Francs et des rois de Damas. Il rend Moussol une ville grande et florissante. Il est assassiné par ses mamelouks à l'âge de 60 ans, après vingt ans de règne. Ses deux fils se font la guerre et finissent par s'établir, l'un à Moussol, l'autre à Alep. Celui-ci est Noureddin, qui bientôt transporte à Damas la capitale de son royaume, et jette les yeux vers l'Egypte.

Les khalifes fatimites étaient devenus des rois fainéants, renfermés dans leur palais et consacrant par des diplômes l'usurpation des plus hardis de leurs officiers. Vers 1168, un de ceux-ci, le grand-visir ou généralissime Schaver, fut obligé d'acheter, au prix d'un million de dinars, la retraite des Français, qui s'étaient avancés jusqu'au Qaire et l'avaient forcé d'incendier Fostat. Le khalife Adhed, pour apitoyer sur son sort le sultan de Damas, lui envoya la chevelure de ses femmes. Un général vint porter secours

---

(1) D'après Aboulféda, Ibn-el-Atsyr Schehab-Eddin.

aux Egyptiens par ordre du sultan. C'était Schirkou, qui se fit accompagner de son neveu Saladin.

L'oncle et le neveu se débarrassent bientôt de Schaver et du khalife Adhed, dont le nom est remplacé, dans la prière publique, par celui du khalife abasside de Bagdad. La mort de Schirkou laisse Saladin maître de l'Egypte, où il est censé commander pour le sultan Noureddin, mais la mort de celui-ci lui permet de jeter le masque. Noureddin meurt précisément dans les mêmes circonstances que Mahmoud II. Saladin est représenté par Mohammed-Aly.

Les faibles enfants et neveux de Noureddin sont, en moins de cinq ans, chassés des trônes de Syrie et Mésopotamie. Saladin meurt âgé de 57 ans, après avoir régné vingt-quatre ans en Egypte et dix-neuf ans en Syrie. Il laisse dix-sept enfants, qui se disputent sa succession pendant six ans, au bout desquels le vertueux Malek-Adhel a trouvé moyen de s'emparer de tous les états de son père et de ses neveux. Malek-Adhel meurt à l'âge de 75 ans, en 1219. Il a partagé son empire entre ses seize fils. Nous ne nous occuperons que du royaume d'Egypte.

Melik-Kamel, qui régnait en Egypte pendant l'expédition de Jean de Brienne, faillit d'être assassiné à Damiette par un de ses généraux, Emadeddin-Ahmed, chef des Kourdes, qu'il avait à son service. Il se brouille avec son frère le sultan de Damas, et à la mort de celui-ci il dispute ce trône à un autre frère, Melik-el-Saleh-Ismaël qu'il réussit à en dépouiller. En mourant, en 1238, il lègue par testament la Mésopotamie à son fils aîné, Melik-el-Saleh-Nejmeddin-Aioub, et l'Egypte à son second fils Malek-Adel II. Celui-ci règne effectivement pendant deux ans au Qaire et à Damas ; mais son incapacité, ses débauches, ses folles largesses, le font confiner dans une prison où il est mis à mort quelque temps après. Son frère aîné, qui avait déjà arraché le trône de Damas, d'abord à son cousin Melik-el-Jowad-Younas, puis à son frère lui-même, est proclamé au Qaire, en 1240.

Il augmente le nombre et l'importance de la milice des mamlouks qui l'avaient bien servi au siége de Naplouse. Il meurt de mort naturelle, au milieu des intrigues des chefs mamlouks qui s'apprêtaient à le détrôner. Son épouse, Schegeret-Eddor, s'empare du pouvoir et fait proclamer un fils de Nedjmeddin, qui régnait en Mésopotamie. Celui-ci, à peine arrivé, indispose les chefs qui avaient bien servi son père, et, ce qui est plus dangereux, qui avait été sur le point de l'assassiner. Il dissipe en cadeaux de joyeux avénement tout le trésor amassé au Qaire et à Karac ; il s'exerce à trancher à coups de sabre de gros cierges qu'il appelle les mamlouks Bahrites. Il fait étrangler son frère Adhel-Schah que ces mamlouks aimaient. Il finit par être assassiné à Farescour par plusieurs mamlouks, entre lesquels se distingue Bibars. Il n'avait régné que cinq mois en tout, et était arrivé en Egypte depuis deux mois seulement. C'était le neuvième de la dynastie Aïoubite, laquelle occupait le trône depuis 81 ans ; ce qui donne une moyenne de neuf années pour chaque règne, proportion satisfaisante si les règnes s'étaient succédés sans secousses. Mais, d'abord, les chronologistes qui ont compté les princes de cette dynastie ont commencé par Schir-Kou et Aïoub qui ne furent pas sultans ; ensuite, les sultans véritables, frères, fils, neveux de sultans, se sont traités comme des usurpateurs en se combattant, se détrônant, s'assassinant mutuellement. Souvent ils ont été traités de la même façon par leurs généraux, leurs mamlouks, leurs femmes ou belle-mères.

Ces catastrophes vont se reproduire plus violentes et plus fréquentes dans les annales qu'il nous reste à parcourir. On peut trouver des règnes longs et glorieux, parce que le soldat parvenu doit être un homme habile et fort. Mais le drame qui a préparé son élévation, celui qui est imminent à sa chute ou qui l'a préparée font toujours à l'état un mal que ne peut réparer le règne le plus brillant et le plus paisible.

SULTANS MAMLOUKS BAHRITES (1).

Les enfants de Malekadel s'étaient battus entre eux, au lieu de s'unir contre les Tatars, contre les Karismiens, et contre les Francs affaiblis et divisés; ils ne trouvaient plus que des séditieux dans leurs généraux, des traîtres et des assassins dans leurs proches. C'est ce qui leur fait reporter toute leur confiance vers des esclaves parents d'adoption qu'ils ont achetés jeunes, qu'ils ont élevés pour en faire leur *halcas* ou garde particulière d'abord, et puis leurs principaux officiers, visirs, ministres, généraux. Malek-el-Saleh-Nedjem-Eddin avait établi les mamlouks dans une caserne de l'île de Roudha, au bord du Nil (Bahr), en face de Gizé. Ils en prirent le nom de Bahrites.

1249. Schegeret-Eddor, épouse de Nedjem-Eddin et mère de Touran Scha, se fit proclamer sultane avec un atabek ou lieutenant général. Cette charge fut donnée à Ibek, mamlouk-turc qui avait été son amant du vivant même du sultan. Sur les représentations du khalife de Bagdad qui s'étonne et s'indigne de voir une femme sur le trône, Ibek prend le titre de sultan, et épouse Schegeret-Eddor. Un parti de mamlouks ayant Fares-Eddin à sa tête exige que le titre de sultan soit donné à un jeune homme descendant de Saladin, et nommé Melik-el-Aschraf. Ibek cède à cette nécessité, puis dépose Melik-el-Aschraf

---

(1) D'après Mobyeddin, Makrisy, Ibn Farhat, Delaporte.

qui est renfermé et mis à mort. Fares-Eddin a bientôt le même sort, et Ibek songe à épouser la fille du roi de Moussol. Schegeret-Eddor le fait étrangler par six eunuques blancs apostés dans son bain.

1257. Les mamlouks fidèles à Ibek proclament son fils Aly-Melik-Mansour ; ils saisissent la sultane Schegeret-Eddor qu'ils livrent à sa rivale la mère d'Aly-Melik-Mansour. Celle-ci la fait assommer à coups de galoches de bois par ses esclaves.

1260. Une fraction des mamelouks, nommés Salehites et attachés à Fareseddin, est rentrée au Qaire après la mort d'Ibek. Son chef Koutouz renverse Aly, en objectant qu'un enfant de onze ans était incapable de défendre un empire menacé par les Tatars. Aly est donc emprisonné, et selon l'usage, meurt peu de temps après. Koutouz, général habile, reprend toute la Syrie aux généraux d'Houlagou, et tue Ketbogha l'un d'eux. Lorsqu'il revenait triomphant de son expédition, il est assassiné à Salahich par Bibars, déjà exercé au meurtre des sultans. Il avait à peine régné onze mois. Bibars, qui lui avait demandé le gouvernement d'Alep, avait juré sa perte après avoir été refusé. Au retour de la partie de chasse pendant laquelle il avait trouvé l'occasion de se venger, Bibars se présente à l'atabek, qui demande : Qui a tué le sultan ? c'est moi, répond Bibars, en ce cas, reprit l'atabek, règne à sa place. Bibars, turc de Captchak, fut d'abord esclave d'Ikdin Bondoucdar ou général des arbalétriers de Melik-Saleh. Proclamé sultan sous le nom de Melik-el-Daher, il apprend bientôt que Damas s'est révolté et s'est choisi un autre sultan ; qu'Alep, révolté aussi, est tombé au pouvoir des Mogols. Bibars reprend Damas, échappe au poignard de ses ennemis, de ses mamlouks qu'il châtie et discipline, rentre au Qaire précédé d'un faucon et d'un parasol, et pour compléter cette étiquette de roi persan, se fait sacrer par un khalife de sa façon, qu'il ne peut pourtant réussir à installer à Bagdad. Il en proclame un autre au Qaire, qui n'a rien dans ses attributions que la prière de la mosquée. Après un règne de 19 ans lunaires, il s'empoisonne par la distraction et peut-être par l'attention de quelqu'un de ses serviteurs. Il boit à une coupe où restait un peu du poison qu'il venait de faire prendre à un aïoubite sur lequel il voulait détourner les malheurs présagés par une éclipse de lune.

1277. Almelik-el-Saïd ou Berekeh-Khan succède à son père Bibars, mais ne profite pas du trône préparé par tant de crimes et de génie. Kaloun, un de ses plus ardents antagonistes, profite du moment où Berekh-Khan était à Karac pour faire proclamer un fantôme de roi, Selam-Sé, frère de Berekeh-Khan, à peine âgé de huit ans. Kalaoun, sous le titre d'atabek, emprisonne les chefs qui lui faisaient ombrage, puis renvoie le jeune sultan joindre son frère aîné à Karac (Pétra), et se fait proclamer à sa place en 1279. Senker-el-Asker, gouverneur de Syrie, se fait proclamer sultan de Damas et de Palestine. Une bataille gagnée par Kalaoun dissipe l'armée des rebelles; il fait ouvrir les portes de Damas. En 1261, Kalaoun bat et tue les deux fils de Houlagou à Emesse, prend les villes franques de Markab, de Tripoli, prépare le siège de Saint-Jean-d'Acre et meurt près du Qaire. Il fut généreux dès qu'il se sentit solidement établi sur le trône. Il logea les mamlouks dans les bordj, ou châteaux répandus en Egypte, d'où leur est venu le nom de bordjites. Ces mamlouks finirent par renverser sa famille.

1290. Khalil, surnommé Melik-el-Aschraf, déjà instruit et pronuit par son père Kalaoun, lui succède: il prend Acre, va triompher à Damas, fait une guerre heureuse au roi d'Arménie; saisit et fait tuer Senker-el-Asker, menace, caresse, persécute, puis caresse encore les émirs et les mamlouks. Etant à la chasse, sans escorte, près du Qaire, il est assassiné par trois de ses émirs, après un règne d'un peu plus de trois ans. Bedreddin-Baïdara, l'un de ses assassins, atabek comme le vizir qui interrogea Bibars, et assassin de son roi comme Bibars lui-même, se répète par demandes et par réponses le catéchisme de Bibars et de l'atabek, véritable, formule sacramentale des successions musulmanes : Qui a tué le sultan ? C'est moi ; en ce cas règne à sa place.

1293. Pendant que Baïdara entrait au Qaire par une porte, un autre parti entrait par une autre porte sous le commandement de Zaïm-Eddin-Ketbogha. La procession triomphale de Baïdara fut défaite, lui-même pris et décapité par son rival, qui répéta le catéchisme en prenant la précaution de faire proclamer un enfant de neuf ans, Nasser-Mohammed, fils de Khalil. Peu de temps après, il relégua son pupille à Karac et s'empara ouvertement du trône. Un autre aventurier, nommé Ledgin, le renversa ; à la mort de Ledgin, arrivée en 1299, Nasser-Mohammed fut rappelé. En 1319, celui-ci, dégoûté des intrigues de ses émirs, se retire à Karac et abdique. Bibars II, le plus actif et le plus heureux des intrigants, est proclamé, mais ne réussit pas à désarmer les jaloux. Les regrets du peuple, le repentir des grands, aidés à propos des trésors que Nasser mettait en circulation du fond de sa retraite, font déposer Bibars II. Nasser, maître de sa personne, le fait étrangler à demi en sa présence, fait suspendre l'exécution pour l'accabler d'injures et de reproches, puis fait définitivement serrer le nœud. Nasser commence alors un troisième règne, le plus long, le plus habile, le plus florissant de tous ceux que l'Egypte ait vus. Il met les émirs turbulents en coupe réglée, encourage l'agriculture, rend le peuple heureux, refait les canaux du Qaire et d'Alexandrie, fait venir de

Siène des colonnes de granit, bâtit d'admirables mosquées, des collèges immenses. C'est un Louis XI sultan, un Pharaon musulman. Il meurt à cinquante-huit ans, après trente-trois ans de ce troisième règne et quarante-quatre ans de règne total.

La dernière moitié du quatorzième siècle est occupée par le règne de plusieurs descendants de Nasser. Malgré le souvenir de cet illustre aïeul, qui leur a fait une sorte de légitimité, les convulsions sanglantes et désastreuses sont toujours fréquentes, et, finalement, un nouveau soldat parvenu, Barqouq, clôt le siècle en ébauchant une nouvelle dynastie ou plutôt une nouvelle série de sultans mamelouks appelés Borâjites ou Circassiens ; série remplacée, après la conquête de Sélim, par les beiks, vassaux de la Porte sous un pacha ; série que l'on peut considérer comme durant encore, avec cette modification seulement que le beik et le pacha sont réunis dans la même personne.

Pour ne pas se faire illusion sur le prix les dynasties qui s'établirent en Égypte sous les aïoubites, les kalaounites, les barqouqites ; dans l'Inde, sous les fils de Timour, en Turquie, sous les osmanlis, il faut considérer en masse l'histoire de l'empire.

Le sort des provinces, des états divers, des capitales secondaires a été encore plus triste, plus agité que celui de la grande capitale. Damas, Alep, Beyrout, Édesse, Antioche, Jérusalem, Gaza, Karac, Médine, la Mecque, ont eu des révolutions plus fréquentes que le Qaire. Dans chacun de ces points, il y avait des soldats parvenus, des usurpateurs qui mêlaient le choc de leurs tentatives particulières au contre-coup des événements de la métropole. Il en a été de même au Bengale, à Guzerate, au Deccan, à Oude, à Caboul, à Lahore, pendant que les empereurs mogols emprisonnaient, empoisonnaient ou poignardaient leurs pères, frères ou fils; à Delhy, pendant qu'ils se débarrassaient de leurs grands généraux, leurs meilleurs et leurs plus dangereux amis. De même à Bagdad, Belgrade, Bucharest, Thessalonique, Damas, Saint-Jean-d'Acre, Janina, Widdin, pendant que les janissaires étranglaient ou déposaient leurs sultans à Constantinople.

LE HATTI-SHÉRIF DE GULKHANE.

Le manque de sécurité de ces gouvernements, de ces pays, de ces dynasties, se communiquerait nécessairement aux autres gouvernements qui les admettraient à une communauté d'intérêts. Les révolutions d'Egypte ou de Turquie troubleraient la balance européenne comme les révolutions de l'Allemagne, de l'Italie et de l'Espagne. Aussi la diplomatie, qui sait tout comme nous l'histoire de l'Orient, n'a-t-elle pas réellement admis dans sa balance une Turquie, une Egypte conformes au passé que nous venons de parcourir, mais une Egypte et une Turquie cherchant des conditions nouvelles d'existence, des garanties de sécurité plus grande. La diplomatie sait à propos changer son dictionnaire. Napoléon, méditant au Qaire son expédition de Syrie, écrivait à Constantinople pour garantir *l'intégrité* de l'empire ottoman. Le même dogme était professé aussi au moment où l'on érigea la Grèce en royaume. Ces professions de foi commentées par ces actes ont une signification dont la Turquie a enfin cherché à faire son profit. Elle se résigne à gagner en force ce qu'elle perd en superficie; à carrer, à fortifier un royaume, au lieu de laisser languir un empire, au lieu de le laisser mourir. Elle a mieux fait encore: à une maladie mortelle elle a senti qu'il ne suffisait plus d'opposer des palliatifs, et le hatti-shérif de Gulkhané a été publié.

Cet édit, destiné à régénérer l'état et qui atteindra ce

but, si quelque chose en est capable, commence par constater un fait, la décadence de la religion musulmane et le péril de l'empire par la prolongation de l'état actuel. Les remèdes qu'il cherche, les institutions qu'il prépare sont purement humaines. Elles doivent d'abord garantir la vie, l'honneur et la fortune des sujets, assurer un mode régulier d'impôts et de levée de troupes.

L'égalité des sujets devant la loi est impliquée par leur soumission uniforme à l'impôt, par leur ressortance universelle des formes judiciaires et des tribunaux de justice, par leur droit universel à la sûreté, à la protection pour leurs personnes et leurs propriétés. L'admissibilité aux places, sans autre condition que celle de l'aptitude, découle aussi des principes de justice proclamés et de l'égalité concédée aux classes diverses. Une assemblée des notables de l'empire est indiquée comme devant éclairer le divan des ministres; comme devant avec liberté de parole et de représentation, poursuivre les améliorations ultérieures, préciser davantage la bonne volonté et la pensée du sultan, les développements ultérieurs de ses réformes.

Il serait aisé de voir ici la préface d'une révolution de 89 avec une assemblée de notables, des états-généraux, des tribuns populaires, un trône en péril. Ce reflet d'histoire européenne n'a pas été tout-à-fait étranger à la pensée des hommes d'état européens eux-mêmes qui ont conseillé ce remède héroïque à un mal désespéré. Mais les remèdes agissent en raison composée de leur nature et de la constitution des états qui les emploient. Celui-ci, qui, appliqué à un état despotique d'Allemagne, reproduirait tout simplement la révolution de 89, produira quelque chose de plus profond dans une association humaine radicalement différente. Ce changement, s'il a été prévu par les conseillers, ne l'a certainement pas été par le sultan et par ses ministres. Les analogies historiques de leur situation ne pouvaient ni être comprises par leur intelligence, ni même être connues de leur érudition. Ce n'est pas d'une modification superficielle du gouvernement et des lois qu'il s'agit; le hatti-shérif de Gulkhané ouvre la porte à une révolution complète de la religion et de la famille musulmane. Il faut remonter jusqu'à l'établissement du premier gouvernement chrétien pour trouver un fait historique de la même portée. Constantinople, qui, à sa fondation, régénéra le monde occidental, semble devoir, au bout de quinze siècles, opérer aussi la régénération du monde oriental.

CONSTANTIN.

L'empereur Constantin qu'on le juge d'après Eusèbe ou d'après Zozime, d'après Eutrope ou d'après Victor-le-Jeune, qu'on en fasse un saint chrétien ou un dieu païen, sera toujours un grand homme. Un grand homme surtout quand il est le fils de ses œuvres, quand il est conquérant, législateur, homme d'action, et encore plus l'incarnation des tendances de son siècle qu'il n'en est le précurseur.

La religion chrétienne, lorsqu'il commença à la protéger, et encore plus lorsqu'il l'adopta, devait être déjà la foi d'un grand nombre d'hommes des classes inférieures. Le paganisme, qui avait encore de nombreux adhérens, surtout dans les classes élevées, n'inspirait plus ni conviction, ni sympathie, puisqu'il laissa tranquillement proclamer les droits de son rival. Le polythéisme était ainsi puni par où il avait péché : la société romaine fondée sur une tolérance ou plutôt une indifférence religieuse qui acceptait les divinités, les idoles de tous les pays, devait voir ces divinités détrônées par la première qui inspirerait une conviction plus profonde et plus générale. Jéhova avait été placé dans le Panthéon ; Jésus y put aussi trouver place jusqu'au jour où la politique s'aperçut que les hommes voués à son culte acquéraient une autre nature, étaient appelés à un autre avenir. Le premier homme d'état qui comprit nettement cette portée, dut se placer parmi eux au lieu de les persécuter. Il fallait pour cela beaucoup de courage ; il fallait encore plus d'esprit. Mais Constantin était richement doté de l'un et de l'autre.

A peine nommé successeur de Constance Chlore, il proclame le libre exercice du christianisme dans les états qui relèvent immédiatement de lui. Vainqueur de Maxime et de Maxence, il profite des premiers moments de son alliance avec Licinius et Maximien pour leur faire étendre aux chrétiens de leurs états respectifs le bénéfice de son édit protecteur. Mais toujours la teneur de ces édits est calculée de façon à ne pas alarmer les païens. Ce sont des espèces de hatti-chérifs de Gulkhané. Les païens peuvent croire qu'il n'y a rien de changé au monde ; ce n'est qu'un dieu de plus qui entre au Panthéon. Les païens sont une classe encore considérable de l'état, à laquelle le souverain doit des ménagements. Son beau-père, les autres césars en font partie. Lui-même est né dans leurs rangs ; bien plus, il n'a pas encore officiellement fait sa profession de foi. La raison d'état l'a forcé d'accepter le titre de Souverain-pontife que plusieurs de ses successeurs chrétiens doivent encore porter. Le paganisme est si tranquille qu'il ne se réveille que trente ans après la mort de Constantin, sous Julien-l'Apostat, pour commencer alors seulement une lutte d'agonie qui a duré deux siècles. Le christianisme a eu si bien le temps d'établir la balance en sa faveur par le long règne de l'empereur néophyte, qu'il a pu détourner ses regards de l'ennemi commun ; il s'est partagé, s'est disputé comme le font toujours les vainqueurs ; il a fallu les deux conciles d'Arles et de Nicée pour arrêter les schismes, triste mais énergique preuve de vigueur.

Constantin paya tribut à son siècle. Il n'est donné à aucun homme de s'en affranchir entièrement. Il fut cruel, moins que les autres rois de son temps : c'était le reste de l'homme païen. Il fut fastueux de sa personne : c'était l'étiquette impériale imposée depuis Dioclétien. On lui a reproché aussi comme une faute, et presque comme un crime politique (1), la translation de l'empire à Bysance. On aurait dû l'en louer comme de l'acte qui prouvait le mieux la clairvoyance de son esprit. Rome devait lui être odieuse non seulement parce qu'elle avait été témoin de ses justices domestiques, mais parce qu'elle les avait motivées. Rome avait fait les crimes de son ménage ; elle avait fait les vices de Fausta. On a parlé du dégoût des Romains pour lui : cela même aurait pu peser dans la balance. Mais les Romains n'étaient pas si difficiles. L'empereur avait plus de raison d'éprouver le dégoût et même le mépris pour cette société usée par les luttes et les chocs du pouvoir, corrompue par le spectacle de cours infâmes, attachée aux voluptueuses absurdités du paganisme. Il dut désespérer de régérer un peuple pourri, à qui il ne restait plus d'ardeur que pour les jeux du cirque. D'ailleurs, l'état était plus vulnérable à l'Occident par les Barbares, à qui Constantin, de sa personne et de son vivant, pouvait imposer beaucoup mieux que ses successeurs. La division d'un empire plus grand que celui d'Auguste et de Trajan était une nécessité fatale à laquelle il se résignait déjà en choisissant une métropole nouvelle au centre d'un monde plus beau et plus neuf. Dans Bisance, la société pouvait être table-rase. La religion, les mœurs, les lois n'y trouvaient point la vieille opposition des traditions et de la mollesse païennes. Politi-

(1) Gibbon.

quement et géographiquement, la situation était meilleure que celle de Rome. Bisance, port immense au confluent de deux mers, au nœud de trois continents, était une situation oubliée par Alexandre, et bien supérieure à Alexandrie. La poésie des grands souvenirs fit un instant penser à Troie, qui avait occupé assez sérieusement l'attention d'Auguste. Le premier empereur régénérateur du gouvernement romain avait, lui aussi, cherché table-rase, songé à transporter vers l'Orient le siège de l'empire. L'obligation était plus logique et plus forte pour un autre empereur qui régénérait radicalement la société.

Amis et ennemis ont été obligés de convenir que cette grande révolution, Constantin l'accomplit sans secousse. Il changea les liens de famille, l'action des pouvoirs, la relation des peuples, substitua une religion sévère aux rites relâchés de l'idolâtrie ; en un mot, froissa, remania le plus profondément qu'on puisse l'imaginer tous les intérêts humains, sans avoir à combattre sénats, tribuns, émeutes, gardes prétoriennes, guerre civile, guerre étrangère. Il fonda un empire qui a duré mille ans, une ville que sa position rend à tout jamais la plus belle capitale du monde. Si l'on ne veut pas expliquer tout cela par une habileté prodigieuse, on est obligé d'y reconnaître un bonheur dévolu aux seuls hommes que Dieu a marqués de son doigt.

Les hommes de cette taille, de cette prédestination ne se reproduisent pas deux fois. Aussi la tâche de Constantin s'est-elle répartie entre plusieurs princes. Mahmoud, qui remit le nom de Constantinople sur les monnaies, à la place de Stamboul, a aussi détruit les gardes prétoriennes. Sélim, son oncle, avait pensé déjà au côté religieux de la réforme, que les conseillers d'Abdoul-Méjid ont abordée plus franchement en avouant la décadence de l'islamisme. On a bien fait d'envelopper par l'euphémisme du mot honneur la concession faite aux sujets non musulmans du libre exercice de leur religion et de l'admission à tous les emplois de l'état. Les pas faits avec précaution empêchent les chutes violentes; mais Dieu seul connaît le nombre et l'étendue des pas qui doivent être faits.

Déjà l'on peut voir que l'impôt et la conscription militaire ne peuvent s'asseoir sans un dénombrement des sujets. Dès lors le gouvernement et le peuple vont être initiés au secret de l'exiguité de leur race en comparaison des races chrétiennes. Pour celles-ci, la proportion énorme de leur nombre, de leurs propriétés et de leur fortune, mettra la jalousie hors de question, et ne laissera d'autre alternative que celle du respect. Ce respect pourra se manifester avec lenteur, avec réserve, mais le temps et la force des choses le formuleront. Un sultan, après avoir reconnu que les sujets les plus nombreux, les plus riches, les plus industrieux, ses soldats les plus nombreux, ses conseillers les plus instruits et les plus capables, sont chrétiens; après avoir reconnu que c'est précisément chez ceux-là que les importations européennes s'implantent facilement, s'acclimatent à merveille, ce sultan se demandera plus explicitement que Sélim et Mahmoud, pourquoi il n'harmonierait pas avec ses sujets privilégiés le reste de ses sujets, en leur donnant l'exemple lui-même?

La raison d'état et l'histoire lui diront que tôt ou tard les minorités subissent la loi des majorités. Elles lui diront que les races conquérantes, énervées par le despotisme, exténuées par le temps, isolées par un orgueil de caste qui ne leur a pas permis de s'amalgamer avec les races vaincues, finissent par être expulsées par ces mêmes races le jour qu'elles ont osé se compter. La leçon d'histoire s'écrit tous les jours dans les provinces mêmes de l'empire. En Egypte et en Syrie la race arabe l'écrit avec des victoires. Sur le

Danube et l'Hellespont les races grecques et slaves l'écrivent avec des traités. Si par hasard le sultan a assez mauvaise vue pour ne pas remarquer les rois et les princes indépendants ou vassaux qui se sont déjà taillés des états dans les plus belles provinces de l'empire turc, la diplomatie européenne lui dira à l'oreille que ces états, indépendants de fait, se sont établis avec son agrément, et qu'elle seule a empêché que d'autres s'établissent ou que ceux-là s'agrandissent jusqu'à toucher et même envahir Scutari d'un côté et Constantinople de l'autre.

L'obstination et l'aveuglement d'un ou de plusieurs sultans pourra pousser quelque jour la diplomatie à livrer les choses à cette rapide et inévitable pente. Les Osmanlis, alors, n'auraient pas d'autre ressource que d'aller retrouver les troupeaux de leurs aïeux dans les steppes de la Tartarie, à moins que par commisération on ne ressuscitât à Bagdad un fantôme de khalifat où le sultan irait se leurrer de l'espérance d'hériter des pachas d'Egypte ou des schahs de Perse.

Longtemps, bien longtemps avant cette catastrophe, le sultan aura entendu agiter dans ses divans une proposition qui n'est pas neuve dans les divans musulmans de l'Asie. Au temps où les croisades apprirent à l'Orient l'énergie des races chrétiennes, plus d'un sultan éprouva la tentation de se faire chrétien, plus d'un fit à ce sujet des ouvertures sérieuses. Les mêmes causes ont amené les mêmes effets. Le mont Liban est rempli de Maronites puissants par leur nombre, par leur industrie, par le protectorat européen. Leur souverain, né dans la religion musulmane, appartenant à la propre famille de Mahomet, a abjuré pour se faire catholique. Les Druses, ennemis avoués de l'islamisme, amis secrets des chrétiens, adopteront ouvertement sa foi le jour que la politique leur permettra de jeter tout-à-fait le masque musulman que la suzeraineté turque leur impose encore. Les despotes peuvent faire plus rapidement que les autres rois le bien comme le mal; et depuis que Mahmoud a détruit les janissaires, le sultan de Constantinople est vraiment un monarque absolu. Les ouléma sont très-soumis et très-dociles depuis qu'ils sont privés de la coopération de cette milice. Ils ont trouvé dans le Qoran des textes qui autorisent la quarantaine, la dissection des cadavres, la stratégie européenne, l'habit européen, moins le chapeau; une nouvelle consultation leur fera découvrir un texte approbateur du chapeau lui-même. Les janissaires étaient le véritable sénat conservateur de la loi antique, les véritables gardes-du-corps de Mahomet et de son étendart vert.

Si dans le divan impérial où s'agitera cette grave question, le sultan n'est pas déjà assez illuminé par la foi pour se proclamer chrétien, s'il n'a pas assez d'esprit pour répéter le mot d'Henri IV, assez de chrétiens et de diplomates façonnés aux usages d'Europe seront là pour lui apprendre comment les chefs des dynasties nouvelles satisfont aux convenances de leur personne et à celles de la race et de la religion qui les accueillent. Othon, catholique, a voué les enfants qu'il attend à la religion grecque; Léopold, luthérien, a fait baptiser ses enfants par des prêtres catholiques. Le sultan pourra confier ses enfants mâles à des prêtres chrétiens, au lieu de les envoyer circoncire à la mosquée.

Le jour qu'un exposé de motifs sera nécessaire, on pourra dire que l'armée, composée en majorité de soldats chrétiens, avait besoin d'un chef de la même croyance; que les propriétés chrétiennes étant les plus nombreuses, les familles chrétiennes les plus nombreuses, l'administration et la justice avaient besoin de princes de cette religion pour présider les divans qui en jugent et administrent les affaires. Le sultan proclamera au surplus que lui-même vivra et mourra bon musulman.

Le peuple turc comprendra et se taira; les grands seigneurs turcs comprendront et enverront leurs enfants à l'église; de mieux inspirés réformeront leur harem et bâtiront des chapelles dans leur palais. Les fanariotes dresseront des généalogies par lesquelles le sultan descendra, par les femmes, des derniers empereurs bizantins, et redemanderont la basilique de Sainte-Sophie. Que ne pouvons-nous croire que le sultan en aura déjà disposé en faveur d'une autre communion plus amie du progrès et plus rassurante pour Constantinople; car il sait que le pape de la religion grecque réside à Saint-Pétersbourg, et se fit appeler empereur pour se porter suzerain temporel et spirituel de Constantinople.

Tant que l'organisation chrétienne ne sera pas la loi de l'état et surtout la loi de la famille impériale, les réformes européennes n'y auront aucune chance de succès durable. De savants orientalistes ont nié qu'en droit la propriété du sol appartînt exclusivement aux sultans; ils n'ont pu en fait, nier que le caprice, l'arbitraire, la spoliation n'en fussent la loi coutumière. La famille musulmane, disséminée entre plusieurs maisons, entre plusieurs mères, qui sont autant de marâtres, présentera-t-elle la force du faisceau quand il faudra disputer un héritage à la rapacité d'un pacha, à la prévarication d'un cadi? Dans la famille du sultan l'inconvénient est bien pire. La loi la plus juste, rendue par un despote, peut être détruite par un autre despote. Les intérêts blessés par la loi juste, peuvent toujours se formuler en une révolution de place publique ou de palais, qui renverse l'auteur de cette loi et le remplace par un autre prince moins éclairé. Pour qu'un sultan eût la faculté de lier ses héritiers, il faudrait d'abord que sa succession fût à l'abri de pareilles violences; qu'il ne pût jamais y avoir ni doute, ni compétition dans la succession, une fois ces violences empêchées.

La loi de primogéniture est la seule garantie démontrée par une longue expérimentation. Mais le moyen d'appliquer une loi pareille dans un harem impérial, où vingt héritiers peuvent naître au même jour et presque à la même heure; où un mystère absurde empêche de donner un état civil aux enfants, de constater légalement leur âge, leur sexe et leur naissance! L'accident de princes jumeaux est capable de troubler une succession européenne, et un fait de ce genre est l'une des hypothèses du fameux masque de fer. Les ténèbres des sérails ont enseveli mille intrigues plus cruelles, et n'ont pu empêcher le fratricide, le parricide et le régicide, avec leur accompagnement obligé de guerre civile et de guerre étrangère, d'être la dominante uniforme des annales publiques.

La coutume asiatique du choix d'un successeur, laissé au souverain vivant, s'est maintenue jusqu'aujourd'hui dans un grand état chrétien placé sur les confins de l'Europe et de l'Asie. Ce vice capital de sa constitution l'expose à une partie des infirmités des états musulmans où aucune loi n'est au-dessus du caprice du chef. Les fins de règne et les successions y sont toujours orageuses, et souvent souillées de sang impérial.

CONSTANTINOPLE VILLE ANSÉATIQUE. — AVENIR DE LA SYRIE ET DE L'EGYPTE.

Nous avons fait une conjecture et non pas une prophétie. La conséquence la plus probable, la plus utile du hatti-schériff de Gulkhané peut être empêchée, ou, ce qui revient au même, trop longtemps retardée par l'aveuglement d'un sultan. Nous avons mis en ligne de compte cette alternative : nous allons la reprendre et en examiner la portée.

La population chrétienne de Constantinople, qui forme déjà les deux tiers du chiffre total, augmentera rapidement en nombre et en audace sous l'influence des franchises nouvelles. Les bataillons de la nouvelle armée, les galiondjis de la nouvelle marine, recrutés parmi les races chrétiennes, seront tenus autant que possible dans les districts lointains et musulmans. Toutefois, une certaine proportion de marins et de soldats chrétiens figurera dans les troupes de terre et de mer qui garderont le sultan et la capitale. La population chrétienne, civile et militaire de Constantinople aura donc à l'avenir une large représentation dans les émeutes monopolisées jusqu'ici par la population turque. C'est une émeute qui punira ou expulsera le sultan hostile au programme de Gulkhané. Les administrations supérieures, le divan lui-même, où les Grecs seront en nombre respectable, peut-être même en majorité, auront préparé quelque chose pour cette éventualité; en supposant que ce ne soit pas la souveraineté définitive de la Russie, qui voudra au moins y accourir comme commissaire de police, un certain thème, appelé : Constantinople ville anséatique, aura belle chance d'être examiné et expérimenté sérieusement.

Ce thème se discute depuis plusieurs années à Athènes, à Salonique, à Constantinople, à Smyrne. Il est la continuation théorique du mouvement qui a déjà régénéré presque toute la Turquie d'Europe. Deux ou trois principautés, la Bulgarie, la Thrace, la Macédoine, compléteraient l'organisation chrétienne de la presqu'île et permettraient d'aggréger par le lien fédéral les nouvelles et les anciennes principautés, le royaume grec compris. Ces états-unis grecs slaves formeraient dès leur naissance une puissance de 8 ou 10 millions d'habitants. Mais Constantinople doit faire une principauté sans prince ; le président de son sénat ne sera que le premier entre égaux. Il aura l'honneur de présider les amphictions qui se réuniront dans la grande ville. Son titre et sa puissance ne doivent jamais pouvoir donner ombrage aux autres États. Chaque prince convoiterait ce joyau pour sa couronne; un prince de Constantinople convoiterait à plus forte raison la suzeraineté et la souveraineté des autres États de la fédération.

Ce plan rappelle beaucoup l'organistion rêvée par les croisés pour l'empire grec et empêchée par la susceptibilité ombrageuse des Vénitiens. Eux seuls étaient alors assez puissants par leur science politique et par leur voisinage pour rendre l'empire cohérent, pour le protéger sur terre et sur mer. Il s'agissait de transporter Venise à Constantinople. Le sénat de Venise avec son habileté et ses trésors, aurait écrasé les Bulgares, monopolisé le commerce de l'Asie, fait tête de colonne à la Hongrie et empêché les Turcs de passer le Bosphore. C'était la grande pensée de Dandolo. Le sénat vénitien voulait bien avoir des rois et des princes pour vassaux, mais il craignit d'avoir pour chef et pour maître un doge empereur.

La susceptibilité des princes confédérés serait maintenant la même que celle du sénat vénitien. Elle ne serait pas aussi mal entendue au moins dans l'intérêt des peuples et des pays. Une confédération républicaine ou princière au milieu des grands États monarchiques n'est tolérée qu'à la condition de l'insignifiance. A chaque trouble de la paix générale, elle est à la merci des voisins. La tentation inspirée par une ville comme Constantinople se joindrait ici aux autres motifs. Ce but final de l'ambition d'un étranger, cet objet constant de la jalousie de plusieurs autres, entretiendrait un feu croisé d'intrigues au milieu de petits États qui auraient d'ailleurs assez d'embarras et de divisions.

Constantinople, ville anséatique et réduite à l'enceinte de ses murs, ou capitale d'une principauté thrace, serait donc un objet perpétuel de convoitise pour des voisins forts, valaques, moldaves, bulgares ou grecs. Les voisins faibles n'empêcheraient pas le passage des Russes, qui d'ailleurs peuvent toujours arriver par mer.

Un royaume large de terre pour avoir une importance immédiate, chrétien pour rallier la majorité des croyances des peuples roméliotes, ayant des tendances maritimes pour contrebalancer la force maritime du rival de la mer Noire : voilà ce qui offre le plus de chances d'avenir pour lui-même, le plus de garanties, de contrepoids et de sécurité à l'Europe. Or c'est précisément dans ces conditions et avec ces tendances que la Grèce a été semée. Le jour où Constantinople n'aura plus de monarque, c'est la Grèce sortie de ses îles qu'il faut élargir vers la terre-ferme, qu'il faudra asseoir dans les sérails vides de Stamboul.

Si la Russie ne veut que satisfaire un orgueil de famille et tient absolument à envoyer de Saint-Pétersbourg le germe royal à introniser sur le Bosphore, le prince de Leuchtemberg ne provoquera le veto ni de l'Angleterre, ni de la France. Mais qu'on écrive dans la pragmatique-sanction l'hérédité réciproque et la fusion future des deux royaumes hellènes frères. Deux ou trois générations mûriront l'agrégation des peuples et l'éducation des Porphyrogénètes. Un siècle d'infériorité industrielle paiera amplement les frais de tutelle aux gouvernements qui auront protégé les mineurs.

Laissons ces hypothèses éloignées et improbables pour rentrer dans les faits actuels.

L'intégrité de l'empire ottoman est depuis longtemps un mensonge ; le *statu quo* est une illusion. Le hati-schérif de Gulkhané fut provoqué par quelques diplomates. S'ils ne devinèrent pas, s'ils n'ont pas deviné encore les révolutions que ce programme renferme en ses flancs, il est impossible qu'ils n'aient pas remarqué les changements plus superficiels mais déjà significatifs qu'il a amenés. La race grecque s'est sentie émancipée, a pris de l'assurance, de la hardiesse, et s'est mêlée plus activement et plus ouvertement aux intrigues russes. L'émancipation religieuse profite d'abord à la Russie qui s'est dès longtemps posée patrone des Grecs schismatiques, race dominante dans les Etats turcs. Cette race prend la position et l'importance de son chiffre multipliées par la prépondérance de son patron. Avant le hati-schériff, tous les rajas étaient au même degré d'insignifiance.

Dans l'Égypte et la Syrie soustraites à l'autorité turque et à l'influence du hatty-schérif, le *statu quo* n'est pas plus réel. La misère y augmente chaque jour et pour ainsi dire à chaque minute. En Égypte l'épuisement d'hommes et d'argent, l'abjection, font couler des larmes silencieuses. En Syrie les mêmes calamités imminentes, mais non consommées, provoquent la guerre civile et les insurrections. Mohammed-Aly est beaucoup moins coupable de tout cela que les diplomates européens qui se sont opposés à son émancipation. Reconnu souverain héréditaire de l'Egypte et viager de la Syrie, le pacha, qui n'aime ni les cruautés ni les vexations inutiles, améliorerait instantanément le sort de ce pays. En Syrie, bien plus qu'en Egypte, plus même qu'en Turquie, le hatti-schérif aurait favorisé la race chrétienne qui est proportionnellement très-nombreuse et plus aguerrie que partout ailleurs; et comme ces chrétiens sont presque tous catholiques, leurs patrons catholiques acquerraient une prépondérance qui compenserait jusqu'à un certain point la prépondérance russe en Turquie. Un rôle deux fois ingrat est échu aux potentats catholiques européens. En Turquie leurs protégés sont rares et faibles; en Syrie, où ils sont nombreux et pourraient être forts, l'ancien régime qui leur liait les bras continue, et leurs patrons ont eux-mêmes les bras liés par la fausse position du pacha d'Egypte. L'Angleterre, qui sous prétexte de missions religieuses a versé tant d'or en Syrie pour y acquérir une influence politique, espère voir les montagnards se jeter dans ses bras. Ceux-ci ont besoin d'agir et ne conçoivent rien au quiétisme des catholiques d'Europe. La moindre démonstration nous rendra leurs sympathies : ils nous connaissent de longue main pour des amis moins dangereux et plus désintéressés que les Anglais.

Si, comme la diplomatie le désire, et comme il n'est pas déraisonnable de l'espérer, Mohammed-Aly finit par s'accommoder avec la Porte, l'Europe aura quelques années, le reste de la vie du pacha, pour penser sérieusement à l'avenir de ses royaumes. Mohammed-Aly est un Turc exceptionnel par le génie ; mais lui mort, la Syrie deviendra certainement un hospodorat sous la suzeraineté de la Porte et sous la protection des puissances catholiques. La tutelle europenne, concentrée sur l'Égypte, seul point où l'islamisme paraisse devoir encore durer longtemps, pourra y neutraliser les causes qui minent sourdement les terres et les sociétés musulmanes.

Avant de donner place définitive à un potentat dans la balance européenne, la politique devra exiger des garanties plus fortes pour la règle des successions et pour le bien-être des peuples qui n'en ont pu offrir les Bibars Ier, les Calaoun, et même les Nasser-Mohammed. Or, en admettant que la position et les qualités personnelles du chef actuel de l'Egypte, et même de son successeur probable, puissent se comparer à la position et aux qualités de leurs plus illustres prédécesseurs ; eux morts, la suzeraineté de la Porte, affaiblie ou anéantie, reconstruirait précisément la position des sultans mamlouks. Les émirs, les atabeks, les visirs viendraient de l'Albanie, au lieu d'être fournis par le Turkestan et la Circassie. Il en viendrait aussi de l'Europe chrétienne, qui fournit déjà des instructeurs militaires de haut et de bas étage. Avant que le pays fût mûr pour que l'un d'eux y fondât une dynastie chrétienne, beaucoup d'aventuriers, pareils aux renégats corses, sardes et italiens, qui ont été deys à Alger, auraient partagé avec les Arnautes et les Turcs, l'honneur de dévaster le pays.

Il faut donc trouver une combinaison qui, sans continuer le démembrement déjà commencé, sans alarmer les puissances européennes par un partage inégal, continue cependant et fortifie la transformation de l'Orient déjà commencée par le hatti-sheriff de Gulkhané. Une neutralité parfaite est la condition première et principale de cette combinaison, de cet X du problème politique. Aucune hostilité contre la Turquie, aucun privilége en faveur d'une des puissances rivales ; aucun préjudice contre une autre ; un *statu quo* réel et complètement rassurant.

Par ces vues, le projet qui va être développé diffère radicalement de celui de M. de Lamartine. Nous sommes partis d'un point commun, l'imminence de la ruine de l'empire turc, l'impossibilité d'y maintenir viables des gouvernements musulmans. Cette ressemblance est le reflet exact des pays que nous avons tous deux interrogés attentivement. Mais M. de Lamartine proposa un remède inacceptable. Le partage, bien que seulement nominal, avait tous les inconvénients d'un partage de fait. Les provinces échues aux protecteurs respectifs ne pouvaient rester en paix. Là où l'élément turc conserve encore une certaine force, une opposition armée devait repousser le protectorat qui s'arrogeait d'ors et déjà la possession future. Dans les lieux au contraire où l'élément raya était prédominant, une insurrection ne pouvait tarder à rompre tout-à-fait avec la métropole turque ou avec l'autorité musulmane. L'action modératrice du protecteur n'aurait pu comprimer ce zèle impatient. Les rayas auraient toujours cru servir d'autant mieux leurs maîtres futurs qu'ils iraient plus au-delà de la discipline.

Pour la jalousie respective des puissances co-partageantes, une question bien plus grave était soulevée: le protectorat de l'Autriche comprenait la Servie, Bulgarie, Macédoine; celui de la Russie, les bords de la mer Noire et Constantinople. Ce protectorat, bientôt converti en domination immédiate, élargit immédiatement ces deux états déjà si grands. L'Angleterre prendra l'Egypte; il restera à la France la Syrie et Chypre. Quelle parité y a-t-il entre des colonies et un élargissement de la métropole? Les colonies sont longtemps onéreuses; elles échappent quand elles commencent à rapporter des profits. Un état qui se carre grandit en proportion deux fois géométrique, par rapport à celui qui ne gagne qu'une colonie!

RÉGÉNÉRATION CHRÉTIENNE ET COLONISATION DE L'ORIENT PAR L'ORDRE DE MALTE. — JÉRUSALEM ET LA SYRIE ROYAUME CATHOLIQUE. — AVENIR DE L'ÉGYPTE. — CONCLUSION.

Une combinaison vraiment neutre et ce nous semble praticable est exposée dans la pièce suivante, qui fut rédigée à Malte même pendant la quarantaine. Copie en fut remise à Rome à notre ambassadeur et au conseil qui administre les affaires de l'ordre de Saint-Jean-de-Jérusalem. L'auteur dut parler le langage du pays et de la société à laquelle il s'adressait. Les lecteurs français apprécieront ces convenances et feront aisément la transposition. Ce qui s'appellerait noblesse dans l'Orient s'appellerait grade en Europe, et le grade se gagnerait par l'éducation, par l'instruction, par le travail, par les actions d'éclat. L'ordre, qui avait survécu à la perte de sa métropole et qui vient de se réorganiser récemment est un cadre tout fait qui a des traditions d'honneur et de discipline. L'économie et le travail que j'ai vu pratiquer dans l'Orient aux ordres religieux, le respect, l'influence dont je les ai vu jouir sont faits pour nous réconcilier avec eux. L'ordre de Saint-Jean ne conserverait du cloître que les avantages. Le célibat y serait facultatif comme il l'était déjà dans la Malte du siècle dernier.

A MM. les administrateurs de l'ordre de Saint-Jean et à M. le bailly, lieutenant de maîtrise.

« Messieurs,

« L'abaissement de la puissance navale des Turcs, commencé par la bataille de Lépante, à laquelle les chevaliers de Saint-Jean prirent une si belle part, fut poursuivi par eux avec la plus noble persévérance. Le but était complètement obtenu, lorsque l'armée française d'Egypte et bientôt après une armée anglaise désagrégèrent l'ordre en s'emparant de l'île.

« La bataille de Navarin et la conquête d'Alger, le schisme de l'Egypte et de la Syrie, ont, depuis, porté le dernier coup à la puissance navale et territoriale des Osmanlis, et les gouvernements chrétiens ont commencé à s'alarmer d'un affaiblissement qui compromettait la balance européenne. La mission de l'Ordre, si elle est finie sous le point de vue militant, a d'autres parties aussi intéressantes à accomplir. Il fallait abattre l'ennemi menaçant;

désarmé, suppliant, il faut l'instruire, le ramener, le guider dans la bonne voie; car Dieu n'a pas demandé la mort du pécheur. Faible numériquement là même où il règne de nom et de fait, le Turc est entouré, pressé par une population plus nombreuse et qui a encore plus de droits à nos sympathies, puisqu'elle est chrétienne. La propagande, spécialement et directement religieuse, est confiée à plusieurs corporations qui s'en acquittent aussi bien que les circonstances l'ont permis jusqu'ici. La propagande indirectement religieuse, c'est-à-dire la propagande civilisatrice par l'éducation temporelle, l'importation de l'agriculture, de l'industrie, des arts libéraux, est encore à créer tout entière; c'est celle-là que l'Ordre de Saint-Jean me paraît appelé à accomplir.

« Si l'ordre de Saint-Jean veut reprendre en Europe sa considération, il doit mêler aux souvenirs glorieux, à la poésie de son passé une occupation honorable, un travail utile pour le présent, profitable pour l'avenir. C'est aujourd'hui la condition de toute existence d'individu ou de corporation. Une souveraineté indépendante a besoin de travail, car elle a besoin de fortune. Les commanderies ont été supprimées en France; en Portugal, en Espagne, elles sont bien compromises. Si dans les états autrichiens et en Italie elles durent encore, elles ne suffisent pas pour alimenter toutes les langues. Il faut donc chercher d'autres pays dans lesquels on puisse établir des commanderies. L'Orient tout entier s'offre maintenant comme le fruit de vos anciennes luttes : les profits pacifiques peuvent être la récompense dévolue à qui eut jadis les peines du combat. Cette conquête à l'amiable est aussi facile à faire pour vous que facile à supporter par les gouvernements de l'Orient. Les uns et les autres y trouveront leur profit.

« Si les gouvernements de l'Orient ont le désir sérieux

d'arrêter leur décadence, la première mesure qu'ils doivent prendre est la constitution de la propriété. Jusqu'ici elle n'a pas eu de bases fixes. Le plus souvent le souverain s'est cru propriétaire universel, et ses agents élevés et subalternes ont pris soin de maintenir la supposition, en accablant d'avanies les fermiers et concessionnaires. La terreur inspirée par cet arbitraire a réduit la culture à quelques arpents au voisinage des villes et villages. La campagne proprement dite n'a pas une seule ferme; bien plus, les environs de la plupart des grandes villes, et à plus forte raison des villages, sont de véritables déserts. Qu'on parcoure la campagne de Constantinople et de Scutari, on fera des lieues entières sans trouver autre chose que des terres en friche. Qu'on juge, d'après cela, de l'intérieur de la Turquie. En Syrie en Egypte, on peut renouveler la même observation. Partout le manque de sécurité a étouffé l'agriculture et empêché l'industrie de se développer.

« Pour changer cet état, l'exemple de l'Europe sera encore plus indispensable que ses conseils. Pour le nombre minime de Turcs et d'Arabes qui viennent chez nous prendre des notions superficielles, l'Europe enverra dans l'Orient une immense quantité de professeurs et de praticiens. L'Orient va devenir de fait une colonie nouvelle, moins différente de climat que les autres colonies, moins dispendieuse en frais de déplacement, d'un revenu plus sûr, puisqu'elle formera réseau autour d'un peuple dont le chiffre augmentera rapidement, et dont les besoins croîtront dans une proportion encore plus forte. Qu'on estime, par exemple, les bénéfices d'exploitations agricoles ou industrielles qui auraient pour débouchés des centres comme Smyrne, Brousse, Magnésie, Constantinople, où les habitants musulmans ignorent encore toutes les aisances de la vie, manquent de meubles, ne mangent jamais de bonne viande, ne connaissent ni les bons fruits ni les bons légumes, et où la plupart des chrétiens levantins ne sont guère plus avancés !

« Le trop plein de la population européenne, qui hésite devant de longues navigations, n'aura pas ici les mêmes scrupules. L'éducation, descendue jusqu'aux couches les plus inférieures, s'emploiera plus utilement dans ces nouvelles entreprises que dans des luttes terribles contre la concurrence des riches ou des premiers occupants. Les bras seront abondants, à bon marché et donneront belle chance de fortune aux têtes qui les dirigeront. L'écoulement du superflu européen vers le vide oriental hâtera et parfaira cet équilibre qui doit être désormais la perpétuelle utopie de la politique.

« Emigration d'Europe, immigration en Asie, voilà donc la première conséquence de la constitution de la propriété; c'est l'exploitation, la régularisation de ce double mouvement que je propose à l'ordre de Malte de saisir tout de suite. Que dès aujourd'hui quelques députations, sous le patronage de leurs souverains respectifs, aillent dans l'Orient demander des concessions de terre. Elle seront obtenues à des prix fort bas, si l'on peut les acheter d'emblée ; moyennant des redevances fort légères, si on les acquiert par de longues amphitéoses ou par des rentes perpétuelles. Plusieurs lieues carrées de terrain très fertile, ici riche en bois en pâturages, là avec des cours d'eaux pour des usines, des irrigations, offriraient un but commode à l'activité des colons, avec une sécurité dont n'approcheraient certes pas le travail et la propriété relevant immédiatement des Turcs ou des Arabes.

« Un commandeur et un conseil de deux, quatre chevaliers plus ou moins, selon l'inportance de la concession, en administreraient les affaires. Les ingénieurs, les artistes, les médecins, et en général tous les employés de profession libérale, auraient le titre de frère servant et pourraient gagner celui de chevalier par un certain temps de service ou par des actions d'éclat.

« Dans les concessions voisines des villes où il y a des chrétiens, l'enseignement secondaire, l'administration des secours temporels feraient de l'Ordre un congénaire utile des milices religieuses là où elles existent, les remplaceraient pour le service spirituel et l'enseignement primaire là où elles n'existent pas. On verrait plus tard si un certain nombre de chevaliers devrait entrer dans les ordres religieux. Il me semble déjà qu'il vaudrait mieux prendre dans chaque concession des chapelains tirés de la propagande de Saint-Antoine, de Saint-François ou de Saint-Lazarre ; par là les progrès de l'Ordre, loin d'exciter la moindre opposition de la part de ces corporations religieuses, les auraient pour amies en les ayant pour auxiliaires et pour compagne.

« Aussitôt que quelques concessions seraient obtenues, un certain nombre de bureaux répandus dans les divers états d'Europe y recruteraient des colons des professions les premières utiles et des employés des divers arts. Si les fonds primitifs de l'Ordre ne suffisaient pas pour la première impulsion à donner, on penserait à ouvrir des emprunts auxquels la noblesse des diverses langues contribuerait avec plaisir par respect pour le passé de l'Ordre et pour ses travaux nouveaux ; avec facilité, puisque partout, même en France, la plus grande partie de la propriété territoriale est encore dans ses mains. Les réceptions de chevaliers rapporteraient un profit aussi prochain, puisque d'une part elles pourraient amener des fonds dans les caisses, et que, d'autre part, elles pourraient diminuer les dépenses ; parmi les personnes qui ambitionneraient le grade, un nombre assez grand pourrait être capable de fonctionner comme administrateur ou à d'autres titres dans une concession. Ce noviciat, fait gratuitement pendant un certain temps, compterait en déduction des frais de réception. Aussitôt que le sort nouveau de l'Ordre serait assuré, beaucoup de familles feraient inscrire leurs enfants nouveau-nés pour prendre rang au fur et à mesure des vacances. Cette inscription, qui pourrait avoir des rangs divers, selon le degré de noblesse prouvée et selon la somme qu'elle coûterait, serait une tontine excellente pour beaucoup de cadets de familles nobles et pour les fils des familles ennoblies par les professions libérales. Autant que possible, et pour plus grande facilité de l'administration, les colons, officiers et conseil de chaque concession seraient d'une même langue. Chaque état européen serait ainsi représenté, là bien mieux qu'il ne le fut jadis à Malte, au prorata de son étendue, de son importance et de son protectorat.

« Un grand bailli ou chargé d'affaires résiderait à Constantinople. Des baillis seraient accrédités auprès des souverains de moindre rang, comme les princes de Valaquie, Servie, Bosnie, le pacha d'Egypte.

« Sans doute les gouvernements européens ont, par le moyen de leurs corps diplomatique et consulaire, un réseau politique qui entoure l'Orient. Ce réseau est peu serré : il est proportionné à la langueur actuelle du pays, à la rareté de sa population, à la torpeur de ses affaires. Un réveil, un accroissement de population et de mouvement nécessitera un personnel plus considérable, une pénétration plus intime. L'ordre de Saint-Jean, promoteur principal de ce réveil, connaissant mieux le pays, qu'il aura, lui aussi, enveloppé d'un réseau serré, aura un nombre considérable de sujets tout prêts pour le personnel des nouveaux besoins diplomatiques et consulaires. Cette carrière pourra devenir une des ressources latérales de l'Ordre, comme jadis la marine en France et en Espagne. De plus, un nombre de chevaliers répandus dans le corps diplomatique et consulaire du Levant facilitera singulièrement les rapports avec les gouvernements et les administrations locales. Le sort des concessions et de leurs habitants en sera perpétuellement amélioré.

« L'Ordre n'oubliera pas qu'il est religieux : la justice, la modération seront obligatoires pour lui comme l'humilité pour ses frères les ordres prêtres. Il s'interdira des tendances ambitieuses capables de donner de l'ombrage ou aux infidèles ou aux gouvernements chrétiens. La prospérité des commanderies ou des concessions, la bonne éducation, le bien-être de leurs habitants seront la première pensée des conseils locaux et du chapitre souverain, mais ne seront pas la dernière.

« En plongeant nos regards dans l'avenir, osons-nous demander si, même avec les réformes nouvelles, la race turque déjà si exiguë pourra conserver son empire, pourra finalement s'amalgamer avec les populations chrétiennes. Celles-ci sont déjà trois ou quatre fois plus nombreuses, et leur religion comprend autrement le soin de la famille que la polygamie musulmane; les colons, qui en moins d'un quart de siècle doivent doubler la population, seront exclusivement fournis par les pays chrétiens. La population turque, le gouvernement turc, la dynastie turque pourront-ils résister à cette multitude qui les pressera, les étouffera de tous côtés par le nombre, par la richesse, par l'intelligence? Se convertir au christianisme ou reporter ses tentes vers les déserts de l'Asie centrale : telle sera alors leur seule alternative.

« L'ordre de Saint-Jean n'aura pas été simplement spectateur, il aura été acteur dans ce grand drame, dans cette capitale révolution de la conversion ou de l'anéantissement de l'infidèle. Mais son action aura toujours été honnête.

La conspiration et la trahison lui auront toujours été défendues par la reconnaissance et par la loi de l'hospitalité. Elles l'auront été aussi par l'intérêt bien entendu.

« Après la jalousie réciproque des grands états de l'Europe, le plus grand obstacle au partage immédiat de la Turquie est la crainte de ses révolutions politiques. Une prise de possession subite pourrait être l'occasion de plus d'une insurrection populaire, pourrait être contestée par quelque soldat heureux, par quelque usurpateur résolu. La protection européenne empêchera tous ces dangers, tous ces scandales, substituera à une chute bruyante une décadence lente, pendant laquelle les éléments de ce vaste empire pourront former des combinaisons nouvelles, que le temps essaiera, consolidera et que l'amour du *statu quo* finira par reconnaître et par émanciper. L'ordre de Saint-Jean, intimement mêlé aux populations, aux intérêts du pays, ayant contribué par ses lumières à adoucir, à terminer les transformations nouvelles, aura ses chances de fortune comme tous les autres éléments, comme toutes les agrégations sociales ; et quoiqu'elles engendrent royaumes, principautés, villes anséatiques, la part de quelques chevaliers pourra être illustre ; la part de l'Ordre sera belle, sa position sera honorable partout.

« Alors, mais seulement alors sa seconde mission sera terminée chez l'étranger. L'Orient, devenu chrétien avec la langue grecque et arabe, sera une seconde patrie, ou plutôt la patrie primitive sera retrouvée. Des îles plus grandes que Rhodes et que Malte ne manqueront pas pour refaire sa métropole ; les commanderies seront partout avec des populations industrieuses, des bourgs nombreux, des villes élégantes. Il n'y aura plus que le nom de *concessions* à changer !

« Je n'ai pas nommé Jérusalem parmi les villes que l'avenir peut rendre aux chevaliers de Malte. Peut être, sans attendre si longtemps, la religion chrétienne pourrait-elle recouvrer la cité, objet de ses désirs, de ses regrets perpétuels. Jérusalem, pour qui furent entreprises tant de croisades, qui coûta tant de sang à conquérir et à perdre, peut être rendue à la civilisation européenne, peut être affranchie du joug musulman par de simples négociations.

« Pour qui ne connaît l'Orient que par les gazettes d'Europe, il est assez démontré que la diplomatie y peut obtenir tout ce qu'elle demande : pour qui connaît l'Orient pour l'avoir habité, la certitude va plus loin : la diplomatie n'est pas seulement capable d'obtenir des faveurs, elle peut dicter des ordres. La mesure de ses exigences n'est bornée que par ce qu'on appelle la balance européenne, et que l'on peut définir plus exactement la jalousie réciproque des états. Le vieux pacha d'Égypte, l'homme le plus sagace de l'Orient, a toujours résumé cette pensée, quand il a osé faire une opposition quelconque aux prétentions de la diplomatie : vous paraissez unis pour la menace, vous ne le serez pour l'exécution. Les événements lui ont donné raison aussi longtemps que son hypothèse a été exacte ; mais l'intégrité de l'empire turc, fiction acceptée par la peur d'un partage inégal, a déjà reçu une infraction notoire dans la création d'un royaume grec aux dépens d'une portion de cet empire. Bien plus, le labarum des Césars, accepté par l'Europe comme insigne du royaume naissant, semblait impliquer la reconnaissance de ce royaume comme héritier légitime des Césars byzantins et prétendant ultérieur à la reconstruction de leur empire dont Constantinople fut la capitale. Rendre une portion de l'empire turc au christianisme est donc possible, toutes les fois que l'émancipation ne se fait au profit immédiat d'aucune des grandes puissances rivales dans la question d'Orient. La première tentative de ce genre dut être accompagnée de démonstrations guerrières : la seconde n'en aurait pas besoin. Le faible héritier de Mahmoud n'a ni armée, ni flotte, ni volonté. Après la mort de Mohammed-Aly, ses héritiers ne résisteront pas plus que leur suzerain à un ordre intimé sérieusement par les souverains réunis ; et, pour enlever Jérusalem à la domination musulmane, les souverains seront plutôt et plus facilement d'accord que pour la création du royaume grec. Toutes les questions épineuses sont ici laissées de côté ; il n'y a pas à créer un roi, pas à choisir la famille qui le fournira, pas à élaborer de constitution. Jérusalem donné à l'ordre de Saint-Jean avec son territoire, depuis Jaffa jusqu'à la mer Morte, remplacerait brillamment les îles de Malte ou de Rhodes et deviendrait par conséquent un petit état fédératif où chaque puissance européenne serait représentée au *prorata* de son importance politique, où chacune aurait l'honneur de fournir à son tour la garde du saint tombeau, l'honneur de ceindre à son tour la couronne de Godefroy, dans la personne du grand-maître. Jérusalem, libre du joug musulman, reprendrait rapidement son ancienne splendeur. Ses environs sont désolés par la barbarie ; il s'en faut bien qu'ils soient stériles. Une route carrossable par Jaffa et Ramla, mettrait Jérusalem à quatre heures de la mer, et l'on sait avec quelle commodité, quelle rapidité la navigation à la vapeur porte maintenant les Européens dans les échelles du Levant. Jérusalem ainsi rendue à la piété, à la curiosité de l'Europe, serait aussi visitée que Rome et deviendrait plus commerçante et plus industrieuse, car elle serait bientôt le modèle et le centre de la régénération de la Syrie chrétienne ; elle serait autant que Damas le marché d'approvisionnement pour la grande péninsule arabique.

« Recevez, etc. »

Rome, justement préoccupée de l'intérêt catholique, paraît avoir quelque répugnance à admettre les communions dissidentes dans l'ordre de Malte régénéré. Cette question, grave surtout par rapport à la grande-maîtrise, devra faire ajourner la résurrection d'un grand-maître, et laisser Jérusalem à l'état de simple commanderie.

Le balancement des pouvoirs ne permet pas non plus de négliger le ressort catholique comme contre-poids de l'influence russe, qui s'accroît chaque jour par l'émancipation des rayas du rite grec. Le catholicisme étant un progrès incontestable sur le schisme grec, duquel l'autocrate russe affecte la papauté; il est désirable pour l'indépendance véritable de l'Orient, autant que pour la rapidité de son éducation, de faire la part catholique la plus large possible dans la régénération chrétienne.

Malgré ces respectables et justes considérations, il me paraît impossible d'exclure les communions dissidentes, d'abord à cause de la tolérance du siècle, ensuite par le commencement de prise de possession de ces communions dans les derniers temps de l'ordre siégeant encore à Malte, et plus encore par les progrès que l'affiliation a faits en Angleterre, en Allemagne et en Russie, depuis que l'île a changé de maîtres. Deux ou trois fois, je le sais, la grande-maîtrise a été conférée à un autocrate russe. Les rois et les Grecs schismatiques auront peu de chances d'arriver à cette dignité lorsque l'élection sera régulière, libre, et faite par des chapitres où les catholiques seront toujours en majorité, comme la dominance du catholicisme en Europe garantit qu'ils seront en majorité dans l'ordre lui-même. Au surplus, le grand-maître électif d'un ordre souverain et religieux, aura toujours le même esprit que les papes : il sera dévoué aux intérêts bien entendus de sa république avant de penser à ceux de sa nationalité et de sa secte.

La prompte organisation des commanderies dans l'Orient grec de l'intérieur des terres a tout à gagner à la tolérance; les communions grecques et russes seraient d'un grand secours pour l'éducation des populations. La grande propriété est encore debout en Russie; dans les principautés du Danube elle se constitue. L'ordre de Saint-Jean trouverait là de grandes ressources et probablement la possibilité d'établir des *concessions* ou commanderies d'un rapport plus prochain; les langues catholiques seraient plus répandues dans les *concessions* maritimes. Les unes et les autres administraient leurs affaires immédiatement; les relations générales n'auraient que des frottements doux et faciles. Le chapitre général siégerait dans l'une des commanderies les plus centrales; il pourrait de là se transporter partout jusqu'au jour où il serait permis de songer à l'élection d'un grand-maître.

Cette perspective, encore fort éloignée, permet de s'occuper d'un intérêt plus prochain. La Syrie, violemment associée au sort de l'Egypte, manifestera ses incompatibilités de toutes les manières. Sa population, la plus éclairée, la plus brave, la plus nombreuse, est chrétienne. Les musulmans turcs et arabes y sont en minorité; les Druses et Metwalis sont ennemis ouverts des musulmans sunnites et ont montré, en toute occasion, leur sympathie pour les chrétiens catholiques. Une tradition accréditée parmi eux rattache leur origine aux colons et aux guerriers des croisades. Ils obéissent, comme les Maronites, à un souverain qui a embrassé le christianisme. Le moindre mouvement leur fera suivre l'exemple de ce souverain. La Syrie est donc de toutes les parties asiatiques de l'empire turc la plus mûre pour la transformation la plus désirable, une régénération chrétienne sans secousses, un gouvernement et une dynastie produits spontanés du sol. Demander pour la famille de l'émir Beschir la souveraineté des lieux saints ou de la Palestine, soit concurremment avec celle qu'elle exerce dans la Haute-Syrie, soit en échange de celle-ci, ce n'est qu'étendre ou déplacer une puissanse déjà existante et reconnue par les Turcs, par Mohammed-Aly lui-même. C'est assurément la combinaison la plus commode pour reprendre Jérusalem par une douce et pacifique transaction, pour épargner les larmes et le sang que les créations des dynasties et les restaurations font toujours répandre.

Dans cette combinaison, les plus grands embarras seraient pour le présent. Les habitudes turques des émirs actuels et de leurs fils dépayseraient souvent leurs conseillers européens. Les musulmans, de leur côté, s'obstineraient longtemps à voir le turban vert de schérif par-dessus leur couronne d'or ou d'épines. Tout cela n'est pas au-dessus de la force de nos diplomates. Une dynastie avec une succession bien réglée, avec des princes bien élevés, peut rapidement convertir les Druses au christianisme, et former de la Syrie et Palestine un Etat compact et offrant toutes les conditions de durée, de force et de prospérité. Ce pays n'a pas plus de quinze cent mille habitants, dont quatre cent mille à peine sont musulmans sunnites. L'exiguité de ce chiffre facilite singulièrement la révolution. Mais la Syrie et Palestine égalent en étendue le royaume de Naples, l'Etat papal et la Toscane qui sont peuplés de plus de neuf millions d'habitants. Sous les Seleucides et les Romains la Syrie en eut plus de dix millions. Le développement colonial et la fertilité du pays feraient atteindre ce chiffre en moins d'un siècle.

Nous avons apprécié l'état présent et le sort probable de la Turquie d'Europe. La Turquie d'Asie aura une régénération plus lente et longtemps bornée à son littoral, jusqu'à ce qu'une impulsion nouvelle parte de Constantinople.

Reste l'Egypte, où le christianisme, principalement cophte, est encore dans une torpeur incapable d'imposer à la domination musulmane. Son quiétisme et celui de l'Europe ne permettent pas de longtemps d'espérer là une régénération chrétienne, produit spontané du terroir. Selon nous, la population de l'Egypte n'est pas de plus de 15 ou 16 cent mille âmes. Le Qaire en a 250 mille, Alexandrie, 25 mille, Rosette, 5 mille, Damiette, 6 mille, Siout, 12 mille; le reste se compose de bourgs ou villages fort petits. Les Cophtes peuvent être au nombre de cent mille dans toute la vallée du Nil égyptien. Livrée aux dynasties musulmanes, après la mort de Mohammed-Aly, l'Egypte sera, comme par le passé, à la merci des révolutions de palais.

Le trône y sera au concours, tantôt entre les princes de la même famille, tantôt entre les séraskiers, les pachas et les mamlouks. Mais, sans doute, l'Egypte, presque affranchie de la suzeraineté des sultans, subira la tutèle des puissances européennes d'une façon assez efficace, non pour que les dynasties musulmanes offrent quelques garanties nouvelles d'ordre et de stabilité, cela est impossible, mais pour que la misère et l'abjection du peuple y soient un peu moins profondes, et que la dépopulation y croisse dans une proportion un peu moins effrayante. Si les successeurs de Mohammed-Aly savent comprendre et poursuivre les idées de leur père, ils peuvent se faire encore en Egypte un lot brillant. L'Egypte n'a point de limites vers le Barca; elle n'en a pas non plus vers le Midi. La Nubie, le Sennar, le Kordoufan ont à peine reçu quelques jalons d'occupation. Le Nil-Blanc n'a été exploré que par une expédition de curieux et de savants; pour tous ces pays musulmans arriérés, ou fétichistes, l'islamisme rationaliste de

Mohammed-Aly serait un progrès immense. En Syrie, au contraire, un fils, petit-fils de Mohammed-Aly serait un anachronisme. Autant vaudrait renvoyer un pacha turc dans les principautés du Danube.

L'Angleterre veut des passages sûrs pour ses correspondances de l'Inde, pour ses marchandises et, au besoin, pour ses soldats. Les fils de Mohammed-Aly, en Egypte, ne seraient jamais assez puissants pour refuser le passage de la mer Rouge. Les fils de l'émir Béchir ne pourraient pas non plus refuser celui de l'Euphrate. Toutefois, ces deux souverains seraient assez respectables pour ne pas se laisser opprimer par un allié. Le droit des gens veut la neutralité des grandes voies de communication; il ne doit pas en permettre le monopole.

L'Autriche veut un protectorat quelconque dans l'Orient. Jalouse de la France, qui protége les catholiques, elle a pensé à protéger les juifs. L'ordre de Malte, dont la résurrection a été surtout appuyée par l'Autriche, remplirait magnifiquement tous ses besoins, tous ses désirs de protectorat dans l'Orient. C'est en coopérant à relever cet ordre, en le dotant de la belle et utile mission de régénérer la Turquie, que la France pourrait aplanir les différends, dissiper les nuages qui la séparent maintenant de l'Autriche.

Les moyens ne manquent donc pas pour amollir la chute de l'empire turc, pour calmer les susceptibilités, pour désarmer la crainte d'un partage inégal. Quand on verra la simplicité des moyens que nous proposons, beaucoup de compagnies marchandes et financières voudront faire concurrence à l'Ordre de Malte pour l'exploitation et la régularisation du mouvement qui va lancer l'Occident pour combler les vides de l'Orient devenu stable. L'agiotage, les annonces pompeuses, les liquidations et les banqueroutes nous ont dès longtemps appris le sort des entreprises livrées à l'esprit purement mercantile. Quand même une entreprise pareille surgirait riche de capitaux, d'esprit gouvernemental, et capable de rendre solidaires et hiérarchiques toutes les *concessions* coloniales, il lui faudrait perdre bien des capitaux et du temps pour obtenir le patronage des souverains dont l'Ordre de Saint-Jean est déjà en possession.

Tous les gouvernements d'Europe savent qu'à toute entreprise il y a des difficultés d'exécution; que le moindre changement ne peut s'effectuer sans froisser des intérêts, sans approcher le feu de matières inflammables, les passions, les croyances, les préjugés, les habitudes de races, de nations, de pays. Mais, en balance de tout cela, on a en actualité et en perspective, l'oppression des peuples de l'Orient, la barbarie et l'ignorance de leurs maîtres, l'ingratitude de l'Europe s'épuisant de sacrifices pour une paix impossible, s'épuisant de sollicitude pour détourner d'inévitables révolutions..... Que sa sollicitude s'arrête enfin à des moyens efficaces, qu'elle pense à l'écroulement déjà commencé de la Turquie, à la possibilité de l'adoucir, de le transfigurer en une régénération chrétienne.

Le christianisme est l'expression la plus complète de la civilisation dans la paix. Des princes musulmans de Syrie l'ont compris déjà; le sultan s'en est ouvert la voie par le hatti-schériff de Gulkhané. La foi sanctionnera un jour l'acte fait par des calculs temporels. Dieu montrera sa croix dans le ciel à tous les Constantins à qui il lui plaira de conserver un sceptre sur la terre.

Depuis que ce résumé a été écrit à Rome et publié à Paris (*Univers* 28, 29 août), les événements ont marché et fourni d'éclatantes confirmations à la plupart de nos conjectures. La science géographique qui mettait Beyrout à l'embouchure de l'Oronte et faisait débarquer des vaisseaux à Alep et Pétra, était au niveau de la science politique qui avait fait un si grand fond sur les réformes et sur les armées égyptiennes. Le Liban est insurgé contre Ibrahim, quelques uniformes autrichiens ont conquis la côte, l'émir Béchir est à Malte, la garde nationale du Qaire ne veut ni marcher contre la Syrie ni obéir à Abbas-Pacha. Mohammed-Aly virtuellement dépossédé de la Syrie et maître fort compromis de l'Egypte, en est réduit à compenser par l'intérêt du malheur le désenchantement de sa puissance. Il faut espérer que les conseils et la protection de la France réussiront, au moins, à lui maintenir l'Egypte en récompense d'un passé qui ne fut pas sans gloire et d'une organisation incontestablement préférable à l'anarchie turque.

Puisque la grande crise est commencée, la France devra plus que jamais se souvenir que toute pensée dirigée vers les affaires d'Orient doit être une pensée d'avenir. Le présent est toujours vieux, l'actualité est toujours débordée pour des évènements dont la nouvelle n'arrive qu'en 15 jours, dont la réponse est plus de 20 jours à se transmettre. Les chargés d'affaires qui sont sur les lieux doivent avoir carte blanche; leurs instructions doivent avoir prévu quelque chose, tablé sur un système, sur un *à priori*. Un cabinet vient de tomber pour avoir vécu au jour le jour sur cette question d'Orient.

Si les évènements de Syrie achèvent la table-rase, que l'Autriche et la France en profitent pour réaliser la régénération du pays avec quelque chose de plus sérieux que la république Juive de Montefiore. En Orient les républiques ne sont pas plus possibles que les nationalités Juives. Il y a en Orient des catholiques, des grecs, des musulmans; les libéraux, les conservateurs, les républicains y sont inconnus et incompris. L'Orient est au dixième siècle, nous ne pouvons espérer le faire sauter subitement au dix-neuvième, au vingtième, bien heureux si l'importation de nos idées praticables peut le hausser jusqu'au seizième ou au dix-septième siècle.

Si le malheur veut que l'Europe doive se brouiller, se battre dans l'Occident ou dans l'Orient, pour avoir le droit de commander, de conseiller, en Asie, que les puissances catholiques, la France, surtout, s'arrangent au moins pour ne pas comprimer leurs sympathies pour le pays, théâtre des croisades de nos aïeux; pour ne pas priver nos manifestes et nos armées d'un élément qui sous les noms successifs d'Amour de la religion, de l'humanité, de la civilisation, est au fond un sentiment unique, une passion sainte, un enthousiasme noble qu'il est toujours utile d'avoir pour soi, puisqu'il est l'auxiliaire le plus puissant des sacrifices qu'exige la guerre!

SUR QUELQUES POINTS

DE

L'HISTOIRE ANCIENNE DE L'ÉGYPTE,

ET PARTICULIÈREMENT

SUR SON ETHNOGRAPHIE (LES RACES HUMAINES).

Aux preuves que nous avons déjà citées en faveur de la sincérité et de la critique des livres hébreux, il faut joindre leur opinion sur la jeunesse comparative du monde. Moïse, qui retraça si bien ce qu'il voyait, choisit avec autant de discernement les traditions du passé et réduisit à leur juste valeur les prétentions des peuples qui antidataient leur civilisation et leurs dynasties royales. Ce fut principalement pour contredire Moïse que le dix-huitième siècle se fit le fauteur de ces prétentions, en les enluminant toutefois d'un certain vernis fourni par les sciences positives. Il fit d'ingénieuses hypothèses sur l'âge du monde, représenté par l'état du ciel, que retracent les zodiaques d'Esné, d'Erment et de Denderah. Des noms grecs et romains, lus par Champollion sur ces zodiaques, ont renversé ces suppositions relatives à une représentation véritable du ciel et même à un arrangement proleptique. Champollion et son école paraissent attacher une importance plus sérieuse à la haute antiquité que représentaient les dynasties royales, sans toutefois avoir établi l'existence de ces dynasties par des documents plus certains que leur catalogue promené dans la procession triomphale de quelque Sésostris vaniteux où un barbouillage à l'encre rouge trouvé dans une chambre des pyramides et interprété par un chimiste. Cette critique paraîtra assez singulière dans un pays où les travaux historiques sérieux et relatifs aux premiers temps de la monarchie française ont rayé tant de rois mérovingiens, à commencer par leur chef fabuleux Pharamond. Quand à l'argumentation géologique, le dix-huitième siècle s'était tenu dans des limites plus judicieuses. Des savants, qui au fond de leur cabinet n'avaient pu joindre à l'érudition les bénéfices de la physique et des voyages, avaient nié l'exhaussement du sol de l'Égypte. Fréret ne pouvait comprendre que le Nil continuât à déborder sur les berges exhaussées. Il ne faisait pas attention que le fond du lit s'exhaussait dans la même proportion que les bords. La vallée n'avait pas éprouvé de changement sensible. Les montagnes, les monuments étaient à la même place. Fort bien, mais le cadre solide de la vallée n'est pas le sol d'alluvion qui en forme le remplissage, et celui-ci a singulièrement changé par rapport à la plupart des monuments qui ne sont pas assis sur la montagne. Cette négation empêchait l'intelligence d'une foule de passages des auteurs relatifs à la différence du nombre des coudées nécessaires aux bonnes inondations dans des époques diverses. La discussion sur la nécessité des coudées se résout en définitive en la distance des lieux à la mer. Deux ou trois coudées pouvaient suffire à Fouah, port de mer, et Fouah, distant de dix lieues de la mer, a besoin de sept ou huit coudées. Une crue de huit coudées était suffisante pour Memphis sous le roi Mœris et neuf cents ans après il en fallait au moins quinze (Hérodote, traduction de Larcher). Les dépôts du Nil allongent le Delta dans la mer en même temps qu'ils exhaussent l'alluvion de la vallée. Les prêtres apprirent à Hérodote que du temps de Ménès le Delta n'existait pas. D'où l'on peut conclure que Memphis était presque un port de mer, mais d'où l'on doit conclure aussi qu'il était difficile que Ménès y détournât le cours du fleuve. Les ingénieurs français ont constaté que l'inondation monte maintenant très-haut sur une foule de monuments qui eurent certainement leurs bases bâties d'abord bien au-dessus des plus hautes crues : le lit d'échouage du navire qui vint enlever l'obélisque de Luxor était au niveau du plan supérieur du piédestal de l'obélisque. L'inondation monta à deux mètres soixante-dix centimètres au-dessus. Le palais, déblayé de ses décombres, aurait donc été immergé de cinq mètres trente centimètres. Les sphinx de Karnac et les colosses de Gourna ont été enfouis par près de deux mètres de dépôts. Une inscription, gravée sous Antonin, montre que l'exhaussement a été de quatre pieds. Hérodote entendit dire aux prêtres qu'au temps du roi Mœris toute l'Égypte était un marais, à l'exception de la Thébaïde. Le roi éthiopien Sabakos, vers 750 avant J.-C., fut obligé d'exhausser les levées qui avaient été faites au temps de Sésostris-le-Grand. Le fond du lit du fleuve et la vallée montent, d'après les calculs de Girard, de cent vingt-six millimètres par siècle. D'après ce calcul, la fondation des remblais sur lesquels est bâtie Thèbes remonte à 2960 ans avant J.-C. Il sera difficile, je crois, de donner une date antérieure, non pas à la civilisation égyptienne, mais à l'habitation du nome thébain. Les calculs de M. Élie de Beaumont ne donnent pas plus de six mille ans à des montagnes plus anciennes que le calcaire et le grès qui forment la charpente première de la vallée du Nil. Ces atterrissements successifs peuvent aussi expliquer le changement d'aspect des cataractes. Quarante siècles ont pu accumuler assez d'alluvions au bas de leurs rochers pour que la chute fût diminuée et que le bruit disparût.

L'ARCHITECTURE ÉGYPTIENNE.

Nous acceptons les vues judicieuses de M. Ch. Lenormant sur la rapidité du travail de la société chamite qu'il compare à un arbre d'une floraison hâtive et dont les fruits sont presque aussitôt mûrs que formés. Mœris est le summum du développement atteint par la civilisation égyptienne. Mœris, le grand architecte, le grand ingénieur de l'Egypte est le Périclès de cette civilisation dont Sésostris Rhamsès fut l'Alexandre.

La plus grande, la plus belle manifestation d'une civilisation est incontestablement son architecture. Des temples, des palais, des tombeaux sont plus imposants que des livres et peuvent à la durée joindre la précision des livres, quand leurs murailles se couvrent comme autant de pages, de grandes et belles inscriptions. La vallée du Nil abonde en monuments de ce genre. Ils forment les titres les plus certains, les pièces les plus incontestables de l'antique histoire de l'Egyte; mais on y peut voir aussi qu'en ayant une originalité propre, la civilisation égyptienne offrit des ressemblances singulières avec celle de pays voisins et même éloignés.

On sait à n'en pas douter que celle de la Phénicie, de la Judée, de la Grèce et de Rome en dérivent; mais en accordant des enfants à cette civilisation on est moins disposé à lui accorder des sœurs et une mère. Cependant l'empire des hommes qui s'étendirent graduellement de Thèbes vers la Méditerranée paraît avoir descendu aussi le cours du Nil de Méroë à Thèbes, sinon des montagnes de l'Abyssinie. Chez ces hommes isolés de tout contact, de toute influence étrangère, la pensée artiste doit avoir suivi le développement indiqué par Gau dans son bel ouvrage sur la Nubie.

Une caverne dans un rocher est un abri contre les ardeurs du soleil et contre les grosses pluies des pays tropiques. Là aussi les peuples Troglodites auront cherché un asile pour leurs Dieux et les rites de leur religion. Dans une période subséquente, un peu de goût et de progrès aura fait ajouter un portique, un propylon à l'entrée de la grotte. Souvent aussi la montagne elle-même aura été dressée et taillée en un monument au-dehors comme au-dedans. Les chambres multipliées dans l'intérieur ont fait ménager des piliers pour appuyer le plafond. Les murs internes, le front extérieur de la montagne auront été décorés avec l'imitation des choses naturelles au pays, avec la représentation allégorique des mythes religieux, historique des événements de la nation. De là trois périodes d'architecture : 1° Temples creusés dans le roc aux flancs de la montagnes ; 2° spéos précédés de constructions qui veulent reproduire les dimensions colossales et les formes de leur type premier, la montagne brute ou dressée.

A cette période se rapportent les pylones ; les pyramides sont une tentative plus audacieuse mais de la même pensée. Ces grands solides ont pu être des calendriers perpétuels, des figures géométriques, mais ils ont été avant tout des tombeaux ; les sarcophages qu'on a trouvé dans tous le prouvent. Ils ont été une imitation da la montagne par leur masse et leur forme aiguë comme par la chambre qui y recevait le cercueil. Les premiers chefs avaient trouvé ou creusé cette chambre dans une montagne naturelle, de plus riches et plus fastueux créaient de toutes pièces et la chambre et la montagne surtout quand la montagne naturelle était petite ou éloignée de leur séjour habituel. Plusieurs pyramides de Méroë sont précédées par un appendice, sorte de petit temple ou vestibule qui indique clairement la porte et le chemin de la chambre sépulcrale. Dans les pyramides de Gizèh cette porte était cachée avec un soin minutieux ;

des couloirs obliques et tortueux fermés par des herses en granit, recouvertes par des assises de plusieurs revêtements extérieurs : ces précautions annoncent une décadence politique, un manque de sécurité pour la paix de la tombe tel, que pouvait les occasionner le progrès de la puissance assyrienne.

Les pylones, disons-nous, sont aussi des miniatures de montagnes, souvenir de la première pensée de l'entrée du spéos. Gau, voyant pour la première fois le petit temple spéotique d'Ebsamboul, crut voir deux pylones dans le rocher dressé aux côtés de la porte ; l'observation inverse frappe tous les yeux qui regardent pour la première fois des pylones bâtis, on croit toujours voir une montagne dressée.

3° Enfin, viennent pour la troisième et dernière période, les édifices isolés se rappetissant de plus en plus en proportion de la coquetterie et de l'économie des nations et des rois.

D'après cette progression, l'Ethiopie et la Nubie renferment les modèles primitifs de l'architecture égyptienne. L'œil exercé de Burckardt devina dans Seboua le type de plusieurs édifices de Karnac et de Gourna : Champollion expliqua l'énigme en lisant le nom de Sésostris sur toutes ces constructions ; mais Seboua avait été devancé par plusieurs constructions pareilles à Méroë, à Naga, Messoura et Chendy. Ruppel a même trouvé de doubles avenues de sphinx béliers ; et il est plus que probable que les spéos nubiens d'Ebsamboul, Derry, Kirché, furent embellis, mais non creusés par Rhamsès.

A toutes ses périodes, l'architecture égyptienne nubienne offre les plus singulières ressemblances avec l'architecture indienne, dimension colossale des temples et palais, sculptures coloriées couvrant toutes les murailles, à l'extérieur, à l'intérieur, sur les colonnes et les piliers, forme pyramidale de grands édifices, mais surtout montagnes largement dressées, taillées configurées, plus largement creusées en temples souterrains. On croit encore être en Egypte quand on parcourt les planches indiennes du *british muscœum*; on comprend aussi fort bien l'illusion des sipahis de l'armée anglaise de Bombay. M. de Noé raconte que ces Indous arrivant de Qosséir à Denderah, croyaient retrouver leurs propres pagodes, y entraient pour faire leurs dévotions et s'étonnaient de la négligence des habitants actuels.

Les descriptions de W. Erskine (1) signalent le territoire Mahratte comme un des plus riches en spéos gigantesques. Eléphanta, Kennery, Ambaly; plusieurs dans l'île de Salsette, Karli sur la route de Pounah par le Bohr-Ghaut; les grandes collections d'Ellora, plusieurs de moindre dimension à Coulan et près du défilé d'Ayanta. Ellora près d'Hydérabad au centre de la péninsule offre outre les syringes et les spéos des temples extérieurs, des colonnades et des amphithéâtres ménagés. Temples extérieurs et spéos tout est taillé dans une montagne de granit. Les descriptions et les mesures montrent que jamais entreprise aussi colossale et aussi difficile ne fut achevée par les Pharaons. La pagode de Chillembrum passe pour un des plus anciens temples de l'Inde. Il y a des portes pyramidales qui ont la physionomie aussi Egyptienne que la façade postérieure de Mahabalipour dessinée par Daniel (2), mais certaines sculptures très finies, les festons de chaînes peuvent être l'œuvre d'époques moins antiques. Call dans un voyage de Madura à Twenly près du cap Comorin a vu un zodiaque dans une pagode; selon lui aucun pays ne présente plus de témoignages d'antiquités pour les arts et surtout pour les diffi-

---

(1) Transactions of the litterary society, Bombay, vol. 1.
(2) British Musœum, p. 187.

cultés vaincues vu la distance des matériaux et la hauteur à laquelle l'homme les a élevés.

Gau ayant remarqué à Eléphanta une statue à grosses lèvres et à figure africaine a argué de là l'antériorité des monuments égyptiens sur les spéos Indiens. Je sais que les preuves directes manquent pour assigner une date à l'architecture de l'Inde, les livres sont muets, les prêtres ont perdu toute tradition, les monuments ne portent pas d'écriture intelligible; à Mahamalypour il y a des inscriptions en *vieux Grantha* que Prinsep rapporte à la dynastie de Sandracothos; mais combien de siècles n'avait-il pas fallu pour achever ces monuments taillés dans le granit et sur lesquels le dernier venu inscrivit son nom? Il ne reste que des inductions à tirer de l'Esthétique. Gau aurait aussi pu remarquer la proportion généralement ramassée des figures, trait qui rappelle l'art primitif grec, c'est-à-dire l'art phénicien son maître (1); l'œil de face commun aux figures étrusques et égyptiennes. Mais arguer d'une figure nègre ou demi-nègre c'est d'abord arguer d'une exception et puis supposer que toutes les races de l'Inde ont les lèvres fines et les pommettes planes; j'ai vu assez d'Indiens à Londres, au Qaire et sur la mer Rouge, pour infirmer hautement la supposition.

Par toutes les voies donc, nous sommes ramenés à la question physiologique des races, asyle dernier où se sont successivement acculés tous les doutes, mais aussi quelques lueurs capable de les dissiper. La chronologie et les monuments font venir la civilisation et les races égyptiennes de la Nubie ou de l'Abyssinie, la civilisation de l'Inde manifestée par son architecture offre des ressemblances trop grandes pour qu'on n'en doive pas induire communication entre les peuples indiens et les peuples nubiens ou éthiopiens. Quels étaient tous ces peuples antiques? Nous préparerons la

(1) Ch. Lenormant.

réponse en étudiant d'abord les races modernes et anciennes de ces pays.

RACES ÉGYPTIENNES.

RACE MODERNE (1).

Si l'on retranche de la Basse-Egypte les Francs appelés par le commerce et les Turcs amenés par la conquête, il reste comme population nationale des Musulmans et des Cophtes qui se ressemblent un peu. Ils ont été identiques avant la conquête d'Amrou: ceux qui se convertirent à l'islamisme se mêlèrent aux Arabes d'une part et de l'autre aux esclaves africaines. L'iris bleu et la chevelure châtain-foncé (ou clair dans la jeunesse) ont disparu totalement chez eux depuis cette époque. Ces traits existent encore chez les Cophtes mais comme très rares exceptions. Les Musulmans de tout le Delta fort bruns et se hâlant facilement ne sont cependant ni *cuivrés* c'est-à-dire brun rouge, ni *bronzés*, c'est-à-dire brun jaune, mais ces nuances paraissent par degrés insensibles quand on remonte le Nil, et déjà à Siout, la femme de cette race, la plus étiolée par le gynécée et le voile ne pourra pas avoir le teint plus pur que la *quateronne* de l'échelle de *Franklin*. Les mâles exposés au soleil, presque nus comme les puiseurs ou les mariniers sont cuivrés comme le mulâtre duquel ils se rapprochent d'ailleurs par les traits, le crépu des cheveux, la myopie,

---

(1) Je me servirai fréquemment, comme chromomètre, des désignations appliquées par Francklin et Moreau de Saint-Méry aux races des Antilles et aux produits de leurs croisements divers.

Voici cette échelle: *blanc, mulâtre, quarteron, métis, mamelouc, quarteronné, sangmêlé*, elle s'applique au mélange continu du blanc avec la négresse, d'abord, puis avec les dérivés successifs de ce croisement, *mulâtresse, quarteronne*, etc.

Le retour du *mulâtre* vers la *négresse* donne le *griffe* ; du mulâtre vers la *griffe*, le *marabou* ; du *griffe* vers la *négresse*, le *saccatra*.

l'ampleur du penis, l'absence du mollet, la saillie du talon. D'Edfou à Sienne, le Sahidien se fonce davantage et finit par disparaître sous la dominante barberine.

Le Cophtes se ressemblent davantage dans toute la vallée. Jusque dans le Sahid, les femmes étiolées ont le teint *mamlouc*, et les hommes, la nuance correspondante avec les crémens imposés par le hâle du soleil et du grand air. Si les Cophtes sont, comme Champollion l'avance, un mélange confus de toutes les races qui ont dominé l'Egypte, la confusion a cessé au moins depuis les conquêtes arabe et turque. Quand on veut préciser les caractères d'une race, il faut l'enfermer dans certaines limites de temps comme d'espace. Les Cophtes se maintiennent identiques, parce que la religion leur défend l'alliance avec les étrangers et la cohabitation avec les esclaves ; malgré cet isolement, la face cophte qui a un certain type général fort précis, porte trace d'un ancien mélange avec une race très-bazanée de peau et parente du nègre par les traits. J'en appelle au portrait suivant tracé par St-Genis (1).

« Le reste de la population et surtout les Cophtes, très-nombreux à Akhmim, ont parfaitement conservé leur caractère de physionomie : c'est-à-dire ces traits du visage vigoureusement prononcés, ce nez droit à narines découpées, ces yeux oblongs, ces lèvres épaisses, et les autres signes d'un mélange de race avec les peuples de l'intérieur de l'Afrique ; enfin, ce teint d'un rouge-brun qu'on retrouve avec tous les caractères précédents dans les sculptures coloriées de la Haute-Egypte, dont nous n'avons pu voir que quelques débris à Akhmim, mais qu'Abouféda y avait vus en quantité considérable. Quand on étudie avec soin la population et les monuments du Sahid, il est impossible de ne

(1) Ouvrage sur l'Egypte.

pas reconnaître la race qui a élevé ces monuments. »

St-Genis a eu tort de confondre les Cophtes actuels avec les *fellahs*, ces derniers sont bazanés à Akhmim comme les mulâtres ; et les Cophtes sont bien loin de cette teinte : avec le maximum du hâle, ils sont bronzés, c'est-à-dire, jaune-brun, mais non cuivrés et surtout de ce cuivre marron-foncé que les peintres antiques donnent toujours à la race égyptienne. Cette couleur a été singulièrement faussée par le dessin colorié de M. Rosellini qui a cru sans preuve que le brun tel qu'il paraît aujourd'hui, avait été primitivement rouge de sang artériel, délayé de beaucoup d'eau.

RACE ANCIENNE.

En passant du moyen-âge aux temps anciens nous trouvons clairement l'origine de l'élément *blanc* du Cophte. Les Romains ont longtemps occupé l'Egypte, et surtout la Basse-Egypte ; les Grecs les avaient précédés non pas seulement sous les Ptolémées, mais dès le septième siècle avant J.-C. Psammétikus Ier avait attiré les Cariens et les Ioniens. Il y avait des villes toutes grecques, telles que Nitocris et Rhacotis, bien avant l'invasion d'Alexandre. La conquête perse avait amené aussi un certain nombre de blancs ; mais l'hostilité dans laquelle vécurent ces étrangers modéra leur amalgame avec la population. Une proportion beaucoup plus grande de l'armée de Cambyse appartenait aux races kouschites et chamites qui se rapprochaient sensiblement du fond de la race égyptienne.

Une invasion beaucoup plus ancienne, celle des pasteurs, ressembla à celle des Perses pour la violence : elle lui ressemblait, jusqu'à un certain point, par le mélange des races qui la composaient. Champollion lisant fréquemment le nom de *scheto*, toujours qualifié *la mauvaise race, la plaie* dans les tableaux de batailles des Pharaons conquérants, a rapproché *scheto* de *scythes*. M. Burnouf a retrouvé *scheto* dans le *Jama-Kschaëta*, des légendes zendes. M. Lenormant a démontré d'une façon irréfragable la légitimité de ces conjectures. Le peuple, qui envahit l'Egypte dix-huit ou vingt siècles avant J.-C., était le même que celui qu'arrêta Psamméticus à Aschot, les *Scythes*.

Hiksos, nom donné à ce peuple par Manethon, a aussi occupé les philologues qui n'ont tenu compte de l'étymologie de Manethon et de Josèphe, *hik*, roi ; *sos*, berger. Volney a voulu voir dans *hiksos* la corruption de kousch. *Hiksoth*, orthographe plus probable du mot de Manethon, donne *hik* ou *heik* et *soth* ou *schoth*. L's et le sch sont identiques dans toutes les langues sémitiques et chamites ; l's final de hiksos peut être un *th* blesséyé susceptible d'être lu t, ou s. Nous retrouverions ainsi *scheto*; quant à *hik*, *heik*, c'est le nom national des Arméniens, une des races les plus décidément japéthiques scythes qu'il soit possible d'imaginer. Aucune des nations japéthiques ne ressemble davantage aux *scheto* et aux *tamhou* des monuments égyptiens : faces blanches, roses, yeux bleus, nez fortement busqués, stature haute, musculature puissante.

Mais Manethon ou Josèphe ajoute : Quelques Grecs disent que ces pasteurs étaient des Arabes. Volney, arguant de cette assertion, a remarqué que les plus anciennes annales de l'Arabie parlent d'une grande victoire remportée par *Abdesschams*, ou Saba, à la tête de dix tribus qui chassèrent du Hedjaz ou de l'Yemen les tribus de *Aad*, *Tamoud*, Tasm, Djadaï. Saba eut pour fils Hymiar que Nouerry fait contemporain d'Abraham. La date coïncide donc avec celle de l'invasion des pasteurs. La vie pastorale était celle des Arabes expulsés qui auraient gagné l'isthme de Suez et l'Egypte. Selon Volney, les Arabes étaient noirs, éthiopiens, kouschites. Il faut entendre par-là qu'ils étaient originaires du Yémen, où effectivement la race de Kousch ou de Cham était fort mêlée à celle de Sem ou aux Arabes purs. M. Lenormant a accepté une partie de l'opinion de Volney en admettant parmi les pasteurs des sémites et des japhétiques. Il ne s'est pas prononcé sur la qualification d'Ethiopiens ou noirs, qui me paraît moins inadmissible pour certains pasteurs que pour les Hébreux arrivés en Egypte pendant l'occupation des pasteurs et peut-être attirés par les pasteurs eux-mêmes. Cette alliance, cet appel, deviendraient fort vraisemblabes, dans le cas où les pasteurs tiendraient aux sémites et seraient par-là même, proches parents des Hébreux par leurs descendance et leur langue. La couleur noire dont, je ne sais pourquoi, Volney s'est obstiné à gratifier les Juifs leur convient encore, moins qu'aux Arabes sémitiques, et M. Lenormant l'a implicitement repoussée, puisqu'il regarde non-seulement Sem, mais Kousch et Kham comme une race parfaitement blanche. Africanus dans Eusèbe a appelé les pasteurs des Phéniciens : la Phénicie n'avait été que leur chemin.

L'occupation des pasteurs dura beaucoup plus longtemps que celle des Perses. Le temps de son commencement n'est point précis, non plus que l'espace qu'ils envahirent. Champollion ne parle, dans son abrégé, que de la prise de Memphis ; M. Lenormant croit à l'occupation de toute l'Egypte, puisqu'il dit que les rois thébains s'étaient réfugiés en Ethiopie. Mais l'on peut estimer à trois siècles au plus et à deux au moins cette occupation, dont la basse et Moyenne-Egypte furent le théâtre principal.

En enlevant aux aïeux des Cophtes l'élément blanc apporté sous Psammétikus, il restait un type tout-à-fait pareil à celui des Egyptiens modernes de Siout, à Edfou. Ce type avait été blanchi par l'occupation des *Hiksos*, un peu moins qu'il ne le fut plus tard par l'amalgame Grec-Romain. Les *Hiksos* n'eurent pas la même tolérance, et une moitié de ces conquérants étaient des sémites fort bruns. Après leur fuite, des alluvions incessantes de sang thébain et quelques infiltrations de sang nègre par les concubines esclaves ont tendu à rétablir l'équilibre ; mais ne l'ont pas complètement rétabli. L'influence très-légère du climat septentrional a eu mille ans pour consolider son action, et la race Egyptienne est restée alors, comme aujourd'hui, sensiblement moins brune au nord qu'au midi. Toutes les momies de Saqara ont la peau jaunâtre, tandis que celles de Thèbes l'ont noire. En transposant l'action des matières astringentes et du temps on obtient des nuances concolores à la peau des fellahs de Gizèh et des fellahs d'entre Siout et Edfou.

Les Cophtes modernes se seraient africanisés de la même façon que les fellahs de la basse et moyenne Egypte, s'ils avaient continué, comme leurs aïeux, à se mêler aux sahidiens et aux nègres. Ils sont exceptionnels, aujourd'hui précisément parce que la religion les a fait renoncer à cette habitude de croisement propre à l'Egypte musulmane comme à l'Egypte païenne, et qui maintient à l'Egyptien moderne une physionomie sensiblement identique à celle de l'Egyptien ancien.

De temps immémorial l'Egyptien est une race mixte ; deux grandes invasions japhétiques l'ont blanchie, principalement au nord : les pasteurs, les grecs-romains. Les Sahidiens, les castes sacerdotales, la famille royale, ont échappé à cette révolution. Ils ont dû se maintenir plus bruns ? oui, puisqu'ils restaient au midi et échappaient à l'élément blanc japhétique. Plus purs? non; car les habitudes de mélange par les conquêtes et les femmes esclaves continuaient chez eux. Les types sacerdotaux et royaux de tous les monuments montrent une parenté avec le nègre. Nous l'avons affirmé pour le sphinx de Gizèh, pour les colosses d'Ebsamboul.

Mais alors quel fut l'autre élément qui lutta contre la tendance nègre? qui maintient des yeux caves, des cheveux non laineux, des lèvres fines, un nez voussé ou droit? Nous arrivons enfin à la région la plus vitale de la question des races égyptiennes, celle où a régné jusqu'ici le vague le plus désespérant et où je le crains, je porterai tout seul la responsabilité de la précision que j'essaierai d'y introduire.

RACES ANTIQUES, SACERDOTALES, ROYALES.

Citons d'abord quelques témoignages du vague où sont restés les auteurs qui ont entrevu la vérité de plus près : Volney a fait des anciens Egyptiens tout simplement des nègres. Nous avons déjà vu qu'il faisait des noirs ou des Ethiopiens des Juifs; il fait aussi des noirs de tous les Kouschites de la Babylonie, de l'Arabie et de l'Abyssinie. Volney a donc confondu sémites et chamites, peut-être même japhétiques (car certaines races de Perse et Bactriane n'étaient certes pas chamites), en se préoccupant du mot Ethiopien et de la couleur noire; nous allons pourtant voir bientôt la curieuse sagacité qu'il y avait au fond de cette préoccupation.

Champollion nie que les Cophtes soient un type proche parent de l'Egyptien, il nie que le Sahidien ressemble à l'Égyptien antique; celui-ci, dit-il, est représenté plutôt par les Barabra ou Kenous : or les Kenous sont des Arabes fort différents des Barabra. Secondement les Barabra qu'il a fait figurer une fois parmi les captifs de Rhamsès, sont noirs comme charbon et leurs femmes sont de la même nuance. Les Egyptiens antiques sont représentés rouge-brun et leurs femmes jaunes. Il fallait au moins s'expliquer sur ces graves embarras; mais Champollion a laissé des confidents de sa pensée intime, des exécuteurs testamentaires de ses travaux inachevés.

Rosellini est frappé de la ressemblance de certains gestes des Nubiens avec les pareils des sculptures des hypogées; M. Lenormant plus explicite dit en vingt endroits: les Egyptiens sont des chamites, les Phéniciens des chamites, et tous les chamites sont une race blanche, blanche comme Sem, comme Japhet.

Cependant Sem et Japhet, Namou et Tamhou ne sont pas représentés dans les hypogées avec la couleur rouge-brun des Egyptiens: ils sont roses, jaune-clair, brun-blanc. Les Egyptiens ont donc idéalisé pour eux-mêmes seulement; on peut l'affirmer, puisque les deux sexes ne portent pas la même couleur : leur sincérité, en retraçant la couleur des étrangers, et affectant ensuite la même nuance aux femmes, peut faire croire à une idée de mépris pour la mollesse de ce sexe et l'étiolement qu'il subit dans les maisons. Cette hypothèse me paraît plus soutenable que la supposition inverse de galanterie et de délicatesse; dans les deux cas, la virilité serait pour la couleur foncée, et cette idée n'est nullement incompatible avec la reproduction de la teinte réelle de la peau. Sans le voisinage des nègres avec lesquels ils ne voulaient pas se confondre, les Egyptiens auraient donné une teinte noire à certaines races royales qui ressemblaient probablement aux Barabra par la peau, comme elles leur ressemblent par les traits du visage.

Dans la loi d'atavisme d'une pareille race, on peut affirmer *à priori* que l'aïeul encore inconnu ayant les lèvres fines, l'œil cave, le nez droit ou voussé, le front haut, les cheveux lisses, a cependant le teint très-foncé, puisqu'il a à peine éclairci celui du nègre auquel il s'est mêlé. Il y a encore dans la haute Abyssinie une race qui offre ces traits japhétiques, avec une peau cuivrée ou bronzée très-foncée, le teint d'encre pâle ou de pommes fenouillét; c'est la race royale de Gondac, à laquelle sans doute on me permettra de donner le nom de Kouschite que les Ethiopiens ont porté dans l'antiquité. Je retrouve la même race avec les mêmes traits et des teints variés suivant le climat et les habitudes, mais une physionomie sensiblement une, dans les races indiennes de toute la presqu'île entre le Gange et l'Indus, et dans celles de l'empire birman; dès-lors je ne résiste plus au désir d'appliquer ce nom de Kousch à ce type cuivré dans les latitudes moyennes, presque noir au sud, et bronzé au nord, mais partout remarquable par des traits presque japhétiques et des cheveux lisses. On a dit avec raison que la race indienne offrait toutes les nuances depuis le café cru, jusqu'au café roussi, brûlé et charbonné.

Blumenbach n'a pas séparé l'idée d'un teint blanc de celle de la race caucasienne; Desmoulins, le premier, a rapproché les Indous et les Guèbres, des Caucasiens, malgré leur peau bronzée et cuivrée; c'est cette disparate de traits caucasiens avec un teint presque nègre qui a frappé de temps immémorial les peuples blancs qui ont vu les Kouschites, et que l'antiquité a exprimée par le mot d'*éthiopien*. Kousch, Cham, Ethiopien sont synonymes; Volney n'en avait outré que la conséquence vraie en traduisant noir au lieu de sombre.

Kousch, Cham, Ethiops, type encore aujourd'hui représenté par les Brahmes pur sang et par la race royale abyssinienne; voilà les aïeux que la physiologie assigne aux races royales, aux races sacerdotales, aux races populaires égyptiennes de la plus haute antiquité! Les alliances nègres ont modifié la race au sud; les invasions japhétiques l'ont modifiée au nord. Voyons si les témoignages historiques contredisent les affirmations de la physiologie.

LES ÉTHIOPIENS ANTIQUES.

Hérodote divise les habitants de l'Afrique en Lybiens et Ethiopiens, il y ajoute les Phéniciens et les Grecs comme colons des côtes du nord. Par Libyens on entendait déjà du temps d'Hérodote, les races mélangées et à couleur un peu claire qui occupaient le nord de l'Afrique le long de la Méditerranée: ce pouvaient être des colonies phéniciennes. Volney a ainsi expliqué les asiatiques mentionnés par le roi Hyemsal (1) comme venus à la suite d'Hercule. Ces colons Sémites et Japhétiques blanchirent un peu la race chamite de *phut* et de *niphaiat* (2) qui avait primitivement occupé ces côtes. Les Kabyles, que tout autorise à regarder comme les descendants de ces Aborigènes, offrent encore les traits et le teint kouschite au même degré que les habitants musulmans de la Basse-Egypte. Notons en passant, que la langue berbere aussi bien que le routana, paraît différer beaucoup des langues sémitiques.

Dans la définition d'Hérodote, les nègres ne sont point mentionnés, par conséquent, ils sont compris dans le mot générique éthiopien; Hérodote avait préparé l'erreur de Volney. Dans un autre passage, Hérodote distingue les Ethiopiens asiatiques d'avec les Africains, d'au-delà de l'Egypte: ceux de l'Asie, dit-il, ont les cheveux lisses; ceux de l'Afrique les ont crépus. Si Hérodote ne s'avança pas jusqu'à Sienne, il alla au moins jusqu'à Thèbes, et par conséquent vit par lui-même des échantillons de ces Ethiopiens différant principalement des Asiatiques par les cheveux. Pour les anciens, l'Ethiopie commençait aux cata-

---

(1) Dans Salluste.
(2) Ch. Lenormant.

ractes, et Thèbes devait offrir constamment de nombreux visiteurs venant d'un pays distant à peine d'une ou deux journées de navigation. La distinction implicite que fait Hérodote entre ces Ethiopiens et ces Egyptiens, prouve ce que j'ai avancé touchant une nuance plus claire donnée au peuple chamite d'Egypte par l'invasion des pasteurs. La nuance devait être la même qu'aujourd'hui: il y avait mille ou douze cents ans que les pasteurs étaient expulsés; il y a douze siècles de l'expulsion de la race grecque romaine.

La chronique d'Eusèbe en Scaliger dit que vers le seizième siècle A. C. des Ethiopiens venus de l'Indus, s'établirent en Egypte. La date assez vague, si l'on a égard au degré de certitude de l'histoire égyptienne, pourrait rattacher cette immigration, soit à la conquête des pasteurs parmi lesquels il y avait des races fort brunes, des Arabes de l'Yémen, des Kouschites de la Mésopotamie; on pourrait aussi y voir une colonie kouschite amenée de l'Asie par les conquêtes de quelques Rhamsès; l'essentiel pour l'objet du moment, c'est d'y voir une irréfragable confirmation de la définition d'Hérodote qui place des Ethiopiens en Asie.

Le fleuve Indus d'où Eusèbe fait venir ces Ethiopiens est une désignation aussi vague que celle du siècle. L'Inde, la mer Erythrée, sont très-mal définies dans toute la géographie antique. L'Inde commençait après l'Arabie; quelques désignations, assez vagues, ont pu faire soupçonner l'Euphrate ou le Tigre dans *l'Indus*. Mais ce même vague donne, ce me semble, le droit d'élargir l'Inde au-delà de l'Indus autant qu'en deçà, et si l'Indus d'Eusèbe n'est pas le Gange ou le Brahmapoutra, on se tient dans une moyenne prudente en acceptant l'Indus ou rivière indienne pour l'Indus grec ou le Sind moderne. Sind, Gange, Brahmapoutra, ont leurs bords principalement occupés par des populations basanées, Ethiopiens à cheveux plats comme aurait dit Hérodote.

Les livres sanskrits ne sont pas muets sur les très-anciennes émigrations de ces races. Les Abyssins modernes se donnent encore l'antique nom d'Ethiopien, ou comme ils l'écrivent *Ytiopaouan*. Les chroniques Indoues parlent d'un roi *Yatoupa*, chef des *yates* ou *yadawa*, qui allèrent s'établir dans le pays de *Yatoupaan* après avoir émigré de l'Inde (1). Lord Lindsay, à qui j'emprunte cette citation, ajoute sans doute sur la foi de la même chronique : deux portions de la race *Yatoupa* occupaient du lever au coucher du soleil ; toutes deux étaient Kouschites, c'est-à-dire, originaires des *Kouschistan* ou de la Suziane. Ce dernier nom, fort rétréci sous les rois Perses, comprenait, avant eux, des régions bien plus étendues vers l'Orient.

L'érudition indianiste ne s'est pas bornée là, les montagnes au sud de Sienne ou plutôt de Meroë seraient l'*Hemaneta* ou Monts d'Or des Indous. Le Nil sacré comme le Gange sort à travers trois montagnes *Hymalaia*, *Hémanta*, *Nichada*. Hales fait venir Osiris de *jaho sir*, Jupiter le noir ou de *iswara*, le bacchus indien, *donneur de vin*. Wilford (1) dit que la Haute-Egypte est mentionnée dans les livres Sanskrits sous le nom de *Tapowana* ou *Tabouna*, c'est-à-dire *Yatoupan*.

L'Epithète de Phéniciens donnée par Africanus aux pasteurs trouve quelque créance dans les étymologies suivantes du mot *philistin* : *palestan* est un mot sanskrit. *Bhilata* ou *palita*, veut dire berger ; une tribu *pali* était appelée *Raj-pali*, royal berger. *Abaris* ou *avaris*, la ville forte des *awarites* ou pasteurs vient de *abhir*, le mot

(1) Letters on Egypt, Edom and the Holy-Land.
(2) Asiatic researches.

sanskrit de berger. *Goschen* ou *goschajana* veut dire le séjour des bergers. *Goscha* est traduit dans les dictionnaires sanskrit par *abhiropalli*, ville ou village, *d'abhiras* ou *palli*. Les chroniques indiennes parlent d'une branche des Palli qui régnait depuis Siam jusqu'à l'Indus, leur centre était à *Palli-Bothra*, le pays s'appelait *Pahlistan*, c'est cette branche qui aurait conquis l'Egypte et opprimé les Egyptiens. *Philistis* dont le nom s'appliquait aux pyramides, même au temps d'Hérodote, était une personnification des tyrans pasteurs. Les palis ont inondé tout le vieux monde sous le nom de *Phaleg*, *Phalestins*, Phul, Pélasges, Pehlvy. Les *cherétim* rapprochés des *Philistins*, par la Bible, pourraient être colonie et métropole. *Kiretas* est encore aujourd'hui le nom d'une grande tribu des *palis* indous. Anaximandre, qui dérive le nom de Crète des Curètes, leur donne pour roi un *Philistides*.

Le sanskrit paraît destiné à remplacer l'hébreu comme le puits universel où l'on ira chercher toutes les vérités et toutes les étymologies. Tout ce que je viens d'en citer ne me paraît pas respectable au même degré : quelques rapprochements sentent le désœuvrement de l'évêque Héber qui dérive *christmas box* de *berchich*; toutefois, on ne peut guère douter que les savants indianistes ne tiennent la piste de très-anciennes migrations notées par les annales d'autres peuples. La peau sombre des races indiennes a frappé particulièrement les peuples blancs qui les voyaient paraître, et ils les ont appelés noirs, *asbolos*, *aithiops;* si ce dernier mot ne signifiait pas primitivement noir, la conjecture indianiste en serait corroborée : *aitiop*, *Yatupa* nom national d'une race de couleur brune aurait été donné par antonomase à tous les peuples d'une couleur approchante.

Hérodote que nous avons cité le premier a clairement confondu l'idée de noir et d'Ethiopien ; il a clairement reconnu des Ethiopiens africains et des asiatiques. Il a cité de ces derniers dans l'armée de Xerxès. Xanthus de Lydie, cité par Denis d'Halicarnasse, parle d'Araméens blancs, ce qui en suppose de noirs. Les Araméens mentionnés par Hésiode et Homère sont Aram, Assur de la Bible. Au huitième siècle, avant J.-C., les conquêtes assyriennes substituent le nom d'Assyrien ou Syrien aux populations qui par le Taurus envahissent l'Asie-Mineure et la Syrie. Syriens comme Araméens se divisent de couleur. Les *Leucosyriens* des anciennes traditions grecques correspondent aux Araméens blancs de Xantus. J'accepte la désignation de *Chamites* (1) pour quelques tribus confondues sous de pareils noms qui ne devraient s'appliquer qu'à des races sémites, mais j'ai le droit d'appliquer cette désignation aux Araméens et Syriens noirs ou *bruns* que l'on devait avoir vus à côté des blancs.

Identité de nom, identité de race, donnent une singulière autorité aux ressemblances que nous avons notées dans les architectures de l'Inde et de l'Egypte. La civilisation, la religion, paraissent aussi ressemblantes que les monuments : des castes militaires, populaires, sacerdotales, avec des rois tantôt prêtres, tantôt guerriers, une astronomie, une agriculture pivotant autour des mouvements réguliers d'un fleuve, les mythes des forces de la nature, la trinité sous toutes les formes, le culte du serpent, du liergham, du lotus, du bœuf ou de la vache, la métempsycose, que de témoignages d'une communication intime, d'une communauté d'origine !

La différence des langues serait un obstacle sérieux,

---

(1) Ch. Lenormant.

si toutes les langues de l'Inde méridionale étaient parfaitement connues, si l'on avait ébauché l'étude de celles de la Nubie et de l'Abyssinie, d'où peut-être des secours inespérés sortiront pour la lecture des hiéroglyphes; si l'on était aussi avancé dans la lecture des hiéroglyphes que dans celle des simples cartouches de noms propres, et si ces trois ténèbres un peu éclairées ne multipliaient pas le rapprochement déjà long et curieux établi par M. Bohlen (1) entre les langues japhétiques et les langues sémitiques. Tout prouve jusqu'ici que les idiômes chamites ont eu la plus grande analogie avec les sémites, qu'ils ont été les émanations d'une seule et même souche. Le chapitre X de la Genèse, si bien commenté par M. Lenormant, montre les tribus chamites primitives recouvertes en beaucoup de points par les migrations sémites. Les japhétiques en contact aussi avec les chamites autour du Caucase et sur les bords méridionaux de la Méditerranée, les japhétiques parlant les langues indo-germaniques se trouvent enfin justifier la vieille division de Leucosyriens et d'Ethiopiens. Comment ceux-ci, identiques par la race aux Kouschites de l'Indus, de Babylone et de Méroë, n'offriraient-ils pas aussi quelque parenté par la langue?

NAVIGATION PRIMITIVE.

La difficulté dernière, et je le crains, insoluble à cause de l'impénétrable obscurité des temps auxquels il faut remonter, est celle de l'initiative. Une communication entre l'Ethiopie et l'Inde est quelque chose de plus simple et de plus bref que l'admission d'une civilisation intermédiaire, sabéenne ou perse, dont les souvenirs sont très-douteux et en tout cas, les monuments bien moins anciens. Que la

(1) Genesis.

Perse et la Sabée aient été le chemin de communication entre l'Inde et l'Ethiopie, cela me paraît aussi indubitable; je crois même que les relations ont été plus fréquentes, plus actives par cette voie que par la route du Nord de la Perse et de l'isthme de Suèz (1); mais je me hâte d'ajouter que c'est par les ports de l'Arabie et de la Perse que se sont faites les communications; en d'autres termes, j'admets la navigation, preuve d'une industrie déjà fort avancée comme un fait contemporain des traditions les plus reculées des races Kouschites; et voici mes raisons à priori.

Toute civilisation un peu large a pour théâtre une grande vallée avec un grand cours d'eau. La Mésopotamie, l'Indus, le Gange, le Nil, l'Oxus, le Jaxarte, le Volga; le besoin de relations entre les deux rives, la célérité, la commodité des moyens de transport le long des rives fait établir un moyen de navigation quelconque: la paille, le *bouz*, un tronc de palmier comme chez la Barberins moderne, des outres enflés comme sur le Haut-Euphrate moderne, des bateaux de cuir comme ceux que vit Hérodote sur l'Euphrate ancien; si le bois manque au voisinage, on en découvre en remontant à la source du fleuve qui est toujours dans des montagnes boisées.

Au voisinage des mers Erythrées, dans le golfe Persique, à l'embouchure de l'Euphrate, de l'Indus, du Nourboudha, du Gange, le long des côtes d'Abyssinie, les bois de construction n'ont pas manqué dans tous les temps, et encore s'ils sont rares à Schot-el-Arab, il y a de fort bons chantiers à Mascate et à Bombay; et les contrepentes des

(1) William Jones fait venir les Arabes de l'Inde. M. Jomard donne pour aïeux aux Egyptiens antiques les Arabes, qui auraient passé la mer Rouge ou seraient venus par l'isthme de Suèz. Notre opinion se concilie fort bien avec celle de ces deux savants. Pour préciser la distribution et le mélange des races, il n'y aurait qu'à préciser les temps et les lieux dans cette longue marche de la famille humaine rayonnant de l'Asie centrale.

montagnes de l'Abyssinie appelées une Suisse torride (1), sont boisées d'arbres qui peuvent rouler dans la mer aussi facilement que les cèdres ou plutôt que les cyprès du Mont-Liban; si les arbres résineux n'avaient pas été fort communs dans l'Ethiopie antique; d'où les Egyptiens auraient-ils tiré l'énorme quantité de résine qu'ils employaient aux embaumements?

Les marées et les moussons, bien loin d'être un obstacle, sont un des secours des plus puissants. L'homme observe bientôt leur régularité qu'il peut mettre à profit et pour franchir les barres des fleuves, et pour entreprendre de longues navigations; les difficultés éprouvées par le Luxor à sa sortie du Boghaz de Damiette (2), comparées à l'aisance avec laquelle ce même navire pénètre dans la Seine au Hâvre, auraient changé l'opinion des juges qui ont voulu déshériter l'océan indien de la navigation primitive, au profit de la Méditerranée sans marées et sans moussons.

Les Phéniciens, les plus anciens navigateurs connus de la Méditerranée avaient fait apprentissage sur la mer Erythrée bien avant d'arriver à Sidon; Chanaan, leur premier séjour, est placé sur la carte de M. Lenormant dans l'imamat actuel de Mascate. Le voisinage du golfe Persique a été choisi par lui de préférence à celui de Babelmandeb, d'après l'assertion de Pline; Volney, au contraire, fait partir les Phéniciens des îles qui sont au milieu même du détroit de Bebelmandeb et de la côte arabique voisine. Tous ces lieux portent traces évidentes de bouleversements volcaniques, et un volcan encore en ignition y est noté dans la dernière carte de *Moresby* et *Carless*; Trogue-Pompée attribue expressément aux feux des volcans l'émigration des Phéniciens. Une navigation quelconque peut se supposer

---
(1) Voyage de Combes et Tamisier.
(2) Verninac, voyage de Luxor.

chez les riverains de la mer ; elle peut s'affirmer chez des insulaires qui émigrent.

Dans l'époque très-ancienne à laquelle Hérodote fait remonter cet événement (2800 ans avant J.-C.), la race chamite devait occuper non-seulement le littoral de l'Arabie méridionale, mais celui de la Perse jusqu'à l'Indus. Kousch est le fils de Cham ; on le trouve en Abyssinie aussi anciennement que Cham sur la mer Erythrée. M. Lenormant explique la facilité des relations avec la remarque de cet auteur arabe qui dit que deux hommes peuvent se reconnaître sur les deux terres du détroit de Bab-el-Mandeb. Quand même cette assertion qui n'est pas vraie aujourd'hui pour les fortes lunettes, serait vraie pour les hommes d'autrefois, elle n'en supposerait pas moins un moyen de navigation. L'histoire ancienne du Yémen nous le montre toujours agité par des races mélangées et vouées au commerce, possesseurs de caravanes et de flottes, courtiers entre deux centres de production et de consommation, l'Inde et l'Egypte (1).

Les Phéniciens ont joué précisément ce rôle dans la Méditerranée, à Sidon, à Tyr, à Antaradus, au nord de la mer Rouge, où une nouvelle Tyr porte encore un nom fort semblable à celui de Sour et de Tyr (El-Tor); ils ne faisaient que continuer d'antiques et primitives habitudes.

Le grand vaisseau déposé dans un temple par Sésostris, au retour de ses campagnes lointaines, était sans doute un hommage de reconnaissance pour les services rendus par la marine ; mais le vaisseau figure bien avant Sésostris dans les représentations religieuses. La barque est mêlée à toutes les habitudes civiles des riverains du Nil; la barque sacrée la *bari* copiée par Moïse dans l'arche sainte, devait être le

---

(1) Serait-ce pour cela que Virgile confond les Ethiopiens du Nil avec les Indien.

« Usque coloratos Nilus devexus ad Indos (Georg). »

mythe de la prospérité gagnée par le commerce, et peut-être plus anciennement le souvenir du vaisseau qui avait transporté d'un pays lointain quelque dogme important, quelque collége de prêtres, quelque grande idée religieuse et sociale.

CONCLUSION.

Nous avons vu que le brahmanisme a beaucoup de choses en commun avec la religion égyptienne. Si plusieurs peuvent laisser la question d'initiative incertaine, quelques-unes paraissent avoir voyagé conformément à la tradition biblique, qui fait marcher l'humanité d'Orient en Occident. Le *nelumbo* ou lotus rose qui a disparu d'Egypte depuis que le paganisme ne le cultive plus, croit encore spontanément dans l'Inde. Le phénix, qui venait mourir en Egypte, était censé avoir pris son vol de l'Inde. Enfin, le premier roi des races héroïques ou fabuleuses, égyptiennes, s'appelle Menès, et celui-là ne vient pas de *Yu!*

Au nœud de la race sémitique avec la race japhétique on peut faire un autre rapprochement, Braham, Abraham, offre la plus singulière ressemblance avec Brahma. Cette ressemblance peut-elle être l'effet du simple hasard? La tradition qui donne une origine asiatique à l'humanité toute entière est donc fortifiée par l'identité du Cham et du Kousch africains avec les chamites, Kouschistes, éthiopiens de l'Asie méridionale et de l'Inde. Kousch et Cham dont l'analyse physiologique nous a forcé de séparer la race nègre, au moins jusqu'à l'origine de la nation Egyptienne, n'ont jamais formé en Egypte et en Ethiopie que des nations peu considérables. Kousch forme encore dans l'Inde une race de près de cent millions d'âmes. Il n'est pas dificile, aujourd'hui, d'induire où est la colonie, où est la métropole; mais pour les temps fort anciens, je le répète, les inductions seules sont permises sur la question fort obscure de l'initiative. Quant au mélange des nations, l'échange des idées, le doute me paraît impossible.

Le contact, la superposition des trois grandes familles historiques de Japhet, Cham et Sem est un des théorèmes les plus brillamment démontrés par l'érudition de M. Lenormant. Le Ménès indien est à-la-fois Japhétique et Chamite; le Brama Japhétique et Chamite devient le Sémite Abraham. Ces Janus à double et à triple face ne seraient-ils pas la tradition et le mythe de ces mélanges, de ces transformations de races? L'origine métive de Sem par le rapprochememt de Japhet et de Cham est encore un des dogmes favoris du jeune savant dont nous avons parfois combattu, plus souvent accepté les idées et dont espérons compléter les aperçus. Cette induction de sa sagacité est une résultante rigoureuse des lois physiologiques; elle reçoit chaque jour le contrôle expérimental. Les Japhétiques anglais s'allient dans l'Inde avec les femmes Indiennes et Kouschites de divers nuances. Les plus basanées produisent des *métifs* parfaitement semblables aux plus beaux Arabes, celles qui ne sont que bronzées ou couleur de café cru comme les guèbres, donnent des enfants identiques au plus beau type juif tel qu'il s'est conservé dans l'Orient.

Le croisement améliore toutes les races. Le métis multiplie la valeur de ses deux parents, la force physique de la mère, la force morale du père. Si l'Egyptien est comme nous croyons l'avoir établi le métis du Kouschite Indo-Ethiopien et d'une mère nègre, avec des infiltrations Japhétiques par les pasteurs, nous nous expliquons comment sa civilisation a égalé la civilisation indienne. Mais puisque l'alliance nègre qui a si profondément modifié ses traits et sa peau n'a rien enlevé à sa dignité, à son intelligence, à son énergie, un peu de respect rejaillit sur la race nègre qui coopéra indirectement à cette grande et précoce épreuve sociale ! Sa part fut exagérée par les déclamations du siècle dernier, mais l'aperçu physiologique qui leur servait de prétexte, sa proche parenté de l'Égyptien (1), avait quelque chose de vrai ! la morale n'avait pas besoin de cette découverte pour soutenir la fraternité de tous les membres de la famille humaine, mais elle pourra s'en étayer, pour procurer plus activement à ses frères déshérités, l'occasion de prouver leurs droits et leur aptitude !

L'ethnographie, science nouvelle en France pour les hommes occupés d'études historiques, est pratiquée dès longtemps par les physiologistes et les naturalistes. En 1816 je soutins une thèse inaugurale sur la question des races humaines. Mes études continuées depuis par des voyages m'ont mis à même de réunir en une sorte de Code, des lois relatives à cette science. Le travail suivant fut communiqué en 1838 à M. Méchain, élève consul de France à Tripoli, et en 1839 à M. Nestor L'Hôte au Qaire.

ÉBAUCHE D'UN CODE DESTINÉ A RÉGULARISER L'ÉTUDE DES RACES HUMAINES.

I.

La production spontanée de types humains spéciaux à chaque pays a été admise par des savants frappés de ce fait, que dans l'histoire des plus anciennes invasions les conquérants trouvaient des aborigènes.

Mais l'espace qui sépare la création première des premières notions historiques est certainement mal connu et probablement fort long. Rien ne garantit que dans cette période obscure il n'y aura pas eu de premières immigrations sans combat, des prises de possession d'une terre entièrement vierge. L'étude de la filiation des langues et

(1) Volney.

de la marche des invasions fournit, dans les temps postérieurs, des
analogies tout-à-fait favorables à cette supposition.

II.

La géologie démontre l'apparition, comparativement récente,
de l'homme sur la terre plus anciennement pourvue de tous les êtres
organisés. Avec une organisation compliquée, mal pourvue du côté
de l'instinct et des armes naturelles, avec une peau nue, des ongles
mous, des dents courtes, une bouche peu fendue, la résistance de
quelques individus, de quelques familles à la guerre des éléments,
des plantes, des animaux, jusqu'à l'époque où leur intelligence et
leur esprit d'association auraient été suffisamment développés ; cette
résistance serait aussi miraculeuse que la création divine opérant
sur un seul couple, une seule famille privilégiée et abandonnée à
elle-même, à son progrès, à sa décadence, à sa liberté, seulement
après développement suffisant de forces individuelles et numériques
capables d'asservir les éléments, les plantes et les animaux.

III.

Toute cause première étant un mystère, nous ne violons aucune
des lois des sciences positives en laissant à la foi seule le soin de poser
les premiers jalons de l'ethnographie.

La famille humaine a été créée une et a couvert la terre par ses
accroissements successifs.

En prenant le nom d'Adam et sa vie de près de mille ans pour le
mythe d'une dynastie ou plutôt du groupe primitif de la famille humaine, trois générations par siècle et quatre enfants par génération
donnent, dès le neuvième siècle, c'est-à-dire à la vingt-septième génération, une population approchant de la population actuelle de la
Chine. A la vingt-neuvième, le chiffre dépasse déjà la population actuelle de toute la terre, cinq cent trente-six millions huit cent soixante-
dix mille six cent douze ; la trentième dépasse un milliard.

Mais il faut modifier beaucoup cette donnée, même dès la quatorzième génération, seize mille trois cent quatre-vingt-quatre, chiffre
représentant une des fortes tribus d'Arabes ou d'autres peuples pasteurs. Alors, le besoin d'émigrer pour chercher des aliments, le travail, la discorde, le souci, diminuent la prospérité des ménages, les
chances de vie des enfants, et la famille peut se réduire à une moyenne
de cinq : père, mère et trois enfants. C'est un sixième à retrancher
de chaque génération selon le comput ci-dessus.

Même avec cette diminution, la famille humaine peut, en dix siècles, avoir occupé les trois grands continents qui se touchent et qu'on appelle avec tant de raison l'ancien monde. Les îles et continents de difficile accès n'auront été peuplés que dans des périodes postérieures, après un certain développement de l'industrie maritime.

IV.

Partisans de la tradition sacrée et de l'unité première, partisans de l'hypothèse matérielle et de la variété originaire des types, tous reconnaissent une immense puissance aux circonstances physiques désignées par le nom collectif de climat. L'homme se montre sur les divers points de la terre avec des apparences on ne peut plus variées. Le climat fut la cause première de ces différences qui peuvent aller du blanc au noir, du nain au géant.

V.

La puissance du climat est contrariée par une civilisation avancée, car celle-ci est aussi souvent une lutte contre le climat qu'une exploitation de cette force. Ceci peut expliquer comment, dans la période historique connue de nous avec certitude, dans les mouvements de races délimitées avec précision, les modifications extérieures de la race ont été légères et, ce semble, peu proportionnées aux grands déplacements qu'elle a subis.

VI.

Mais, de là aussi nous pouvons arguer d'une influence plus rapide, plus profonde sur les races dont la vie a été plus simple, l'industrie moins avancée. Celles-là, faute d'annales, ont un passé plus mal connu de nous; et l'on peut dire qu'en général, avant les périodes historiques les plus reculées, la vie de la famille humaine était telle. L'état actuel des peuples chasseurs et pasteurs peut réduire à sa juste valeur ce que les traditions et la poésie ont ajouté à l'histoire des périodes patriarcales.

VII.

L'influence du climat se développe à travers les générations. A son tour, la génération régularise et constitue les résultats de l'influence du climat de façon à rendre la physionomie de la race capable d'une longue résistance en cas de transplantation sous un climat différent.

VIII.

Deux races voisines de pays ou mises en contact par un commerce, par une traite, se croisent par le mariage et produisent une génération métive, ou plutôt une série de *métis* échelonnés entre les deux parents primitifs et ressemblant plus ou moins au père et à la mère, selon le nombre respectif des parties du sang de chacun qu'ils auront prises dans les générations successives.

IX.

Quatre, cinq recroisements avec une des deux races suffisent d'ordinaire pour faire reparaître sans mélange le type primitif. Cela s'observe très-bien dans les pays où des préjugés, par cela même qu'ils flétrissent une caste, créent un puissant intérêt à faire refluer les générations vers la caste la plus noble. L'opération inverse se fait simultanément : pendant que la femme métive gravite vers un métis plus blanc ou vers le blanc pur, l'homme de couleur est incessamment rejeté vers des femmes plus noires que lui-même.

X.

Mais dans les pays où les mêmes préjugés n'existent pas, chez des peuples où la caste importée entre dans la famille dès la première génération et dans la société dès la seconde, le mélange incessant de deux races et de leurs métis peut, au bout de quelques siècles, modifier profondément l'apparence de tous.

XI.

Si un peuple continue à recevoir des colons de son sang primitif pendant que d'autre part il se mêle à un type étranger capable d'altérer sa physionomie, ces deux faits se neutralisent mutuellement et le type national dominant n'est pas altéré. Le contraire arrive si l'élément étranger a été plus fort ou plus durable que le recrutement national.

XII.

Ce fait capital (le croisement) a été négligé ou méconnu par tous les historiens qui se sont occupés de l'ethnographie des pays à esclaves. L'histoire leur dit qu'à une telle époque une peuplade envahit un tel pays. Ils y chercheront la peuplade avec ses traits primitifs (les Turcs), ou bien ils supposeront qu'anciennement elle avait sa physionomie actuelle. Les habitants actuels d'un autre pays auront des habitudes de mésalliance qui modifient leur type. Ils ne penseront pas à y chercher le type du peuple ancien, duquel le moderne descend historiquement, et cela parce qu'ils auront supposé sans preuves que le peuple ancien était un type pur et exempt de mésalliances. La vérité est pourtant que l'esclavage doux, tel qu'il se pratique aujourd'hui dans l'Orient, fut l'habitude de l'Asie de tous les siècles.

XIII.

C'est qu'en général les historiens ont été des hommes de cabinet plutôt que des voyageurs, et, parmi ceux qui ont voyagé, la plupart manquaient de connaissances physiologiques. Burckardt, Bruce, Salt, ont été, dans ce cas ; rarement un portrait physique précis des races qu'ils observaient a accompagné les conjectures qu'ils formaient sur leur origine ou leurs connexions.

XIV.

La persistance d'une race avec le type primitif ne peut être cherchée que chez les nations qui, soit par préjugés politiques, soit par usages religieux, se sont toujours abstenues du mélange avec les étrangers. Ces nations se regardent comme privilégiées et ont une religion non-propagandiste. Tels sont les Indous, les Juifs, les Samaritains, les Parsis.

XV.

L'isolement d'un peuple de tout contact étranger par une révolution politique ou religieuse rend sa physionomie immuable, mais l'harmonise en y fondant tous les éléments dont elle fut composée avant cette révolution. Ainsi, une population composée d'un quart de noirs, d'un quart de mulâtres et d'une moitié de blancs, sera, au bout de quelques siècles de fusion, une population homogène de *quarterons bruns*. Si la porte reste ouverte du côté d'alluvions nationales lentes, le type pourra être blanchi jusqu'au *métif* ou au *mamlouc* (voyez *Echelles* de Franklin et Moreau de Saint-Méry). Mais l'analyse des traits nationaux, aidée surtout par l'analyse des variantes individuelles, permettra toujours de remonter la filiation des facteurs primitifs. Notons ici, relativement à la recherche des traits constatant l'origine nègre, plusieurs particularités aussi importantes que l'angle facial, la force des lèvres, la nature des cheveux, les nuances du teint. Elles ont été négligées jusqu'ici ; ce sont l'ampleur du *penis*, l'absence du mollet, la myopie des yeux.

XVI.

Ainsi, climat, croisement, génération, voilà les trois forces principales qui contribuent à la physionomie d'un peuple. La troisième triple souvent son influence particulière en résumant l'action des deux premières. C'est pour cela sans doute qu'on lui attribue généralement la plus grande action dans l'élaboration d'un type. Le mot race se prend le plus souvent pour une certaine série de générations. L'usage a été d'accord ici avec la science, car le type d'un peuple peut se maintenir après qu'il a changé de climat et qu'il a cessé de se croiser avec d'autres races.

XVII.

Donc, l'apparence physique d'un peuple est un caractère de première valeur en ethnographie. Ce caractère doit être contrôlé par sa position géographique, ses traditions, sa langue, par ce que l'histoire nous apprend de lui ou de ses ancêtres. Mais tout ceci ne peut venir qu'en seconde ligne, car les migrations des peuples changent leurs positions, leurs langues ; et, chez les peuples illettrés ou peu lettrés, les traditions se perdent ou s'altèrent bien vite.

ESSAI

SUR

L'ARCHITECTURE SARRASINE.

Quand le voyageur a contemplé des monuments de pierre de nations et d'âges si divers, pendant que sa mémoire évoquait les rapports des nations entre elles, il résiste difficilement à la tentation de grouper les phases de l'architecture par des liens de parenté. Les fondements de Baalbek seront comparés à ceux du temple de Salomon, à ceux des pyramides, des palais de Sésostris ; Ellora, Salstet ont été rapprochées d'Ebsamboul ; Palmyre et Pétra des monuments de la vallée de Josaphat. La ressemblance de la colonne dorique primitive avec d'autres colonnes d'une haute antiquité égyptienne, la ressemblance du chapiteau à palmes ou à lotus avec le chapiteau corinthien ont fait reléguer au rang des fables l'anecdote de Callimaque ; les balcons de Rhamsès Meïamoun supportés par des prisonniers barbares (14 siècles A. C.) ont fait douter de l'origine assignée par les Grecs aux statues cariatides. Les auteurs de ce paradoxe cédaient à l'évidence en présence des monuments.

D'autres rapprochements ont été risqués à propos d'autres architectures, mais avec moins d'assurance, avec moins de précision, car leurs auteurs n'avaient pas quitté le cabinet ; et les livres, les dessins mêmes ne sauraient équivaloir à l'éducation d'un voyage.

Faire naître le genre gothique de l'architecture bizantine, c'est avancer quelque chose de très-vague, car les mille ans qu'a duré Bizance ont vu beaucoup de modes diverses et ont vu fort peu d'ogives, qui sont pourtant l'élément capital du gothique. D'autre part, affirmer que le gothique vient directement et exclusivement du sarrasin, et ne dater son apparition en Europe que du quatorzième siècle, c'est violer de deux ou trois siècles la date certaine de plusieurs monuments d'Italie. L'église de Saint-Michel à Pavie est de 1090. La Sicile est pleine d'églises normandes des onzième et douzième siècles. Venise a des palais et des églises d'une date aussi reculée.

La Sicile, je le sais, était restée sous la domination de Constantinople jusqu'à la conquête sarrasine. Venise, Sienne, Pise, étaient en relation de commerce avec cette grande capitale ; mais l'Orient arabe était aussi fréquenté par leurs vaisseaux. Pendant que quelques matelots jetaient à fond de cale des colonnes prises aux anciens monuments ruinés, plus d'un patron regardait la forme des palais, des mosquées, des bazars, des caravansérails pour les copier plus tard dans son pays. Cette imitation s'est faite bien plus activement et plus en grand, non pas seulement après les croisades d'Orient et d'Espagne, mais pendant tout le temps qu'elles ont duré. Elle s'est faite d'abord dans l'Orient même. On l'y suit pas à pas, depuis les églises de Tartouse, de Carialouna, de Beirouth (aujourd'hui mosquée), basiliques byzantines pour le plan général, sarrasines pour les ogives, jusqu'à d'autres églises d'Antioche et de Jérusalem d'un gothique plus franc, plus fleuri. La même gamme se retrouve plus rapide dans les églises de Sicile, où les maçons étaient encore sarrasins, musulmans même. La seconde hypothèse a donc raison : le gothique vient du sarrasin ; la première avait raison jusqu'à un certain point, le gothique vient du bizantin ; mais ces hypothèses sont vraies d'une façon que ne soupçonnaient pas leurs auteurs. L'inspection des monuments et l'étude de leur chronologie appuient les propositions suivantes :

L'architecture sarrasine a principalement, mais non exclusivement copié et remanié le genre bizantin. Le gothique a principalement copié et remanié l'architecture sarrasine avec quelques retours directs au genre bizantin. Le gothique est donc certainement fils du sarrasin et petit-fils du bizantin. Disons d'abord quelques mots de l'aïeul.

LE GENRE BIZANTIN.

Toute décadence a deux périodes : le caprice, l'impuissance. Entre les Antonins et Constantin-le-Grand, toutes deux avaient alterné plusieurs fois : la seconde dominait lorsque les architectes reçurent l'ordre de faire de Constantinople une capitale. Le plagiat et le pastiche sont les instruments de l'impuissance condamnée à l'activité. Les temples païens de Bizance venaient d'être renversés, on les releva sous le nom d'églises. Le plan des temples païens ne convenait plus aux édifices d'un culte nouveau ; on y adapta le plan des palais de justice, des basiliques. Les matériaux anciens abondaient. On les employa sans les retailler ; ceux-là épuisés, on en fit venir d'autres des villes romaines les plus voisines. Les ports de mer de Syrie et Egypte étaient encombrés de colonnes de marbre, de granit, de basalte. Dans la précipitation, on ne prit pas le temps d'assortir les chapiteaux aux colonnes correspondantes pour la matière, la proportion, les ornements. Cette disparate ne trouvait plus d'yeux assez instruits pour en être choqués ; quelques voyageurs qui avaient vu les chapiteaux des temples égyptiens applaudirent peut-être à l'heureuse reproduction de cette variété.

Le hasard, la précipitation, l'insouciance firent violer la symétrie dans d'autres parties des édifices, et la première fois qu'un peu de théorie se réveilla, soit pour légitimer le présent, soit pour l'attaquer, soit pour innover, la variété absolue ou la variété dans l'unité se présentèrent comme des théories séduisantes. Elles ont prévalu même dans les phases parfaitement plates où l'on se bornait à copier traditionnellement ; prévalu à plus forte raison pendant les petites et fréquentes résurrections où la fantaisie n'est jamais arrivée jusqu'à l'anarchie, et conséquemment n'a pu amener une renaissance véritable.

L'ornementation, résultat obligé du culte de la vérité, doit avoir fait faire beaucoup de raisonnements ingénieux. Chaque partie de l'édifice byzantin les révèle, ils sont plus lisiblement inscrits sur la colonne. Colonne, simple appui d'un entablement ; base et chapiteau dorique primitif ou base répétée en haut : idées de solidité, appui plus large au sol et à l'entablement ; ornements successifs et agrandissement des chapiteaux et de la base, puis de la colonne elle-même renflée, cannelée ; après quoi épuisement et repos. A la reprise de l'innovation, ornements nouveaux de la colonne elle-même, brodée de fleurs, de feuilles, échiquetée, cannelée en travers, en spirale ; colonne unie, mais enlacée d'un serpent, d'une branche de chêne, de lierre, de laurier, faisant partie de la pierre même ou surajoutée en métal peint ou doré ; enfin torsion de la colonne elle-même, ce qui n'est que la réalisation hardie de l'aspect optique de la colonne droite, mais enveloppée en spirale de la branche ou de la cannelure.

Ces subtilités, ces mignardises, ce dévergondage étaient préparés de longue main. En visitant Pompeï, on acquiert la preuve que l'époque byzantine que l'on croyait originale, au moins par le mauvais goût et la bizarrerie, n'a fait en réalité que reprendre en sous-œuvre les ébauches échappées à la fantaisie des siècles antérieurs, qu'ériger en règle pour son architecture ce qui avait été longtemps l'exception méprisée ou inaperçue. Le luxe mal entendu donna au dehors comme au dedans des voûtes l'éclat de l'or et de l'émail au moyen des mosaïques. La tradition ayant rendu les voûtes indispensables même dans des édifices mesquins, l'économie fit fabriquer ces voûtes, non plus avec des voussoirs portés sur un cintre, mais avec des briques noyées dans un plâtras tenace, avec des fascines plantées en rond, réunies par le haut et ensuite liées par des traverses, le tout recouvert de mortier, de mastic, cloué, ajusté, gâché, sans régularité ni solidité.

Le grand aqueduc qui porte à tort le nom de Justinien a deux rangs d'aqueducs à tiers point. L'aqueduc coudé de Pyrgos a aussi de pareilles arcades à son étage inférieur. La date de celui-ci n'est pas précise, quoique son origine soit certainement des derniers temps byzantins. L'autre manque à la liste des monuments de Justinien donnée par Procope; mais Gyllius l'attribue à Andronic Comnène, élu empereur vers 1183. Nikétas lui donne une date antérieure en disant qu'Andronic ne fit que renouveler ces ouvrages. Reste à savoir si la réparation ou le renouvellement suivit ou non le tracé primitif des arcades. L'arc ogive était depuis deux siècles pratiqué en Sicile par les Sarrasins. Depuis plus longtemps il l'était en Espagne, Syrie, Egypte, où Constantinople envoyait des architectes et d'où, par conséquent, il en pouvait recevoir, formés ou gâtés par leurs voyages, mais en tout cas porteurs de modes pour lesquelles on pouvait se passionner comme pour les factions rivales de l'hippodrome.

LE SYNCRETISME ARABE.

La position d'Omar à Jérusalem, d'Amrou à Babylone du Nil, ressemblait singulièrement à celle de Constantin convertissant Bizance en Constantinople : une grande révolution politique et religieuse dont le vainqueur était jaloux d'imprimer le cachet aux édifices nouveaux qu'il commandait; un empressement extrême de jouir de ces édifices. Les Arabes étaient encore plus indifférents sur les moyens d'exécution. Ils voulaient le grand; mais ce qu'ils avaient vu déjà et surtout dans leur pays ne les rendait pas exigeants. Ils ne connaissaient guère que la Caaba, dont Omar et Amrou reproduisirent le plan dans le premier, dans le principal édifice qui s'exécuta sous leurs yeux. La mosquée d'Omar à Jérusalem est un grand carré long formé par des galeries couvertes avec des colonnes ou piliers supportant des arceaux. La courbe de ceux-ci est très-variée. Au vieux Qaire, les arceaux sont oblongs, mais non pointus. Les rangées de colonnes sont de deux, trois, quatre dans trois côtés. Dans le côté qui porte la chaire, les tribunes et la *Qibla*, les rangs de colonnes sont de sept et huit. Toutes ces colonnes sont d'un marbre gris avec des chapiteaux de formes très-variées, mais la plupart corinthiens dégénérés; le tout évidemment d'œuvre byzantine. Les conquérants prirent ces matériaux à Babylone, à Héliopolis, et les entassèrent précipitamment, mettant parfois une base à la place d'un chapiteau, et réciproquement ; groupant parfois deux, trois, quatre colonnes plus courtes ou plus grêles pour reproduire le volume ou la force de voisines plus grosses et plus hautes. A Jérusalem, le cloître entoura la basilique de la Présentation, qu'on changea seulement de nom pour en faire une mosquée, plus une mosquée bâtie à neuf, à cette époque même où déjà il y a des arceaux pointus. A Fostat, le grand carré est vide ; il n'y a au milieu qu'un puits et un palmier. Cela ressemble davantage à la Caaba, qui n'a à son centre que de petites et insignifiantes constructions, le pavillon de la Pierre noire, le couvert du Zemzem, etc. Une grande cour entourée de galeries était de temps immémorial un marché commercial et un temple religieux dans un pays sujet à des pluies très-fortes, mais ayant aussi le ciel des tropiques. Le matin, le soir, les affaires se traitaient en plein air ; on adorait Dieu sous le dôme azuré ; au milieu du jour, on fuyait le soleil ou la pluie sous les galeries. Allah ! felous ! Dieu, l'argent, étaient alors comme aujourd'hui les mots les plus fréquents de la conversation arabe.

Les architectes ou plutôt les maçons de nation et de religion grecque furent les premiers artisans employés à ces travaux. Cette défiance des ouvriers de leur propre nation accompagna toujours les khalifes sultans et miramolins. Constantinople, qui fondait et ciselait des portes de bronze pour les basiliques de l'Italie, envoyait en même temps des architectes à Cordoue et au Qaire. Il vint un temps où ceux-ci jouèrent le rôle du cavalier Bernin, qui rencontra à Paris un Perrault et une colonnade du Louvre. Je vais d'abord parler de l'arabesque, mais le Qaire offre beaucoup d'autres preuves capables d'excuser la comparaison.

La géométrie fournit un nombre immense de figures qui, ajoutées à celles que la nature jette dans les cristaux et dans les organes des plantes, ont été ensuite arrangées par l'algèbre dans des combinaisons infinies. On peut dire que les Arabes sont allés ici au-delà du possible, qu'ils ont épuisé l'infini. On le soupçonne en regardant les rosaces et les caissons qu'ils badigeonnent, encore aujourd'ui, sur le plafond des appartements. On en est convaincu lorsqu'on observe l'intérieur des coupoles un peu anciennes. A chaque coup-d'œil nouveau, à chaque mouvement de tête, on peut s'imaginer qu'on vient d'imprimer une secousse à un kaléidoscope immense. Cent ans ne suffiraient pas pour trouver les mots de tous ces logogriphes de stuc et de pierre. C'est surtout sous la coupole funéraire des aïoubites et des sultans que l'on peut passer des journées entières à déchiffrer cette métaphysique plastique. Le dehors de la coupole offre des jeux moins compliqués, des dessins plus larges, dont la variété paraît encore prodigieuse lorsque, du haut d'une colline du Mokattam ou des remparts de la citadelle, on parcourt l'ensemble des coupoles du Qaire et de la vallée des Tombeaux. Les plus anciennes offrent les dessins les plus finis, telle est celle qui porte le nom de Malek-Adel. Les dernières sont naïvement cannelées en travers, en spirale, ou simplement en long, comme un cantalou. Dans les âges intermédiaires, les figures géométriques, les fleurs, les feuilles, forment mille broderies élégantes, mille guillochages gracieux.

Le goût de l'ornement a été porté presque à la passion, puisqu'il s'est exercé sur la coupe même de la pierre après en avoir tourmenté la surface. Dans les endroits où une pierre devait être nue et regardée de près, on n'a pas voulu la joindre à sa voisine par un plan : on l'a découpée en rosace, en œillet, en étoile ; les apophyses ont été reçues dans des cavités correspondantes, comme tenons et mortaises de la même série. Ce n'était pas recherche d'une plus grande solidité. Les premiers éléments de la géométrie architectonique commandaient la ligne droite, les surfaces planes pour les voussoirs de voûte ; et c'est surtout dans les linteaux de porte, dans les arcs diversement courbés des portails de mosquée, des portes de ville et de maison que cette coupe bizarre a été employée. On dirait d'un parti pris d'atteindre la nouveauté par tous les moyens, de braver le passé sous toutes les formes. Les Grecs avaient torsé les colonnes, les Arabes les ont nouées comme un cordon de soie élastique. Les Romains avaient fait des inscriptions un accessoire instructif, les Arabes en firent un ornement de première valeur, une corniche, une frise plus charmante que toutes les broderies corinthiennes, que tous les enroulements grecs. Les lettres enchevêtrées, disloquées selon la plus coquette fantaisie, défient l'intelligence autant qu'elles charment l'œil.

L'arabesque et l'inscription, avec toutes les autres espèces d'ornements, ont été prodiguées au minaret, production originale, comme le cloître, de l'architecture et de la religion musulmanes. Les minarets turcs ne sont qu'une chandelle coiffée d'un éteignoir, image trop réelle de l'islamisme actuel. Les minarets du Qaire sont de charmantes combinaisons du cylindre et du prisme, chargées d'ornements plus jolis de loin que de près, car la pensée est supérieure à l'exécution. Leur poids a affaibli inégalement le terrain et produit des campaniles inclinées presque autant que celles de Pise. Les minarets, même quand ils vont par paire, sont toujours de dessins différents.

La symétrie a été bravée par les Arabes avec une fécondité, avec une persévérance incroyables. Les anciens, quand ils devaient amener l'eau par un aqueduc suspendu en l'air, faisaient marcher cet aqueduc en ligne droite par amour pour la solidité. Ils en faisaient les arceaux identiques par amour pour l'unité. Lorsqu'il s'est agi d'amener l'eau à la citadelle, l'architecte de Saladin l'a élevée sur des arceaux tout dépareillés. Cet aqueduc s'est dirigé vers le Mokattam par une ligne brisée : c'est un grand paravent de pierre déplié entre la citadelle et Fostat.

Les Arabes n'ont pas laissé un seul palais, une seule mosquée dont le plan puisse être partagé en deux moitiés parfaitement semblables. Le cloître, perpétuellement reproduit depuis les mosquées d'Amrou et d'Omar, n'est pas complètement symétrique à l'intérieur ; à l'extérieur, tous les appendices ajoutés en-dehors du carré font une saillie particulière, le collège, le minaret, la salle d'ablution, le portail avec son perron, le tombeau du fondateur avec sa coupole. Le balancement, la belle proportion et la grandeur des lignes ne pouvaient être poursuivis par des artistes si amoureux des détails. Bab-Ennasser et Bab-el-Foutouh, monuments exceptionnels pour leur symétrie, sont aussi exceptionnels pour leur simplicité. Leur ordonnance rappelle les arcs triomphaux romains, leur arceau à deux tiers de cercle. Ils sont des premiers sultans fatémites, époque où le goût grec dominait encore.

C'est à l'opposition des architectes grecs qu'il faut attribuer l'apparition tardive de l'ogive dans les grands monuments sarrasins. L'ogive était populaire et employée dans les constructions subalternes, où les Arabes seuls travaillaient. Au Qaire, les architectes royaux ne s'y soumirent que vers l'époque des aïoubites. Sir Christophe Wren a donc eu tort de donner l'ogive comme l'élément principal de l'architecture sarrasine à toutes les époques ; mais il eut raison de voir, dans sa seconde période surtout, la vraie origine du gothique. Seulement, l'ogive fut moins chère aux Arabes qu'aux chrétiens. Ils la prirent et la laissèrent ; ils usèrent simultanément de toutes les courbes possibles et impossibles dans l'arc des voûtes, des rosaces, des fenêtres et des portails ; parfois ils les combinèrent toutes ou presque toutes dans un même lieu, comme dans les arceaux succédanés de Bab-Ennasser. Ils cherchaient l'originalité dans l'exécution, faisant d'ailleurs bon marché de la règle première.

Cette règle le hasard la fit-il découvrir, dans leur pays comme les fauteurs de l'origine gothique ont supposé que le hasard combina dans l'Occident deux arcs plein-ceintre qui s'intersequaient par un ogive ? Je crois plus à la puissance de la tradition qu'à celle du hasard. L'application et l'exemple sont en tout cas indispensables pour propager les découvertes d'où qu'elles viennent.

Or, la révolution religieuse et politique de Mahomet réunit autour de son étendard vert des nations bien diverses d'origine. Ce syncrétisme dont l'arabe a été l'éditeur responsable se fit avec les débris de civilisations grandes et variées, la Mésopotamie, la Syrie, l'Egypte furent le pivot du monde primitif; leurs peuples se sont mêlés cent fois, se sont faits des emprunts de tout genre.

Entre les sources occidentales de l'Indus et les sources du Tigre et de l'Oxus, dans le Caboulistan on a découvert il y a peu d'années une grande quantité de médailles prouvant que le passage d'Alexandre avait fondé là aussi une monarchie grecque et une Alexandrie du Caucase. L'exécution de ces médailles dégénérant peu-à-peu ; les légendes grecques mêlé à du scythe, puis a du sankrit montrent la fusion de la religion et de la race grecque dans les religions et les races natives. L'une des plus abondantes récoltes de ces médailles a été faite dans un édifice circulaire et fermé par une voûte. C'est un *topt* ou *stoupa* mythe de la comparaison établie par Bouddha entre la vie et une goutte d'eau. Au milieu de la surface extérieure règne une forte corniche soutenue par un ordre : les colonnes en sont courtes et menues ; l'arceau qu'elles supporte est oblong et pointu. Toutes les Sociétés Asiatiques en possèdent maintenant des copies exactes. Comment la question si orientale des achitectures du moyen-âge n'a-t-elle pas été évoquée à propos de cette corniche ? Le caractère Sarrasin ou Gothique y est on ne peut plus frappant ! des stoupas plus anciens sont plus sphériques et dépourvus de corniche. Le caractère Bouddhique primitif n'y est pas encore mélangé. Celui qui nous intéresse maintenant n'est pas seul de son espèce. MM. Court, Ventura, Allard en ont découvert et dessiné plusieurs autres semblables. Les médailles qu'ils renfermaient feraient remonter leur construction entre le 2e et le 4e siècle de l'ère chrétienne et particulièrement aux règnes de Mokadphises et de Kakernos. Voilà l'embryon primitif d'un élément de l'architecture Sarrasine. Quelques restes de sang Hellénique s'y trouvent mêlés, ne nous étonnons plus de sa vivacité, de l'énergie qu'il a ultérieurement dévoloppée. Quelques rudiments d'Ogive s'aperçoivent dans le trésor d'Atrée à Mycènes, dans l'arc d'un aqueduc étrusque à Tusculum, dans les émissaires antiques de plusieurs lacs d'Italie. Dans ces pays même, l'architecture de l'antiquité et du moyen-âge primitif n'offrent aucune preuve que ces germes aient été remarqués et copiés. l'Orient est la vraie patrie de l'ogive.

Le Kaboulistan, le Candehar, le Korasan, c'est-à-dire l'ancienne Bactriane sont de temps immémorial la patrie des aventuriers de tout genre qui ont agité l'Asie. Entre Zoroastre et les Aïoutes il en était sorti trois ou quatre conquérants de l'Inde et plusieurs faux prophètes tentés par la fortune de Mahomet. Avec des ancêtres Grecs et Bactriens et une propagande Islamique, l'architecture nouvelle a pu refluer de proche en proche vers l'Indus et le Gange, après avoir gagné la Syrie et l'Egypte. Tous les monuments musulmans de l'Inde sont du gothique à minarets. Mais de tous les pays envahis par l'architecture sarrasine l'Espagne est évidemment celui où elle ait montré la verve la plus féconde, où elle ait produit les plus grands les plus beaux édifices. Là aussi ce travail avait précédé les treizième et quatorzième siècle. Il s'est mieux conservé qu'au Qaire parce que les chrétiens accoutumés à admirer leurs ennemis en les combattant ont respecté et entretenu leurs ouvrages.

ACTION DES CROISADES.

Plus d'une fois, les Espagnols terminèrent en église une mosquée commencée dans la cité maure qui tombait enfin en leur pouvoir. Par l'Espagne donc, en même temps que la Palestine et l'Égypte, de beaux et nombreux modèles furent offerts aux chrétiens du moyen-âge. En Espagne, presque autant qu'en Orient, la croisade fut l'occasion et le moyen d'études architectoniques. La guerre faite aux Maures par les princes sortis des Asturies fut perpétuellement aidée par des auxiliaires venus de tous les coins de l'Europe chrétienne.

Les croisades d'Orient durèrent deux siècles, et, pendant tout ce temps, les Européens avaient vu les chefs-d'œuvre des artistes sarrasins. Ils avaient été maîtres de plusieurs grandes villes qui en étaient pleines : Jérusalem, Edesse, Antioche, Tibériade, Ptolémaïs, Damiette. Le Qaire lui-même avait été au pouvoir des Français pendant les expéditions d'Amaury. Dans leur zèle pieux, les croisés commencèrent sans doute par brûler, par démolir les mosquées. Mais quand il fallait bâtir des églises, où prenaient-ils leurs architectes, en cas même qu'ils eussent amené des maçons ? Il fallait bien se servir des matériaux tout taillés, tout ornés et suffisamment purifiés par le feu de l'incendie et par l'eau du baptême. Il fallait bien, faute d'artistes francs, se servir des artistes du pays, à qui l'on pouvait et l'on voulait faire abjurer l'islamisme, mais non pas les traditions artistes !

Après un quart de siècle, après deux siècles, lorsque le baron, son fils ou son petit-fils rentraient à Cologne, à Alby, à Westminster, ils avaient nécessairement parmi les vassaux de sa suite quelque artisan, quelque artiste capable de reproduire les modèles qui lui avaient été familiers dans la Palestine. Le manoir féodal, la chapelle, le couvent, la cathédrale, copiaient à l'envi ce genre, recommandé par sa nouveauté et par sa sainte origine. L'évêque croyait reproduire le Saint-Sépulcre, l'abbé rebâtissait Betléem, le roi relevait le palais de Godefroy, un sire tirait vanité d'une prison où il avait bravé le Maure, à-peu-près comme François Ier, au retour de sa captivité, se construisit une maison de plaisance qu'il appela Madrid. C'est alors, véritablement, que commença le travail d'une confrérie de maçons, que Michaud rapporte vaguement au commencement des croisades, courant de ville en ville, offrant ses services pour bâtir des églises et des ponts. Les premières croisades étaient accomplies, beaucoup de gens en étaient revenus, puisqu'on savait le mauvais état des routes et le besoin de ponts. Les voyageurs, les pèlerins, les guerriers, avaient vu ces cités de l'Orient grec et musulman ; il y avait dans leur nombre des maçons qui s'étaient enrôlés dans la confrérie, pour faire propagande de la nouvelle architecture.

A cette forme empruntée à l'Orient et au midi, à Antioche, Jérusalem, Constantinople et l'Espagne, les chrétiens appliquèrent leurs idées particulières, ils la modifièrent selon leurs besoins, selon leurs goûts. Le plagiat devint de l'imitation, l'importé remanié apparut presque original. Le cloître ne fut plus qu'un accessoire sous un ciel qui ne pouvait plus lui faire une voûte aussi magnifique et aussi pure que celle de la mosquée Egyptienne ou Syrienne. La croix latine, la basilique romane, patron traditionnel, continuèrent à fournir le plan principal de l'église, sur laquelle furent plaqués les ornements sarrasins. Plus heureux ou plus habiles que leurs maîtres, les architectes nouveaux ne se privaient ni du secours des figures ni de celui de la symétrie. Ils appliquaient au genre nouveau cette ancienne loi romaine, et leurs édifices gagnaient en grandeur sans perdre en grâce. La loi de la variété, mise en rang un peu secondaire, était encore recommandée par l'amour-propre de l'évêque qui avait réservé, pour sa cathédrale, le privilége de deux tours parfaitement égales en hauteur et en ornements.

Peut-être le respect de la symétrie fut-il rapporté de Constantinople en même temps que l'ogive, la colonnette et le trèfle arrivaient de l'Egypte et de la Palestine. Constantinople fut le point de réunion des premières armées croisées ; elle fut occupée par des empereurs latins après la quatrième croisade. L'esprit d'ordre du moyen-âge goûta la raideur byzantine qu'elle couvrit de l'ornementation moresque. Le patron de la basilique et sans doute aussi les idées spéciales du catholique septentrional rendirent l'édifice plus élancé et plus sombre.

Cette aptitude à mettre du sien dans tout ce que copie l'homme de l'Occident, donne déjà à un édifice gothique du quinzième siècle une physionomie presque neuve. Notre-Dame de Paris, juxtaposée à un édifice sarrasin et à un édifice byzantin, diffère profondément de l'un et de l'autre ; l'analyse va nous faire retrouver ses ressemblances et nous permettra d'établir la chronologie de divers éléments.

Eléments byzantins-romans : Le plan de croix basilique à trois nefs avec abside, la position des trois portails.

Eléments Sarrasins : Les deux tours sont des minarets élargis, la galerie intermédiaire, à colonnette, est un fragment de cloître. Les arcs-boutants, les rosaces, les fenêtres à trèfles, sont sarrasins aussi bien que les ogives et l'ornementation nature morte.

Eléments Néo-Bizantins : Les ornements figures, sont un retour au bizantin, préparé déjà par les processions de personnages raides et maigres, de l'arc de Constantin, à Rome, et complété par les bas-reliefs de l'obélisque de Théodose, à Constantinople. Il en est de même de plusieurs espèces de chapiteaux à pampre et à figures.

Voici maintenant la progression suivie par l'architecture sarrasine.

Au septième siècle le genre bizantin était pauvre et provincial en Syrie et en Egypte. Les tours, dites de Bélisaire, dont on voit les débris sur toute la côte italienne en peuvent donner une idée ; ces tours ont trois ou quatre étages avec des fenêtres rondes accotées de fenêtres oblongues. Beaucoup de campanilles et de coupoles musulmanes ont reproduit ce thème. Les fenêtres ternées ou en quinconce n'ont eu besoin que d'une ou deux fentes pour faire des trèfles. Le patron de l'église de Sainte-Sophie continuait à être copié selon les moyens et la distance. Sa coupole fut remise en grand honneur, par les maçons grecs, quand ils virent le plaisir qu'elle faisait aux vainqueurs arabes. L'ogive et le cloître apportés par ceux-ci furent appliqués aux édifices neufs. L'ornement et l'arabesque y furent bientôt surajoutés, les miniatures et les poteries vernies remplacèrent les mosaïques.

L'architecture gothique paraît avoir copié le sarrasin espagnol plus longtemps que le sarrasin oriental, celui-ci offre quelques détails encore inimités : tels sont des voûtes rocailles et des chapiteaux du même style que les sultans mamlouks ont affectionné, et que les sculpteurs grecs continuent encore à ciseler en Syrie ; l'art qui respire encore dans ce pays et qui expire en Egypte, paraît avoir subi quelques transformations pendant sa longue décadence. Il faut classer parmi ces transformations quelque chose d'assez semblable à ce que l'Occident a appelé le style renaissance.

Les âges d'or ne durent guère. Celui de l'architecture sarrasine fut un peu plus long en Espagne qu'au Qaire ; les miramolins furent plus nombreux, plus riches et plus éclairés que les fatémites : après ceux-ci, des dynasties courtes, une oligarchie sans racines dans le sol, la conquête turque, voilà les causes politiques qui firent déchoir l'art en Egypte et en Syrie. La nation moins une, l'avenir plus incertain, le présent plus précaire, rendirent les grands monuments et les grands artistes plus rares. Les petits palais, les petites mosquées, les maisons particulières, motivèrent des plans nouveaux pour lesquels on fit peu de frais d'invention ; on rappetissa les anciens cadres sans diminuer les ornements, qui sur un fonds moins étendu, parurent en profusion plus grande. Aussitôt que Constantinople exerça de l'influence, les ordre grecs et romains fournirent le thème sur lequel on broda; le sarrasin, le bizantin s'y marièrent à-peu-près de la même façon et à la même époque que le gothique se mariait au romain.

Les rues du Qaire sont pleines de portiques à colonnes doriques avec arcs surbaissés, et où colonnes, arceaux, panneaux, corniches, tout est brodé, tout est fleuri comme si le goût d'un Louis XII, d'un François Ier et d'un Henri II, avaient guidé le ciseau de leurs sculpteurs. Ces jolis monuments sont des pachas et des beys, vassaux de la Porte après la conquête de Sélim. Les *sébils* ou fontaines publiques, se sont empreints de ce caractère qu'on peut suivre jusqu'aux constructions modernes, avec la transformation du bizantin en turc, signalée par le volume de plus en plus démesuré des couronnements, par l'apparition des dorures et par l'exécution de plus en plus pesante et les ornements plus grossiers. Les sultans mamlouks avaient frayé la voie aux beys et aux pachas osmanlis. Ils avaient acheminé le goût public vers le style mixte, par la coquetterie de leurs palais, de leurs mosquées, de leurs tombeaux et de leurs fontaines; déjà ils avaient surbaissé les arceaux et allongé les colonnes.

Qui peut répondre que ces édifices n'ont pas été regardés avec une attention particulière par les Génois, les Pisans et les Vénitiens qui, aux quinzième et seizième siècles, alliaient si bien le goût des arts avec celui du commerce levantin; mais j'ai déjà assez dépouillé l'Europe avec des affirmations et des preuves, il serait discourtois de continuer la guerre avec des hypothèses et des soupçons.

FIN DU DEUXIÈME ET DERNIER VOLUME.

TABLE DES MATIÈRES.

PREMIER VOLUME.

ÉGYPTE.

Alexandrie, état présent, histoire, page 1.

Le canal Mahmoudié, 10. Le Nil, son paysage, 18. Sa navigation, 20. La chaîne lybique, 22. Ouardan et la vue des Pyramides, 23. Les Pyramides, 25. Les chambres nouvelles de Caviglia, 32.

Mœurs du Qaire, 34. La langue arabe, 35. Le moyen-âge vivant en Orient, 38. Les drogmans, 41. Mahomet socialiste, 43. Mazdak ou Owen au sixième siècle, 45. Imitations provinciales et corruptions du christianisme en loi agraire et communauté de biens, 53. Le pacha d'Egypte, 56. Le Nizam, 63. Campagne des Français dans la Basse-Égypte, 66. L'incendie du Qaire, 72. Le jardin Rosetti, 80. Le fellah à face de sphinx, 81. Départ du Qaire pour Damiette, 83. Les mariniers, 84. Les cultures du Nil, 85. Damiette, 86. L'agent consulaire et sa quarantaine, 87. Vitesse du Nil, le Zeitoun ou Delta et son paysage, 88. Esbèh, 90.

Croisades à Damiette, 93. Le roi Jean de Brienne, le prêtre Olivier ingénieur, le cardinal Pélasge général, 96. François d'Assises, fondateur de l'ordre des frères mineurs, ignorance des Français sur le régime du Nil, campagne de saint Louis, 100. Les *foutir* de Joinville, 100. Le Boghaz de Damiette, le plus grand vaisseau arabe, 112.

SYRIE.

Lazaret de Beyrout, 114. Les zikres ou danses religieuses, M. le consul Deval, les victoires d'Ibrahim-Pacha, la veuve remariée promptement, 117. M. Charles Barker, la ville de Beyrout, 119. Ses environs, Tripoli, son échelle, Mina, 121. Les beautés de M. de Lamartine, 123. Le consul Méchain, 125. Ahden et le scheikh Botros, 126. Les cèdres du Liban, 127. Doutes sur leur identité d'espèce avec le cèdre antique, qui aurait été un cyprès étalé, 133. Descente du Liban vers la Célosyrie, 135. Le mulet voltigeur, Deïr-el-Ahmar et la forêt périlleuse, 137. La famille arabe, son hospitalité d'auberge, 139. L'abricotier sauvage, l'évêque catholique grec de Baalbek, les ruines de Baalbek, Héliopolis, 143. Description minutieuse, pierres colossales de ses fondements, 149. Leur origine, leurs architectes, 150. Colonne miliaire dans la Célosyrie, 151. Les naqous ou cloches de bois maronites, le français parlé au Levant, 153. Histoire de Tripoli, 155. Ile de Road et ses murs phéniciens, 159. Latakié, la belle mademoiselle Lanusse, Basit et les pêcheurs d'éponges, 161. Le Boghaz de l'Oronte, 163. Suédiè et la résidence de M. Barker père, les ruines de Séleucie, 165. Les préjugés levantins, M. Martens le dessinateur, 169. Lady Stanhope, 170. Route d'Antioche, Daphné, souvenirs des chrétiens primitifs et des croisades, son paysage, 177. Le consul Adib, les médailles rares, la plaine d'Antioche, le pont de fer, 181. Bois taillis de réglisse et chardons, lac d'Antioche, *Herem*, débris d'une redoute romaine et d'un fort bizantin, sarrasin, croisé, 183. L'aurore aux doigts de rose rouge ou jaune, mais non pas rose, 184. Les gazelles, ruines, Dahna, Saquiat, coucher à Touamè, guet-apens des Ansariens, 187. Le cauchemar.

Alep la blanchâtre, 189. Ses remparts coquets, le château, ses curiosités et inscriptions, 193. Le Jedeidé et l'architecture, délicieux rococo de ses hôtels levantins, 196. Le commerce d'Alep et sa décadence, le château d'Alep, redoute romaine du temps de la guerre des Parthes, 201. Soliman-Pacha, 204. Le prince Puckler-Muskau, 205. L'esclavage et la fabrique d'eunuques, 208. Explications du prince, 210. La polygamie et le divorce, plaies affreuses de l'Asie, 211. Le patriarche syrien-catholique, Botros Jarouè, son église bizantine, 212. La mosquée des Corneilles et les colonnes employées en travers, braquées, trophée barbare, 213. Les fameux jardins d'Alep, 215. Les Levantins d'Alep, un négociant, un chasseur, un drogman, Ibrahim-Pacha, longue entrevue avec lui, 220. Son caractère, 223. Khan Touman, 224. Cinq routes diverses d'Alep à Latakié, Riha, le raisiné *dèbs*, 225. La Célosyrie supérieure ou vallée de l'Oronte, 227. Djeser-el-Schoghr, l'orage, 228. Echelles de Safkoum, 230. Le Mina de Latakié, le couvent franciscain et son président, 232. Antiquités de Laodicée, le tabac de Latakié, 233. Statistique ethnographique des populations de la Syrie, les Ansasariens ou Assassins du Vieux-de-la-Montagne, 237. Origine de la franc-maçonnerie d'Europe, 240. Les Druzes, leur prince catholique-musulman, les Maronites, autres catholiques, juifs samaritains, Guèbres, Metwallis, 243. Turcs, Kourdes, Turcomans, proportion de ces populations, 247. Marqab, Banias, Road, Tartouse, église des croisés, 249. Ruines sarrasines, vénitiennes, le jeu du djerid, 250. Djioun, Zouk Mikhaïl, les tortues de la rade de Beyrout, la fièvre qui moissonne les consuls et les voyageurs, 254. Histoire de Beyrout.

Terre-Sainte, 255. Les côtes phéniciennes, Sidon ou Saidè, Zarfa, Sarept, Tyr, Sour, antiquités commerciales et ethnographiques d'Ezékiel, 256. Un forban, le consul Damiani, le couvent espagnol de Jaffa, les pèlerins grecs, russes dans l'hôpital des pestiférés de Jaffa, départ pour Jérusalem ravagée par la peste, route, l'arbuste de la couronne d'épines, Ramla et son école de prophètes, Lidda, Karialouna, première vue de Jérusalem, 265. Le révérendissime, première ascension au mont des Olives, le Saint-Sépulcre, l'épée de Godefroy, le Calvaire, Sion, Gihon, Hinnom, Cédron, Akeldama, Siloë, vallée de Josaphat, 272. Gethsémanè, la mosquée d'Omar, les tombes royales des Hérodes, 277. Quartiers de Jérusalem, Bezetha, Moria, Golgotha, Acra, le quartier juif, 280. Les missionnaires anglais, M. Nicholaïson, Ibrahim-Pacha assiégé dans le château de David, la mosquée d'Omar, chapelle-tombeau de la Vierge, les hypogées chrétiennes, le mont des Olives, la mer Morte, 266. Betléem, les vasques de Salomon, saint Jean dans le désert, Modin, le Jourdain, la fontaine du Diamant, Jéricho, Riha, la mer Morte, 293. Le jour des Morts au cimetière de Sion, les lépreux, les pestiférés, la quarantaine transportée à Jérusalem, réception d'un chevalier du Saint Sépulcre.

Résumé sur l'histoire de Jérusalem, depuis Melchisédec jusqu'à nos jours, 299. Siége de Titus, 305. Une mère mange son enfant, 306. Constantin relève la ville et les Saintes Reliques; objections des protestants à l'authenticité de ces reliques; réponse à ces objections, 309, 310. Capitulation de Jérusalem à Omar, 311. Prise par Godefroy, 317. Série de rois latins. Ordres de chevalerie créés à Jérusalem; les Hospitaliers, les Templiers, le Saint-Sépulcre, Saint-Lazare, 329.

Départ pour Naplouse par Elbir; la peste et la quarantaine; les Samaritains, 335. Genin, Esdraëlon, 311, Bataille du Mont-Thabor, 343. Le désert de Chardous, le Mont-Thabor, Zafèt, le lac, la ville de Tiberiade. Marées du lac, scènes de l'Evangile. La Synagogue des Juifs 359.

La rive gauche du Jourdain, 360. Gamala, Gadara, L'Hiéromax, le Jabok, le Giléad, Pella, Philadelphie, Bosrah, Damas, Palmyre, 368. Plaine de Batouf et Saladin à la bataille de Tibériade. 370 Lusignan et Renaud de Chatillon. 373. Cana. Nazareth. Les Franciscains. Réponse à M. de Lamartine, apologie des couvents 375. St-Jean-d'Acre, 383.

Histoire de Ptolémaïs. Siége par les Croisés de Lusignan. Philippe-Auguste, Richard-Cœur-de-Lion, 385. Epopées, romans historiques par madame Cottin, par Walter-Scott. Prise de Ptolémaïs, par Khalil, 392. Siége de Saint-Jean-d'Acre par Bonaparte, Phélippeaux, Djezzar. Sidney-Smith. Dernier siége d'Ibrahim-Pacha, 396. Qaïffa. Le Mont et le Couvent du Karmel, 398. La terre Philistine. Dora, Tantoura, Château Pélerin, 400. Césarée, Mekhalé. La rivière de Jaffa, et les papyrus, 405. Saron, la Forêt enchantée du Tasse, 406. Le chevalier Pourcelet sauve la vie à Richard, 409. Histoire de Joppé Jaffa, ses jardins 413. Astoud, siége de 29 ans, par Psammétícus, 414. Le grand-prêtre Helkia et Jérémie. Opinion de Volney sur le Pentateuque, 415. Mégeddo, Ascalon, adieux à la Terre-Sainte, 419. La poésie des Croisades, les descendances des croisés en Europe et en Orient, 421.

Gaza, 423. Le désert, les chameaux. Khan Jounis, 426. Sahel, Elarich, les Chameliers, leurs costumes, leur race, leurs mœurs, leurs femmes, 429. Le paysage du désert, le lever du soleil, le descriptif littéraire, 435. El-Hemmé, fontaine du désert, 436. Wady-Fetaïs, Roousel-Amiany, 438. Suez, la mer Rouge, 440. Les Anglais sur la mer Rouge et à Suez, un Paquebot Anglais de l'Inde, 445. Détails sur la navigation Anglaise par la mer Rouge et par la Mésopotamie, 451. Résumé des idées de Salvador sur Jésus-Christ, 453. Réponse, 455.

DEUXIÈME VOLUME.

DÉSERT DE SUÈZ AU QAIRE.

Isthme de Suèz, sa géographie moderne et antique, 4. Canal antique, Texte des Auteurs y relatifs, 5. Sa topographie, 9. Devis de construction, 10. Plan de barrage à la pointe du Delta, 12. Le Désert du Suèz au Qaire. Les stations de la poste Anglaise, Varin-Bey, 15. Gizé, 17. Dujardin le Cophtologue, 18.

MOYENNE ET HAUTE-EGYPTE.

L'Asr, 20. Le Merisy, 21. Toura, ses Carrières, son Chemin de fer, 22, Le paysage au crépuscule, ie Pluvian, 25. Les Barberins, 26. Beny-Souiéf, Carrières d'albâtre, Culture de tabac, le Crépuscule, le Froid, Fabrique de briques à Meghara, 29. Tempête sèche, 31. Mutilation des Mariniers, 32. La Montagne des Oiseaux, 33. Minié, Souadé, Beni-Hassan, 34. Rencontre d'Anglais, 35. La Guerre civile,

Raramoun, les Sucreries d'Ibrahim-Pacha, 37. Le Doum, petit Cocotier, Odilon Barrot, Siout, 40. Premières Catacombes, justice du Pacha de Siout, du Réis d'une Barque, 42. Voyageurs Anglo-Indiens et les présentations, Diplomatie dans le désert, 43. Les Croisades, *l'éleisson* Cophte des Mariniers Musulmans, 45. Les Draperies antiques, 46. M. de Médèm, Physiologie du crocodile, Qenèh, Denderah, la Chavirade, 51. Vue hâtive de Thèbes, 53. Esné, Selselèh, L'asclépias Gigantea, Sienne, 57. Les obélisques dans la carrière, Procédé des Indiens modernes pour en tailler et dresser de pareils, 59. Elephantine, les *Barabra*, Campagne de Desaix dans le Sahid, 62. Inscriptions Républicaine et savante de Philé, 68.

Nubie, 69. Les Cataractes, le Village de chellal, petit combat naval et à l'abordage aux cataractes, 72. Le Nil Nubien Kalabsché et le froid du Tropique, Bal-el-Bakhour, Dandour, Guerfèh-Hassan, 77. Moharraca Seboua, Korosco, la Chasse aux Oies tricolores, leur dévouement maternel, le trochilus d'Hérodote, les *Gellabin*, marchands d'esclaves, 79. Ebsamboul, la *Fantasia* ou fête du *Courban-Beyram*, Wady Halfa, dédains Touristes à la deuxième cataracte, Gracieuse navigation des Filles Sauvages, 83. Abousir, vue de la deuxième cataracte, 86. Débris antiques de Beheni, 87.

Ethiopie, Abissinie, Nil Blanc, 88. Antiquités Kousch, Méroë, Hypothèse commerciale de Heeren touchant Méroë, lien antique de l'Inde et de l'Abyssinie avec Carthage, Thèbes et méditerranée, 89. Résumé de l'histoire d'Abyssinie, ses races antiques et modernes, 96.

Retour de Wady Halfa au Qaire, 97. Etudes de langue Barberine, Routana et Nouby, sur les races de ces pays, Gébel-Addèh, 100. Éb-Samboul, 101. Sésostris fut demi-nègre, les Barabra lui ressemblent, Ibrim, 104. Derry, Amada, Seboua, Moharraca, 109. Le camp des cigognes et leurs évolutions, Dakkèh, 110. Les insectes, pâture des oiseaux, le *Qatah* (perdix), des poésies Arabes, Guerfèh-Hassan, Statues fumant la pipe, 113. Dandour, Kalabsché, Beitoualy, Ethnographie, Kouschi et Schari, histoire naturelle, figures d'animaux, palmier Dychotome, marcotte terminale, Darnous, Tafèh Décadence Egyptienne par l'importation Grecque Romaine, 115. Kartas, ruines rappelant Monfaucon, Debode, 117. Iles Bégé, Philé, retour du pacha, Gaétany-bey et son ver solitaire, 120. Descente des cataractes, un Kachef progressif, études philosophiques et ethnographiques au marché de Sienne, 123. Koum-Ombou, le petit Crocodile monitor, 126. Selseleh, Edfou, doutes sur l'authenticité des portraits royaux, 127. Elethya destruction graduelle des fameuses scènes de la vie privée, ethnographie, races antiques ressemblant absolument aux modernes, 131. Esnè, Erment, 134.

Thèbes, 135. Guerre civile à Gourna, bois d'Achantes, palais de

Mnephta, Ramesseion ou tombeau d'Osimandias, pages militaires avec noms propres de peuples, colosses Tama et Schama, Deir-el-Bahry dans la vallée d'Elasasif, Grande syringe, rareté des momies en Coffre, Medinè-Tabou, les byènes familières, 138. Palais de Rhamsès Meïamoun, balcons, pages guerrières, noms etnographiques, hypodrômes aux cents portes, statue de Memnon, Biban-el-Moulouk, vandalisme savant, pages ethnographiques prouvant la sincérité de la Bible, Karnac, avenues de sphinx, salles hypostyles, Thèbes était inconnue avant l'expédition française, ignorance et indifférence singulière des voyageurs et savants avant cette époque, 143. Ruines, Coptos à Goft, 145. Qous-Tarenta, Denderah-Quenèh, l'agent consulaire Hysa, renseignements sur le voyage de Qosseïr, les oiseaux court-vite, les chiens parias issus du chacal, hypogées de Déir, 151, mystifications des puiseurs, les hirondelles creuse-hypogées, Qaou-el-Kebir, les oiseaux vêtus de deuil, les couvents cophtes de la Thébaïde, 153. Aboutiq, les poteries égyptiennes, les hirondelles d'Europe, les buffles, Siout, les oasis de Thèbes et puits artésiens, Manfalout, 156. Grotte des momies d'animaux, guet-apens arabe, ruines d'Antinoë, 160. Beny-Hassan, architecture dorique primitive, tableaux ethnographiques, Souadé, une noce, 164. Gebel-Etteir, variété des oiseaux qu'on y rencontre, mœurs conjugales arabes, 166. Mort d'un caméléon, observations sur cet animal et ses couleurs changeantes, les pyramides de Dachour, formant par le mirage, architecture chinoise, 169. Les grandes pyramydes, les *albums* vaniteux, chapiteaux du divan de Joseph, 170. Le *Te Deum* chanté pour l'heureux retour de Mohammed-Aly-pacha.

Départ pour Rosette, la fièvre en temps de peste, Rosette, ses maisons, ses jardins, son paysage, statistique du riz, 176. Des bananes, 177. Fondation de Rosette, de Foa, les almées remplacées par des danseurs mâles, démolition des maisons pour les briques, la pierre de Rosette, origine de la lecture des hiéroglyphes, les barbiers nouvellistes, 180. La religion musulmane, prétexte d'inexactitude et de mauvaise foi, le boghaz, les écueils d'Aboukir, Alexandrie et ses passe-temps, 186, le lazaret et ses pestiférés, départ pour la Grèce, 188.

GRÈCE, 190.

La rade de Syra, le Pyrée, 192. Le Lazaret et son règne fiscal, la mort du sultan Mahmoud, le prince Georges de Cambridge, le roi Othon, 195. Madame de Lagrenée, Athènes, 196. M. le ministre de France, le grec moderne, l'acropole, le Parthénon, l'Erechteum, les Propylées, pnix, 204. Bal à la cour, le roi, la reine, le prince archiduc, fautes de l'administration Armansperg, 207. Les baladins grands seigneurs, Syra, Tyno, Smyrne.

TURQUIE, 213.

Metelin, la flotte française, la Troade, les causeries politiques, 214. Les Dardanelles, Constantinople, 215. Sympathies du voyageur, 217. Le jeune sultan Abdoulmégid, 218. Les eaux douces, Istamboul, 221. Le comte Jaubert, M. Saint-Marc Girardin, 224. Latour de Galata, M. de Cadalven, les quarantaines, les remparts de Bizance, 227. M. Franchessi, le moniteur Ottoman, les intrigues du pacha d'Egypte, 229. Campagne déserte de Constantinople, faute de sécurité pour la culture, les *soutérazy*, 231. La côte d'Asie, son paysage, les cyprès étalés, Abdoulmégid et les grands hommes turcs, Bujukderé, Thérapia, la mer Noire, 236. Les fontaines de Belgarde, les aqueducs, l'ogive dans un monument bizantin, 239. La diplomatie, le prince Puckler, les drogmans, architecture portant toujours l'idée de tente, le sérail, 243. Réception des ambassadeurs avec une étiquette insolente, Sainte-Sophie, sultan Ahmed, 249. Quelques points de l'histoire de Constantinople, 251. Byzance, Constantin, les croisades, Mahomet II, le déluge d'Ogygès, 261. Smyrne, 263. M. Challaie, petit naufrage à Syra.

Malte, 266. La quarantaine, le fort Manoël, les cloches Maltaises, petit congrès politique pour le partage de la Turquie, 270. La Perse, Bagdad, 273. Etiquette des sultans, l'ordre de Malte, 275. Histoire de ses derniers temps, Valette, 279. La langue maltaise arabe, 280. Vassali, Soldanis, Cita-Vecchia, 284. L'île, ses habitants, débris de race égyptienne-chamite, hypothèses de M. Lenormant, 286. Palais de la Grande-Maîtrise, église Saint-Jean.

SICILE.

Syracuse, Catane, 291. Aréthuse, les papyrus de Cyane, race normande, Catane, l'Etna, 296, route de Messine, le détroit, la Calabre, Messine, architecture bizantine, 300, Charybde et Sylla, *fata morgana*, îles éoliennes, Palerme, 302. Sicile sarrasine normande, monuments, 304. Ziza, Cuba, inscription arabes, manuscrits, églises bizantines-normandes, 311, mots arabes du patois sicilien, l'agave non américain, la botanique, 316. M. le consul Axel-Renard, le duc Serradifalco, 320.

Naples, la baie, 321. Monuments, aiguilles, Pompeï; gothique sarrasin et bizantin anticipé, 323. Les nicham orientaux et les décorations européennes, les Apennins, Rome. 328. Optique chronologique de Monte-Pincio, obélisques égyptiens, romains, modernes, pyramide de Caïus Sextius, 334. Testaceo, table chronologique royale, Egyptien romain d'Adrien, statue mammifère barbue, 338. Architecture égyptienne, romaine-bizantine, ogives antiques, 339. Contre-coup des croisades à Rome, l'ordre de Malte, 344. Le cardinal Mezzofante, Monsignor Molsa, l'abbé Lanci, inscriptions faux arabe, naïveté des savants italiens, 347. M. Drach, bibliothèque de la Propagande, Padre Perrone, M. l'ambassadeur de France, Cornetto et les monuments étrusques, 351.

Résumé politique, 357.

Sur quelques points de l'histoire ancienne de l'Egypte et particulièrement sur son ethnographie, 406. Ebauche d'un code destiné à régulariser l'étude des races humaines, 434.

Essai sur l'architecture sarrasine, 440.

FIN DE LA TABLE.

www.ingramcontent.com/pod-product-compliance
Lightning Source LLC
Chambersburg PA
CBHW070217240426
43671CB00007B/679